Thorsten Sueße
Toter Lehrer, guter Lehrer

Bibliografische Information der Deutschen Nationalbibliothek
Die Deutsche Nationalbibliothek verzeichnet diese Publikation in der
Deutschen Nationalbibliografie; detaillierte bibliografische Daten sind im
Internet abrufbar über http://dnb.ddb.de

2. Auflage, 2014

© 2012 CW Niemeyer Buchverlage GmbH, Hameln
www.niemeyer-buch.de
Alle Rechte vorbehalten
Der Umschlag verwendet ein Motiv von shutterstock.com
Deceased person … @erics 2012
Druck und Bindung: AALEXX Buchproduktion GmbH, Großburgwedel
Printed in Germany
ISBN 978-3-8271-9454-1

Bd. I

Thorsten Sueße

Toter Lehrer, guter Lehrer

1. Fall mit Dr. Mark Seifert

Für Christina

mit mörderischen Grüßen

Thorsten Süße
15.03.14

CW Niemeyer N

Der Kriminalroman spielt hauptsächlich in Hannover, daneben in Hemmingen (überwiegend im Stadtteil Arnum) und auf Rügen. Personen und Geschehnisse sind frei erfunden, jedoch Parallelen zur Realität unvermeidbar. Die Beschreibung der unmittelbaren Tatorte, an denen es zu kriminellen Handlungen kommt, ist ausgedacht.

Über den Autor:
Dr. med. Thorsten Sueße, geboren 1959 in Hannover, verheiratet, zwei Kinder, wohnt seit vielen Jahren mit seiner Familie am südlichen Rand seiner Geburtsstadt. Er ist Facharzt für Psychiatrie, Psychotherapie und Psychosomatische Medizin, leitet den Sozialpsychiatrischen Dienst der Region Hannover. Bei der Darstellung der Handlung des vorliegenden Kriminalromans orientierte er sich an seinem eigenen Arbeitsalltag, der durch eine regelmäßige Zusammenarbeit mit der Polizei Hannover geprägt ist. Der Autor veröffentlichte bisher unter anderem ein Fachbuch über die NS-„Euthanasie" in Niedersachsen, ein Theaterstück und zahlreiche Kurzgeschichten in diversen Anthologien, außerdem schrieb er ein Drehbuch für einen Spielfilm. Daneben betätigte er sich als Schauspieler, hauptsächlich im Bereich Theater, hatte aber auch Sprechrollen in Fernseh- und Kinoproduktionen.
Er ist Mitglied im Bundesverband junger Autoren und Autorinnen.

Weitere Informationen über den Autor unter:
www.thorsten-suesse.de

Gewidmet Dr. Ludwik L. Zamenhof,
dem Begründer der Plansprache Esperanto,
deren Grundlagen er erstmals 1887 veröffentlichte

Unu / Eins

Schon die Wettervorhersage lässt für den heutigen Tag nichts Gutes erahnen. Kriminalhauptkommissar Thomas Stelter blickt an diesem Morgen etwas missmutig von seinem Schreibtisch aus dem Fenster seines Büros im 4. Stockwerk an der Waterloostraße 9. Für heute, Mittwoch, den 7. Dezember 2011, sind für Hannover kräftiger Regen und Sturmböen angekündigt. Draußen sind momentan ungefähr vier Grad. Schnee hat es bis jetzt weder in diesem noch im Vormonat gegeben.

Stelter hat an diesem Tag zusammen mit seiner Kollegin Renner „Mordbereitschaft", muss sich also sofort um neu gemeldete Mordfälle kümmern.

Er geht noch einmal das vor ihm liegende Vernehmungsprotokoll durch, als das Telefon auf seinem Schreibtisch klingelt. Er nimmt den Hörer ab und hat einen Kollegen vom Kriminaldauerdienst am Apparat. Seine Befürchtung hat sich bewahrheitet. Ein Leichenfund im Hannoverschen Stadtteil Linden-Mitte, Todesursache eindeutig Fremdeinwirkung. Während Stelter sich die wichtigsten Details anhört, gerät er innerlich zunehmend unter Anspannung. Er hält das Gespräch kurz, hat sich einige Notizen zu Name, Alter und Fundort des Opfers gemacht. Alles Weitere wird er persönlich vor Ort in Erfahrung bringen. Gerade, als er nach Beendigung des Telefonats kraftvoll den Hörer auflegt, betritt Kriminaloberkommissarin Andrea Renner das gemeinsame Büro. Mit einem Blick hat sie erkannt, was los ist.

„Ein Einsatz?", fragt sie und mustert Stelter dabei aufmerksam. Ihre Frage ist eher rhetorisch gemeint.

7

Die beiden Polizisten sind gut aufeinander eingespielt und wissen auch ohne viele Worte, was jeweils den anderen dienstlich beschäftigt.

Stelter nickt: „Richtig. Ein junger Mann ist heute Morgen ermordet in seiner Wohnung in Linden aufgefunden worden. Alles ziemlich grauenhaft."

Stelter gibt die Informationen, die er hat, präzise an Andrea weiter. Dabei ziehen sich beide bereits ihre Winterjacken an und machen sich auf den Weg zu ihrem Dienstwagen, einem grauen VW Passat.

Stelter setzt sich mit großer Selbstverständlichkeit ans Steuer, Andrea nimmt wie immer auf dem Beifahrersitz Platz. Sie fahren zügig aus der Tiefgarage des Hauptgebäudes der Polizeidirektion Hannover. Ihr weißes fünfstöckiges Dienstgebäude liegt im zentralen Stadtteil Calenberger Neustadt. Stelter fährt von der Waterloostraße auf die Laves-Allee Richtung Leineschloss. Der Weg über Bremer Damm und Westschnellweg führt um diese Zeit am schnellsten nach Linden. Die beiden optisch sehr unterschiedlichen Polizisten, der etwas fülligte Thomas Stelter, Anfang fünfzig, und die sehr sportlich wirkende Andrea Renner, Mitte dreißig, gehören zur Kriminalfachinspektion 1.1 K „Straftaten gegen das Leben". Einsätze wie diese gehören zu ihrem normalen Arbeitsalltag, aber besonders, wenn das Opfer sehr jung ist, packt auch den sachlichen Stelter immer wieder eine merkliche Bedrücktheit. Der heutige Tote könnte vom Alter her sein Sohn sein. Seine Kollegin Andrea reagiert meistens sowieso viel emotionaler als er und lässt dann ihren Empfindungen freien Lauf. Die Unterhaltung der beiden Ermittler auf der Fahrt nach Linden-Mitte ist spärlich, gedanklich beschäftigen sich beide mit dem, was sie in einigen Minuten am Tatort erwarten wird.

Mit Linden, unterteilt in die Stadtteile Nord, Mitte und Süd, verbindet Stelter ansonsten Lebendigkeit und Abwechslung. Linden ist multikulti, hier leben zahlreiche Menschen mit Migrationshintergrund aus ganz unterschiedlichen Schichten – in der Regel völlig friedlich neben- und miteinander. Heute ist das friedliche Miteinander offenbar brutal unterbrochen worden.

Der Tatort befindet sich in einem Mietshaus in der Davenstedter Straße. Ungefähr zwei Minuten nach Verlassen des Westschnellweges biegt Stelter in die Davenstedter Straße ein und parkt den Wagen vor einer Apotheke. Hier finden sich zahlreiche mehrstöckige Häuser mit kleinen Türmchen im Jugendstil.

Es hat angefangen zu regnen. Stelter und Andrea steigen aus. Der Wind zerzaust Andreas lange braune Haare, bei Stelters schütterem grauen Haar gibt es nicht mehr viel zu zerzausen.

Stelter zeigt Richtung Fußgängerzone, wo einige Einsatzfahrzeuge der Polizei vor einem dreistöckigen rot verklinkerten Haus parken: „Da muss es sein!"

Die Fußgängerzone darf – außer von Fahrrädern – eigentlich nur von Stadtbahn oder Bus durchfahren werden.

Sie gehen schnellen Schrittes auf das Haus zu, vorbei an Bäckerei „Bernhardt", Döner-Lokal „Antalya" und Kiosk „Aladin". Vor dem Haus befindet sich die Haltestelle der Stadtbahnlinie 9. Die Wartehäuschen für Fahrgäste auf beiden Seiten der Straße bemühen sich um Originalität: Zwei riesige runde Metallplatten, die wie überdimensionale Suppenteller aussehen, sind an der Rückfront der Wartehäuschen aufgehängt.

Der Bereich vor dem Hauseingang ist durch rotweiße Bänder abgesperrt. Mehrere uniformierte Polizisten sorgen dafür, dass keine Schaulustigen ins Haus gelangen. Trotz des Regens stehen einige Personen an der Absperrung und gucken neugierig, als sich Stelter und Andrea zielstrebig nähern. Stelter zeigt einem der Uniformierten seinen Dienstausweis und geht ungehindert unter dem Absperrband hindurch zum Eingang, gefolgt von Andrea. Ein Schild neben dem Eingang weist darauf hin, dass sich im Erdgeschoss eine Zahnarztpraxis befindet.

„Es ist im 2. Stock links", ruft ihnen der uniformierte Polizist hinterher.

Stelter nickt und betritt den Hausflur. Im Vorbeigehen bemerkt er, dass das Haus über keine Gegensprechanlage verfügt. Das Erdgeschoss beherbergt die Briefkästen der Bewohner. Das Treppenhaus ist schmal, aber hell und freundlich. Im 2. Stockwerk steht die linke Wohnungstür offen. „Rokahr" steht auf dem Namensschild oberhalb der Klingel. In der Wohnung erledigen die Mitarbeiter des Kriminaldauerdienstes in ihren weißen Overalls routiniert ihre Arbeit – Spurensicherung.

„Hallo Jungs", sagt Stelter ohne erkennbare Emotion beim Betreten des Wohnungsflures und kann bereits von hier den Toten im Wohnzimmer sehen.

Die Overallträger halten kurz in ihrer Arbeit inne und begrüßen die Eintretenden: „Morgen, Thomas. Morgen, Andrea". Das Wort „gut" haben sie bewusst vermieden.

Der Tote liegt auf dem Rücken neben einem Stuhl im Wohnzimmer, Arme und Beine sind gefesselt. Der Rechtsmediziner von der Medizinischen Hochschule, Dr. Ulrich Lindhoff, kniet neben der Leiche und untersucht sie. Lindhoff unterbricht seine Arbeit und begrüßt Stelter und Andrea. Alle kennen sich seit Jahren und sind am Tatort ein eingespieltes Team.

„Der Ermordete heißt Sebastian Rokahr und ist 18 Jahre alt", teilt Lindhoff mit.

Mit entsetztem Gesichtsausdruck schaut Andrea auf den ermordeten jungen Mann, der merklich älter als 18 wirkt.

Er sieht schon so erwachsen aus, geht es Andrea durch den Kopf. Zu Lebzeiten anscheinend ein gut aussehender junger Mann.

Hände und Füße von Sebastian Rokahr sind mit braunem Klebeband zusammengebunden. Die Arme befinden sich vor dem Oberkörper. Ein durchgeschnittenes Seil liegt auf dem Fußboden. Auf dem Teppichboden sind rote Flecke, sicherlich Blut. Ein brauner Klebestreifen auf Sebastians Mund hat offenbar verhindert, dass er sich unmittelbar vor seinem Tod durch Schreien hätte bemerkbar machen können. Er liegt auf dem Rücken, Jeans und Unterhose sind heruntergezogen und lassen einen Blick auf seine äußeren Geschlechtsorgane zu. Das Oberhemd ist gewaltsam aufgerissen worden, wie Stelter an einigen fehlenden Knöpfen erkennt. Das hochgeschobene Unterhemd gibt den Blick auf den muskulösen Oberkörper frei, in den vor Kurzem die beiden großen Buchstaben M und B blutig eingeritzt worden sind.

„Hier befinden sich Brandmale am Hals", erklärt Lindhoff, der sich erneut neben den toten Körper gekniet hat. „Und hier" – er zeigt auf den entblößten Unterkörper – „sind weitere Brandmale im Bereich der Hoden des Opfers."

Stelter schüttelt fassungslos den Kopf.

Der Arzt weist auf den rechten Oberarm:

„An dieser Stelle ist eine Stichverletzung, wahrscheinlich von einem Messer."

Schließlich deutet er auf die Brust des Toten: „Ein Stich ins Herz hat vermutlich den Exitus herbeigeführt."

„Das sieht ja regelrecht aus wie eine Hinrichtung", stellt Andrea mit deutlicher Abscheu in der Stimme fest.

„Da hast du recht", stimmt Lindhoff ihr zu. „Vorbehaltlich der Obduktion vermute ich momentan folgenden Tathergang: Die Totenstarre ist vollständig ausgebildet. Der Tod ist wahrscheinlich gestern im Verlauf des Abends eingetreten. Es sieht so aus, dass der Täter Sebastian Rokahr überwältigt und ihm anschließend Hände und Füße gefesselt hat. Dann könnte er ihm die Hosen heruntergezogen und ihn so in sitzender Position an den Stuhl gebunden haben. Fesselspuren an Oberkörper und Unterschenkel deuten darauf hin."

„Und dann …?", erkundigt sich Andrea.

„Dann hat der Täter vielleicht Sebastian die Brandmale an den Hoden beigebracht, ihm in den rechten Arm gestochen und ihn schließlich durch den gezielten Stich ins Herz getötet."

Andrea vollzieht den Tathergang vor ihrem geistigen Auge.

„Nach Durchschneiden des Seils, mit dem das Opfer an den Stuhl gefesselt war, fällt der leblose Sebastian auf den Boden und der Mörder entblößt den Brustkorb des Opfers, um ihm die Buchstaben M und B in die Haut zu ritzen. Aber wie gesagt, zurzeit alles nur Vermutungen ohne Gewähr."

„Gibt es Hinweise auf Raub?", fragt Stelter sachlich.

Max Quast, einer der Mitarbeiter des Kriminaldauerdienstes, mischt sich ein: „Es ist nicht erkennbar, dass Schränke durchwühlt worden sind oder etwas weggekommen ist. Allerdings muss jemand das Notebook auf den Fußboden geworfen und in dessen Monitor getreten haben. Zusätzlich ist auch noch ein DVD-Rohling zerbrochen worden. Die Eingangstür weist keine Spuren von Gewalt auf. Das Opfer muss also seinen Mörder selbst in die Wohnung gelassen haben."

Stelter schaut sich in der Wohnung um. Es ist eine Einzimmerwohnung mit Küche, Bad und einem kleinen Balkon. Sebastian hat anscheinend hier alleine gewohnt. In einer Ecke des Wohnzimmers sieht Stelter das beschädigte Notebook und den zerbrochenen DVD-Rohling auf dem Fußboden liegen. Ansonsten befinden sich im Wohnzimmer noch ein größerer Flachbildfernseher, ein Blu-ray-Spieler, ein Drucker-Scanner-Kombinationsgerät und zwei Spielekonsolen.

„Das haben wir zerknüllt im Wohnzimmer gefunden", sagt Quast und hält Stelter ein Blatt Papier DIN-A4 entgegen. Stelter zieht sich Einmalhandschuhe an, nimmt das Blatt Papier an sich und betrachtet es voller Interesse. Es handelt sich dabei um den Ausdruck eines Fotos aus dem Internet. Das Foto zeigt eine größere Gruppe von Männern und Frauen unterschiedlichen Alters, die sich in mehreren Reihen für einen Fotografen in Positur gestellt haben. Der Kopf einer freundlich lächelnden Frau ist mit einem roten Filzstift umkringelt worden. Daneben steht mit roter Schrift: „Anna – geil", ein mit dem Filzstift gezogener Pfeil zeigt auf das umkringelte Frauengesicht. Die Frau auf dem Foto ist ungefähr Anfang dreißig. Stelter ist sehr erstaunt, denn er kennt die Frau im Zusammenhang mit einem anderen ungeklärten Mordfall. Die Frau ist Lehrerin am Hermann-Hesse-Gymnasium. Sicherlich handelt es sich um ein Gruppenfoto des Lehrerkollegiums. Neben ihr steht ein Mann wahrscheinlich gleichen Alters, dessen Gesicht mit einem roten X durchgestrichen ist.

Andrea, die sich inzwischen ebenfalls Einmalhandschuhe angezogen hat, öffnet einen Schrank neben der Bettcouch.

„Oho, alles teure Markenklamotten", sagt sie mit einer Mischung aus Bewunderung und Erstaunen. „Der junge Mann hat nicht schlecht gelebt."

„Weiß Gott nicht", sagt Quast, der gerade eine DVD-Plastikbox öffnet, die im Bettkasten unter der Couch gelegen hat. In der vermeintlich leeren DVD-Box kommen mehrere kleine bunte Pillen zum Vorschein, in die verschiedene Symbole eingestanzt sind.

„Sieht nach Ecstasy aus", wertet Quast seinen Fund.

Andrea zieht hörbar die Luft durch die Nase. Da scheint einiges im Argen zu sein.

„Wer hat Sebastian heute Morgen gefunden?", will Stelter wissen.

„Seine Mutter", antwortet ein uniformierter Polizist. „Sie besitzt einen Schlüssel zur Wohnung und wollte ihrem Sohn heute saubere Wäsche bringen."

„Wo ist die Mutter jetzt?", fragt Andrea.

„Sie hat einen schweren psychischen Schock erlitten und musste in eine psychiatrische Klinik eingewiesen werden. Das habe ich veranlasst", berichtet Lindhoff. „Nachbarn hatten sich vorher um die verstörte Frau gekümmert und die Polizei verständigt."

„Und was ist mit dem Vater des Jungen?", erkundigt sich Andrea weiter.

„Der Vater ist der Inhaber des Autohauses Rokahr in Hannover-Misburg. Wir haben versucht, ihn zu erreichen. Aber er ist auf einer Geschäftsreise. Inzwischen haben wir aber seine Handynummer", weiß der Uniformierte zu berichten. „Außerdem wissen wir, dass Sebastian Rokahr Schüler des Hermann-Hesse-Gymnasiums in Linden ist."

„Ich gehe davon aus, dass der Täter bereits mit dem Vorsatz in diese Wohnung gekommen ist, Sebastian Rokahr zu ermorden", bekundet Quast.

„Was muss da schon im Vorfeld im Kopf des Täters vorgegangen sein, dass er einen jungen Mann auf diese grausame Weise umbringt?", murmelt Stelter und blickt dabei fragend den Arzt an, der nur ratlos mit den Schultern zuckt.

Thomas Stelter ist wieder an seinen Arbeitsplatz im Hauptgebäude der Polizeidirektion Hannover zurückgekehrt. Andrea hat den Vater des Toten ausfindig gemacht und sich mit ihm verabredet, um ihn schonend über den gewaltsamen Tod seines Sohnes zu informieren. Soweit erreichbar, sind die Nachbarn des Toten bereits befragt worden. Lediglich die Beobachtungen eines Pärchens sowie eines Kioskbesitzers könnten hilfreiche Hinweise sein.

Stelter durchforstet die ihm zugänglichen Polizeidaten und findet heraus, dass Sebastian Rokahr im September dieses Jahres polizeilich auffällig geworden ist – wegen Diebstahls.

Das Gruppenfoto auf dem zerknüllten Ausdruck geht Stelter nicht aus dem Kopf. Jetzt muss ihm das Internet weiterhelfen. An seinem PC gibt er bei Google „Hermann-Hesse-Gymnasium" ein. Sofort gelangt er über den gefundenen Link direkt auf die Homepage des Lindener Gymnasiums. Auf der Seite befindet sich links der Button „Lehrerkollegium", den er anklickt. Es öffnet sich eine Unterseite mit mehreren Bildern. Da das Lehrerkollegium aus ungefähr hundert Personen besteht, sind die Lehrkräfte auf drei Gruppenfotos verteilt. Stelter schaut sich das erste Gruppenfoto an. Es ist dasjenige, welches sich ausgedruckt in Sebastians Wohnung befunden hat. Sehr hilfreich ist die Legende unterhalb des Bildes, mit der sich die Namen der einzelnen Lehrer zuordnen lassen. Tatsächlich, bei der mit rotem Filzstift markierten Frau handelt es sich um Anna Sonnenberg. Neben ihr steht Carsten Sonnenberg, sicherlich ihr Mann. Sein Gesicht war auf dem zerknüllten Ausdruck durchgestrichen worden. Wenn Sebastian diese Kommentierungen vorgenommen haben sollte, geben sie bemerkenswerte Hinweise auf seine Beziehung zu diesem Lehrerehepaar.

Die Kollegen von der Kriminaltechnik sind dabei, die Festplatte des beschädigten Notebooks zu überprüfen. Auf dem zerbrochenen DVD-Rohling stand handschriftlich „Anna".

Die in der Wohnung des toten Sebastians gefundenen Pillen, deren chemische Analyse noch aussteht, lassen bei Stelter den Verdacht aufkommen, dass Sebastians Tod im Zusammenhang mit dem Mord an einem anderen ehemaligen Schüler des Hermann-Hesse-Gymnasiums stehen könnte.

Stelter sucht auf dem Gruppenfoto nach Bernd Kramer. Aber ihn kann er dort nicht entdecken. Erst auf dem zweiten Foto hat er Erfolg. Bernd Kramer steht hier gleich neben Jürgen Neuber, dem Leiter der Schule.

Als Stelter „Sebastian Rokahr" in die Suchmaschine eingibt, wird er schnell fündig. Sebastian hat im Internet eine großspurig aufgemachte Homepage, auf der er zahlreiche Bilder von sich veröffentlicht hat – und seine Adresse, die mit dem heutigen Fundort seiner Leiche übereinstimmt.

Du / Zwei

Freitag, 2. September 2011.

Das Leben ist teuer, zumindest wenn man es wirklich genießen will. Es sind weniger die technischen Geräte, die man gelegentlich kauft, sondern mehr die zahlreichen Klamotten, die man täglich benötigt, um die eigene Rolle darstellen zu können. Und manchmal ist es auch die Chemikalie, die notwendig ist, um gelegentliche Tiefpunkte zu überwinden.

Sebastian Rokahr ist wieder unter die Stadtbahnfahrer gegangen. Seit er vor zwei Monaten wegen eines Autounfalls, an dem er als Fahrer unter Alkoholeinfluss beteiligt gewesen ist, seinen Pkw-Führerschein abgegeben hat, benutzt er notgedrungen wieder täglich die öffentlichen Verkehrsmittel. Heute Morgen hat er sich spontan dazu entschlossen, nicht in die Schule zu fahren. Seine Pläne, wie er stattdessen den Vormittag verbringen wird, sind noch diffus.

Gegen 10 Uhr verlässt er seine Wohnung in der Davenstedter Straße und steigt in die Stadtbahn. Um diese Zeit ist es nicht schwierig, sich einen Sitzplatz aussuchen zu können. Sebastian trägt ein kurzärmeliges weißes T-Shirt über der langen Jeans, über der rechten Schulter eine grünfarbene Umhängetasche. Er hat sich heute bewusst unauffällig gekleidet. Draußen ist es bereits angenehm warm. Nachdem die Monate Juli und August kaum mit Sommer in Verbindung zu bringen gewesen sind, soll es im September noch einmal richtig heiß werden. Sebastian ist das nur recht. Heißes sonniges Wetter ist nach seinem Geschmack.

Das hat er mit Anna gemeinsam. Der Gedanke an seine Lehrerin löst ein wohliges Gefühl in ihm aus.

Die Stadtbahn taucht in den Tunnel ein und fährt unterirdisch weiter. An der U-Bahnstation Kröpcke verlässt Sebastian die Bahn und gelangt von dort aus wieder an die Oberfläche. Die über mehrere Ebenen verzweigte U-Bahnstation ist ein zentraler Punkt in Hannover. Von hier aus führt die Niki-de-Saint-Phalle-Promenade mit ihren zahlreichen kleinen Geschäften, eine Art Untergeschoss der Bahnhofstraße, zum Hauptbahnhof.

Der Kröpcke-Platz ist das Herz der Stadt. An ihn grenzen Hannovers erste Geschäftsstraße, die Georgstraße, außerdem die von Hugendubel aufgekaufte große Traditionsbuchhandlung „Schmorl & von Seefeld", das im Umbau befindliche Modegeschäft „Peek & Cloppenburg", die für gewöhnlich gut besuchte Eisdiele „Giovanni L." oder das Café „Mövenpick", vor dem schon die ersten Gäste draußen ihren Cappuccino genießen. Vom Kröpcke hat man einen guten Blick auf das Opernhaus und den Opernplatz.

Dafür interessiert sich Sebastian heute nicht. Seine Aufmerksamkeit richtet sich auf die Geldautomatenhalle der Sparkasse in der Bahnhofstraße rechts neben „Schmorl & von Seefeld". Langsam schlendert er in die Halle, in der sich nebeneinander 12 Auszahlungsautomaten befinden, außerdem mehrere Automaten zum Ausdrucken von Kontoauszügen und Tätigen von Überweisungen.

Einige Kunden sind in der Halle, um Geld abzuheben oder ihren Kontostand zu überprüfen. Sebastian holt umständlich seine eigene Sparkassen-Card aus seiner Umhängetasche. Während er die Karte in den Schlitz des Kontoauszugsdruckers steckt, sieht er aus dem Augenwinkel, wie eine junge Mutter mit einem Kinderwagen und einem ungefähr vierjährigen Mädchen an der Hand die Halle betritt. Die Frau nimmt den Rucksack von ihrer Schulter und holt aus einer der Vordertaschen ihr Portemonnaie, in dem sich ihre Sparkassen-Card befindet. Ihre kleine Tochter möchte gerne die Karte in den Schlitz des Geldautomaten stecken. Als die Mutter ihr mitteilt, dass das heute nicht geht, fängt die Kleine postwendend an zu quengeln, was dazu führt, dass das Baby im Kinderwagen zu weinen beginnt.

„Mama, du hast es beim letzten Mal versprochen!"

„Nein, nicht hier in der Stadt. Das darfst du wieder bei dem Automaten vor unserem Zuhause."

„Aber ich will das. Du hast es versprochen …"

Das Baby weint immer lauter.

Die genervte Mutter gibt schließlich nach und reicht ihrer Tochter die Karte. Zweimal steckt das Mädchen die Karte verkehrt herum in den Schlitz.

„Du musst sie andersherum nehmen", erklärt die Mutter.

Das Spektakel lässt es glaubwürdig erscheinen, dass Sebastian in aller Ruhe die junge Mutter mit ihren Kindern aufmerksam beobachtet. Beim dritten Mal gelingt es dem kleinen Mädchen, die Karte richtig in den Geldautomaten zu schieben. Die Mutter tippt Geldsumme und Geheimzahl ein. Sebastian kann genau sehen, wie die Frau das Geldbündel aus dem Automaten holt und nachzählt – dreihundert Euro in Fünfzigern. Die Frau steckt die Euroscheine in ihr Portemonnaie, was sie wiederum in der Vordertasche ihres Rucksacks verstaut. Die Vordertasche, sofort durch einen zugezogenen Reißverschluss gesichert, stellt für Sebastian kein Problem dar.

Die Mutter fasst mit der rechten Hand ihre vierjährige Tochter an, nimmt mit der linken Hand den Kinderwagen und verlässt langsam die Geldautomatenhalle. Den Rucksack hat sie sich jetzt über beide Schultern gehängt. Das Baby verhält sich wieder ruhig. Das kleine Mädchen will ihre Mutter Richtung „Galeria Kaufhof" ziehen.

„Ich will zu den Spielsachen", sagt sie zu ihrer Mutter.

„Nein, Mia. Komm jetzt. Wir müssen noch einige Sachen für Papa einkaufen."

Die Vierjährige heißt also Mia, registriert Sebastian, der ebenfalls die Halle verlassen hat. Die Kleine wird von ihrer Mutter in die andere Richtung gezogen. Bereits nach einigen Metern bleiben sie vor „Schmorl & von Seefeld" stehen. Die Buchhandlung hat draußen mehrere Stände mit preiswerten Büchern aufgebaut.

„Guck mal, Mama. Ein Buch mit kleinen Hunden."

Bevor die Mutter reagieren kann, hat Mia schon ein Buch mit Fotos von Hundewelpen in den Händen.

„Nun fass nicht alles an", ermahnt die Mutter.

Sebastian ist ihnen unauffällig gefolgt. Neben den Büchern stehen Ständer mit originellen Postkarten. Sebastian tut so, als würde er sich die Postkarten ansehen. Die Mutter guckt jetzt zusammen mit Mia das Welpen-Bilderbuch durch.

„Aber nur angucken. Du hast ja schon so ein Buch. Kaufen tun wir das nicht", erklärt sie ihrer Tochter.

Die Mutter scheint sich damit durchsetzen zu können, dass nur geguckt, aber nicht gekauft wird. Das ist für Sebastian eine günstige Konstellation. Während sich Mia und ihre Mutter intensiv mit dem Bilderbuch beschäftigen, schiebt sich Sebastian seitlich von hinten an die Mutter heran, so als ob er ihr über die Schulter zuschauen würde. Dabei berührt er sanft ihren Rucksack. Mit einem unmerklichen Ruck hat er den Reißverschluss der Rucksacktasche geöffnet. Er hält einen Moment inne. Die Frau hat davon offenbar nichts bemerkt. Der Griff in die Rucksacktasche nach dem Portemonnaie wirkt geradezu routiniert. Mit einer kurzen schnellen Bewegung hat er das Portemonnaie aus dem Rucksack geholt und in seine eigene Umhängetasche gesteckt. Wieder verharrt er für einige Sekunden. Dann schlendert er langsam weiter zum Kröpcke in Richtung des hohen Bauzauns, der noch das mehrstöckige Gebäude von „Peek & Cloppenburg" umgrenzt, das seit einigen Jahren aufwendig umgebaut wird. Aus sicherer Entfernung sieht er, wie die Mutter Mia das Bilderbuch aus der Hand nimmt und sich mit ihr samt Kinderwagen auf den Weg macht. Damit sind sie für ihn nicht mehr von Interesse.

Wer so unvorsichtig so viel Geld abhebt, muss davon genug haben, geht es ihm durch den Kopf. Und er muss grinsen: Manchmal können Kinder für ihre Mütter zum Unglück werden.

Heute ist anscheinend sein Glückstag. Sebastian beschließt, seine Glückssträhne an diesem Vormittag vollständig auszuschöpfen.

Er geht die Bahnhofstraße zurück an „Schmorl & von Seefeld" vorbei zur „Galeria Kaufhof". Im Erdgeschoss des Kaufhauses sind links vom Eingang die Schreibwaren, rechts die Handtaschen für Frauen. Etwas unschlüssig nähert er sich der Rolltreppe nach oben, bleibt stehen und schaut auf die Infotafel. Ein Ehepaar Mitte fünfzig geht an ihm vorbei und stellt sich nebeneinander auf die Rolltreppe. Intuitiv entschließt sich Sebastian, ihnen zu folgen. Er steht direkt hinter dem Paar, als die Frau zu ihrem Mann sagt:

21

„Ich geh noch mal in die Damenabteilung und suche nach einem passenden Blazer für das Kleid. Ich hol dich dann in der Herrenabteilung ab."

„Ist gut", antwortet der Mann knapp.

„Kannst du den Anzug denn überhaupt bezahlen? Deine EC-Karte ist doch kaputt", will seine Frau wissen.

Der Mann deutet ein Lächeln an: „Ja, ja, ich hab genug Bargeld dabei."

Sebastian fühlt sich bestätigt, er hat wieder den richtigen Riecher gehabt. Der Mann trägt eine leichte Sommerjacke, in der sich sein Portemonnaie befinden könnte.

In der 1. Etage ist die Damenabteilung. Die Frau verabschiedet sich hier von ihrem Mann für „eine Viertelstunde". Der Mann fährt die Rolltreppe weiter in die 2. Etage. Hier, in der Herrenabteilung, ist Freitagvormittag noch nicht viel los. Oftmals stellt sich dadurch ein Effekt ein, den Sebastian zu schätzen weiß. Kunden fühlen sich in leeren Kleiderabteilungen manchmal wie zu Hause und lassen die Achtsamkeit vermissen, die sie sonst angesichts einer größeren Ansammlung fremder Menschen selbstverständlich an den Tag legen würden.

In der Herrenabteilung gibt es eine große Auswahl von Anzügen bekannter Herstellermarken, wie „Roy Robsen", „Bugatti" oder „C. Comberti". Ein Verkäufer im hellgrünen Hemd mit Krawatte und Pullunder hat sich sofort des Mannes angenommen und fragt ihn freundlich nach seinen Wünschen. Fachmännisch ermittelt der Verkäufer die Konfektionsgröße des Kunden und zeigt ihm dann mehrere Anzüge, deren Qualitäten er in wohlgesetzten Worten zu vermitteln weiß. Der Kunde hat seine Jacke über einen Kleiderständer gelegt. Seine Gesäßtaschen sind nicht ausgebeult, sodass das Portemonnaie wahrscheinlich wirklich in der Jackentasche ist. Je länger sich der Kunde mit den Jacketts der Anzüge beschäftigt, desto weniger hat er seine eigene Jacke im Auge. Sobald er eine engere Wahl getroffen hat und in eine der Umkleidekabinen geht, um die dazugehörigen Hosen anzuprobieren, wird er die Jacke mitnehmen. Sebastian muss jetzt rechtzeitig den richtigen Moment abpassen. Er schlendert wie zufällig zum Kleiderständer mit der Sommerjacke des Kunden. Vorsichtig sieht er die beiden Männer an, die jedoch durch das intensive Beratungsgespräch abgelenkt sind. Jetzt oder nie! Er lehnt sich an den Kleiderständer und scheint mit Interesse die Anzüge durchzugucken. Sein Herz schlägt spürbar schneller und er merkt, wie ihm der Schweiß den Rücken herunterläuft. Mit viel Geschick haben seine Finger das Portemonnaie in der Jackeninnentasche ertastet. Schnell hat er das Objekt der Begierde ergriffen und in seiner Umhängetasche verschwinden lassen. Langsam klingt seine innere Aufregung ab. Kunde und Verkäufer haben nichts bemerkt. Jetzt kann er in aller Ruhe den Rückweg antreten.

Plötzlich spürt er, wie sich eine Hand fest auf seine rechte Schulter legt.

„Würden Sie bitte mitkommen!", sagt eine kräftige Stimme mit einer Entschlossenheit, die einen Widerspruch nicht einplant.

Verdammt!, schießt es Sebastian durch den Kopf. Ohne sich umgucken zu müssen, weiß er sofort, wer hinter ihm steht. Er hat den Kaufhausdetektiv übersehen. Was tun? Ein Adrenalinstoß durchflutet seinen Körper und innerhalb einer Sekunde kommt es zu einer Entscheidung. Mit einer Drehung befreit er sich aus dem Griff des Detektivs und rennt zur Rolltreppe. Er muss hier raus! Vor der Rolltreppe stößt er mit einem Kunden zusammen, der ihn zunächst erschrocken anstarrt und ihn im nächsten Moment verärgert zur Rede stellen will. Sebastian lässt den Mann einfach stehen und erreicht die Rolltreppe nach unten. Er hat wertvolle Sekunden verloren. An den Schritten hinter sich hört er, dass ihm der Verfolger ganz nah auf den Fersen ist. Auf der Rolltreppe zwischen 1. Etage und Parterre ist es bereits merklich voller. Sebastian schiebt eine Frau mittleren Alters unsanft zur Seite, hastet an ihr vorbei und erreicht das Erdgeschoss. Da sieht er einen Anzugträger gezielt auf sich zukommen. Ein zweiter Detektiv! Sebastian stoppt seinen Lauf und erwägt, zur Seite zu flüchten. Zu spät, der Verfolger von hinten umklammert ihn. Sebastian versucht sich gewaltsam zu befreien, schlägt mit der Faust nach dem Mann. Da ist schon der zweite Detektiv zur Stelle und packt ebenfalls zu. Sebastians gewaltsamen Widerstand beantworten die Detektive mit energischer Gegenwehr. Als er merkt, dass er gegen die beiden durchtrainierten Detektive nicht ankommen kann, gibt er seinen körperlichen Abwehrkampf auf. Eine Ansammlung von Kunden hat das Geschehen aufmerksam verfolgt, wobei sich einige Verkäuferinnen darum bemühen, die Normalität des Geschäftsalltags schnell wiederherzustellen.

Sebastian lässt sich von den Detektiven in ein Büro führen. Seine Umhängetasche ist von einem der Männer sichergestellt worden. Der bestohlene Kunde wird ebenfalls hinzugebeten. Ihm wird angeraten, Anzeige gegen den Dieb zu erstatten.

Sebastian sitzt auf einem Stuhl und schaut wütend in die Runde.

„Iru al infero! Mi malamegas vin!", stößt er mit gepresster Stimme hervor.

„Was ist …?", äußert einer der Detektive.

„Mi fekas sur vin, malsaĝuloj!"

„Nun seien Sie mal vernünftig und beantworten uns ein paar Fragen zu Ihren Personalien", fordert der andere Detektiv.

„Neniam mi elbabilos pri miaj personaĵoj al vi", ist Sebastians Antwort. „Mi ne lasas timigi min."

„Bitte nennen Sie uns Ihren Vor- und Familiennamen", versucht es einer der Detektive erneut.

„Flaremulojn mi malamegas!"

Die Kaufhausdetektive informieren die Geschäftsleitung und ziehen die Polizei hinzu.

Sebastian befindet sich in einem der hinteren Büroräume der Polizeiinspektion Mitte in der Herschelstraße. Er sitzt an einem Schreibtisch zwei Polizisten gegenüber: Gudrun Schäfer und Rainer König. Die Aufgabe der Polizei besteht in diesem Fall darin, die Personalien des Täters festzustellen und die Anzeige des Geschädigten entgegenzunehmen. Aber es ist das merkwürdige Verhalten des Täters, das die Polizeibeamten dazu bewogen hat, sich näher mit ihm zu beschäftigen. Durch Personal- und Schülerausweis wissen die Polizisten, mit wem sie es zu tun haben.

„Pass mal auf, Sebastian. Nun lass uns mal vernünftig ein Wort von Mann zu Mann reden", sagt König und versucht zum wiederholten Mal, ein Gespräch in aller Ruhe mit Sebastian zu führen.

Ohne Vorankündigung braust dieser auf: „Mi estas libera burĝo! Lasu min trankvila, fipolicanoj!"

„Nun mach mal halblang, Junge", entgegnet König und macht eine beschwichtigende Handbewegung.

Sebastian fängt an zu schreien: „Ĉiujn vin mi mortigos aŭ mi memmortigos min!"

Gudrun, ihren eigenen Sohn vor Augen, hat nicht so viel Geduld: „Jetzt hör auf, hier auf verrückt zu machen!"

Sebastian schaut die Beamtin einen Moment schweigend an, dann fängt er leise an zu wimmern:

„Mi memmortigos min, mi memmortigos min, mi memmortigos min ..."

König schüttelt den Kopf: „Also mir ist die ganze Sache nicht geheuer."

Tri / Drei

Ich bin froh, dass bald Wochenende ist. Aber noch habe ich bis 13 Uhr Notfallbereitschaft. Lustlos diktiere ich den Bericht meines letzten Einsatzes ins Diktafon.

„It's been a hard day's night ..."

Mit diesem Song der Beatles als Klingelton meldet sich lautstark mein Handy. Das wird der nächste Notfalleinsatz sein. Ich greife mir das kleine Gerät, das ich stets mit einem Clip am Hosengürtel trage, und nehme das Gespräch an. Bereits an der Nummer habe ich vorab die Polizei als Anrufer erkannt.

„Sozialpsychiatrischer Dienst, Seifert", melde ich mich.

„König, Polizeiinspektion Mitte", kommt die Antwort. „Bin ich mit der psychiatrischen Notfallbereitschaft verbunden?"

„Ja. Was kann ich für Sie tun?"

„Es geht um einen 18-jährigen Schüler, der heute in der ‚Galeria Kaufhof' an der Bahnhofstraße von einem Detektiv beim Stehlen der Geldbörse eines Kunden erwischt worden ist. Dabei hat sich der Schüler massiv gewehrt, die Überprüfung seiner Personalien durch die Kaufhausdetektive nicht zugelassen und stattdessen nur noch in einer unbekannten Sprache geredet. In seiner Umhängetasche befand sich eine weitere gestohlene Geldbörse."

„Das klingt alles noch nicht sehr psychiatrisch", werfe ich etwas ungeduldig ein, obwohl mir klar ist, dass der Anrufer sicher gleich zum Punkt kommen wird.

„Da haben Sie recht." Der Anrufer nimmt meine Zwischenbemerkung gelassen. „Wir haben den jungen

Mann mit zur PI Mitte genommen. Wie bereits im Kaufhaus verhält sich der junge Mann bei uns psychisch sehr auffällig. Seine Stimmung schwankt zwischen Wut und Traurigkeit. Und obwohl er eindeutig der deutschen Sprache mächtig sein muss, redet er fortwährend in einer Sprache, die hier keiner kennt. Wir glauben aber, dass er möglicherweise von Selbstmord gesprochen hat. Ich möchte Sie bitten, ihn sich einmal anzuschauen. Denn ohne ärztliche Überprüfung würden wir ihn in diesem unklaren Zustand ungern gehen lassen."

Es interessiert mich, ob ich den Patienten möglicherweise schon kenne: „Wie heißt denn der junge Mann?"

Der Name „Sebastian Rokahr" sagt mir nichts.

„In Ordnung, Herr König", sage ich, „in ungefähr einer Viertelstunde bin ich mit einer Mitarbeiterin bei Ihnen."

Wir beenden unser Telefonat. Meine Recherche in unserer elektronischen Patientendatei ergibt keinen Treffer. Sebastian Rokahr ist noch nie mit dem Sozialpsychiatrischen Dienst der Region Hannover in Kontakt gekommen.

Über mein Festnetztelefon rufe ich Rita Wienert an. Sie ist Krankenschwester mit Sozialpsychiatrischer Zusatzausbildung und sitzt in einem Büro in der Etage über mir. Heute ist sie eingeteilt, mit mir zusammen Notdienst zu machen.

Ich informiere sie darüber, dass wir zum nächsten Einsatz fahren müssen. Im Auto auf dem Weg zur Polizeiinspektion Mitte werde ich ihr die weiteren Einzelheiten mitteilen, die ich bereits kenne.

Rita verspricht, dass sie in zwei Minuten bei mir ist. Eine erfahrene zuverlässige Kraft Ende dreißig, die sich ansonsten hier im Haus darum kümmert, den Bedarf an Eingliederungshilfe für chronisch psychisch Kranke zu ermitteln. Vom Schreibtisch gehe ich zu meinem großen runden Besprechungstisch, auf dem ich meinen Notfallkoffer abgestellt habe.

Ich schnappe mir den Koffer und die volldiktierte Kassette aus dem Diktafon und gehe aus meinem Büro ins Vorzimmer, wo Sonja Mock, meine Sekretärin, ihre Schreibarbeiten am PC unterbricht und mich erwartungsvoll anschaut.

„Ich muss jetzt zum Einsatz. Können Sie das heute noch für mich schreiben, Mockie?", frage ich sie mit süßem Lächeln und lege gleich die Kassette vor sie hin.

„Wenn Sie mich so nett darum bitten, Chef, kann ich Ihnen einfach nichts abschlagen", entgegnet sie und strahlt mich dabei freundlich wie immer an. Warum ist eigentlich dieses zuvorkommende Wesen ihre gesamten vierzig Lebensjahre immer noch nicht verheiratet?, frage ich mich beim Verlassen des Vorzimmers und treffe im Flur auf Rita.

„Hallo, Mark", begrüßt sie mich. Rita wiederum ist verheiratet, hat zwei Kinder und ist nicht mehr zu haben. Schade eigentlich.

„Wir nehmen meinen Wagen", sage ich. Mir fällt plötzlich auf, dass ich mich in letzter Zeit wieder sehr für die Frauen meiner Umgebung interessiere. Mit Katharina kann das eigentlich nichts zu tun haben. Obwohl ich daran zu knabbern habe, dass sie jetzt nach London entschwunden ist.

„Wo parkst du?", fragt Rita.

Mein Büro befindet sich im Erdgeschoss des Gesundheitsamtes der Region Hannover in der Weinstraße 2, also im nördlichen Teil der Südstadt in der Nähe des „Aegi", dem Aegidientorplatz, und damit ungefähr drei Kilometer von unserem nächsten Einsatzort entfernt.

„Mein Wagen steht auf dem Parkplatz hinter dem Haus."

Wir verlassen das Gebäude, ein dreistöckiges gelbfarbenes Haus, welches alt, nach pragmatischen Gesichtspunkten gebaut und dringend sanierungsbedürftig ist. Auf dem Parkplatz steht mein blauer VW Golf, mit dem wir zusammen in die Innenstadt von Hannover fahren. Rita lässt sich während der Fahrt von mir auf den genauen Informationsstand bringen.

Nach zehn Minuten haben wir die Herschelstraße erreicht, wobei ich meinen Wagen auf einem der Parkplätze der Polizei abstelle. Den Notfallkoffer in der Hand, betrete ich mit Rita zusammen die Polizeiwache. In dem großen Raum grenzt eine lange Theke vier mit Telefon und PC ausgestattete Arbeitsplätze ab, an denen einige weibliche und männliche Polizisten ihren Dienst tun. Eine Polizistin spricht gerade an der Theke mit einem aufgeregten Bürger, der offensichtlich eine Sachbeschädigung zur Anzeige bringen will. Auf der rechten Seite ist eine besonders gesicherte Glastür, hinter der sich ein gut einsehbarer Raum befindet, in dem Personen vorübergehend in Gewahrsam genommen werden können. Ich sehe darin zwei Männer sitzen, von denen einer wohl an die vierzig, der andere ungefähr zwanzig ist.

Ein Polizist steht von seinem Arbeitsplatz auf und kommt zu mir an die Theke.

„Mein Name ist Seifert", stelle ich mich vor. „Ich bin Psychiater und komme vom Sozialpsychiatrischen Dienst wegen Herrn Rokahr." Dabei drücke ich dem Polizisten meine Visitenkarte mit dem Logo der Region Hannover in die Hand. „Und das ist Frau Wienert, Krankenschwester."

Mein Gegenüber begrüßt uns mit Handschlag: „Mein Name ist König, wir haben miteinander telefoniert."

Als er auf meine Visitenkarte schaut, nimmt sein Gesicht einen verwunderten Ausdruck an:

„Hätte gar nicht gedacht, dass der Leiter des Sozialpsychiatrischen Dienstes noch selbst zu solchen Einsätzen zu uns kommt."

„Für die Freitage habe ich mich immer selbst zur Notfallbereitschaft eingeteilt, damit ich den praktischen Bezug nicht verliere", erkläre ich wahrheitsgemäß.

König deutet auf den Raum gegenüber: „Das ist er übrigens."

Ich drehe mich um. Der junge Mann sitzt momentan regungslos mit gesenktem Kopf in dem kleinen Raum.

„Gibt es Hinweise auf Alkoholisierung?", geht mir spontan durch den Kopf.

„Nein", sagt König, „auch nicht, dass er aktuell unter Drogeneinfluss steht."

„Und in welche Schule geht er?", möchte Rita wissen.

„Hermann-Hesse-Gymnasium."

„Haben Sie auch Kontakt zu seinen Eltern aufgenommen?", lautet Ritas nächste Frage.

„Nein. Der junge Mann ist volljährig und wir müssten auch erst einmal ermitteln, wer überhaupt seine Eltern sind."

Na gut, dann will ich jetzt zur Sache kommen: „Wo können wir uns mit Herrn Rokahr in Ruhe unterhalten?"

31

König erklärt, dass wir einen der Büroräume im hinteren Teil der Wache benutzen können. Er öffnet den Raum, in dem Sebastian sitzt. Dieser blickt uns überrascht an.

„Das hier sind Herr Dr. Seifert und seine Mitarbeiterin Frau Wienert vom Sozialpsychiatrischen Dienst, die sich gerne mit dir unterhalten würden", erläutert ihm König die Situation.

„Mi estas la potenculo de Lernantolando", verkündet Sebastian mit kräftiger Stimme.

Ich verstehe leider nichts und auch Rita schüttelt den Kopf.

König führt Sebastian problemlos in eines der hinteren Büros.

„Wenn Sie mich brauchen, Herr Doktor, ich bin im Nebenraum", sagt König und verlässt den Raum.

„Keine Sorge", murmel ich, „ich kann Taekwondo."

Wir sitzen uns zu dritt im Kreis gegenüber. Sebastian macht ein betont böses Gesicht und starrt mich an.

„Ich bin Facharzt für Psychiatrie und Psychotherapie und möchte gerne durch dieses Gespräch klären, was mit Ihnen los ist und ob ich Ihnen helfen kann."

Mit einem Grunzen äußert Sebastian: „Mi treege ruzas. Mi estas pli ruza ol vi."

„Aha", fällt mir dazu nur ein.

„Kuracistoj estas la plej grandaj stultuloj en la tuta mondo."

In meinem Kopf rotiert es. Sebastian geht zum Hermann-Hesse-Gymnasium, an dem auch mein Freund Bernd Lehrer ist. Bernd hat mehrfach von einer Kollegin gesprochen, die an der Schule eine Esperanto-AG anbietet. Eine Sozialarbeiterin beim Sozialpsychiatrischen Dienst spricht ebenfalls Esperanto. Von ihr weiß ich, dass alle Hauptwörter auf –o oder im Plural auf -oj enden. Langsam entwickelt sich bei mir ein Verdacht.

„Psikiatroj estas la plej spiritmalfortaj uloj en la tuta medicino", legt mein junger Patient mit kräftiger Stimme noch einen drauf. „Kaj vi estas ekzemplero kun testiketoj."

Das letzte Wort ähnelt einem Begriff aus der Medizinersprache mit der Bedeutung „Hoden", wahrscheinlich als Beleidigung gemeint.

Ich gehe zum Angriff über:

„Ihr Zustand ist ernster als ich dachte. Betrüblich, aber wahr ... Ihr Gehirn ist offenbar völlig ‚out of order' und absolut nicht mehr in der Lage, regulierend auf Ihr zentrales Schaltzentrum für normatives Verhalten und deutsche Sprachartikulation einzuwirken."

„Se vi ne liberigos min, mi memmortigos min", ist die Antwort, etwas weniger laut als eben.

Ich wende mich an Rita:

„Das nennt man hirnorganisches Psychosyndrom. Sein psychischer Zustand hat dazu geführt, dass er sogar fremde Leute im Kaufhaus angegriffen hat. Gehirnbeeinträchtigung mit einer Auswirkung, die klar den Tatbestand der akuten Fremdgefährdung erfüllt."

Ritas Augen fangen an zu leuchten: „Das heißt Klinikeinweisung."

Ich stimme ihr zu: „Wegen unkalkulierbarer Verhaltensweisen bei fehlender Absprachefähigkeit wird er um eine geschlossene Station nicht herumkommen."

Sebastian lächelt: „Vi blufas, fiuloj."

Ich notiere mir einige der Worte, wie ich sie heraushöre und werde meine Sozialarbeiterin am Montag befragen, welche freundlichen Infos uns Sebastian mitteilen wollte.

„Wären Sie mit der Aufnahme in der für Sie zuständigen psychiatrischen Klinik einverstanden, Herr Rokahr?", frage ich mit deutlicher Stimme und sehe ihn dabei durchdringend an.

„Ne diru al mi tian merdon, kuracisteto."

Ich notiere „merdon" und „kuracisteto".

„Dann werde ich jetzt eine Zwangseinweisung veranlassen", erkläre ich Sebastian und stehe auf.

Sebastian bleibt sitzen und lächelt weiterhin: „Kuracisteto."

Rita erhebt sich ebenfalls. Wir streben auf die Tür zu und ich bitte König herein.

Verdammt, geht es mir durch den Kopf, reagiert Sebastian endlich?

„Kann ich Ihren PC benutzen, um ein ärztliches Zeugnis für eine Zwangseinweisung zu tippen?", erkundige ich mich höflich.

„Ach, muss er doch in die Psychiatrie?", entgegnet der Polizist.

„Ja, und wenn er Glück hat, kann er dort noch seinen Mitpatienten die Schulkenntnisse aus seiner Esperanto-AG weitervermitteln."

Rita und ich haben gerade das Büro verlassen, als ich ein geräuspertes „Atendu, sinjoro Doktoro" höre. Ich drehe mich um und bleibe im Türrahmen stehen. Dabei versuche ich meine eigene Nervosität komplett zu verbergen.

„Mi komprenas al vi, also ich, ... dank' al Dio, ... mir geht es plötzlich besser. Mi sanas, ... ich weiß gar nicht, was mit mir los war."

Mir fällt ein Stein vom Herzen.

„Mi ne bezonas ..." – ein erneutes Räuspern und dann die klare Aussage von Sebastian: „Ich brauche in keine psychiatrische Klinik."

Nachdem sich Sebastian mittels seiner wiedererlangten deutschen Sprachkenntnisse eindeutig von Selbsttötungsabsichten distanziert hat, gestaltet sich der weitere Verlauf unseres Einsatzes erfreulich zügig. Ich gebe zu Protokoll, dass ich aus ärztlicher Sicht keinen Anhalt für das Vorliegen akuter Suizidalität oder einer psychischen Erkrankung habe. Anschließend fahren Rita und ich zurück zu unserer Dienststelle. Sebastian wird nach Erledigung aller Formalien die Polizeiwache verlassen dürfen.

Kvar / Vier

I don't like Mondays – ich mag keine Montage –, hat 1979 die irische Gruppe „Boomtown Rats" gesungen. Dem kann ich auch heute noch zustimmen. An diesem 5. September 2011, natürlich einem Montag, geht es mir morgens absolut miserabel. Zu Hause bin ich angesichts eines flauen Magens zu keiner Nahrungsaufnahme in der Lage gewesen. In meinem Kopf scheint eine Truppe von Schmieden um die Wette zu hämmern. Und dann kein Aspirin im Haus. Wenn ich nicht mittags diesen Termin beim Fernsehen hätte, wäre ich auf jeden Fall zu Hause geblieben.

So fahre ich pflichtbewusst zur Arbeit im Gesundheitsamt. Als ich meine Dienststelle in der Weinstraße betrete, werde ich von zwei Arztkollegen vom Team Begutachtung begrüßt, freundlich gemeint, aber viel zu laut. Mit letzter Willenskraft rette ich mich in mein Vorzimmer.

Sonja Mock strahlt mich an, dann bekommt ihr Gesichtsausdruck eine besorgte Note.

„Morgen, Mockie, bitte zwei Aspirin", bringe ich gerade noch hervor.

„Guten Morgen. So schlimm, Chef?" Mockies Stimme drückt echte Anteilnahme aus.

Ich durchquere das Vorzimmer, öffne die Doppeltür zu meinem Büro und lasse mich dort in meinen Schreibtischstuhl fallen.

Ich bin jetzt 43, aber so schlecht habe ich mich am Arbeitsplatz noch nie gefühlt. Oder zumindest nicht oft. In diesem Zusammenhang von wehleidig zu sprechen, finde ich aus der Luft gegriffen. Meine Sekretä-

rin reagiert auf mein Leiden auf jeden Fall mit angemessener Hilfeleistung.

Ich höre, wie im Vorzimmer das Telefon klingelt
und Mockie daran hindert, mein Aspirin zu besorgen.
Die Nummer auf dem Display scheint sie als wichtig
einzuschätzen.

Mockie hört sich das Anliegen des Anrufers kurz an,
dann sagt sie: „Tut mir leid, Herr Dr. Seifert ist gerade
bei einer wichtigen Besprechung. Kann er Sie heute
Nachmittag zurückrufen? … Danke."

Mockie ist ein Engel, was wäre ich ohne sie.

Nach Einnahme des Aspirins und einem kleinen
Mixgetränk, dessen Rezeptur das Geheimnis meiner
Sekretärin ist, kehren meine Lebensgeister nach und
nach wieder zurück. Das Wochenende ist doch etwas
heftig verlaufen, wenn ich da an die nette Dame, deren
Name mir momentan nicht einfällt, und die zahlreichen gemeinsamen Cocktails denke. Ich glaube, ich
leide momentan unter „Feminomanie", der intensiven
Suche des einsamen Mannes nach der weiblichen Ge-
sellschaft. Was erstaunlich ist, wenn man bereits eine
Scheidung erfolgreich hinter sich gebracht hat.

Nachdem ich am PC meine diversen E-Mails gecheckt
habe, schweift mein Blick durchs Büro. Vom Schreibtisch
aus kann ich durch mehrere Fenster auf den Parkplatz
hinter dem Gesundheitsamt schauen. Mein Büro ist
nicht gerade elegant eingerichtet, aber praktisch mit
mehreren Holzschränken und einer riesigen Regalwand,
in der ich meine medizinischen Fachbücher und -zeit-
schriften untergebracht habe. An den Wänden hängen
mehrere gerahmte Schwarzweißposter mit Fotos von
Filmlegenden wie Charlie Chaplin, Laurel & Hardy oder
Marilyn Monroe, aber auch ein von Linda McCartney
1967 fotografiertes Bild von den vier Beatles.

Ich schnappe mir meinen Notizzettel vom Einsatz letzten Freitag in der Polizeiwache Herschelstraße und rufe Martina Wittke an. Sie ist langjährige Sozialarbeiterin in der für Hannover-Linden zuständigen Sozialpsychiatrischen Beratungsstelle im sogenannten Ahrbergviertel, einem zwei Hektar großen Arbeits- und Wohnbezirk, welcher den kulturellen Mittelpunkt der spanischstämmigen Einwohner Hannovers darstellt. Martina Wittke ist die einzige Mitarbeiterin im Sozialpsychiatrischen Dienst, von der ich weiß, dass sie Esperanto spricht.

Ich lese ihr die mitgeschriebenen Worte vor, wie ich sie verstanden habe, mit denen uns Sebastian bedacht hat. Martina kann mit einigen Begriffen sofort etwas anfangen. „Mi treege ruzas" heißt „Ich bin sehr gerissen". „Testiketoj" ist eine Beleidigung und bedeutet „Hödchen". Außerdem hat er Ärzte und Psychiater als Dummköpfe tituliert und mich als „kuracisteto" bezeichnet, was soviel wie „Ärztchen" bedeutet. Insofern wird aber noch einmal deutlich, dass er sehr wohl alles verstanden und auf eine intelligente Art mit seiner Umgebung gespielt hat. Ich bedanke mich bei Martina für ihre fachkundige Unterstützung. Was hat Sebastian dazu bewogen, sich letzten Freitag derart verrückt zu verhalten? Ich bewerte sein Verhalten jetzt endgültig als Versuch, sich als nicht zurechnungsfähig darzustellen.

Mockie ruft mich an: „Denken Sie an Ihren Termin bei h1, Chef?"

„Ja, danke."

Ich verlasse mein Büro durchs Vorzimmer. Sonja Mock, so geht es mir durch den Kopf, ist ein von Verhalten und Kleidung her durch und durch konservativer Mensch – und damit genau das, was ich hier als Chef brauche. Sie ist loyal und hat alles im Griff.

Vom Eingang des Gesundheitsamtes ist man mit ein paar Schritten an der Hildesheimer Straße, an der sich das Haus der Region befindet, daneben die Stadtbibliothek und das Theater am Aegi. Bei strahlendem Sonnenschein ist es sommerlich warm. Auf den Gehwegen kommen mir luftig gekleidete Menschen mit Eis in der Hand entgegen. Ich gehe Richtung „Aegi" an der Hildesheimer Straße unter den Arkaden entlang. Die Tische draußen vor dem Steakrestaurant „Blockhouse" sind alle besetzt. Über den „Aegi" fahren jeden Tag riesige Mengen an Autos. Mit der Rolltreppe gelange ich hinunter in die große Fußgängerhalle, die den „Aegi" unterquert und von der es weiter nach unten zur U-Bahnstation geht. Als ich den unterirdischen Bereich über die Rolltreppe nach oben wieder verlasse, bin ich fast am Ziel. Das Sandwich-Schnellrestaurant „SUBWAY" ist gerammelt voll mit Jugendlichen. Dahin will ich nicht. Ich gehe um „SUBWAY" und das „Café am Aegi" herum und stehe vor dem Gebäude Georgsplatz 11. Hier hat der Hannoversche Fernsehsender h1 seinen Sitz. Ich betrete das etwas düstern wirkende Gebäude und fahre mit dem Fahrstuhl in den 2. Stock, wo sich die Aufnahmestudios befinden.

Ich werde bereits erwartet und von einigen jungen Mitarbeiterinnen freundlich begrüßt. Heute bin ich Talk-Gast des täglichen Nachrichtenmagazins „0511/tv.lokal". Während ich mit einem kleinen Mikrofon verkabelt werde, erklärt mir der sympathische Moderator, wie das Interview zwischen uns ablaufen wird. Das Gespräch soll ungefähr fünf Minuten dauern und wird für die heutige Ausgabe des Nachrichtenmagazins aufgezeichnet.

Nach kurzer Vorbesprechung geht es gleich los und zwei Kameras halten unser Gespräch fest.

Der Moderator gibt mir mit gezielten Fragen die notwendigen Stichworte, damit ich in meiner Funktion als Chef des Sozialpsychiatrischen Dienstes dem Zuschauer die Angebote meiner Abteilung anschaulich erläutern kann. Was ich dann sage, habe ich mir bereits vor einigen Tagen gedanklich zurechtgelegt.

Der Sozialpsychiatrische Dienst wird betrieben von der Gebietskörperschaft Region Hannover und verfügt über eine Zentrale in der Weinstraße und 12 Beratungsstellen, die über das ganze Regionsgebiet verteilt sind, wobei zwei Beratungsstellen zum Kooperationspartner Medizinische Hochschule gehören. In den Beratungsstellen arbeiten unter anderem Fachärzte für Psychiatrie, Sozialarbeiter, Krankenpfleger und Arzthelferinnen, insgesamt an die 70 Mitarbeiterinnen und Mitarbeiter. Das ambulante Hilfsangebot richtet sich an psychisch Kranke von 3 Jahren bis ins hohe Alter, die nicht oder nicht ausreichend durch das kassenärztliche System erreicht werden: Menschen mit schizophrenen Psychosen, Depressionen, Persönlichkeitsstörungen, Abhängigkeitserkrankungen, hirnorganischen Psychosyndromen und psychischen Störungen des Kinder- und Jugendlichenalters. Für die Beratung und Entlastung der Angehörigen psychisch Kranker sind wir ebenso zuständig. Angeboten werden von uns Beratung, Behandlung und Krisenintervention in Form von Einzel-, Paar-, Familien- oder Gruppengesprächen. Zu den üblichen Praxisöffnungszeiten beteiligen wir uns auf dem Gebiet der Landeshauptstadt an der kassenärztlichen Versorgung von Notfällen. Außerdem ist die langfristige Versorgungsplanung für psychisch Kranke durch koordinierende Zusammenarbeit mit Krankenhäusern, Arztpraxen und anderen Hilfsanbietern unsere Aufgabe. In meiner Funktion als

Leiter beschäftige ich mich viel mit der Koordination von Versorgungsstrategien, führe aber auch persönlich Info-Veranstaltungen über psychische Störungen und ihre Behandlungsmöglichkeiten durch.

Die Aufzeichnung des Interviews mit Vor- und Nachbereitung dauert keine halbe Stunde. Alles läuft routiniert zügig ab. Ich werde entkabelt und schließlich freundlich verabschiedet.

Als ich wieder das Zimmer meiner Sekretärin betrete, hat Mockie gleich eine Nachricht für mich:

„Ihr Handy ist noch ausgeschaltet. Ein Herr Kramer vom Hermann-Hesse-Gymnasium hat deshalb hier für Sie angerufen, um den nächsten gemeinsamen Trainingstermin abzusagen."

Ich bin schon fast in meinem Büro, als Sonja sich erkundigt: „Darf ich fragen, was er mit Ihnen gemeinsam trainiert?"

„Klar", sage ich, „Taekwondo."

Kvin / Fünf

Als Carsten Sonnenberg an diesem Morgen aufwacht, stellt er fest, dass die andere Hälfte seines Doppelbetts schon verwaist ist. Er dreht sich im Bett um zum Nachttisch und schaut auf seinen Digitalwecker: Es ist Dienstag, der 6. September, genau 6:05 Uhr. Carsten hört, dass Anna im Bad ist und duscht. Jetzt hat er noch knapp fünfzehn Minuten bis zum Aufstehen. Gedanken kreisen in seinem Kopf. Sein Leben in den letzten Monaten hatte er sich ganz anders vorgestellt. Er verzweifelt und weiß nicht mehr, was er noch tun kann, um das Steuer herumzureißen. Ein Problem ist seine Ehe, das andere die Schule.

Anna ist eine wunderbare Frau. Wenn er genau nachdenkt, liebt er immer noch alles an ihr – ihre Schönheit, ihre positive Ausstrahlung, ihre Begeisterungsfähigkeit. Wo Anna auftaucht, ist sie stets der von allen begehrte Mittelpunkt. Wie am Hermann-Hesse-Gymnasium, an dem sie seit ihrer Referendarzeit zehn Jahre als Lehrerin Englisch und Französisch unterrichtet. Dass Anna ausgerechnet ihn, den als langweilig geltenden Lehrerkollegen, vor drei Jahren geheiratet hat, ist das Beste, was ihm in seinem 35-jährigen Leben passiert ist. Ihr erstes Ehejahr ist die tollste Zeit seines Lebens gewesen. Da hatten sie sich gemeinsam für den Kauf dieses Einfamilienhauses in Arnum entschlossen und viel Zeit damit verbracht, das Haus so herzurichten, dass es ihren Erwartungen entsprach – mit Arbeitsbereich, Fitnessraum und zukünftigem Kinderzimmer. In diesem ersten Jahr ist Anna offenbar noch davon ausgegangen, dass Carsten ihre Bedürfnisse erfüllen wird. Gemeinsame Kinder, spontane Aktionen mit Freunden, Reisen in entfernte Länder mit Besuchen gleichgesinnter Esperantisten. Nach und nach hat sie gemerkt, dass Carsten nicht mithalten kann. Es fällt ihm schwer, sich auf spontane unkalkulierbare Unternehmungen einzulassen. Seine Begeisterung für die Esperanto-Idee hält sich trotz gewisser Sprachkenntnisse in Grenzen. Und angeblich ist es seine Schuld, dass Anna und er keine Kinder bekommen können. Im letzten Jahr ist ihre Beziehung bereits merklich abgekühlt. Seit einigen Monaten leben sie nur noch ohne einen Hauch von Wärme nebeneinander her.

Er liebt alte Westernfilme, eine Liebe, die sich schon in der ganzen Schule herumgesprochen und ihm nicht nur Pluspunkte eingebracht hat. Vor einigen Wochen hat er gehört, wie ein Schüler hinter seinem Rücken äußert, dass Carsten daran als „Typ von gestern" zu erkennen wäre. Der gestrige Abend ist ein typisches Abbild ihrer Beziehung gewesen. Carsten hat sich im Wohnzimmer eine DVD mit dem Western-Klassiker „Rio Bravo" angesehen, während Anna im Arbeitszimmer auf ihrem PC den französischen Film „Bienvenue chez les Ch'tis" in der Originalversion geguckt hat. Anna teilt nicht Carstens Bücher- und Filmgeschmack, sie begeistert sich für fantastische Geschichten wie Tolkiens „Herr der Ringe", den sie am liebsten auf Esperanto liest. Und sie sammelt fantasievolle Masken aus verschiedenen Kontinenten, Mitbringsel von Reisen zu ihren Esperanto sprechenden Bekannten. Carsten kann damit wenig anfangen, es ist nicht seine Welt.

Wenn er Anna verliert, hat er gar keinen Rückhalt mehr in der Schule. Und der Druck in der Schule wird immer größer.

43

Carsten hört, dass Anna im Bad ihre langen natur-blonden Haare fönt. Gleich heißt es Aufstehen für ihn.

Anna betritt frisch geduscht, lediglich in ein Bade-handtuch gehüllt, das Schlafzimmer. Sie riecht ange-nehm nach Duschgel. Ihr Körper ist in jeder Beziehung perfekt. Das ist das Bild, das er liebt. Diese schöne 33-jährige Frau, die er auf keinen Fall verlieren will.

„Guten Morgen, Carsten", begrüßt sie ihn in sachli-chem Tonfall.

„Guten Morgen, mein Schatz", antwortet er, wobei das Wort „Schatz" bei ihr lediglich zu einem Verzie-hen des Mundwinkels führt.

Zu Hause ist Annas quirliger Redefluss weitgehend verstummt.

Während sie aus dem Schrank ihre Unterwäsche holen will, tritt er hinter sie und umgreift vorsichtig mit beiden Händen ihren Oberkörper.

Schüttelnd windet sie ihren Körper aus seiner Umarmung, wobei er sich abgewehrt fühlt wie ein un-angenehmes Insekt. „Lass das, Carsten!", sagt sie mit klarer Stimme, „du weißt, das ist vorbei."

Er tritt einen Schritt zurück und sie zieht dabei zügig ihre Unterwäsche an.

„Wir sollten es noch mal miteinander probieren. Einfach von vorne anfangen." Fast beschwörend kom-men seine Worte hervor.

„Es gibt keine gemeinsame Zukunft mehr für uns, Carsten. Nimm das endlich zur Kenntnis! Sobald ich etwas Passendes gefunden habe, werde ich hier aus-ziehen."

„Anna, bitte ..." Carsten guckt sie mitleiderha-schend an.

Aber Anna reagiert nicht darauf. Sie zieht sich ihr buntes Sommerkleid an und verlässt das Schlafzimmer. Carsten hört sie die Treppe zum Erdgeschoss heruntergehen und anschließend in der Küche werkeln.

Er betritt das Bad, wo er heute mehr Zeit als sonst benötigt um fertig zu werden. Die ersten beiden Stunden sind Erdkunde. Allein bei dem Gedanken an Sebastian Rokahr spürt er sofort unangenehm seinen Magen. Er zieht seine beigefarbene Stoffhose und ein kurzärmeliges Hemd an und setzt sich dann unten schweigend zu Anna an den Küchentisch.

„Komm, Carsten. Sei nicht so traurig." Sie lächelt ihn an. „Es tut mir leid, wenn ich dich verletzt haben sollte. Aber es gibt einfach Tatsachen, denen wir ins Auge sehen müssen, damit es für uns beide weitergeht."

„Ach, Anna", ist seine Reaktion. Er versucht sich zu einem Lächeln aufzuraffen, aber er schafft es nicht.

Nach dem Frühstück verlassen beide gegen 7:10 Uhr das Haus und steigen zusammen in ihren gemeinsamen Wagen, einen Mazda 3.

Ihr Wohnhaus im Landhausstil befindet sich im südlichen Teil von Arnum. Da sie beide im Hermann-Hesse-Gymnasium arbeiten, fahren sie morgens meistens zusammen dorthin. Arnum ist mit seinen 7.500 Einwohnern der größte Stadtteil von Hemmingen. Gerade in den letzten zwanzig Jahren sind hier zahlreiche neue Einzel- und Reihenhäuser gebaut worden, bezogen in erster Linie von jungen Familien. Bekannt ist der Ort auch durch seinen Naherholungspark „Arnumer See" mit Campingplatz. Anna und Carsten hat an ihrem Haus besonders gereizt, dass es nur wenige Schritte sind zu den vielen Feldern ringsum, von denen sich im Sommer wunderschöne Sonnenuntergänge beobachten lassen.

Jetzt müssen sie sich durch die stark befahrene B3 quälen, die von Arnum durch Hemmingen-Westerfeld

45

nach Hannover führt. Die Stadt Hemmingen grenzt direkt an den südlichen Teil von Hannover.

Anna steuert den Wagen wie meistens in der letzten Zeit. Im Wagen kommen sie durch das Thema „Schule" ins Gespräch. Anna bereitet der Alkoholkonsum einiger Schüler an den Wochenenden große Sorgen. Die sitzen dann am Montagmorgen bei ihr im Unterricht mit glasigen Augen. Auch ist ihr bekannt, dass das stundenlange Durchtanzen in den Diskos manchmal nur durch den Konsum von Ecstasy ermöglicht wird.

„Und wenn's dann nicht mal beim Alkohol bleibt …", wirft Carsten ein, womit er auf die Drogen anspielt. Aufregung herrschte in der Schule vor 14 Tagen, als in der Schüler-Teeküche geringe Mengen Cannabis gefunden wurden, ohne dass bisher geklärt werden konnte, wie der Stoff dorthin gekommen war. Von Roman Janowski, einem 17-jährigen Schüler, der in Carstens Erdkunde-Kurs sitzt, wusste man bereits, dass er schon einmal Kokain genommen hat. Aber er hatte jegliche Verantwortung für den Cannabis-Fund abgestritten.

Carsten teilt Annas Sorgen: „Ich vermute, dass Romans Freund Sebastian sicherlich auch schon Drogen ausprobiert hat."

„Na ja, wundern würde es mich nicht …", stimmt Anna zu.

Gegen 7:45 Uhr erreichen Anna und Carsten den Parkplatz an der Ricklinger Straße direkt vor dem Hermann-Hesse-Gymnasium in Linden-Süd. Als Anna die Schule betritt, lebt sie auf. Zu diesem Zeitpunkt herrscht Leben in der Schule, in der 1000 Schüler unterrichtet werden, davon 15 Prozent mit Migrationshintergrund. Im Forum wird sie von Schülern und Lehrerkollegen freundlich begrüßt. Anna ist eine Vitalitätsspritze und verbreitet gute Laune. Carsten geht einige Schritte hinter ihr, was seine derzeitige Situation treffend symbolisiert. Anna duzt sich mit den meisten Kollegen – und dem Hausmeister, der ihr ebenfalls lächelnd zuwinkt.

Frank Müller, der Hausmeister, spricht Carsten an:

„Herr Sonnenberg, ich weiß doch, dass Sie Western mögen. Am Samstag habe ich mir die Sammlerbox der Winnetou-Filme zugelegt. Wenn Sie wollen, leihe ich die Ihnen gerne mal aus."

„Nein danke. Dieser unrealistische Indianerkitsch nach Karl May hat mit anspruchsvollen Westernverfilmungen überhaupt nichts zu tun", entgegnet Carsten, dem auch nicht danach ist, aus Nettigkeit Interesse zu heucheln. Für den sonst eher schüchternen Frank ist das ein Schlag ins Gesicht.

„Mach dir nichts draus, Frank. War ja nett gemeint", versucht Anna den enttäuscht wirkenden Hausmeister zu trösten. Der lächelt gequält.

Dann strebt Anna dem Lehrerzimmer zu, um ihr Postfach durchzusehen und sich noch fünf Minuten auf die erste Stunde vorzubereiten.

Carsten betritt hinter Anna das Lehrerzimmer, sagt ein leises „Guten Morgen", was jedoch von den meisten Anwesenden kaum zur Kenntnis genommen wird, weil diese, zumindest die männlichen, auf Anna schauen. Bernd Kramer, Sportskanone mit unermüdlichem Hang zum Gutmenschentum, macht mit Anna einen Termin für die große Pause aus. Carsten setzt sich direkt an einen der quadratischen Tische zu den Kolleginnen mittleren Alters, Annette Schwarzenbacher und Karin Engelke-Reimann.

In zehn Minuten geht der Horror wieder los. Und der hat mit Alkohol und Drogen überhaupt nichts zu tun. Carsten unterrichtet Erdkunde und Mathematik in verschiedenen Jahrgangsstufen. Für den Abiturjahrgang wird er gleich eine Doppelstunde des vierstündigen Erdkunde-Kurses geben. Disziplinarprobleme kennt er auch aus den anderen Kursen und Jahrgängen. Aber in diesem Erdkunde-Kurs sitzt Sebastian Rokahr. Ein sportlicher gutaussehender Typ mit dunkelblonden Haaren, der vor zwei Jahren eine Klasse wiederholt hat und daher schon 18 ist. Sebastian weiß genau, dass er in der Schule der heimliche Schwarm etlicher Mädchen ist, während die meisten Jungen ihn als Führungsperson schätzen oder zumindest fürchten. Seine Meinung ist Maßstab, seine Kleidung elegant, sein Smartphone auf dem technisch neuesten Stand. Sebastian hat ein unverschämtes Selbstbewusstsein entwickelt, das er seine Umgebung spüren lässt.

Und auf mich und meine Gutmütigkeit hat er es besonders abgesehen, geht es Carsten durch den Kopf. Carsten fühlt sich durch zahlreiche geschickt verpackte Doppeldeutigkeiten, die Sebastian seinem Lehrer im Unterricht an den Kopf wirft, gedemütigt. Und die Mitschüler fühlen sich bisweilen ermuntert, es ihrem Anführer gleichzutun. Manchmal bleibt Sebastian dem Unterricht fern, aber durch intelligente Wortbeiträge und gute schriftliche Leistungen hat er nicht zu befürchten, dass er sich durch eine schlechte Kursbenotung das Abitur versauen könnte.

Wenn Carsten ehrlich zu sich ist, dann muss er zugeben, dass er solche Probleme in der Vergangenheit nicht nur mit Sebastian gehabt hat. Schüler haben es immer wieder verstanden, ihm aufgrund seiner weichen Art auf der Nase herumzutanzen. Und wenn er wirklich einmal gegengehalten hat, dann ist er jähzornig übers Ziel hinausgeschossen und hat sein Verhalten später bitter bereut. Anfänglich hat er noch versucht, seine Probleme dem Schulleiter oder Lehrerkollegen mitzuteilen. Aber als er gemerkt hat, dass er es nicht schafft, sich zu ändern, ist ihm gleichzeitig bewusst geworden, dass er sich mit jeder Meldung von Disziplinarproblemen in seinem Unterricht nur selbst blamiert. So hat er schon vor Monaten beschlossen, Schwierigkeiten mit den Schülern für sich zu behalten, was weitgehend auch gegenüber Anna gilt.

Zumal von seinen privaten Problemen mit Anna hier an der Schule inzwischen sowieso jeder weiß. Es ist niederschmetternd, von ihrer bevorstehenden Trennung wissen wirklich alle. Schmerzlich der Umstand, dass Carsten damit von Sebastian mit zweideutigen Bemerkungen aufgezogen wird. Die Krönung ist, dass Carsten durch Anna weiß, dass Sebastian sogar sie schon mit anzüglichen Sprüchen angemacht hat. Was Anna jedoch eher belustigt und keinesfalls ernst genommen hat.

„Ich glaube, wir müssen dringend zum Unterricht", reißt seine Kollegin Annette Schwarzenbacher Carsten aus seinen Gedanken.

„Oh ja, richtig", antwortet Carsten. Die Schonzeit ist vorbei, jetzt geht es in die Schlacht.

Erdkunde ist für Sebastian ein sogenannter eA-Kurs, ein Kurs mit erhöhtem Anforderungsniveau, womit die erzielten Punktzahlen große Bedeutung für das Abitur haben. Sebastian wird das Abitur auf jeden Fall schaffen, wie auch immer. Die Schule empfindet er als Belästigung und er sehnt die Zeit herbei, wenn das hier alles vorbei ist. Insofern will er es auf jeden Fall endlich hinter sich bringen. Die meisten Lehrer sind mit Mühe und Not erträglich, für Carsten Sonnenberg empfindet er nur Verachtung. Wenn Sonnenberg für Sebastian eine Funktion hat, dann die, Sandsack zu sein, an dem sich Sebastian erfolgreich abarbeiten kann. Und dann ist da Anna, die genau seinem Typ Frau entspricht. Wenn er wollte, könnte Sebastian an dieser Schule jedes Mädchen kriegen. Insofern stellt Anna eine monumentale Herausforderung dar. Er würde sie gerne besitzen, und wenn es nur für einen Tag wäre.

Sebastian sitzt im Erdkunde-Kurs zwischen seinem Freund Roman und Irina, von der er weiß, dass sie ganz spitz auf ihn ist. „Die wird schon ganz feucht, wenn sie nur meinen Namen hört", hat er Roman letzten Monat die Lage erklärt.

Die erste der beiden Doppelstunden mit Sonnenberg läuft wie immer träge. Nach Sebastians Einschätzung mögen viele seiner Mitschüler Sonnenberg ebenfalls nicht besonders, weil dieser als langweilig, inkonsequent und damit auch ungerecht gilt.

Sebastian ist für einen Moment bei seiner gestrigen Ermahnung durch Schulleiter Neuber, der ihn direkt damit konfrontiert hat, beim Schuleschwänzen und Klauen in der „Galeria Kaufhof" erwischt worden zu sein. Der Schulleiter hat nicht verraten, woher er diese Information bekommen hat. Aber wer außer der Polizei kommt als Quelle infrage? Um Neuber nicht noch mehr zu verärgern, hat Sebastian darauf verzichtet, nach dem Informanten zu fragen oder die Tat abzuleugnen. Stattdessen hat Sebastian brav versprochen, so etwas nicht wieder zu tun - und damit die Sache für sich abgehakt. Noch einmal wird er sich nicht erwischen lassen. Wenn er sonst geschwänzt hat, ist er zu

50

seinem Hausarzt gegangen, der ihm für jede faden-
scheinige Angabe von Beschwerden sofort ein Attest
ausgestellt hat.

Wird Zeit, dass Sebastian kreativ etwas überschüs-
sige Energie abbaut. Er braucht nicht lange nachzu-
denken, bis er eine brauchbare Idee hat.

Es klingelt zur kleinen Pause. Wie immer, verlässt
Sonnenberg kurz den Klassenraum, um „frische Luft
zu tanken", wie er sagt.

Sebastian gibt der Klassentür einen Stoß, sodass
Sonnenberg auf keinen Fall sehen kann, was im Klassenraum passiert. Die anderen 19 Mitschülerinnen und
Mitschüler sehen Sebastian erwartungsvoll an. Der
schnappt sich den Tafelschwamm und füllt diesen am
Waschbecken mit Wasser auf. Mit dem Schwamm geht
er zu Sonnenbergs Stuhl und quetscht so viel Wasser
aus dem Schwamm, dass die Mulde auf der Sitzfläche
vollständig mit Wasser gefüllt ist. Mit etwas Glück
wird Sonnenberg die kleine Pfütze nicht vorzeitig bemerken. Dann bringt Sebastian den Schwamm zum
Waschbecken zurück, wobei er es schafft, keine verrä-
terischen Tropfen auf dem Fußboden zu hinterlassen.

„Wenn er fragt, wer es war, haltet ihr alle die
Klappe, dann kann er gar nichts machen", zischt Sebastian den anderen zu. Dann begibt er sich wieder an
seinen Platz, wo ihn Irina angrinst.

An den Gesichtern einiger Mitschüler erkennt Sebastian, dass sie mit seinem Scherz nicht einverstanden sind. Aber sie werden es nicht wagen, Sonnenberg
vorher zu warnen.

Es klingelt, die kleine Pause ist zu Ende.

Carsten kommt in den Raum zurück. Auch in der
zweiten Stunde wird es um Entwicklungsprozesse in

der Landwirtschaft Nordafrikas und Vorderasiens gehen, speziell um den Bewässerungsfeldbau.

Der Klassenraum ist an seiner Kopfseite mit einer elektronischen Wandtafel, einem Smartboard, ausgestattet, an der Seitenwand hängt noch eine traditionelle Tafel für die Beschriftung mit Kreide. Carsten nutzt die neuen Medien für gewöhnlich nur in eingeschränkter Weise.

Bevor er sich setzt, wirft er noch einmal einen Blick zur Gruppe der 20 Kursteilnehmer. Irina scheint ihn geradezu anzustarren. Diese 17-jährige blonde Schülerin, deren Familie vor 15 Jahren aus Russland gekommen ist, beschäftigt ihn immer wieder. Heute, wie auch sonst meistens in der warmen Jahreszeit, trägt sie ein eng ansitzendes, merklich ausgeschnittenes Oberteil zu ihren Shorts. Carsten empfindet ihre auffällige Kleidung als provozierend. Eine Anmache, die sich wohl speziell auch an ihren Nebenmann Sebastian richtet.

Mit Irina vor Augen spricht Carsten die Probleme des Bewässerungsfeldbaus an und setzt sich dabei auf seinen Stuhl. Irritiert merkt er, dass sich Feuchtigkeit an seinem Hosenboden ausbreitet. Im ersten Moment sind ihm die Zusammenhänge völlig unklar. Für zwei Sekunden stockt er mitten im Satz, dann redet er fast automatisch weiter. Er sieht die Augen der Schüler auf sich gerichtet. Irina, Roman und natürlich Sebastian scheinen zu lächeln. Da kann nur Sebastian dahinterstecken. Carsten verspürt ein kurzes inneres Aufbäumen, den vermeintlichen Verursacher zur Rede zu stellen. Aber dann ist da wieder diese Lähmung, die dazu führt, dass er einfach sitzenbleibt und weiterredet. Was soll er auch gegen Sebastian unternehmen? Der wird kaum zugeben, dass er etwas damit zu tun hat. Und die anderen Kursteilnehmer werden Sebastian nicht verraten. Carsten würde sich mit hektischem Verhalten nur lächerlich machen. Außerdem hat er nach zwei Minuten Sitzenbleiben jede Chance verpasst, noch glaubwürdig energisch dagegen anzugehen.

Plötzlich kommt Carsten ein Einfall. Er steht langsam auf und lehnt sich mit dem Po an den Heizungskörper vor dem Seitenfenster. Im gleichen Moment wird ihm klar, dass die Heizung im Sommer ausgeschaltet ist. Es wird etwas dauern, bis die Hose wieder trocken ist. Carsten spürt seine Niederlage im ganzen Körper. Den Unterricht führt er vom Fenster aus weiter. Zu seiner Frage zu möglichen Auswirkungen beim Bau von Staudämmen meldet sich nur Sebastian, sodass Carsten nicht umhin kommt, ihn antworten zu lassen.

Sebastian lächelt und antwortet in gestelzter Form:

„Es kann schon zu einem Problem werden, wenn Wassermengen an Stellen gesammelt werden, wo sie natürlicherweise vorher nicht vorgekommen sind."

Einige seiner Mitschüler fangen an zu lachen, sie sehen wohl in seiner Formulierung eine Anspielung auf den üblen Scherz mit dem Wasser auf Carstens Stuhl.

Sebastian gibt sich empört – so als würden die anderen ihn auslachen – und ergänzt scheinheilig:

„Warum lacht ihr?! Das Problem entsteht natürlich dadurch, dass durch Staudämme anderen Lebensräumen das Wasser entzogen wird, wie beispielsweise den traditionellen Weideflächen einiger Nomadenstämme. … Nicht wahr, Herr Sonnenberg, was gibt's denn da zu lachen?"

Carsten schweigt zunächst, dann sagt er leise:

„Ja, Sebastian, du hast ganz recht. Da gibt es nichts zu lachen."

Ses / Sechs

Er liebt diese schöne Frau.
Noch ist es nicht so weit, dass sie miteinander vereint
sind. Aber der Tag rückt immer näher heran.
Er wird alles für sie tun. Alles ...

Eine hölzerne Sitzbank direkt am Maschsee, gut abge-
schirmt durch Laubbäume und einige Büsche. Zwei
Männer sitzen dort und schauen über den 2,4 Kilometer langen künstlichen See hinüber zum Neuen Rathaus. Zwei Joggerinnen laufen auf dem Spazierweg
hinter ihnen vorbei, ohne auf die beiden Männer zu
achten.

Einer der beiden Männer ist Holger Manthei, 24
Jahre, durchschnittlich groß, schlank, braune nach hinten gegelte Haare und ein Schnurrbart, der sich auf
beiden Seiten fast bis zum Kinn zieht. Er trägt zur
blauen Markenjeans ein teuer wirkendes graues
Hemd, dessen Ärmel er lässig hochgekrempelt hat.

Der andere ist Miguel Baraja, 25 Jahre, ebenfalls
schlank, aber etwas kleiner als Holger, schwarze etwas
längere Haare, einen dezent angedeuteten Oberlip-
penbart. Sein südländischer Teint verweist auf die spanische Herkunft seiner Familie. Auf seinem weißen T-
Shirt, das er zu einer etwas verwaschenen blauen Jeans
anhat, steht „Yes we can". Neben Holger steht eine
Umhängetasche, aus der er eine Dose Cola holt und sie
Miguel anbietet:

„Willst du? Ist noch kalt."

„Ja, okay", sagt Miguel, nimmt die Dose und öffnet
sie.

An diesem späten Nachmittag sind derzeit noch knapp zwanzig Grad. Auf dem Maschsee fahren mehrere Tret- und Elektroboote, außerdem müht sich ein junges Pärchen mit einem Ruderboot ab.

Holger holt für sich eine zweite Cola-Dose aus der Tasche und prostet Miguel zu:

„Dann auf ein gutes Gelingen am Sonntag. Der ungewollte Tipp von Carlita ist gut."

Miguels Cousine Carlita arbeitet seit einigen Monaten als Putzfrau in einem städtischen Bürogebäude und weiß inzwischen genau, wann dort die Alarmanlage ein- bzw. ausgeschaltet ist.

„Carlita wird nicht gefallen, was ich mit ihrer Information anfange", befürchtet Miguel.

„Aber sie wird doch die Klappe halten, wenn die Polizei sie befragen sollte?", erkundigt sich Holger.

„Natürlich! Erstens weiß sie gar nicht, was wir vorhaben. Und zweitens, wenn sie einen Verdacht hätte, würde sie nie ein Familienmitglied verraten."

„Dann ist es ja gut." Holger ist zufrieden. Mit der rechten Hand zieht er sein Klappkampfmesser aus der Hosentasche, das sich aufgrund eines großen runden Lochs in der Klinge problemlos mit dem rechten Daumen öffnen lässt. Holger liebt es, sein Kampfmesser spielerisch zwischen seinen Händen hin- und herwandern zu lassen.

Miguel hat noch andere Bedenken: „Wenn einer am Auto bleibt und der zweite das gesamte Zeug schleppen muss, hat der zweite bei der Weitläufigkeit des Gebäudes ganz schön was zu tun. Die haben nicht mal 'nen Fahrstuhl."

„Lass das mal meine Sorge sein. Das regel ich schon. … Wie spät ist es denn? Unser Freund Sebastian müsste jeden Moment kommen."

Miguel steht auf und schaut sich unauffällig um. Grundsätzlich gefällt ihm dieser Ort für eine Übergabe nicht. Ihm sind einfach zu viele Leute unterwegs, deren Verhalten er nicht kontrollieren kann. Die Befürchtung, plötzlich die Drogenfahndung vor der Nase zu haben, ist groß bei Miguel. In dem Moment sieht er in einiger Entfernung Sebastian, der sich ihm vom Norduufer kommend auf dem Spazierweg nähert.

„Er kommt", raunt Miguel Holger leise zu. Der lässt sein Klappmesser wieder in der Hosentasche verschwinden. Vor Sebastian geht noch ein älterer Herr mit einem Dackel, der einem Jogger hinterherbellt, der gerade an ihm vorbeigelaufen ist und jetzt auf Miguel zusteuert. Aus der anderen Richtung, vom Südufer, kommen zwei junge Frauen, die im Gespräch vertieft sind. Holger liebt diese Übergabeorte, weil er das Auffällige für das Unauffälligste hält.

Holger steht langsam auf und geht einige Schritte zu einer Stelle, wo er durch das Ufergebüsch vor den Blicken der Tretbootfahrer geschützt ist. Andererseits versperren Bäume weitgehend Spaziergängern den Blick. Miguels Aufgabe ist es, die gesamte Umgebung im Auge zu haben. Er lässt Sebastian wortlos an sich vorübergehen, der bereits Holger entdeckt hat und wie ein guter Freund auf ihn zustrebt.

Miguel tut so, als würde er auf dem Spazierweg auf jemanden warten. Er guckt auf seine Uhr, sieht sich um. Die Leute auf dem Spazierweg sind sicherlich harmlos und schöpfen keinen Verdacht, was zwischen Holger und Sebastian abläuft.

Warum auch? Holger und Sebastian stehen wie zwei gute Kumpel zusammen.

Sebastian hat seine Umhängetasche aus der Schule dabei. „Hast du den Stoff?", fragt er.

„Natürlich, Kleiner. Und ich habe noch mehr für dich."

„Da bin ich aber gespannt", kontert Sebastian, der versucht, sich selbstsicher zu geben.

„Du bekommst den Stoff zum absoluten Freundschaftspreis. Und dafür unterstützt du mich ein bisschen bei einem kleinen Vorhaben am Sonntag. Na, wie hört sich das an?" Holger grinst.

„Was für ein Preis? Was für ein Vorhaben?", will Sebastian wissen.

„Anstelle der üblichen 80 Tacken kriegst du den Koks für schlappe 40. Ein Superpreis. Wie findest du das?"

„Der Preis ist nicht schlecht … hängt aber von der Gegenleistung ab." Sebastians Begeisterung hält sich noch in Grenzen.

„Der Lohn für deine Hilfe bei unserem kleinen Unternehmen wären keinesfalls nur die 40 Tacken. Du würdest richtig gut am Gewinn unseres kleinen Ausflugs beteiligt. Da kann'ste dir gleich 'n paar neue Edelklamotten für kaufen."

„Klingt halbwegs spannend", äußert Sebastian, „erzähl mehr."

Holger spürt, dass es dem 18-Jährigen durchaus gefällt, von dem Älteren ernsthaft eingeplant zu werden. Mit einigen Sätzen unterrichtet Holger den Schüler über den Plan, am kommenden Sonntag in ein mehrstöckiges Bürogebäude einzusteigen, in dem sich jede Menge neue Notebooks und Flachbildschirme befinden. Holger behält recht mit seiner Einschätzung, dass Sebastian zustimmt, mitzumachen. Holger vereinbart mit ihm einen verbindlichen Treffpunkt. Für Sebastian ist der Termin am Sonntag kein Problem. Er lebt allein in einer eigenen Wohnung und seine Mutter, die gele-

57

gentlich bei ihm aufkreuzt, ist noch zusammen mit seinem Vater im Urlaub in Italien. Am Ende des Gesprächs vollzieht sich der Handel. Für 40 Euro wandert ein kleiner Beutel mit weißem Pulver von Holgers in Sebastians Umhängetasche. Miguel steht in einer Position, dass er potenziellen Gaffern die Sicht auf die Übergabe versperrt.

Sebastian geht in die Richtung zurück, aus der er gekommen ist. Im Verlauf des Nachmittags werden Holger und Miguel noch weitere Kunden treffen. Beide setzen sich wieder auf die Sitzbank und schauen über den Maschsee zum Neuen Rathaus. Während er wieder mit seinem Klappmesser spielt, teilt Holger Miguel mit, dass er Sebastian für ihr geplantes Unternehmen angeworben hat. Miguel ist überrascht und alles andere als begeistert:

„Dieses Jungchen, spinnst du?! So 'n Typ aus'm Gymnasium. Der scheißt sich doch in die Hosen und plaudert nachher alles aus."

„Mach halblang und überlass das Planen mir. Der Kleine hat Potenzial. Genug Feuer im Arsch, verteufelt intelligent und das Spießerleben absolut satt. Der macht mit und hält die Klappe, weil er weiß, dass da noch viel mehr für ihn rausspringen kann", weist Holger den Partner zurecht.

„Das ist ein verwöhntes Kind und gleichzeitig unser Kunde. Da hätten wir bestimmt tausend Bessere finden können. Mir gefällt das Ganze überhaupt nicht mehr!"

„Es wird dir nichts anderes übrig bleiben, als zu akzeptieren, dass wir es so machen", beendet Holger die Diskussion. „Außerdem bin ich selbst bis zur 10. Klasse ins verdammte Hermann-Hesse-Gymnasium gegangen und weiß, wovon ich rede. Die Wiederaufnahme alter Verbindungen zu dem Kasten hat sich doch schon für uns gelohnt. Der Junge – das sage ich dir – hat durchaus Ähnlichkeit mit mir. Und mit mir kommst du doch auch klar, oder?"

Miguel entschließt sich dazu, nicht weiter gegen Holger aufzubegehren und schluckt seinen Ärger herunter.

Es ist Sonntag, der 11. September 2011. Ein historisches Datum, mit dem sich vor zehn Jahren der Terror in die Gehirne von Millionen von Menschen eingebrannt hat. An diesem Vormittag ist es sommerlich warm in Hannover. Holger Manthei hat nur wenige Gedanken an die schrecklichen Ereignisse 2001 in New York verschwendet, obwohl sich Fernsehen, Radio und Zeitung schon seit Tagen mit diesem Thema beschäftigen. Er sitzt auf dem Beifahrersitz des Lieferwagens neben Miguel Baraja und starrt aus dem Fenster. Der Wagen ist vor der Lindener ATIB Moschee in der Fössestraße geparkt, gegenüber der Fahrschule Heidorn.

„Wo bleibt er denn?", sagt er mehr zu sich selbst.

„Ich hab dir gleich gesagt, dass das mit dem nur Ärger gibt", fühlt sich Miguel bestätigt.

Holger hasst es, wenn er nicht recht behält. Zuletzt hat sich sein Riecher immer in Bargeld bezahlt gemacht. Die Übergabeplätze sind gut gewählt gewesen. Der Maschsee für die bessere Kundschaft, die sich den teuren Stoff leisten kann. Und die Gegend in der Nähe des „Schwarzen Bären", dem Platz in Linden-Süd, an dem eine Arztpraxis in großem Stil Drogenabhängige mit Methadon substituiert, für die Konsumenten preiswerter Massenware. Auch die bei Schülern beliebten Pillen fürs Wochenende, die sich noch gut vom Taschengeld finanzieren lassen, hat Holger im Pro-

59

gramm. Wobei er sein Privatleben örtlich ganz klar von seinem geschäftlichen Wirkungskreis getrennt hat.

„Jetzt müsste er langsam kommen", murmelt Holger zunehmend ungeduldig und fängt an, mit seinem Klappmesser zu spielen.

Da taucht Sebastian Rokahr auf und kommt schnellen Schrittes auf den Lieferwagen zu. Holger steigt aus und schaut Sebastian mürrisch an:

„Das musst du dir ein für alle Mal merken. Wenn du mit mir zusammen auf Tour bist, dann bist du pünktlich! Verstanden?!"

Sebastian verzieht das Gesicht zu einem süßsauren Grinsen:

„Tut mir leid. Ich hab verpennt und mich dann aber total beeilt. Kommt nicht wieder vor."

„Freut mich, wenn du verstanden hast, Kleiner. Und jetzt steig ein und rutsch zur Mitte durch!"

Sebastian klettert in das Führerhaus und begrüßt Miguel mit einem kurzen „Hallo". Der gibt lediglich einen Grunzlaut von sich, dann beachtet er den Ankömmling nicht weiter. Holger nimmt neben Sebastian Platz, schließt die Tür und gibt das Kommando zum Losfahren.

Nach ungefähr 15 Minuten sind sie am Ziel. Alle haben bereits Handschuhe angezogen. Sie fahren zu dem leeren Mitarbeiter-Parkplatz hinter einem älteren mehrstöckigen Bürogebäude, in dem verschiedene Abteilungen der Stadt Hannover untergebracht sind. Eine einfache Holzschranke versperrt den Zugang für Nicht-Behördenmitarbeiter. Holger steigt aus und öffnet per Hand die Schranke. Miguel fährt auf den Parkplatz und Holger verschließt die Schranke hinter ihm. An den Parkplatz grenzen wiederum andere Büroräume privater Firmen, in denen sich heute jedoch keine Mitarbeiter aufhalten. Zudem behindern dicht belaubte Büsche die Sicht von außen auf den Parkplatz. Die Gefahr, dass die drei Männer bei ihrem Vorhaben auf dem Parkplatz zufällig von Unbeteiligten beobachtet werden, ist also gering. Der Lieferwagen steht ganz am Ende des Parkplatzes in Gebäudenähe und ist so stationiert, dass die Ladefläche und das, was dort noch passiert, nicht von der Einfahrt des Parkplatzes eingesehen werden kann.

Miguel hat das Gelände vor einigen Tagen genau erkundet. „Wisst ihr, wo ihr da am besten reinkommt?", fragt Sebastian, dem wohl erst jetzt die Tragweite des ganzen Unternehmens bewusst wird.

„Was glaubst du denn, du Witzbold?!", fährt ihn Miguel an. „Ich hab mir schon vor zwei Wochen das Ganze von innen und außen angeseh'n. Da wussten wir nur noch nicht, wie die das mit der Alarmanlage geregelt haben."

„Du kannst uns schon glauben, dass wir keine halben Sachen machen", mischt sich Holger ein. „Ich war am Donnerstag im Gebäude und hab mich als hilfesuchender Bürger ein bisschen auf den Fluren umgesehen."

„Okay, okay! Nichts für ungut", wiegelt Sebastian ab.

„So, und jetzt pass auf, Kleiner." Holger lässt durch seinen energischen Tonfall keinen Zweifel aufkommen, dass er der Chef ist. „Das komplette Gebäude ist weder innen noch außen videoüberwacht. Die Alarmanlage ist auch am Wochenende tagsüber ausgeschaltet. Miguel und ich gehen über ein Fenster im Erdgeschoss rein und holen uns alle brauchbaren Bildschirme und so weiter. Du bleibst draußen und nimmst die Sachen entgegen, die wir durchs Fenster reichen. Pack alles im Wagen in die vorbereiteten Umzugskartons. Hast du das kapiert?"

„Klar", erwidert Sebastian. „Soll ich mir nicht 'ne Maske überstülpen?"

„Nein, das ist zu auffällig. Wenn hier einer zufällig von der Einfahrt auf den Parkplatz schaut, erkennt der auf die Entfernung dein Gesicht sowieso nicht. Aber wenn du 'ne Maske trägst, ist der sofort alarmiert. Alles muss total normal wirken."

Sebastian fragt sich, warum die Alarmanlage am Wochenende tagsüber nicht eingeschaltet ist. Aber vielleicht verirrt sich am Wochenende der eine oder andere arbeitswütige Mitarbeiter doch schon mal in die Behörde – und sollte dann durch eine aufheulende Alarmanlage nicht davon abgeschreckt werden. Insofern wäre aber das Risiko, im Gebäude auf Behördenmitarbeiter zu stoßen, nicht ganz null.

Die drei Männer steigen aus dem Wagen und Holger und Miguel öffnen hinten die beiden Flügeltüren. Auf der Ladefläche stehen zahlreiche Umzugskartons und eine stabile Holzkiste. Außerdem liegen dort zwei Brecheisen und Sturmmützen.

„Wir setzen drinnen Sturmmützen auf. Für den Fall, dass wir auf jemanden treffen. Was ich aber nicht glaube." Holgers Anweisung ist an Miguel gerichtet.

„Schon klar. Alles wie immer." Miguel sind solche Situationen gut vertraut.

Die drei Männer sind jeweils nichtssagend mit einfarbigen T-Shirts und alten Jeans bekleidet. Holger bestimmt, dass die anderen beiden die schwere Holzkiste unter eines der Fenster im Erdgeschoss stellen. Holger steigt mit dem Brecheisen auf die Kiste. Die hintere Eingangstür ist sehr stabil, Schwachpunkt ist das alte Fenster. Während Sebastian kurz das Autoradio mit

62

lauter Musik aufdröhnen lässt, zerschlägt Holger mit dem Brecheisen die Fensterscheibe. Dann öffnet er von außen das Fenster. Mit der Kiste als Podest können Miguel und er problemlos durch das geöffnete Fenster in das dahinterliegende Büro einsteigen. Jetzt läuft alles nach Routine ab. Holger und Miguel haben einen sicheren Blick, was sich später gut verkaufen lässt. Mit Hilfe der Brecheisen ist es für sie kein Problem, Schränke und verschlossene Schreibtische zu öffnen. Ihr Interesse gilt in erster Linie Flachbildschirmen, Notebooks und Smartphones. Mit dem Brecheisen öffnen sie die verschlossene Bürotür und erreichen damit einen langen Flur, von dem ein Büro nach dem anderen abgeht. Einige Türen lassen sich einfach eintreten, bei den anderen führt das Brecheisen zum Erfolg. Das Gebäude ist alt, aber die EDV-Ausstattung ist noch so neu, dass sich dafür schon Käufer finden werden. Holger und Miguel teilen sich auf und schleppen aus mehreren Etagen Geräte in den Raum im Parterre, wo Sebastian am Fenster das Diebesgut in Empfang nimmt und in die Umzugskartons verstaut.

Holger und Miguel durchkämmen alle Etagen und schaffen alles, was für sie einen lohnenswerten Wiederverkaufswert hat, zu Sebastian. Holgers Einschätzung hat sich bewahrheitet. Niemand hat sie während ihrer Exkursion durch eine Hannoversche Behörde gestört. Auf Beamte und Angestellte im öffentlichen Dienst ist halt immer Verlass!

Als die beiden Männer wieder durch das geöffnete Fenster ins Freie klettern, merken sie ihre körperliche Anstrengung.

„Kann niemand behaupten, dass wir nicht durch schweißtreibende Arbeit unser Geld verdienen", feixt Holger.

Miguel müht sich ein leichtes Grinsen ab.

Schnell sind Kiste, Brecheisen und Sturmmützen im Lieferwagen verstaut. Holger geht zur Parkplatzeinfahrt und öffnet die Schranke. Miguel fährt mit Sebastian vom Parkplatz, Holger lässt die Schranke herunter und steigt ebenfalls in den Lieferwagen, der sich unauffällig vom Tatort entfernt.

Holger hat ungefähr vor Augen, was ihnen das heutige Geschäft einbringen wird. Aus einem Brustbeutel unter seinem T-Shirt holt er einige Scheine hervor und drückt sie Sebastian in die Hand.

„Hier, Kleiner, das ist der Lohn für deine Mithilfe."

Sebastian zählt das Geld durch und verzieht das Gesicht: „Bei dem Zeug, das ich da hinten reingeschafft habe, müsste eigentlich noch mehr rausspringen."

„Nun werd mal nicht gleich größenwahnsinnig. Aber ich bin ja Kumpel. Ich geh auch davon aus, dass der Verkauf der Sachen so viel Tacken bringt, dass du noch einen kleinen Nachschlag bekommst", bekundet Holger in vermeintlich freundlichem Tonfall.

„Woher soll ich wissen, für wie viel du das Zeug verkaufst?", beschwert sich Sebastian.

Holger beginnt mit seinem Klappmesser zu spielen.

„Du zweifelst doch nicht daran, dass ich ein Ehrenmann bin, oder? Außerdem will ich so einen guten Geschäftspartner wie dich nicht verärgern. Du bekommst das Geld. Denn ich habe bereits das nächste Geschäft mit dir vor Augen."

Sebastian stutzt: „Was für ein nächstes Geschäft?"

„Ich bin selbst bis vor acht Jahren zum Hermann-Hesse-Gymnasium gegangen, und da kann ich mich noch gut an das Sprachlabor erinnern. Jetzt lese ich doch vor einigen Monaten in der Zeitung, dass dort die ganze Technik für die Schüler ganz vorbildlich neu ausgestattet worden ist. Da müsste bestimmt was zu holen sein. Und du hast ja heute gesehen, wie gut das läuft."

Als Sebastian nichts sagt, fährt Holger fort:

„Mich würde interessieren, wie das da mit der Alarmanlage geregelt ist. Und du kannst das für uns herausbekommen."

„Ich weiß nicht, wie die Alarmanlage geschaltet ist."

„Gibt es da noch diesen dämlichen Hausmeister Müller? Der wird doch sicher was darüber wissen. Den horchst du unauffällig aus."

„Ja, Müller gibt es da noch. Aber der ist alles andere als gesprächig", erklärt Sebastian.

„Du wirst das schon hinkriegen, Partner", sagt Holger mit einem Lächeln und verstaut sein Klappmesser in der Hosentasche. „Da springt in Zukunft noch 'ne Menge für dich raus."

Holger und Miguel lassen Sebastian in der Innenstadt aussteigen. Wohin sie mit dem Wagen fahren, bleibt ihr Geheimnis. Sebastian geht zur nächsten U-Bahnhaltestelle und macht sich auf den Weg nach Hause.

Als Sebastian wieder in seiner Einzimmer-Wohnung in Linden ist, lässt er sich auf seine Bettcouch fallen.

Auf was habe ich mich da eingelassen?, geht es ihm durch den Kopf. Der Stundenlohn heute war nicht schlecht. Aber ein Einbruch in seiner Schule ist ihm zu heiß. Die Chance, dass dort ein Einbruch bemerkt wird, ist viel größer als heute in dem alten Bürogebäude. Schließlich wohnt Müller, der Hausmeister, direkt im Schulgebäude.

Und da ist noch etwas anderes, was ihm an diesem geplanten Vorhaben nicht gefällt. Das Sprachlabor in der Schule ist Annas Bereich. Sie nutzt es regelmäßig für ihren Englisch- und Französischunterricht. Er mag es nicht, dass etwas beschädigt wird, das Anna wichtig ist.

Alles Quatsch, sagt er sich dann wieder. Anna ist schließlich nicht persönlich betroffen, wenn die Computer und Flachbildschirme geklaut werden. Es würde alles wieder neu beschafft werden. Und trotzdem – das Sprachlabor ist gefühlsmäßig ein Teil von Anna.

Sebastian befürchtet ein Zerwürfnis mit Holger. Na gut, aber heute muss er sich für gar nichts entscheiden.

Er braucht Abwechslung. Anna ist in seinen Fantasien präsent, aber momentan nicht wirklich für ihn greifbar. Da könnte Irina Smirnov ein guter Ersatz sein.

Diese geile russische Schnitte könnte mich jetzt auf ganz andere Gedanken bringen, ist seine nächste Idee.

Über den Internet-Telefondienst „skype" ist sie momentan nicht zu erreichen. Er sucht ihre Handynummer im Telefonbuch seines Smartphones und wird gleich fündig. Als er sie anklingelt, hat er sofort ihre Mailbox dran. Sie hat ihr Handy also ausgeschaltet. Seine Vorstellung von Irina, die immer ihren gut gewachsenen Körper ins rechte Licht zu rücken weiß, bringt ihn dazu, auf der Festnetznummer ihrer Eltern anzurufen.

Er bereut sofort seinen Entschluss, als er merkt, wer sich am anderen Ende der Leitung meldet. Alexej, ihr ein Jahr jüngerer Bruder, der auch aufs Hermann-Hesse-Gymnasium geht.

„Hier ist Sebastian. Gib mir mal deine Schwester."

„Gibt's ja wohl nicht …", Alexej scheint völlig überrascht. „Dass du Junkie hier anrufst. Irina ist für dich nicht zu sprechen!"

Und damit beendet Alexej abrupt das Gespräch.

Sebastian spürt sofort Wut in sich aufsteigen. Irgendwann wird er es mit Alexej noch richtig krachen lassen.

„Junkie" hat er ihn genannt. Das ist nicht gut, wenn sich Sebastians Konsum von illegalen Substanzen zu weit herumspricht. Er nimmt des Öfteren an Wochenenden Ecstasy, um wenigstens in dieser Zeit den ganzen Mist mit der Schule zu vergessen. Kokain hat er nur gelegentlich genommen. Der Stoff ist zu teuer und letztendlich auch zu gefährlich. Der Gedanke an ein zukünftiges Studium, wo er wieder nur lernen muss, ist für ihn keine angenehme Vorstellung. Oder eine Ausbildung, wo er ganz unten anfängt und ihn jeder herumkommandieren kann. Schnell zu Geld zu kommen und zu machen, was man will, das ist seine Wunschvorstellung. Da hat der Kontakt zu Holger Manthei schon seinen Reiz.

Sebastian entledigt sich der schlichten Klamotten, die er für den heutigen Beutezug getragen hat, um sich wieder die Markenkleidung anzuziehen, in der er sich wohlfühlt. Anschließend versucht er auf andere Gedanken zu kommen, indem er den Großbildfernseher einschaltet und sich durch die Programme des Bezahlsenders „sky" zappt.

Sep / Sieben

7. Dezember 2011.

Regen klatscht gegen die Scheiben des grauen VW Passat. Mit Mühe schaffen es die Scheibenwischer, der Fahrerin eine ausreichende Sicht auf die Ritter-Brüning-Straße zu verschaffen. Kriminaloberkommissarin Andrea Renner ist allein auf dem Weg vom Hauptgebäude der Polizeidirektion nach Wettbergen, dem südwestlichsten Stadtteil von Hannover. Andrea blickt nach rechts, wo sie am Hermann-Hesse-Gymnasium vorbeifährt. Die Schule, vor der Sturmböen das Laub aufwirbeln, macht ihr noch einmal unmissverständlich deutlich, was das unangenehme Ziel ihrer Dienstfahrt ist. Sebastian Rokahr, der heute Morgen von seiner Mutter tot in seiner Lindener Wohnung aufgefunden worden ist, war Schüler dieses Gymnasiums. Andrea hat den Leichnam des 18-Jährigen noch gut vor Augen. Endgültige Auskunft über seinen gewaltsamen Tod wird die Obduktion in der Rechtsmedizin der Medizinischen Hochschule liefern. Sebastians Mutter hat den grausamen Fund nicht verkraftet. Andrea ist froh, dass sich momentan die Ärzte der zuständigen psychiatrischen Klinik um Frau Rokahr kümmern.

Am Ricklinger Kreisel biegt die Polizistin nach rechts in die Bückeburger Allee Richtung Tönniesberg ein.

Die Mitglieder der neu gebildeten „Mordkommission Sebastian", der Andrea angehört, haben die anfallenden Aufgaben unter sich aufgeteilt. Andrea hat wie schon öfters den undankbaren Job übernommen, die Nachricht vom Tod eines nahen Angehörigen zu überbringen. Klaus Rokahr, der Vater von Sebastian, war seit gestern auf Geschäftsreise und heute Vormittag nicht an sein Handy gegangen. Erst gegen 14 Uhr hatte ihn Andrea auf seinem Handy erreicht. Zu diesem Zeitpunkt befand er sich nach eigenen Angaben in seinem privaten Haus in Wettbergen. Andrea hatte sich als Angehörige der Polizeidirektion Hannover zu erkennen gegeben und geäußert, ihn im Rahmen einer Ermittlung sprechen zu wollen. „Am Telefon möchte ich keine näheren Angaben machen, sondern mich mit Ihnen persönlich unterhalten", hatte sie zu ihm gesagt. Zwar hatte Klaus Rokahr überrascht geklungen, aber den Verdacht, dass seinem alleinlebenden Sohn oder seiner Frau etwas passiert sein könnte, hatte er offenbar nicht.

Für Andrea wäre es unmöglich, dem Vater die Todesnachricht am Telefon zu übermitteln. Das geht nur persönlich. Und schon so ist es schwer genug. Klaus Rokahr ist unvorbereitet und offenbar allein im Haus, ohne potenziellen Beistand eines Familienangehörigen.

Andrea erreicht über die Hamelner Chaussee den Stadtteil Wettbergen, der neben einem alten Ortskern über mehrere Neubaugebiete mit Geschäften, Cafés und Restaurants verfügt. Langsam fährt sie in ein typisches Wohnviertel mit unterschiedlich gestalteten Einfamilienhäusern. Vor einem rot geklinkerten Einfamilienhaus mit Sprossenfenstern und braunem Dach im Landhausstil parkt sie ihren Wagen. Neben dem Haus befindet sich eine Garage mit einer großzügigen Auffahrt, daneben ein kleiner Vorgarten mit einer Rasenfläche, auf der einige Büsche stehen. Das Grundstück wird von einem niedrigen hölzernen Zaun um-

69

grenzt. Draußen ist es kalt, es regnet und stürmt. Für Andrea so etwas wie herbstliches Winterwetter.

In diesem Haus wohnt das Ehepaar Rokahr. Angesichts des Regens hat es Andrea eilig, zur Eingangstür zu gelangen. Es handelt sich um eine weiß gestrichene Holztür, in deren linker Hälfte sich eine Glasscheibe befindet. Die Polizistin klingelt und nach kurzer Zeit kann sie durch die Glasscheibe einen Mann in den Fünfzigern kommen sehen, der ihr die Tür öffnet.

„Mein Name ist Andrea Renner, Polizei Hannover", stellt sie sich vor und zeigt ihren Dienstausweis.

„Klaus Rokahr", sagt der ungefähr 1,90 Meter große Mann, dessen kurze braune Haare von einigen weißen Strähnen durchsetzt sind. „Bitte kommen Sie herein, Frau Renner."

Klaus Rokahr trägt eine graue Anzughose, dazu ein hellblaues langes Hemd mit einer dunkelroten Krawatte. Bis auf einen dezenten Bauchansatz wirkt er körperlich sehr sportlich. Schon der Flur wirkt konservativ, aber elegant eingerichtet. Rokahr führt Andrea in das große verwinkelte Wohnzimmer, das mit teuer wirkenden Möbeln, wie einer Schrankwand, einer Couchgarnitur, mehreren Sesseln und einem Glastisch eingerichtet ist. In einer Nische steht ein kleiner Esstisch vor der Durchreiche zur Küche. Der Boden des Wohnzimmers ist rotbraun gefliest. An den Wänden hängen Reproduktionen gemalter Bilder, die mediterrane Landschaften darstellen. Natürlich fehlt auch der inzwischen obligatorische Flachbildfernseher auf einem Medientisch nicht. Die bis zum Boden heruntergezogene Fensterfront erlaubt problemlos einen Blick in den gepflegten Garten hinter dem Haus.

Alles wirkt heil und friedlich, zumindest oberflächlich. Und in diese heile Welt platze ich mit meiner

70

grauenhaften Nachricht, schießt es Andrea durch den Kopf.

Als sich beide in Ruhe gegenübersitzen, tut die erfahrene Kriminalbeamtin ihre traurige Pflicht. Behutsam setzt sie Klaus Rokahr über den Tod seines Sohnes in Kenntnis. Sie berichtet über das vorgefundene Szenario in Sebastians Wohnung und die Aufnahme der unter Schock stehenden Frau Rokahr in das psychiatrische Krankenhaus. Mit erstarrter Miene hat Klaus Rokahr Andreas Bericht verfolgt, erst ungläubig, dann erschüttert. Er ringt um Haltung, aber schließlich fließen ihm Tränen über die Wangen. Für einen kurzen Moment fängt er laut an zu schluchzen, wobei er die Hände schützend vors Gesicht hält, als müsste es ihm peinlich sein, Gefühle zu zeigen.

„Warum, warum nur?", bringt er hervor, um dann in ein Schweigen zu verfallen, das Andrea ihm gerne zugesteht. Rokahr schafft es erstaunlich schnell, seine Fassung wiederzuerlangen. Er schaut der Polizistin ins Gesicht und verkündet: „Ich hoffe um alles in der Welt, dass Sie den Mörder meines Sohnes bald finden!"

Andrea erwidert den Blick: „Ich verspreche Ihnen, Herr Rokahr, dass meine Kollegen und ich alles dafür tun werden. Können Sie mir sagen, wer einen Grund gehabt haben könnte, Sebastian zu ermorden?"

„Ich wüsste niemanden. Dazu muss ich aber sagen, dass ich in den letzten Monaten wenig Kontakt zu meinem Sohn hatte."

„Gab es dafür einen besonderen Grund? Ihr Sohn lebte ja schon recht früh allein in einer eigenen Wohnung."

Rokahr stockt. Er scheint zu überlegen, ob er das, was ihm durch den Kopf geht, erzählen soll.

„Ich glaube, das hat alles mit meiner Tochter zu tun. Rieke, Sebastians drei Jahre ältere Schwester, und ich … wir beide hatten ein angespanntes Verhältnis. Bis heute kann ich ihren lockeren Lebenswandel nicht akzeptieren … Spaß, Partys, Alkohol. Nach einem heftigen Streit zwischen uns ist sie vor zwei Jahren ausgezogen. Das hat meine Frau überhaupt nicht ausgehalten …" Rokahr unterbricht seinen Satz und ist offenbar hin- und hergerissen, ob er die Geschichte zu Ende erzählen soll.

„Sprechen Sie bitte weiter. Für mich ist alles wichtig, was mir die Lebensumstände Ihres Sohnes und seiner Familie klarer vor Augen führt", ermuntert ihn Andrea.

„Meine Frau kann schlecht Grenzen setzen. Das betraf meine Tochter wie meinen Sohn. Sie hat Rieke alles durchgehen lassen. Den Erfolg hat man ja gesehen. Als Rieke unser Haus verlassen hat, ist meine Frau noch nachgiebiger geworden. Sie hat sich von Sebastian demütigen lassen, ihn im Haus machen lassen was er will und ihm sogar noch Geld zugesteckt. Nur damit er sie nicht auch noch verlässt. Sebastian hat seine Mutter zuletzt dafür verachtet, dass sie sich ihm gegenüber nicht durchsetzen konnte. Er könne es mit ihr nicht aushalten, hat er mehrfach gesagt."

„Konnten Sie Ihre Frau denn nicht unterstützen?", erkundigt sich Andrea.

„Ich bin die letzten Jahre viel weg gewesen. Das Autohaus in Misburg, das ich betreibe, fordert seinen Tribut. Da komme ich meistens erst spät nach Hause."

„Aber vor Ihnen hat Sebastian Achtung gehabt?"

„Natürlich, wenn er mein geschäftliches Engagement und meinen Lebensstil manchmal auch als spießig abgetan hat. Ich habe dafür gesorgt, dass er aufs Hermann-Hesse-Gymnasium geht, weil ich früher selbst dort zur Schule gegangen bin und weiß, dass diese Schule etwas taugt. Seit er in der Pubertät war, hatten wir ein sehr nüchternes Verhältnis zueinander. Aber er hat gemacht, was ich sage. Da ich meine Frau vor weiteren Demütigungen schützen wollte, habe ich den Forderungen Sebastians nach einer eigenen Wohnung nachgegeben. Das war zwar meiner Frau nicht recht, aber für uns alle das Beste. In der Wohnung hatte er alles, was er brauchte. Meine Frau hat sich weiterhin regelmäßig um die Wäsche unseres Sohnes gekümmert."

Klaus Rokahr erwähnt, dass seine Frau seit der Geburt der Kinder nicht mehr berufstätig ist, sich aber stattdessen vorübergehend ehrenamtlich betätigt hat.

„Wann ist Ihr Sohn in eine eigene Wohnung gezogen?"

„Im April dieses Jahres, kurz nach seinem 18. Geburtstag."

Andrea möchte wissen, was für ein Mensch Sebastian gewesen ist.

„Er war ein sportlicher und intelligenter Junge. In der Grundschule hatte er nur Einsen", berichtet Rokahr mit sichtlichem Stolz. „Ab der Mittelstufe im Gymnasium ist er dann mit seinen Leistungen abgefallen. Zum Erlernen von Esperanto hat er erstaunlich viel getan und diese Sprache zuletzt perfekt beherrscht. Wahrscheinlich hat er sich durch seine Lehrerin Frau Sonnenberg dafür begeistern lassen. Hier hat er öfters erzählt, dass die Mädchen ihm nachlaufen. Eine Irina, die wohl in seine Jahrgangsstufe ging, hat er meiner Frau gegenüber mehrfach erwähnt."

„Wissen Sie, ob Sebastian Drogen oder andere Suchtstoffe konsumiert hat?", möchte Andrea angesichts des Pillenfundes in seiner Wohnung wissen.

„Von Drogen ist mir nichts bekannt. Aber Alkohol hat er manchmal zu viel getrunken. Deshalb hat er auch seinen Führerschein verloren."

„Wann hatten Sie das letzte Mal Kontakt zu ihm?"

„Persönlich vor zwei Wochen hier in Wettbergen, telefonisch vor einer Woche. Gestern Nachmittag wollte er meine Frau bei uns zu Hause besuchen, aber da war ich nicht da."

Im Verlauf des Gesprächs erfährt Andrea noch, dass Sebastian häufig mit Geldforderungen bei seiner Mutter aufgetaucht ist. Er hat offenbar viel Geld für Kleidung oder elektronische Geräte benötigt.

Gestern war Klaus Rokahr mit seinem Wagen zu einem geschäftlichen Termin nach Süddeutschland gefahren, dabei hatte er zu Hause sein Handy liegenlassen. Auf der Rückfahrt nach Hannover heute Vormittag hatte er nach eigenen Angaben intensiv über die Beziehung zu seiner Frau nachgedacht und sich entschlossen, direkt nach Hause zurückzukehren, um mit seiner Frau über ihr weiteres Zusammenleben zu sprechen. Kurz nach seiner Ankunft in Wettbergen hatte das Handy geklingelt und Andrea war am Apparat gewesen.

Parallel zu Andrea Renners Besuch bei Klaus Rokahr ermitteln zwei weitere Mitglieder der „Mordkommission Sebastian" im Hermann-Hesse-Gymnasium: Thomas Stelter und sein Kollege Kriminaloberkommissar Arif Kimil. Die beiden Polizisten haben zunächst mit Schulleiter Neuber gesprochen, der ihnen für ihre nachfolgenden Befragungen sein Büro zur Verfügung stellt. Danach reden Stelter und Kimil nacheinander mit verschiedenen Lehrern. Darunter sind Bernd Kramer sowie Anna und Carsten Sonnenberg. Die Kriminalbeamten haben Neuber, Anna und Bernd bereits vor zwei Monaten kennengelernt, bei ihren Ermittlungen in einem anderen Mordfall. Die Befragung der Lehrer ergibt einige interessante Ergebnisse. Sebastian hatte mehrfach Streit mit einem Schüler namens Alexej Smirnov, außerdem soll er ein schwieriges Verhältnis zu Carsten Sonnenberg gehabt haben. Wie Sonnenberg fast verschämt mitteilt, hätte Sebastian auf einer Studienfahrt nach Rügen im Oktober zu ihm den schlimmen Satz gesagt: „Nur ein toter Lehrer ist ein guter Lehrer". Das gravierendste Ereignis war sicherlich Sebastians sexuelle Belästigung von Anna Sonnenberg. Zusammengefasst wird für die beiden Polizisten deutlich, dass sich im normalen Alltag der Schule zwischen Sebastian und seinem Umfeld Konflikte zunehmenden Ausmaßes abgespielt haben. Stelter fragt sich, ob einer dieser Konflikte der Grund für Sebastians gewaltsamen Tod gewesen sein könnte. Die heruntergezogenen Hosen des hingerichteten Opfers deuten für Stelter auf etwas Sexuelles hin. Wenn es um die Analyse der Psychologie des Täters geht, besteht die Möglichkeit, auf speziell ausgebildete Fachleute beim Landeskriminalamt zurückzugreifen. Stelter hat eine andere persönliche Vorliebe entwickelt. Er würde in solchen Fällen Dr. Mark Seifert, den Leiter des Sozialpsychiatrischen Dienstes, um seine fachliche Einschätzung bitten. Aufgrund seiner jahrelangen Tätigkeit als psychiatrischer Gutachter in Strafrechtsverfahren, in denen es häufig um Tötungsdelikte ging, hat Seifert nach Auffassung von Stelter ein gutes kriminalistisches Gespür entwickelt. Bereits in einem anderen Mordfall hatte der Kriminalhauptkommissar die Hinweise Seiferts als sehr hilfreich erlebt. Stelter macht es vom Verlauf seiner Ermittlungen abhängig, ob er dem Leiter des Sozialpsychiatrischen Dienstes in den nächsten Tagen einen Besuch abstattet.

Stelter und Kimil möchten heute noch mit der Schülerin Irina Smirnov sprechen, die gestern in einer SMS an Sebastian offengelassen hatte, ob sie ihn am Tatabend besucht oder nicht.

Ok / Acht

An diesem Montag, den 12. September 2011, kommen Anna und Carsten bereits gegen 7:30 Uhr in der Schule an. Hinter dem Haupteingang befindet sich ein kleiner Innenhof, von dessen gegenüberliegender Glasfront man hinunter auf den Schulhof blicken kann. Vom Innenhof geht es dann links ins Forum, wo sich direkt am Eingang die winzige Hausmeisterloge befindet. Hin- und hereilende Schüler und Lehrer verursachen ein lautes Stimmengewirr. In der Hausmeisterloge sitzt Frank Müller, Ende dreißig, kurze braune Haare, Typ robuster Handwerker, dessen Stärke nicht gerade die Redekunst, sondern das Praktische ist. Anna mag diesen etwas wortkargen Mann, der immer zur Stelle ist, wenn es ein handwerkliches Problem gibt.

Als Anna das besorgt wirkende Gesicht von Frank wahrnimmt, bleibt sie vor dem Schiebefenster der Hausmeisterloge stehen und sagt:

„Guten Morgen, Frank. Ist alles in Ordnung?"

Frank lächelt, er scheint dankbar für diese Ansprache zu sein.

„Guten Morgen, Anna. Nein, es ist nicht alles in Ordnung", antwortet er und kommt zum Eingang der Hausmeisterloge. Die mit einer Glasscheibe versehene Eingangstür steht immer offen, wenn sich Frank in seiner Loge aufhält.

„Was ist denn los?", fragt Anna mit echter Anteilnahme und bemerkt, dass Carsten hinter ihr weitergeht Richtung Lehrerzimmer.

„Ich gebe mir echt Mühe, dass hier nichts kaputt und alles möglichst sauber ist. Aber am Samstagvormittag habe ich einige Schweinereien entdeckt. Vor dem unteren Sportumkleideraum, da hat jemand gegen die Wand gepinkelt. ... So was kann ich nicht versteh'n. ... Kann natürlich auch jemand vom Sportverein am Freitagabend gewesen sein. Und in zwei Fluren hab ich schon wieder Kaugummis vom Fußboden gekratzt." Frank wirkt ärgerlich und hilflos zugleich.

„Deinen Ärger kann ich gut nachvollziehen", erklärt Anna. „Aber für solche Arbeiten solltest du ruhig unsere Schüler mit einbeziehen und dich nicht für alles allein verantwortlich fühlen." Anna spielt damit auf den Hofdienst der Klassen 5 bis 10 an, die den Hausmeister im wöchentlichen Wechsel nicht nur beim Leeren der Papierkörbe, sondern auch bei der Kaugummi-Entfernung helfen sollen.

„Ja, ich weiß, Anna. Aber wenn ich so 'n Klebezeug auf dem Flur am Samstag entdecke, kann ich nicht bis Montagmittag warten, dass die Schüler das wegmachen."

Anna lächelt innerlich. Sollte Frank, dieser ewige Junggeselle, doch einmal heiraten, wird seine Frau in ihm viel praktische Unterstützung erfahren.

„Außerdem ... war die Tür zur Aula wieder offen. Jemand muss dort im Fundus der Theatergruppe herumgewühlt haben. Es lagen einige Kostüme auf dem Boden."

Im Keller unterhalb der Aula werden zahlreiche Kostüme aufbewahrt. Einige davon werden von den Schülern des Fachs „Darstellendes Spiel" und der hiesigen Theater-AG genutzt. Die meisten Kostüme gehören der Amateurtheatergruppe „Ihme-Bühne Linden", deren Regisseur mit Jürgen Neuber, dem Schulleiter, befreundet ist. Die Amateurtheatergruppe mit semi-professionellem Anspruch, die in der Vergangenheit regelmäßig ihre Stücke in der Aula des Hermann-Hesse-Gymnasiums aufgeführt hat, darf hier ihre Kostüme und Requisiten lagern. Allerdings pausiert die Gruppe mit ihren Proben seit einem Jahr, weil der „Ihme-Bühne" bis auf den Regisseur sämtliche Männer abgesprungen sind – und angemessener Ersatz bisher nicht gefunden worden ist.

„Wenn das mit den Kostümen nicht passier'n soll, müssen alle darauf achten, dass die Aula immer abgeschlossen ist", beschwert sich Frank.

„Ich werd's Herrn Neuber noch mal ausrichten", verspricht ihm die junge Lehrerin.

„Das ist nett, Anna." Frank ist für die Würdigung seiner Arbeit und damit seiner Person dankbar.

„Na ja, ich muss ins Lehrerzimmer, mich noch ein wenig vorbereiten", erklärt Anna. „Wird wieder ein langer Tag heute."

Frank guckt verständnisvoll: „Dauert oft lange, bis du wieder zu Hause bist. Da hab ich's ja besser." Er zeigt auf eine zweite Tür hinter sich in der Rückwand seiner Loge – die Verbindungstür zu seiner Wohnung, die unmittelbar an die Hausmeisterloge grenzt. „Ich bin immer sofort zu Hause."

Frank muss Montag bis Freitag zwischen 7 und 17 Uhr in seiner Loge oder über Handy erreichbar sein. Danach kann er in seiner Wohnung Feierabend machen. Für das Auf- und Abschließen der Räume in seiner freien Zeit sind die Hauswarte, „Springer"-Teilzeitkräfte aus anderen Schulen, zuständig.

Susanne Oelfke, die Kunstlehrerin, taucht hinter Anna auf. „Darf ich kurz stören. Herr Müller, können Sie mir heute Nachmittag helfen, die Bilder für die neue Bildergalerie vorm Kunstraum aufzuhängen?"

Anna verabschiedet sich: „Ich wollte sowieso gerade gehen. Tschüss, Frank."

„Natürlich, Frau Oelfke. Wann genau brauchen Sie mich?" Frank strahlt und ist in seinem Element.

Die erste große Pause dauert 15 Minuten. Die Schüler verbringen die Zeit auf dem Schulhof, im Forum, in den Aufenthaltsräumen oder in der neuen Mensa, die vor einigen Monaten eröffnet worden ist.

Die Mensa bietet vormittags Brötchen und kleine Snacks an, deren Verkauf von ehrenamtlich tätigen Eltern gemanagt wird. Mittags liefert eine Firma vorbestelltes warmes Essen an. Durch genug Glas in den Außenwänden kann natürliches Licht die Mensa das ganze Jahr hindurch erhellen.

Anna ist mit ihrem Kollegen Bernd Kramer auf dem Weg dorthin. Bernd, 45 Jahre alt, etwas gelichtete dunkelblonde Haare, von kräftiger Statur, ist Biologie- und nach eigenem Selbstverständnis in erster Linie Sportlehrer. Er ist der Tutor von Sebastian Rokahr, den er auch in Biologie unterrichtet. Anna schätzt an Bernd dessen unkonventionelle Art, mit der er nützlichen Vorgehensweisen gegenüber Vorschriften den Vorrang gibt. Ein echtes Raubein, das sich mit voller Energie für seine Schüler engagiert.

„Weißt du, was ich letzte Woche von Neuber erfahren habe? Sebastian Rokahr hat am Freitag vor einer Woche die Schule geschwänzt und ist dabei beim Klauen im ‚Kaufhof' erwischt worden", berichtet Bernd, der Schweigepflicht nur dort einhält, wo sie Sinn macht. „Mir sind schon immer seine tollen Markenklamotten und seine teuren Handys aufgefallen. Möglicherweise kommt das Geld nicht nur von seinen Eltern."

Anna versteht, was Bernd ihr sagen will: „Du meinst, dass er schon früher des Öfteren mal was geklaut hat?"

„Könnte schon sein", antwortet Bernd. „Und dann ist er auch noch mit Roman Janowski befreundet, von dem wir wissen, dass er schon mal Kokain genommen hat. Ich möchte auf jeden Fall verhindern, dass Sebastian ins kriminelle Milieu abrutscht."

„Wobei gerade Roman Janowski auch sehr fürsorgliche Seiten hat und ich ihn nicht gerade als schlechten Umgang für Sebastian sehe", hält Anna entgegen.

„Das ist mir schon klar. Wahrscheinlich ist Sebastian in manchen Fällen sogar eher ein schlechter Umgang für Roman. Ich denke da nur an den Sonntag vor zwei Wochen. Da war ich mit einigen Schülern im Stadion, Hannover 96 gegen Mainz. Sebastian war auch dabei. Da hat er doch plötzlich mit irgendwelcher Pyrotechnik rumgemacht und ich musste ihn mir ordentlich zur Brust nehmen, dass er den Scheiß lässt. Seitdem ist er etwas knörrig mit mir. Aber egal", brummt Bernd.

„Ich glaube, im Grunde ist er ein ganz einsamer Junge", stellt Anna fest.

„Du hast ihn doch jeden Montag in deiner Esperanto-AG. Hab ihn doch mal im Blick und wenn es sich anbietet, red mal mit ihm. Er hat einen guten Draht zu dir und du kannst ihm vielleicht Sachen sagen, die er momentan von mir nicht hören will", schlägt Bernd vor.

„In Ordnung, ich werf vermehrt ein Auge auf ihn."

Bernd ist zufrieden.

„Wie ist eigentlich das 96-Spiel damals ausgegangen?", fragt sie in dem Wissen, dass Bernd es liebt, über Fußball zu reden – und im Besonderen über Hannover 96.

„1:1. Zuletzt hat Schulz den möglichen Siegtreffer für 96 mit einem Schuss am Tor vorbei versiebt. So ist das immer. Guter Angriff, schwacher Abschluss."

Als sie die Mensa betreten, werden sie Zeuge eines unangenehmen Zwischenfalls.

Vor der Essensausgabe hat sich auch heute wieder eine Schlange von Schülern und einigen Lehrern gebildet. Alexej Smirnov, Schüler der 11. Klasse und damit in der sogenannten „Qualifikationsphase 1", sieht sich in der Mensa um. Er schaut nebenbei nach Irina, ob sich seine ältere Schwester wieder mit Sebastian Rokahr abgibt. Aber sie ist offenbar nicht in der Mensa. Stattdessen erblickt er Sebastian, der bereits mit Roman Janowski und Pawel Tutasz an einem der Tische sitzt. Sie haben sich bereits etwas zu trinken geholt. Neben dem kräftigen Roman wirkt der etwas schmächtige polnischstämmige Pawel wie ein kleiner Hänfling. Der 16-jährige Pawel geht wie Alexej in die 11. Klasse.

Alexej entschließt sich, auf die Dreiergruppe zuzugehen. Dabei sieht er Pawel in die Augen. Sebastian und Roman sitzen mit dem Rücken zu ihm.

„Ich finde es eigentlich sehr traurig, Pawel, dass du dich nur mit Junkies abgibst. Ich glaube, es wäre besser, wenn du dir hier andere Freunde suchst", sagt er mit scheinheiliger Fürsorge.

„Was willst du von mir, lass mich in Ruhe", sagt Pawel, wobei seine Stimme leicht zittert.

„Vor mir brauchst du keine Angst zu haben", verkündet Alexej und zeigt auf Sebastian und Roman, „aber vor denen da schon eher."

Roman dreht sich nicht zu Alexej um und sagt nur: „Lass dich von dem Russen nicht anmachen, dafür ist er eine Nummer zu klein."

„Der große Pole macht auf cool, was?", stachelt Alexej, aber Roman versucht sich dadurch nicht provozieren zu lassen. Er weiß, dass er nach seiner Kokain-Eskapade bei einer ernsthaften Schlägerei den endgültigen Verweis von der Schule riskiert. Pawel schaut Roman durchdringend an, ihn empfindet Pawel als eine Art Beschützer.

Alexej lässt nicht locker. Leise aber bedrohlich verkündet er: „Und wenn wir schon dabei sind. Rokahr, ich will dir eins klar sagen. Belästige meine Familie nicht mehr mit deinen Anrufen! Und lass endlich meine Schwester in Ruhe, die ist nämlich zu schade für dich, du Wichser."

Bei diesem Stichwort hat sich Sebastian, der die ganze Zeit an seinem Smartphone gespielt hat, ganz langsam umgedreht und schaut Alexej mit einem spöttischen Gesichtsausdruck an. Angesichts des Stimmengewirrs in der Mensa haben die meisten Schüler den Streit noch gar nicht bemerkt. Auch die anwesenden Lehrer sind offenbar noch nicht aufmerksam geworden.

Sebastian steht auf und stellt sich vor Alexej. Seine Worte sind ebenfalls leise, aber lassen nichts an Deutlichkeit vermissen: „Erstens hab ich nichts mit deiner Schwester laufen. Und zweitens … wenn Irina und ich Lust auf Poppen haben, dann poppen wir – ohne dich zu fragen."

Alexejs Körper nimmt augenblicklich eine Kampfposition ein und er schreit: „Du Schwein, so redest du nicht über meine Schwester!"

Sebastian richtet sein Smartphone, bei dem er vorher schon die Filmfunktion aktiviert hat, auf Alexej:

„Jetzt reg dich noch mal so richtig auf, damit die auf ‚YouTube' krass was zu lachen haben."

Sebastians Andeutung, das Video mit dem wütenden Alexej auf der Internetplattform „YouTube" zu veröffentlichen, bringt das Fass zum Überlaufen.

Bevor einer der umstehenden Schüler oder eine aufmerksam gewordene Lehrkraft es verhindern kann, springt Alexej auf Sebastian zu und schlägt ihm mit einer ausholenden Bewegung das Smartphone aus der Hand.

„He, du Bastard, willst du 'n paar in die Fresse?!", ist die lautstarke Antwort von Sebastian. Inzwischen haben die meisten im Raum mitbekommen, dass ein handfester Konflikt ausgebrochen ist. Roman und Pawel sind ebenfalls aufgesprungen. Bevor ein anderer Lehrer dazwischengehen kann, steht plötzlich Bernd mitten am Ort des Geschehens. Sein energisches „Halt!" wird allerdings von Sebastian und Alexej nicht wahrgenommen. Die beiden Kontrahenten wollen gerade aufeinander losgehen, da packt Bernd Alexej am Kragen und reißt ihn zur Seite.

„Jetzt ist aber Schluss, ihr Nasenbär'n!", schnauft Bernd.

Sebastian steht immer noch unter Dampf und will auf Alexej zugehen. Bernd bremst ihn aus, indem er die flache rechte Hand seines ausgestreckten Arms gegen Sebastians Brust drückt.

„Der kann mir doch nicht mein Smartphone kaputt machen! Das wird er mir bezahlen!", stößt Sebastian ungebremst wütend hervor. „Und pack mich nicht so an, Bernd, das darfst du gar nicht!"

In diesem Moment hört Sebastian eine weibliche Stimme sagen: „Ich möchte, dass du dich beruhigst und wieder angemessen verhältst." Sebastian erkennt sofort Annas Stimme und hält inne.

Dann sieht er sie hinter Bernd auftauchen. Ihr Blick ist eindringlich und offen, als sie zu ihm sagt:

„Bitte, Sebastian. Beruhige dich."

Es ist für alle Beteiligten im Raum schon verwunderlich zu sehen, wie sich Sebastians Körperhaltung entspannt und er sich sogar ein Lächeln abzwingt:

„Einer Frau wie Ihnen kann ich nichts abschlagen, Frau Sonnenberg. Ich bin ganz ruhig. Tut mir leid, wenn Sie die Situation als unangenehm erlebt haben."

Er hebt sein beschädigtes Smartphone auf und drückt es Bernd in die Hand: „Als Beweis, wofür mein kleiner Mitschüler aufzukommen hat." Dann verlässt er ohne ein weiteres Wort die Mensa.

Bernd schnappt sich Alexej: „Ich glaube, wir haben heute noch ein paar Worte zu reden."

Alexej scheint inzwischen realisiert zu haben, in was für eine aggressive Situation er die Beteiligten gebracht hat. Und die Sache mit dem Smartphone wird teuer für ihn. Betreten schaut er auf den Boden.

Bernd scheucht die umstehenden Schüler mit entsprechenden Handbewegungen auseinander. Als einer der anwesenden Lehrerkollegen Bernd mit skeptischem Blick anschaut, grinst dieser und meint:

„Beherzt dazwischengehen ist Gewaltprävention. Keine Sorge, Kollegin Sonnenberg und ich haben die Situation im Griff. Wir werden die Angelegenheit später mit allen Beteiligten regeln. Und dann ist es auch gut."

Anna sitzt im Lehrerzimmer und schaut durch die große Fensterfront auf den Schulhof, an dessen hinterem Ende die Mensa steht, vor der jetzt am Nachmittag einige Schüler sitzen und das sonnige Wetter genießen. Draußen sind angenehme 23 Grad.

Anna empfindet den Tag bisher als anstrengend. Und das hat nicht nur mit dem unschönen Zwischenfall heute Vormittag mit Sebastian und Alexej zu tun. Es ist auch die Verdichtung des Unterrichtsstoffes, seit die 13. Klasse abgeschafft und die Lerninhalte für das Abitur innerhalb von 12 Jahren durchgezogen werden müssen. Die „Qualifikationsphase 2", kurz „Q2" genannt, ist die 12. Klasse und damit jetzt der Abiturjahrgang. Anna ist froh, derzeit nicht in der „Q2" zu unterrichten, wo sich der Druck noch einmal in der Endphase vor den Abiturprüfungen erhöht. Im November stehen schon die Vorabitur-Klausuren an. In der „Q1" gibt Anna Englisch, ebenfalls in der Unter- und Mittelstufe, wo sie außerdem noch Französisch unterrichtet.

Anna ist begeisterte Anhängerin der Esperanto-Bewegung. Sie liebt diese universale Sprache und die dazugehörige Idee der Völkerverständigung. Diese Idee an junge Menschen weiterzutragen, ist seit Langem ihr Anliegen, sodass sie im September 2009 erstmals im Hermann-Hesse-Gymnasium eine jahrgangsübergreifende Esperanto-AG für Schüler angeboten hat. Vorher hatte sie bereits mehrfach den Schülern voller Enthusiasmus über diese einfach zu erlernende Sprache mit den Möglichkeiten des weltweiten Austausches mit fremden Kulturen berichtet. Schulleiter Jürgen Neuber hatte Annas Vorhaben sehr begrüßt. Anna ist damals selbst überrascht gewesen über die überdurchschnittlich große Anzahl von 25 Teilnehmern, wobei sich Jungen und Mädchen fast die Waage halten. Seitdem läuft die Esperanto-AG jeden Montagnachmittag mit derzeit immerhin noch 12 Teilnehmern, von denen 11 seit Anfang an dabei sind. Einige der ehemaligen Teilnehmer sind auch einfach deshalb aus der AG ausgeschieden, weil sie inzwischen schlicht ihr Abitur gemacht haben.

Anna guckt auf die Uhr. Gleich ist es so weit. Mit relativ viel Elan steht sie auf und holt ihre Unterrichtsmaterialien für Esperanto. Zwei anwesende männliche Kollegen gucken ihr schmunzelnd hinterher, als sie das Lehrerzimmer verlässt. Ihnen ist klar, dass Anna jetzt auf dem Weg zu ihrem persönlichen Lieblingsunterricht ist.

Vor dem Klassenraum warten bereits die Teilnehmer. Anna kommt auf sie zu und begrüßt alle schwungvoll-freundlich mit dem auf Esperanto üblichen „Saluton!". Zufrieden hat sie registriert, dass auch Sebastian dabei ist. Eine Teilnehmerin fehlt heute wegen Krankheit. Sebastians Gegenspieler Alexej hat bis vor einem Jahr ebenfalls bei der Esperanto-AG mitgemacht. Anna schließt die Klassentür auf und die Schüler stellen Tische und Stühle kurz um, sodass sich alle im Kreis gegenübersitzen können.

Sebastian hat bei Esperanto selten gefehlt. Er hat die Sprache schnell gelernt und spricht sie nach zwei Jahren nahezu perfekt. Es gefällt Anna, sich mit ihm intelligente Wortgefechte auf Esperanto zu liefern.

Aber auch die meisten anderen Teilnehmer stehen dem nicht viel nach. Esperanto bietet wegen seiner relativ schnellen Erlernbarkeit auch sonst eher sprachunbegabten Schülern endlich die Möglichkeit, mit einer fremden Sprache zu experimentieren und angenehme Erfolgserlebnisse im Sprachunterricht zu haben.

Während des überwiegenden Teils der AG wird Esperanto gesprochen, nur wenige Erklärungen sind in deutscher Sprache.

„Wer von euch kennt das Internet-Spiel ‚Cantr II'?", fragt Anna in die Runde. Ungefähr die Hälfte der Teilnehmer meldet sich. „Wer kann erklären, welche Möglichkeiten dieses Sprachen- und Kommunikationsspiel bietet?"

Natürlich meldet sich Sebastian, aber Anna gibt einem anderen Schüler die Chance, auf Esperanto sein Wissen weiterzugeben.

„Sie wollen nicht wissen, was ich kann, sinjorino Sonnenberg?", fragt Sebastian auf Esperanto.

„Ich weiß mehr, zu was du in der Lage bist, als du vielleicht denkst", kontert Anna.

Sebastian guckt leicht irritiert. Offenbar ist er sich nicht sicher, wie hintergründig Anna diese Antwort gemeint hat.

„Cantr II" ist ein Online-Spiel, in dem reale Spieler in selbstgewählten Rollen aus verschiedenen Ländern in unterschiedlichen Sprachen miteinander kommunizieren. Dabei schreiben die Spieler in vollständigen Wörtern und Sätzen auf, was ihre Figur tut oder anderen Figuren sagen will. Das Spiel simuliert die Entwicklung von Gesellschaften und verzichtet dabei komplett auf eine bildliche Darstellung des Geschehens, setzt dabei auf die Vorstellungskraft des Spielers. Dadurch kann es manchmal Tage dauern, bis eine angesprochene Figur antwortet. Als Sprache für die dargestellten Charaktere stehen zahlreiche Sprachen zur Verfügung, unter anderem Esperanto. Das Spiel ist gut dafür geeignet, Sprachkenntnisse in einer Fremdsprache zu üben. Es ist ein langsames Spiel, das Bedürfnisse nach schneller Action nicht befriedigt.

Anna spricht heute in der AG noch über die mehrsprachige Webseite „lernu!", die über Esperanto informiert und durch kostenlose Kurse auf Esperanto auf unterschiedlichem Niveau das gestufte Lernen der Sprache unterstützt. Zahlreiche „lernu!"-Benutzer aus aller Welt stellen ihren „Steckbrief" auf die Seite – meistens mit

Bild, eigenen Interessen, Sprachkenntnissen und Angaben zum Land des Wohnortes. Ihnen geht es um Mailfreundschaften, um dadurch mehr über Menschen anderer Kulturen zu erfahren und damit gleichzeitig die eigenen Esperanto-Kenntnisse zu vertiefen.

„Ich habe zum Beispiel über ‚lernu!' vor einem Jahr eine Esperanto-Sprecherin aus Kroatien kennengelernt. Sie heißt Elka", versucht Anna die praktischen Vorteile der Webseite zu erläutern. „Da ich kein Kroatisch spreche und sie nur wenig Englisch, ist Esperanto für uns die einzige Möglichkeit der Verständigung. Wir mailen uns seitdem regelmäßig und ich habe bereits einige interessante Dinge über das Leben in Kroatien erfahren."

Für den zweiten Teil der AG hat Anna den Fantasy-Roman von J. R. R. Tolkien „La mastro de l' ringoj" dabei – „Der Herr der Ringe" auf Esperanto. Sie schlägt ein Kapitel im mittleren Teil des ersten Buches auf und lässt diese Buchpassage von den AG-Teilnehmern mit verteilten Rollen lesen. Die anderen Schüler überlassen Sebastian den größten Part des Erzählers.

Am Ende des heutigen Unterrichts kommentiert Anna diesen Umstand mit: „Jetzt hast du ja mal wieder die Hauptrolle gespielt."

Und Sebastian antwortet mit anzüglichem Grinsen: „Die würde ich gerne noch an ganz anderer Stelle bei Ihnen spielen."

Anna schließt den Klassenraum hinter sich ab. Die Teilnehmer der Esperanto-AG haben sich bereits alle verabschiedet. Für einen kurzen Moment hängt sie in Gedanken an Sebastians Bemerkung ihr gegenüber. Manchmal sind seine Sprüche schon grenzwertig, aber irgendwie auch postpubertär harmlos.

Sie geht allein zurück zum Lehrerzimmer, vor dessen Eingang sie auf die Physik- und Mathematiklehrerin Annette Schwarzenbacher trifft, eine der wenigen Kolleginnen, mit denen sie sich siezt.

„Na, Frau Sonnenberg, wieder mal Esperanto gegeben?" Die 48-jährige dunkelhaarige Annette schaut Anna etwas mitleidig an. „Sind denn noch genug Teilnehmer zum Semesteranfang dabei?"

Anna bleibt stehen und antwortet sachlich: „Allemal. Das Interesse der Schüler an Esperanto ist immer noch sehr groß."

„Wissen Sie, Frau Sonnenberg, Ihre persönliche Begeisterung für Esperanto in allen Ehren. Aber eins habe ich Ihnen schon lange einmal sagen wollen. Unsere Schüler haben es später schwer genug, im Berufsleben Fuß zu fassen. Da brauchen sie handfestes Wissen, um im Konkurrenzkampf bestehen zu können", teilt Annette mit, von der gemunkelt wird, dass sie Probleme hat, mit ihrem Unterrichtsstil Schüler zu begeistern.

„Was wollen Sie mir eigentlich sagen, Frau Schwarzenbacher?", unterbricht Anna.

„Dass es heutzutage wichtig ist, wenn Schüler über fundierte Kenntnisse in Naturwissenschaften, Deutsch oder gängigen Fremdsprachen wie Englisch verfügen. Und da Schüler sowieso nur eine begrenzte Bereitschaft haben, Schulstoff zu lernen, finde ich, dass es umso wichtiger ist, wenn sie diese Kapazitäten nicht für etwas investieren, was ihnen später überhaupt nichts nützt."

„Was soll das denn heißen?", fragt Anna gereizt.

„Wissen Sie, Frau Sonnenberg. Mir liegen die Chancen unserer Schüler sehr am Herzen, von denen einige sehr viel Zeit damit verbringen, eine Kunstsprache zu erlernen, die sonst fast niemand spricht. Wenn sie stattdessen Englisch lernen würden, hätten sie später bei Bewerbungen oder in ihrem Arbeitsleben viel bessere Aussichten."

„Ich glaube, Sie sind nicht gut über Esperanto informiert. Erstens sprechen weltweit ungefähr zwei Millionen Menschen Esperanto. Und zweitens ist Esperanto eine humanistische Haltung, die ich für die Entwicklung sozialer Kompetenzen für sehr hilfreich halte", hält Anna energisch entgegen.

„Sie sollten sich jetzt nicht so ereifern, Frau Sonnenberg", winkt Annette ab. „Aber vielleicht überlegen Sie mal, ob das Ausleben Ihrer persönlichen Vorlieben nicht sogar ein wenig zu Lasten der Schüler geht."

Anna schnappt nach Luft.

„Also jetzt geht es doch zu weit. Solche unqualifizierten Äußerungen muss ich mir nicht mehr anhören! Bitte übertragen Sie nicht Ihren Frust auf mich!" Mit zwei eiligen Schritten geht Anna um Annette herum, betritt das Lehrerzimmer und knallt ärgerlich die Tür hinter sich zu.

Das hat ihr noch keiner vorgeworfen, dass sie ihren Schülern praktisch eher schaden würde! Neidische Kuh! Die sollte lieber bei sich selbst gucken, wie sie Schülern durch ihren langweiligen Unterricht den Spaß am Lernen verdirbt.

Nachdem Anna die Schule verlassen hat, fährt sie mit dem Wagen in die Innenstadt, wo sie noch etwas einkaufen will. Von dort aus wird sie wie jeden Montag zur „Lunda Rondo", dem wöchentlichen Montagstreffen der Hannoverschen Esperantisten im „Café Extrakt" in der Nordstadt fahren. Carsten fährt montags von der Schule immer mit dem Bus nach Hause.

8. Dezember 2011.

Der Weg in die Rechtsmedizin der Medizinischen Hochschule Hannover fällt Thomas Stelter und Andrea Renner immer wieder schwer. Der ermordete Sebastian Rokahr ist heute obduziert worden. Die beiden Kriminalbeamten sind jetzt Mitglieder der gebildeten „Mordkommission Sebastian", die sich seit gestern mit der Aufklärung des Mordes an dem 18-jährigen Schüler beschäftigt. Schon die Gänge im Gebäude der Rechtsmedizin empfindet Andrea als deprimierend. Jeder Leichnam eines Mordopfers hat hier eine traurige Geschichte zu erzählen. Auszuhalten ist das Ganze für Andrea nur dadurch, dass die Geschichten auch Hinweise geben, die zur Aufklärung des Verbrechens führen können.

Sie betreten den Obduktionssaal und werden dort von dem Rechtsmediziner Dr. Ulrich Lindhoff im grünen Schutzkittel begrüßt.

„Ich bin gespannt, Ulrich, was du herausgefunden hast", äußert Stelter.

„Das bin ich nicht allein gewesen", stellt Lindhoff richtig und verweist damit auf den Umstand, dass Obduktionen immer von zwei Ärzten vorgenommen werden müssen.

„Schon klar", sagt Andrea, „aber spann uns jetzt nicht auf die Folter."

„Hab ich nicht vor", verspricht Lindhoff und tritt zum Obduktionstisch, der mit einem weißen Tuch den darunter liegenden Körper verhüllt. Lindhoff schlägt das Tuch zurück, sodass Stelter und Andrea den nackten Leichnam des toten Sebastians sehen können. An dem wieder zugenähten großen Schnitt, der von beiden Schultern über das Brustbein zum Schambereich führt, können die Polizisten erkennen, dass hier die inneren Organe zur rechtsmedizinischen Untersuchung entnommen worden sind.

„Der Tod des jungen Mannes muss am 6. Dezember so zwischen 21 und 23 Uhr eingetreten sein. Todesursache war eindeutig ein Stich ins Herz. Die Tatwaffe ist sicher ein Messer gewesen." Lindhoff demonstriert die jeweiligen Spuren an dem vor ihm liegenden Körper. „Aber bestimmt sind ihm zuvor diese Brandmale am Hals beigebracht worden – wahrscheinlich mehrfach durch einen Elektroschocker. Er ist an Armen und Beinen gefesselt und geknebelt worden. Mit braunem Klebeband – das habt ihr am Tatort gesehen. Die Hosen des Opfers waren am Tatort heruntergezogen."

Lindhoff zeigt auf den mit Brandmalen gezeichneten Hodensack des Toten. „Das war uns ja schon gestern gleich aufgefallen. Die Brandmale deuten darauf hin, dass der Täter Sebastian Rokahr im Hodenbereich mit dem Elektroschocker gequält hat. Die elektrischen Schläge verursachen beim Opfer starke Schmerzen."

„Eine äußerst unschöne Vorstellung", brummelt Stelter, der auf die Stichwunde am rechten Oberarm weist. „Ist diese Wunde mit demselben Messer verursacht worden?"

„Mit großer Wahrscheinlichkeit. Außerdem sind damit wohl auch die beiden Buchstaben M und B in den Oberkörper des Opfers geritzt worden."

„Gibt es aus medizinischer Sicht Hinweise auf einen zweiten Täter?", will Andrea wissen.

„Nein." Lindhoff schüttelt den Kopf. „Aber es gibt noch weitere interessante Untersuchungsergebnisse. Wir haben die Haare des Toten untersucht und Drogen nachgewiesen. Sebastian Rokahr hat in den letzten Monaten Ecstasy, Cannabis und Kokain konsumiert."

„Na, das passt ja zu dem Pillenfund in seiner Wohnung", bestätigt Stelter.

„Wir haben also einen einzelnen Täter mit einem Elektroschocker und einem Messer, der Sebastian gehasst haben muss. Und dieser Mörder muss nach Zeugenaussagen beim Betreten des Wohnhauses zur Tarnung ein Kostüm getragen haben", resümiert Andrea. „Und möglicherweise besteht ein Zusammenhang zu dem Mord im Ihme-Zentrum Anfang Oktober, wo Drogenhandel eine Rolle spielte."

Stelter und Andrea haben gerade den Obduktionssaal verlassen, da klingelt Stelters Handy.

Es ist einer der Kriminaltechniker, der wichtige Neuigkeiten hat:

„Wir haben die Daten von der Festplatte des beschädigten Notebooks gecheckt und darauf ein kleines Video entdeckt."

Stelter hört sich die Einzelheiten an und kommentiert das Ganze nach Beendigung des Telefonats mit: „Das ist wirklich interessant."

„Was?"

„Auf dem Video ist Carsten Sonnenberg zu sehen, wie er mit einer sehr jungen Frau rummacht."

„Einer Schülerin?"

„So sieht es aus."

12. September 2011, vormittags. Erdkunde-Unterricht im Hermann-Hesse-Gymnasium.

Ein Lehrer im Alter von 35 Jahren sollte mit neuartigen Medien wie dem Smartboard keine grundsätzlichen Probleme haben. Trotzdem kommt Carsten Sonnenberg mit diesem technischen Arbeitsmittel nicht gut zurecht. Mithilfe eines Projektors lassen sich Bilder und Diagramme für den Erdkunde-Unterricht an die Tafel werfen. Die Tafel bietet die Möglichkeit, dargestellte Inhalte hin- und herzuschieben und für die folgenden Kursstunden zu speichern. Aus Carstens Sicht arbeitet die Technik unzuverlässig und er vermeidet ihren Einsatz dort, wo konventionelle Arbeitsmethoden zu dem gleichen inhaltlichen Ergebnis führen.

In Vorbereitung auf die Studienfahrt des Kurses nach Rügen nächsten Monat hat Carsten einige Referate verteilt, die sich mit der veränderten Flächennutzung auf der ostdeutschen Insel seit der Wende beschäftigen. Als erstes wird Laura, ein eher unauffälliges strebsames Mädchen, ihr Referat vortragen und will dazu auf gespeicherte Tafelinhalte zurückgreifen.

Laura guckt Carsten auffordernd an:

„Ich würde gerne im Vergleich zu Rügen die Diagramme der Flächennutzung der gesamten DDR zeigen. Die Diagramme, die wir letzten Monat abgespeichert haben. Könnten Sie mir die auf das Smartboard projizieren, Herr Sonnenberg?"

Die Schülerin gehört zu denjenigen, die noch am freundlichsten zu ihm sind.

„Ja, gerne", antwortet Carsten, wobei er relativ schnell merkt, dass er wieder in eine unangenehme Situation vor den Kursteilnehmern gerät. Aus für ihn unerfindlichen Gründen schafft er es nicht, das gewünschte Diagramm auf die Tafel zu projizieren.

„Lassen Sie mich das mal machen", sagt Sebastian und tritt nach vorne. Carsten steht etwas hilflos daneben, als der 18-jährige Schüler mit wenigen Handgriffen die gewünschte Datei findet und sie auf die Tafel bringt.

„Danke für deine Hilfe", sagt Carsten, der allerdings Sebastians Einsatz weniger als Unterstützung, sondern vielmehr als Blamage empfindet.

„Nichts zu danken, Herr Sonnenberg", sagt Sebastian großspurig. „Diese Teile sind wie Frauen. Man muss wissen, wie man sie zu nehmen hat, sonst machen sie nicht, was man will."

Einige Schüler, hauptsächlich die Jungen, lachen über Sebastians Bemerkung. Aber auch Irina verzieht ihren Mund zu einem Grinsen. Derartige Sprüche scheinen ihr zu gefallen. Auf Carsten wirkt diese Äußerung wie ein weiterer Angriff auf sein Selbstbewusstsein. Sofort hat er die Anspielung herausgehört, im Umgang mit Anna ein Versager zu sein. Sein Eindruck bestätigt sich auf der Stelle, als er Roman leise murmeln hört:

„Liegt halt nicht jedem, eine Frau auf Touren zu bringen."

Carsten merkt, dass es ihm in den nächsten Minuten schwerfällt, dem Referat von Laura zu folgen. Aber was sie vorträgt, ist in der Regel in Ordnung.

Nach Laura stellt Irina ihr Referat vor. Sie verzichtet auf den Einsatz des Smartboards. Carsten wird bereits nach einigen Minuten deutlich, dass Irinas Ausführungen nicht an die Qualität von Lauras Vortrag herankommen. Irina wirkt unsicher, aber inhaltliche Lücken versucht sie mehrfach mit einem Kichern zu überbrücken. „Also ich glaube, das weiß keiner so genau", behauptet sie einfach zwischendurch und offenbart Carsten damit, dass sie sich zu Hause wahrscheinlich wenig Zeit für die Vorbereitungen genommen hat.

Während ihres Referats lässt Irina zweimal ihre Notizzettel auf den Boden fallen. Als sie sich herunterbeugt, um die Unterlagen aufzusammeln, wobei sie sich offenbar mehr Zeit als sonst lässt, gewährt sie Carsten jedes Mal einen tiefen Einblick in ihren Ausschnitt. Carsten bemerkt mit Schuldgefühlen, dass er auf ihre nicht unbeträchtliche Oberweite starrt, von der er feststellt, dass sie durch keinen BH gebändigt wird.

Guck woanders hin, geht es ihm durch den Kopf. Aber er ertappt sich dabei, wie er zwischendurch immer wieder an Irinas Oberweite hängen bleibt.

Inhaltlich ist Irinas Vortrag eine äußerst mäßige Leistung. Es ist nicht erkennbar, dass sie Informationsquellen aktuellen Datums bei ihren häuslichen Vorbereitungen hat einfließen lassen.

„Hast du eigentlich daran gedacht, dir fachliche Quellen neueren Datums für dein Referat zu besorgen?", fragt Carsten sie am Ende ihrer Ausführungen.

Irina lächelt mit einer Unschuld, die gespielt wirkt, und entgegnet:

„Ich wäre schon dankbar, wenn mir da jemand was besorgt hätte."

13. September 2011. Arnum.

Anna Sonnenberg sitzt abends zu Hause vor ihrem PC im Arbeitszimmer und schreibt eine längere E-Mail an

Elka. Carsten hockt fast apathisch im Wohnzimmer und guckt schon wieder eine Western-DVD – „Leichen pflastern seinen Weg", ein klassischer Italowestern. Nicht Annas Fall.

Ihre Finger gleiten wie von selbst über die Tastatur. Im Tippen ist Anna flink wie ihre Zunge. Carsten ist als Ehepartner nicht mehr existent in ihrem Leben. Da füllt die Konversation auf Esperanto mit ihrer kroatischen Mailbekanntschaft eine willkommene Lücke.

„Liebe Elka,

deine Fotos vom Besuch der Plitvicer Seen fand ich klasse. Die Landschaft in Kroatien muss wirklich wunderschön sein. Schade, dass ich noch nie persönlich da war. Von mir gibt es heute leider nicht viel Positives zu berichten. Gestern hat mich in der Schule eine Kollegin tief verletzt. Sie hat mir vorgeworfen, dass ich mit meiner Esperanto-AG die Zeit meiner Schüler vergeuden und ihnen sogar schaden würde. Ich habe deswegen nachts ganz schlecht geschlafen. Schon der süddeutsche Name der Kollegin – sie heißt Schwarzenbacher – sagt alles. Eine frustrierte Frau, die vor Jahren von Bayern hierhergezogen und damit immer unzufrieden ist. Heute in der Schule bin ich ihr aus dem Weg gegangen. Das fällt mir gar nicht leicht.

Meine Ehe mit Carsten ist jetzt endgültig vorbei. Wir haben darüber gesprochen, dass ich in den nächsten Wochen ausziehe in eine eigene Wohnung. Bei uns in Deutschland ist es so, dass man sich nach einem Jahr Trennung scheiden lassen kann, wenn beide einverstanden sind. Carsten hat darin eingewilligt, auch wenn es ihm schwerfällt. Ich will versuchen, ein neues Leben anzufangen.

Es tut mir gut, dass ich dir auch von meinen Problemen schreiben kann (manchmal beneide ich dich um deine glückliche Ehe und deine Kinder).

Ich wünsche dir noch einen schönen Abend!

Viele Grüße,

Anna"

Mit einem Klick hat Anna die E-Mail versendet. Sie freut sich schon auf Elkas Antwort, wahrscheinlich morgen. Neben dem Monitor auf dem Schreibtisch liegt das schnurlose Telefon. Anna ruft ihren Kollegen Bernd an.

„Kramer."

„Hallo Bernd, hier ist Anna. Klappt das mit dem Termin am Freitag?"

„Klar, ich hab mir den Termin frei gehalten. Wie viele Wohnungen besichtigen wir?"

„Zwei. In Linden. Ich finde es toll, dass du zu den Wohnungsbesichtigungen mitkommst. Schön, dass ich bei der Wohnungssuche nicht allein bin."

Hannover-Mitte am selben Tag, abends.

Der Schrecken erreicht Frank Müller von einer Sekunde zur anderen.

Und dabei hat der Feierabend für den Hausmeister des Hermann-Hesse-Gymnasiums entspannt begonnen. Spontan hat er sich zu einem Besuch des „CinemaxX"-Kinos in der Nikolaistraße entschlossen, welches er von den beiden „CinemaxX"-Kinos in Hannover eindeutig bevorzugt. Allein hat er sich die Neuverfilmung des Mantel- und Degenklassikers „Die drei Musketiere" in 3D angesehen. Ihm hat das Spektakel gefallen, obwohl er frühere Verfilmungen für gelungener hält. Es ist bereits spät am Abend, als er sich vom „CinemaxX" auf den Weg zum Hauptbahnhof macht, von wo er mit der U-Bahn nach Hause fahren will. Er beschließt, den Schlenker über Celler Straße und Hamburger Allee zum Hauptbahnhof zu machen. Auf dem Fußweg der viel befahrenen Celler Straße unterhalb der Bahnunterführung bemerkt er das unangenehme Gefühl einer vollen Blase. Das hätte er besser noch im Kino erledigt. Soll er durchhalten bis zu einer der Toiletten auf dem Hauptbahnhof? Direkt hinter dem Bahnübergang ist rechts im Freien eine öffentliche Bedürfnisanstalt für Männer. Er entschließt sich, die menschenleere Einrichtung, die lediglich über eine sogenannte „Pinkelwand" verfügt, zu benutzen und ist dankbar für die sofort eintretende Erleichterung. Die Bedürfnisanstalt ist von zwei Richtungen begehbar. Gerade hat er an seiner Hose alles wieder geordnet, als er hinter sich einen Schatten wahrnimmt, der sich etwas überstülpt. Frank dreht sich um und sieht erschrocken in das vermummte Gesicht einer hageren Gestalt. Ein Augenpaar blitzt ihn durch die schwarze Sturmmaske an.

„Keinen Laut, sonst bist du tot", raunt ihm der Hagere zu. Frank blickt erstarrt auf das Messer in der Hand des Unbekannten. Angst durchflutet den Hausmeister. Vor einigen Minuten hat er der Gewalt auf der Leinwand genussvoll zugesehen, jetzt ist sie grauenhafte Realität für ihn. Sein Herz beginnt zu rasen, er spürt kalten Schweiß auf seinem Körper. Was will der Kerl von ihm? Frank traut nicht sich zu bewegen, er registriert nur, dass der Mann vor ihm eine abgetragene Jeansjacke trägt.

Der Maskierte hält das Messer in Nähe von Franks Hals.

„Dein Geld!", zischt der Angreifer und fuchtelt bedrohlich mit der Waffe.

„Was denn … bitte …", stammelt Frank.

„Gib schon dein Portemonnaie! Wird's bald?!" Die kurzen Sätze sind von unmissverständlicher Gefährlichkeit. Möglicherweise ein spanischer Akzent.

Frank zweifelt nicht daran, dass der Täter zusticht, wenn der nicht bekommt, was er will.

„Mein Geld ist in der Jackentasche. Ich hol das jetzt da raus. Bitte tun Sie mir nichts", bringt Frank mit Mühe hervor. Er hat Angst, dass eine falsch interpretierte Bewegung den Maskierten zum Zustechen ermuntert.

„Okay, nun mach schon", fordert dieser Frank auf.

Langsam greift der Hausmeister in die Innentasche seiner Sommerjacke und fördert das Portemonnaie zum Vorschein. Sein Gegenüber schnappt es sich mit der linken Hand. Der Täter wirft keinen Blick hinein, sondern lässt es sofort in seiner Jeansjacke verschwinden. Dann geht der Maskierte einen kleinen Schritt zurück. Ohne Vorwarnung tritt er Frank mit voller Wucht in den Unterleib, sodass dieser mit einem Schmerzschrei nach hinten zu Boden fällt. Gekrümmt vor Schmerzen windet sich der Überfallene auf dem Boden.

Der Maskierte flüchtet durch den Eingang Celler Straße, während eine Männerstimme vonseiten des gegenüberliegenden Eingangs ruft: „He, was ist denn da los?"

Stöhnend antwortet Frank: „Ich bin überfallen worden."

20. September 2011. Hermann-Hesse-Gymnasium. Büro des Schulleiters.

„Es ist absolut unfassbar, was in den letzten Tagen hier vorgefallen ist", ereifert sich Oberstudiendirektor Jürgen Neuber. Der 55-jährige, etwas füllige Schulleiter sitzt an seinem kleinen Konferenztisch Anna Sonnenberg und Bernd Kramer gegenüber. „Wir sind immer so etwas wie eine Vorzeigeschule gewesen. Vorbildliche Gewaltprävention, Partnerschule des Leistungssports, bis vor Kurzem keine Drogenvorfälle oder nennenswerte Gewalt. Und jetzt das!"

„Ihre Sorge bezüglich des Suchtmittelkonsums unserer Schüler teile ich voll und ganz", bestätigt Anna.

„Das weiß ich natürlich. Aus diesem Grund habe ich Sie ja beide hergebeten", sagt Neuber und blickt Anna freundlich an.

Jetzt kommt die Zusammenfassung, wagt Bernd eine gedankliche Prognose. Und richtig. Neuber, der Vorreden zur Findung eines „roten Fadens" schätzt, bekundet: „Ich fasse noch einmal zusammen. Eine bislang unauffällige Schülerin betrinkt sich am Samstagabend in der Innenstadt dermaßen, dass sie anschließend im komatösen Zustand ins Kinderkrankenhaus eingeliefert werden muss. Einen Tag vorher finden wir in unserer Schule zwei Tabletten Ecstasy."

Neuber spielt auf den Vorfall am 16. September an, der für Aufregung im Hermann-Hesse-Gymnasium gesorgt hat. In der unteren Pausenhalle vor den Schüleraufenthaltsräumen hatte eine Schülerin der 9. Klasse zwei auffällige Pillen gefunden, die sie zunächst einigen anderen Schülern gezeigt und dann im Lehrerzimmer abgegeben hatte. Neuber hatte die Polizei verständigt, die Überprüfung der gefundenen Tabletten hatte nachträglich den sofortigen Verdacht auf Ecstasy bestätigt. Wie die Drogen in die Schule gekommen waren, ist bisher ungeklärt.

Es ist bemerkenswert, denkt Anna in diesem Moment, mit welcher Geschicklichkeit es Neuber schafft, durch geschicktes Kämmen der grauen Haare seine Glatze weitgehend zu verdecken.

„Am Sonntag wird unser Schüler Pawel Tutasz in der Nähe des ‚Schwarzen Bären' von zwei betrunkenen Jugendlichen – Gott sei Dank nicht von unserer Schule – angegriffen, wobei ihm wahrscheinlich nur durch die Hilfe seines älteren Mitschülers Roman Janowski so wenig passiert ist", führt der Schulleiter seine Zusammenfassung weiter aus.

Bernd grinst. „Gut für Pawel, dass er in Sichtweite von Roman war und ihm dieser zu Hilfe eilen konnte. Schlecht für Pawels Angreifer, dass Roman sie kräftig in die Schranken gewiesen hat."

„Na ja, die Details der Auseinandersetzung wollen wir uns ersparen", sagt der stets um Korrektheit bemühte Neuber.

„War auch nach Aussagen unbeteiligter Zeugen alles nur Notwehr", nimmt Bernd vorsorglich Partei für Roman. Wenn machbar, ist Bernd immer auf der Seite seiner Schüler, von denen er sich in seinen Oberstufenkursen durchgängig duzen lässt. Wobei er damit im Hermann-Hesse-Gymnasium inzwischen der einzige Lehrerkollege ist.

„Schlecht für Roman war nur, dass er bei der Auseinandersetzung am Sonntag sein Portemonnaie mit einer größeren Summe Geld verloren hat", ergänzt Anna. „Wobei ich mich wirklich frage, warum er den Vorschuss seines monatlichen Taschengelds komplett mit sich herumträgt."

Neuber ist es wichtig, seine Zusammenfassung zu Ende zu führen: „Dann die Sauerei, die wir heute Morgen bemerkt haben. Ich denke, dass in diesem Fall ebenfalls einige unserer Schüler dahinterstecken. Und auch hier geht es wieder um Alkohol."

Dem Hausmeister ist heute Morgen aufgefallen, dass zahlreiche ausgetrunkene Bierflaschen, teilweise in Scherben, neben der lebensgroßen Hermann-Hesse-Statue auf dem Schulhof liegen. Die großen Flüssigkeitsmengen hatten die Biertrinker offenbar gleich wieder an der ehrwürdigen Statue entsorgt.

„Die Schweinerei an der Statue macht natürlich auch Herrn Müller zu schaffen", bemerkt Anna einfühlsam. „Er ist dadurch an die schlimmen Erlebnisse letzte Woche in der öffentlichen Toilette erinnert worden, wo er beraubt und misshandelt wurde."

„Wobei wir noch einmal beim Thema Sucht sind", sagt Neuber. „Wie mir Herr Müller mitteilte, hält es die Polizei für nicht unwahrscheinlich, dass es sich bei dem flüchtigen Täter um einen Drogenabhängigen gehandelt haben könnte."

„Ich hoffe, sie erwischen den Kerl", sagt Bernd und ballt unbewusst die rechte Faust.

„Ich denke, die Polizei tut, was sie kann. Aber wir sollten angesichts dieser beunruhigenden Fälle als Schule ebenfalls etwas tun. Und ich dachte dabei konkret an Ihr Projekt ‚Blick durch!'." Dabei sieht Neuber Anna und Bernd erwartungsvoll an.

„Das hatten wir uns schon gedacht", lächelt Anna.

„Und uns bereits einige Gedanken gemacht", fügt Bernd hinzu.

Anna und Bernd haben bereits im letzten Jahr in Abstimmung mit Neuber federführend die Kampagne „Blick durch!" im Hermann-Hesse-Gymnasium gestartet. Die Kampagne für Schüler wendet sich gegen den vernebelten Blick durch Suchtstoffe und wirbt stattdessen für Sport, Mitgestaltung der eigenen (beruflichen) Zukunft und persönliches Engagement im Alltag. In verschiedenen Aktionen war es den beiden engagierten Lehrkräften gelungen, eine größere Zahl von Schülern dafür zu begeistern, sich aktiv an dem Projekt zu beteiligen. Bernd hatte beispielsweise Schüler außerhalb des regulären Unterrichts in diverse sportliche Aktivitäten eingebunden. Anna war mit Schülern in einige größere Betriebe gefahren, damit sie sich dort über Ausbildungsmöglichkeiten informieren konnten. Und gemeinsam hatten Anna und Bernd eine sogenannte „Zukunftswerkstatt" zu den Themenbereichen Arbeit, Familie und Umwelt durchgeführt.

„Unter anderem möchte ich Ihnen vorschlagen, dass wir erneut meinen Freund Dr. Seifert für eine intensive medizinische Aufklärung der Schüler gewinnen. Vor zwei Jahren hat er ja schon einmal bei uns mit guter Resonanz einen Vortrag über Depression und Burn-out bei Schülern gehalten. Als erfahrener ärztlicher Leiter des Sozialpsychiatrischen Dienstes könnte er jetzt den Schülern die Wirkungsweisen und Risiken sämtlicher Suchtstoffe sehr anschaulich vor Augen führen und alle Fragen umgehend fachkundig beantworten", führt Bernd überzeugt aus.

„Der Vorschlag gefällt mir", stimmt Neuber zu. „Wir sollten Kontakt zu Herrn Dr. Seifert aufnehmen."

„Kein Problem", sagt Bernd. „Ich sehe ihn morgen Abend. Da kämpfen wir wieder miteinander."

Dek unu / Elf

Für mich ist Taekwondo eine hervorragende Möglichkeit, Körper und Geist fit zu halten. Schon seit meiner Studentenzeit habe ich diesen koreanischen Kampfsport relativ regelmäßig zum Training von Koordinationsfähigkeit, Schnelligkeit und Beweglichkeit genutzt. Taekwondo hat sich aus dem japanischen Karate entwickelt und setzt neben Hand- auf schnelle Fußtechniken. Um Verletzungen des Trainings- oder Wettkampfpartners zu vermeiden, ist das Einhalten strikter Regeln notwendig. Jeder, der sich auf Taekwondo einlässt, hat dieses Regelwerk in Wertschätzung seines Gegenübers fest verinnerlicht. Ich muss zugeben, dass es während meiner Ehe auch Zeiten gegeben hat, wo ich das Kampfsporttraining sträflich vernachlässigt habe – da habe ich eher zu Hause mit meiner konfliktfähigen Frau gekämpft. Meine Trainingspausen lassen sich noch daran erkennen, dass ich es bisher nur bis zum 3. Dan, dem Grad eines Meisterschülers, geschafft habe. Nicht schlecht, aber auch nicht gerade beeindruckend. In der Rangfolge gibt es beim Taekwondo zehn Schülergrade (Kup) sowie neun Meistergrade (Dan), wobei alle Meister am schwarzen Gürtel zu erkennen sind.

Inhaber des 4. Dans und damit als Meister einen Grad über mir, ist mein Freund Bernd Kramer. Gemeinsam trainieren wir jeden (na sagen wir fast jeden) Mittwochabend in der Kampfsportschule „Koreanischer Weg" in Hannover-Vahrenwald. Zwei Stunden konzentrierte Übungen erwachsener Teilnehmer jeweils zu zweit unter Anleitung eines koreanischen

Großmeisters. Das Training mit Bernd ist für mich immer eine Herausforderung. Ich vertraue Bernd absolut. Im Kampf mit ihm habe ich keine ernsthaften Verletzungen aufgrund von Regelverstößen zu befürchten. Beim Taekwondo zeigt er permanent die Selbstbeherrschung, die er manchmal im privaten oder beruflichen Alltag vermissen lässt.

Der heutige Trainingsabend mit Bernd hat mir wie immer gutgetan.

„Im Anschluss würde ich gerne noch was mit dir unter vier Augen besprechen. Hast du Zeit?", fragt Bernd.

„Klar", sage ich und bin schon neugierig, was mein Freund mir zu sagen hat. Ansonsten verbringen wir meistens den Abend noch mit der Gruppe der anderen Trainingsteilnehmer direkt in der kleinen Restauration der Kampfsportschule. Heute fahren wir nach dem Training zum „da Lello", dem bekannten italienischen Ristorante in der Marienstraße, gleich am „Aegi" und damit ganz in der Nähe meines Arbeitsplatzes.

Während wir an einem kleinen Tisch „Saltimbocca alla Romana" und „Calamari alla griglia" essen, erzählt mir Bernd von diversen unschönen Vorfällen an seiner Schule. Mindestens einmaliger Kokain-Konsum eines 17-Jährigen, Cannabis in der Schüler-Teeküche, Ecstasy in der Pausenhalle, ein sich ins Koma saufendes Mädchen, alkoholisierte, prügelnde Jungs und eine durch Betrunkene entweihte Statue. Ich kann die Sorge von Bernd und der Schulleitung gut verstehen. Wehret den Anfängen!

Während ich zustimme, mehrere medizinische Info-Veranstaltungen über legale und illegale Suchtstoffe am Hermann-Hesse-Gymnasium durchzuführen, fällt mir am Nebentisch die lachende rothaarige Frau auf, die dort offenbar mit einer Freundin über männliche Arbeitskollegen ablästert. Wirkt durchaus sympathisch mit ihrer frechen Art. Ich bin etwas abgelenkt. Da ist es also wieder, mein Frauenmangelproblem. Und im nächsten Moment fällt mir Katharina ein, die sich insgesamt nur drei Mal aus London gemeldet hat.

„Hallo Mark, bist du noch da?", höre ich Bernds amüsiert klingende Frage.

„Natürlich", versichere ich. „Ich habe gerade darüber nachgedacht, wann's mir morgen am besten passt, Kontakt zu deinem Schulleiter aufzunehmen. Außerdem fände ich es nicht schlecht, mal zu einem Abstimmungsgespräch zu euch in die Schule zu kommen. Als ehemaliger Hermann-Hesse-Schüler würde ich mir dabei gerne anschau'n, wie der Kasten jetzt so aussieht. Bei meiner Info-Veranstaltung vor zwei Jahren hatte ich dazu leider keine Zeit."

„Sag vorher Bescheid, wenn du kommst. Dann stelle ich dir mal meine Kollegin Anna vor, mit der ich das ‚Blick durch!'-Projekt mache."

„Die, von der du letzte Woche erzählt hast, dass du mit ihr gemeinsam Wohnungen in Linden besichtigen willst …" Es ist mehr eine Feststellung als eine Frage. „Habt ihr denn eine passende Wohnung für sie gefunden?"

„Ja, eine schöne Zweizimmerwohnung in der Erderstraße. Ende nächsten Monats wird sie dort einziehen."

„So, so", sage ich. Irgendwie bin ich auf Bernds Kollegin Anna gespannt.

Es ist Freitag und wie immer habe ich psychiatrische Notfallbereitschaft im Gesundheitsamt der Region Hannover. Jeder Notruf, der mich auf meinem Handy erreicht, wird zuvor über eine zentrale Festnetznummer zu mir umgeleitet. Vor einiger Zeit hat mich ein Patient über Wochen durch tägliche Anrufe auf meinem Handy belästigt, sodass ich mir eine neue Nummer zugelegt habe, die ich jetzt konsequent geheim halte. Seitdem ist Ruhe, da außer Mockie nur gute Freunde wie Bernd meine neue Nummer kennen. Meine private Festnetznummer und Adresse haben schon vorher weder im Telefonbuch noch im Internet gestanden.

An diesem Vormittag bin ich mit einer Sozialarbeiterin (freundlich, kompetent, verheiratet) zu zwei Einsätzen in Hannover unterwegs gewesen. Ab 12 Uhr übernimmt ein ärztlicher Kollege den Bereitschaftsdienst für mich, da ich noch einen Termin habe.

Für heute ist Schluss mit Notfällen. Ich wünsche Mockie ein angenehmes Wochenende und verlasse kurz nach 12 Uhr das Gesundheitsamt. Bis auf die Freitage, wo ich für die Notfallbereitschaft meinen Wagen benötige, lege ich in Hannover sämtliche Strecken mit öffentlichen Verkehrsmitteln zurück.

Mit meinem VW Golf fahre ich jetzt zum Hermann-Hesse-Gymnasium. Dort bin ich um 12:30 Uhr mit Schulleiter Jürgen Neuber verabredet.

Es ist schon ein seltsames Gefühl, nach längerer Zeit wieder vor meiner ehemaligen Schule zu stehen. Lebendige Erinnerungen an damals gehen mir sofort durch den Kopf. Heute, an diesem 23. September 2011, wirkt das Gebäude im Sonnenschein viel freundlicher als früher. Durch den Biologie-Unterricht vor 25 Jahren bin ich darauf gekommen, Medizin studieren zu wollen.

Ich betrete die Schule und gehe gleich zum Eingang des Forums, in dem sich nur zwei einzelne Schüler aufhalten. In der Hausmeisterloge werde ich von einem Mann Ende dreißig angesprochen: „Guten Tag, Sie wünschen?" Das muss nach Bernds Schilderungen Frank Müller sein. „Guten Tag, mein Name ist Seifert. Ich habe einen Termin bei Herrn Neuber."

Als mir der Hausmeister den Weg zeigen will, winke ich ab. Wo sich das Büro des Schulleiters befindet, weiß ich noch genau. Auf der gegenüberliegenden Seite des Forums gehen die Türen zum Lehrerzimmer und daneben zum Schulleiter ab.

Mit Jürgen Neuber habe ich schnell alle Einzelheiten für die geplanten medizinischen Info-Veranstaltungen besprochen. Er ist erfreut, mir im Anschluss an unser Gespräch die Schule zeigen zu können. Wir gehen durch alle Gebäude, deren Räumlichkeiten ich größtenteils auf Anhieb wiedererkenne. Das Hermann-Hesse-Gymnasium präsentiert sich dabei mit zwei völlig unterschiedlichen Seiten. Ich sehe einige gelungene Umbauten in freundlichen Farben, außerdem neueste Technik wie elektronische Wandtafeln. Daneben finde ich Räume in dem Zustand vor, wie ich sie vor 25 Jahren verlassen habe. Hier müssten die Wände unbedingt gestrichen, die Stühle und sonstiges Inventar dringend ausgetauscht werden.

13:15 Uhr, es klingelt zur Mittagspause. Auf den Gängen herrscht plötzlich Leben. Die Schüler machen sich auf den Weg zur Mensa oder bevölkern einfach nur den Schulhof. Ihr Verhalten untereinander wirkt auf mich größtenteils freundlich. Erstaunlich, dass ich die Schule und den Umgang miteinander viel rauer in Erinnerung habe.

„Gibt es eigentlich besondere Schwierigkeiten angesichts des hohen Anteils von Schülern mit Migrationshintergrund?", möchte ich wissen.

„In den 5. und 6. Klassen benehmen sich einige ausländische Kinder noch wie kleine Machos. Denen rutscht dann schon mal schneller die Hand aus. Aber das verliert sich dann", erläutert Neuber bereitwillig. „Auch das Problem mit schlechten Deutschkenntnissen kommt eigentlich nur in den unteren Klassen vor. In Mittel- und Oberstufe verwischen die Unterschiede zu den deutschen Schülern. Und was die Leistungsfähigkeit angeht, sind teilweise sogar die Schüler mit Migrationshintergrund strebsamer als die deutschen. Im letzten Jahr hat gerade wieder mal eine im Iran geborene Schülerin das beste Abitur mit einem Schnitt von 1,0 gemacht."

Ich spüre, wie stolz Neuber auf seine Schule ist und kann nachvollziehen, dass er alles versuchen wird, um Suchtstoffe von ihr fernzuhalten.

Im Forum auf dem Weg zu Neubers Büro sehe ich eine junge Frau mit langen blonden Haaren auf uns zukommen. Dann bemerke ich, dass sie sich in Begleitung meines Freundes Bernd befindet.

„Sie werden sicherlich noch mit Ihrem Freund sprechen wollen. Ich denke, wir haben alles Nötige geklärt, Herr Dr. Seifert", sagt Neuber und verabschiedet sich mit Handschlag von mir. Dann nickt er Anna und Bernd zu, entschwindet anschließend in seinem Büro.

„Hallo Mark", begrüßt mich Bernd. „Jetzt lernst du endlich meine Kollegin Anna Sonnenberg kennen."

Das ist also Anna. Sympathisches Lächeln, positive Ausstrahlung – und dabei, ihren Mann zu verlassen.

Er stellt mich der jungen Lehrerin auf seine Art vor:

„Mark Seifert ... mein langjähriger Taekwondo-Mitstreiter und Großmeister der Seelenklempnerei."

Anna und ich schütteln einander die Hand und ich lege dabei ein gewinnendes Lächeln auf. Zumindest hoffe ich, dass es gewinnend ist.

Bernd ergänzt: „Du musst wissen, Mark, dass Anna hier so eine Art Botschafterin für Esperanto ist. Sie hat bereits alle möglichen Schüler und diverse Kollegen für Esperanto begeistert. Und sogar unseren Hausmeister hat sie inzwischen zum wöchentlichen Montagstreffen der Esperantisten locken können. Ganz zu schweigen von einem Vater, der absolut eifrig ihre VHS-Kurse für Esperanto besucht."

„Na, die Begeisterung hat nicht unbedingt mit meiner Person, sondern vielmehr mit dieser wirklich reizvollen Sprache zu tun", erklärt Anna und schaut mich interessiert an. „Haben Sie sich auch schon mal mit Esperanto beschäftigt?"

„Nein, nicht wirklich", antworte ich wahrheitsgetreu. Aber ich glaube, ich könnte mir vorstellen, es demnächst zu tun.

Dek du / Zwölf

Schon seit heute Morgen steht Sebastian Rokahr unter Dampf. Es ist Freitag, der 23. September. In der Vergangenheit hat Sebastian öfters den Freitag dafür genutzt, der Schule fernzubleiben, um damit das Wochenende zu verlängern. An diesem Freitag sitzt er gereizt seine Unterrichtsstunden in der Schule ab. Er will Ärger mit Neuber und Bernd vermeiden, die ihn wegen der Freitagsschwänzerei auf dem Kieker haben.

In der großen Pause steht er mit Roman und einigen anderen Jungen aus seiner Jahrgangsstufe auf dem Schulhof zusammen, nahe dem Hauptgebäude und dadurch dem Lehrerzimmer oben im toten Winkel. Pawel gesellt sich zu ihnen und stellt sich neben Roman.

Thema ist Irina, deren Aufmachung gut ankommt.

„Ist schon ganz appetitlich, die Kleine", bemerkt Roman mit Blick auf Sebastian.

Der grinst: „Klar, die würde ich nie von der Bettkante schubsen."

„Sagt mal, habt ihr eigentlich bemerkt, dass Sonnenberg sie in der letzten Zeit so angafft?", fragt Kevin, der mit im Erdkunde-Kurs sitzt.

„Der würde wahrscheinlich auch mal wieder gerne zum Schuss kommen, wenn seine Frau ihn nur lassen würde", bietet Roman als Erklärung an.

Sebastian beschäftigt sich mit Kevins Bemerkung über Sonnenberg und Irina. Kevin hat da etwas auf den Punkt gebracht, was Sebastian auf einen reizvollen Gedanken bringt.

Sebastian verspürt Tatendrang und sieht Alexej allein über den Schulhof Richtung Hauptgebäude gehen. Alexej guckt herüber, wahrscheinlich hält er wieder nach seinem Schwesterchen Ausschau.

„Komm mal her!", ruft ihm Sebastian zu. Alexej stockt und mustert Sebastian unschlüssig.

„Komm schon, ich will dir was sagen!", ruft Sebastian erneut.

Alexej scheint zu überlegen, wie er mit Sebastians Aufforderung umgehen soll. Wäre sein Kommen ein Ausdruck von Stärke oder Schwäche? Alexej entschließt sich fürs Kommen.

„Was willst du von mir?", verlangt er Antwort von Sebastian.

„Dich einfach was fragen. Ich hab ja noch was gut bei dir."

Dann sagt Sebastian mit gespielter Ernsthaftigkeit: „Nenn mir ein hochprozentiges Getränk, um deine Schwester rumzukriegen."

Bevor Alexej versteht, welches Spiel Sebastian mit ihm treibt, gibt dieser bereits selbst die Antwort: „Popp-Korn."

Die Umstehenden fangen an zu lachen, Alexejs Gesicht nimmt schlagartig eine rote Färbung an.

„Und wenn Irina bei mir ist, lege ich Popp-Musik auf", ergänzt Sebastian lachend und erwartet im gleichen Moment Alexejs Angriff.

Der 16-Jährige will sich voller Wut auf Sebastian werfen, doch in diesem Moment wird Alexej seitlich von Roman gepackt. Roman umklammert mit seiner rechten Hand Alexejs rechtes Handgelenk und dreht ihm den Arm mit Schwung auf den Rücken. Zusätzlich legt er seinen linken Arm um Alexejs Hals. Die anderen Jungen platzieren sich so, dass sie die Sicht von Unbeteiligten auf das Geschehen bestmöglich verhindern. Zum Schreien um Hilfe ist Alexej zu stolz.

„Du hast mich vergessen. Bei mir hast du auch noch eine Rechnung offen, du kleines Arschloch!", zischt Roman den Überwältigten an.

„Und vergreif dich nie wieder an meinem Smartphone", verkündet Sebastian und versetzt Alexej einen kräftigen Faustschlag in den Magen. „Außerdem hoff ich, du hast die Antwort zu meiner Frage verstanden. Ist ja nicht einfach, wenn man keine Eier in der Hose hat."

Alexejs Aufbegehren verhindert Roman mit seinem festen Griff.

Schließlich lässt Roman ihn los mit der Ansage: „Hau ab. Und solltest du auf die Idee kommen, dich bei irgendeinem Lehrer auszuheulen, dann wirst du es richtig bereu'n."

Alexej verlässt die Gruppe um Sebastian und Roman. Die Lehreraufsicht hat offenbar nichts von dem kurzen Zwischenfall mitbekommen.

Sebastian hat den heutigen Unterrichtstag hinter sich gebracht. Am späten Nachmittag ist er allein in seine Wohnung zurückgekehrt. Abends will er sich noch mit Roman und Pawel in der Innenstadt treffen.

Bis jetzt ist der Tag besser gelaufen als gedacht. Seine Pläne in Bezug auf Sonnenberg muss er in den nächsten Tagen konkretisieren. Noch ist er unsicher, ob Irina mitziehen wird. Aber irgendwie wird er sie schon für seine Ideen begeistern.

Er ist in der Lage, andere in Bewegung zu versetzen. Die halbe Schule war letzten Freitag in Aufregung wegen der zwei Ecstasy-Pillen, die Sebastian blöderweise in der Pausenhalle verloren hatte. Natürlich war es sträflicher Leichtsinn, die Pillen mit in die Schule zu nehmen. Aber der erregende Nervenkitzel war es

115

wert. Niemand hat den Zusammenhang zu ihm hergestellt.

Holger Manthei geht ihm durch den Kopf. Sebastian hat zugesagt, ihn bis heute anzurufen. Eine unangenehme Angelegenheit. Wahrscheinlich hat seine Anspannung mit diesem Anruf zu tun. Egal, jetzt muss er es hinter sich bringen.

Sebastian ist es zu gefährlich, für das Telefonat sein Smartphone zu benutzen. Sollte die Polizei Holgers Handy checken, ist es wichtig, dass sie keinen Hinweis auf eine Verbindung zu Sebastian findet. Selbst Anrufe mit unterdrückter Nummer lassen sich von der Polizei noch Monate später zurückverfolgen.

Das nächste öffentliche Telefonhäuschen mit Münz- und Kartenbetrieb befindet sich nicht einmal vier Gehminuten von Sebastians Wohnung entfernt. Von hier kann Sebastian telefonieren, ohne mit ungebetenen Zuhörern rechnen zu müssen.

Nach dem dritten Klingeln meldet der Dealer sich:

„Ja?!"

„Hier ist Sebastian. Kannst du sprechen?"

„Alles sauber. Was gibt's?"

„Ich sollte bis heute Nachricht geben. Die Sache mit dem Sprachlabor."

Holgers Stimme bekommt einen erfreuten Klang: „Das hör ich gerne. Was hast du über die Alarmanlage rausbekommen?"

„Nichts …"

Holger wirkt irritiert: „Was heißt ‚nichts'? Willst du mich verarschen?!"

„Nein …", Sebastian druckst herum. „Ich habe nichts rausbekommen, weil … weil das nicht geht."

116

„Spinnst du?! Du wolltest doch den verblödeten Hausmeister ausquetschen …!" Holger klingt sehr unzufrieden.

„Hör zu. Ich habe Müller nicht angequatscht, weil die ganze Sache nicht funktioniert. Wir können das Sprachlabor nicht ausräumen. Müller wohnt direkt in der Schule … Die würden uns schnappen."

„Die Einschätzung, ob das klappt oder nicht, ist meine Sache. Also, krieg ich jetzt noch die Infos über die Alarmanlage oder nicht?"

„Mir ist das mit meiner eigenen Schule zu heiß. Tut mir leid. Bei der Sache mache ich nicht mit", legt Sebastian die Karten endgültig auf den Tisch.

Holgers pseudofreundlicher Ton hat eine bedrohliche Note:

„Jetzt hör mir mal zu, Kleiner. Ich bin wirklich sehr verärgert, und das ist nicht gut für unsere weitere Zusammenarbeit. Aber ich will dir noch eine Chance geben, weil du bisher ein verlässlicher Geschäftspartner warst. Und das willst du doch bleiben, oder?"

„Natürlich bin ich an guten Geschäften mit dir interessiert. Aber das hier wird schiefgeh'n. Da lass ich die Finger von."

„Ich hoffe, das war nicht dein letztes Wort. Ruf mich bis Ende nächster Woche wieder an. Und ich wünsche mir, dass unser Gespräch dann erfreulicher verläuft."

Dek tri / Dreizehn

Die Physik- und Mathematiklehrerin Annette Schwarzenbacher sitzt zu Hause am Frühstückstisch und blättert in den „Hannoverschen Nachrichten". Montag, 26. September 2011. Von 12 bis 18 Uhr wird auf dem Steintorplatz in Hannover ein Casting für die TV-Sendung „Deutschland sucht den Superstar 2012" stattfinden. Annette weiß, dass zwei Schülerinnen des Hermann-Hesse-Gymnasiums daran teilnehmen. Sie werden sich blamieren, aber die Kollegin Sonnenberg hat die beiden Mädchen sogar noch zur Teilnahme ermuntert. Annette schätzt die junge Fremdsprachenlehrerin nicht besonders. Sie hält Anna Sonnenberg für eine selbstverliebte Schaumschlägerin, die durch Äußerlichkeiten und Effekthascherei Schüler und männliche Kollegen für sich einzunehmen weiß.

Annette lebt seit dem Tod ihres Mannes vor drei Jahren allein in einer Doppelhaushälfte mit Garten im Hannoverschen Stadtteil Bothfeld. An einer kleinen ruhigen Nebenstraße, in die sich Fremde selten verirren.

Es ist kurz nach 7 Uhr morgens. Annette beschließt, rechtzeitig zur Schule loszufahren. Als sie ihr Haus verlässt und zu ihrem Carport geht, der ihren silbernen Ford Fiesta beherbergt, erlebt sie eine böse Überraschung. Zunächst kann sie nicht glauben, was sie sieht. Das darf doch nicht wahr sein!

In die Tür auf der Fahrerseite hat jemand drei große Buchstaben geritzt: FEK.

Annette hat immer sehr darauf geachtet, dass ihr Wagen sich weder Kratzer noch Beulen einfängt. Und jetzt das!

Ihr ist zum Weinen zumute. Natürlich wird sie die Beschädigung ihres Wagens zur Anzeige bringen. Aber sie befürchtet schon, dass es für die Tat keinen Zeugen gibt. Da die Versicherung Annettes Selbstbeteiligung an den Kosten der Beseitigung solcher Schäden vorsieht, ist der Vorfall allemal sehr ärgerlich für sie.

Annette Schwarzenbacher gibt in der ersten Stunde Mathematik. Die Zeit, noch vorher zur Polizei zu fahren, um dort Anzeige zu erstatten, hat sie nicht mehr. Sie wird sich erst nach Schulschluss darum kümmern können.

Wütend steigt sie in ihren verunzierten Wagen und fährt zum Hermann-Hesse-Gymnasium. Als sie in der Schule ankommt, ist ihre Anspannung in keiner Weise abgeklungen. Sie betritt das halb volle Lehrerzimmer und steuert energisch auf den Wandbildschirm an der Kopfseite des Raumes zu. Hier werden eventuelle Stundenplanänderungen angezeigt. Für sie gibt es heute keine Abweichungen. Karin Engelke-Reimann, eine ältere Kollegin für Englisch und Deutsch, ist mit Annette befreundet. Sie hat offensichtlich sofort bemerkt, dass bei Annette etwas nicht stimmt.

„Guten Morgen, Annette. Du siehst bedrückt aus", spricht sie ihre Freundin an.

„Von gut kann bei diesem Morgen keine Rede sein. Jemand hat zu Hause meinen Wagen ganz schlimm verkratzt."

„Wann ist das denn passiert?"

„Wahrscheinlich gestern Abend. Oder heute Morgen ganz früh. Es sind drei Buchstaben richtig tief in den Lack der Fahrertür eingeritzt worden. Und zwar FEK."

„Hast du einen Verdacht, wer das gemacht haben könnte?", fragt Karin. Die meisten Kollegen im Raum haben das Gespräch mitbekommen und hören zu. Auch Anna, die sich momentan von Annette fernhält.

„Keine Ahnung, wer da infrage kommt. Zu Hause in Bothfeld habe ich mit niemandem Stress."

„Und was bedeutet FEK?", fragt Karin.

Annette zuckt mit den Schultern. Sie tappt völlig im Dunkeln.

Da schaltet sich Anna ein. Ihr ist ein Gedanke gekommen:

„FEK könnte ein Wort auf Esperanto sein."

„Was soll das heißen?", erkundigt sich Annette erstaunt.

„Fek ist ein Schimpfwort und bedeutet ‚Scheiße'", teilt Anna mit.

Annette wird plötzlich so einiges klar: „Esperanto! Das lässt ja bemerkenswerte Rückschlüsse zu. Dann kann der Täter eigentlich nur einer von Ihren AG-Teilnehmern sein."

Anna ist fassungslos: „Wie kommen Sie darauf, dass einer der Schüler der Esperanto-AG so etwas getan haben könnte?!"

„Ich kann schließlich noch eins und eins zusammenzählen. Sie haben die Schüler wahrscheinlich richtig aufgestachelt, weil Sie sich bei ihnen über meine dezente Kritik an Ihrem Esperanto-Kurs beklagt haben", ereifert sich Annette. „Und das ist jetzt das Ergebnis der weltweiten Esperanto-Völkerverständigung! Vielen Dank dafür!"

„Das stimmt doch gar nicht", versucht Anna wieder Sachlichkeit in das Gespräch zu bringen. „Ich habe kein Wort über Ihre Kritik gegenüber meinen Schülern verloren."

„Wer's glaubt ...", ist Annettes resignierter Kommentar.

Zwei männliche Kollegen ergreifen durch gemurmelte Kommentare Partei für Anna. Bernd Kramer, der das Streitgespräch aus einiger Entfernung verfolgt hat, ist diese Unterstützung zu halbherzig. Er schaltet sich lautstark ein:

„Also, Annette, jetzt fahr mal wieder runter. Das sind ja völlig haltlose Vorwürfe. Wenn sich hier einer kollegial verhält, dann ist es Anna Sonnenberg."

Bernds Intervention ruft Karin Engelke-Reimann auf den Plan: „Durch die enge Zusammenarbeit mit Frau Sonnenberg siehst du offenbar das eine oder andere nicht mehr ganz so objektiv. Kollegial nenne ich es, wenn ich rechtzeitig zum Unterricht in den unteren Klassen erscheine, damit dort nicht lärmende Schüler den bereits begonnenen Unterricht eines Kollegen im Nachbarraum stören. Aber Pünktlichkeit hat die Kollegin Sonnenberg ja in Englisch nicht nötig. Das gilt bei ihr wohl nur für die Esperanto-AG."

„Also nun wärmen Sie doch nicht alte Geschichten auf, Frau Engelke-Reimann!", empört sich Anna.

„Es geht nicht nur um Pünktlichkeit, Frau Kollegin. Es geht auch um mangelnde Fachlichkeit. Ich habe letztes Jahr Ihre 7. Klasse in Englisch übernommen und musste vom Lehrplan des Vorjahres so einiges nacharbeiten, was Sie nicht geschafft haben. Und das ist alles andere als kollegial", stößt Karin verärgert hervor.

„Jetzt reicht es aber", geht Bernd dazwischen.

„Ich finde, die Wahrheit muss endlich mal auf den Tisch. Quirligkeit und ein nettes Aussehen allein machen noch keine pflichtbewusste Lehrerin aus", verkündet Karin.

In diesem Moment betritt Carsten Sonnenberg das Lehrerzimmer. Verwundert schaut er auf seine Frau, der plötzlich Tränen über die Wangen laufen.

„Das ist wirklich gemein von Ihnen, wirklich gemein", bringt Anna noch mit Mühe hervor, bevor ihr die Stimme versagt. Weinend verlässt sie den Raum.

„Na klasse, Frau Kollegin", regt sich Bernd mit Blick auf Karin auf, „erst jahrelang alles runterschlucken und dann draufhau'n."

Carsten will gerade Anna folgen, da ist Bernd schon an ihm vorbei und eilt ihr hinterher.

„Lass dich durch so 'ne unsachgemäße Kritik nicht fertigmachen, Anna", teilt ihr Bernd in einer Lautstärke mit, dass auch Karin und Annette seine Äußerung im Lehrerzimmer hören können.

Am Abend desselben Tages sitzt Anna Sonnenberg noch immer sehr mitgenommen im Arbeitszimmer ihres Hauses in Arnum. Carsten ist ihr nach dem Vorfall im Lehrerzimmer keine große Stütze gewesen. Er ist einfach zu unbeholfen in solchen Dingen. Anna hat das Bedürfnis, sich ihrer kroatischen Mailbekanntschaft Elka mitzuteilen. Fast wie von selbst formen sich ihre Gedanken in Sätze auf Esperanto:

„Liebe Elka,

danke für deine letzte Mail. Es ist schön, dass es in deiner Familie noch sehr harmonisch zugeht. Bei mir ist leider so einiges im Argen. Im Lehrerzimmer meiner Schule bin ich heute vor allen anderen von zwei Kolleginnen ganz schlimm fertiggemacht worden. Es ging um persönliche und fachliche Dinge. Ihre Vorwürfe sind zwar völlig ungerecht, aber irgendetwas bleibt doch immer an einem hängen. Diesmal war es in erster Linie nicht Frau Schwarzenbacher (von der ich dir schon geschrieben hatte), sondern deren Freundin Frau Engelke-Reimann. Die hat richtig ihren jahrelangen Frust an mir abgelassen. Es ist schon merkwürdig, aber ich bin schon öfters mit (zickigen!) Frauen aneinandergeraten, die einen Doppelnamen haben.

Ich bin froh, dass ich endlich eine passende Wohnung für mich in Hannover gefunden habe. Nächsten Monat werde ich aus unserem Haus in Arnum ausziehen und die Trennung von Carsten einleiten. Es wird noch schwierig genug für uns, wenn Carsten und ich uns in der Schule täglich über den Weg laufen.

Ich hoffe, dass ich bald wieder mehr Erfreuliches berichten kann.

Viele Grüße,

Anna"

Am Donnerstag, dem 29. September 2011, hat Anna den Zwischenfall mit ihren beiden Kolleginnen weitgehend verdrängt. In der Schule zeigt sie das gewohnte Bild eines fröhlichen Energiebündels. Aber ihr Gespür für Missklänge scheint durch die zurückliegenden Ereignisse gestärkt zu sein. Am Ende des Englisch-Kurses für die „Q1" ist Pawel Tutasz in ihr Blickfeld geraten. Er macht den Eindruck, als wenn er ihr etwas mitteilen möchte. Als die Kursteilnehmer den Klassenraum verlassen, um in die große Pause zu gehen, spricht Anna den schmächtigen Pawel an:

„Magst du noch kurz bleiben?"

Er schaut Anna mit einer Mischung aus Erleichterung und Unsicherheit an. Die anderen Schüler sind bereits draußen. Als er nickt, schließt Anna die Tür. Beide setzen sich gegenüber an einen der Tische.

„Dich beschäftigt die letzten Tage etwas, oder?",
fragt sie vorsichtig.

„Kann schon sein", ist Pawels unkonkrete Antwort.

„Manchmal ist es hilfreich, sich jemandem anzuvertrauen. Das habe ich selbst die letzten Tage gemerkt."

Wenn Anna Pawels Gesichtsausdruck richtig deutet, dann spielt sich in seinem Inneren ein heftiger Kampf ab. Seine Gesichtsmuskeln zucken, als wolle er jeden Moment etwas sagen. Dann steht er auf, um sich anschließend wieder zu setzen.

„Du kannst mir vertrauen, Pawel", sagt Anna mit weicher Stimme. „Wenn du dir etwas Persönliches von der Seele reden möchtest, dann tu es. Es bleibt auch unter uns."

Das Versprechen von Anna entfernt bei Pawel offenbar eine innere Hürde.

„Na ja, da ist schon was ... Roman ist wie ein großer Bruder zu mir. Er hat mich vor den anderen beschützt. In der Schule ... und als mich die zwei Betrunkenen am ‚Schwarzen Bären' schlagen wollten. Auf ihn kann ich mich verlassen." Pawel schaut auf den Boden.

„Und jetzt ist etwas mit Roman?", vermutet Anna.

„Ja, ich habe große Angst um ihn. Wegen seiner Gesundheit ... und weil sie ihn dann von der Schule schmeißen. Und dann bin ich ganz allein."

„Was gefährdet denn Romans Gesundheit?", fragt Anna – und schiebt gleich ihren Verdacht hinterher: „Hat es etwas mit Drogen zu tun?"

Pawel zögert, dann nickt er mit dem Kopf, ohne Anna anzuschauen.

„Hat Roman wieder Kokain genommen?"

„Nein ..." Pawel macht eine Pause, dann fährt er fort: „Aber er wollte es. Nur weil er sein Geld verlor'n hat, ist nichts daraus geworden. Aber dieser ehemalige Typ von uns'rer Schule wird es ihm dann später verkaufen."

„Drogen könnte sich Roman ja bei allen möglichen Dealern besorgen ...", wirft Anna ein.

„Ja, aber der ehemalige Typ von uns'rer Schule geht richtig auf Roman und die anderen zu. ... Und alle kaufen nur bei ihm."

Anna horcht auf. Das Drogenproblem an der Schule ist offensichtlich merklich größer als gedacht.

„Dieser Typ beliefert also noch andere Schüler mit Kokain?", ist Annas besorgte Frage.

Pawel stockt erneut. Er merkt, wie weit er sich im Moment aus dem Fenster lehnt.

„Nein, nein. Es geht nicht immer um Kokain ..., auch um harmloseres Zeug ..., Cannabis und Pillen. Und wer außer Roman noch so was nimmt, weiß ich nicht genau."

„Nimmst du auch so 'ne Sachen?"

„Nein, ich hab Angst davor."

„Woher weißt du von der ganzen Drogengeschichte?"

„Roman hat mir davon erzählt, wie er sich mit Holger getroffen hat."

„Holger ist der Typ, der unseren Schülern das Zeug verkauft?!", vermutet Anna. „Wie heißt der mit Nachnamen?"

Pawel schweigt und starrt auf die verschlossene Tür. Dann antwortet er: „Manthei."

„Holger Manthei", sagt Anna, „den kenne ich noch gut von früher."

Anna erfragt noch weitere Details zu Romans Geschäften mit Holger Manthei. Schließlich meint sie vorsichtig:

„Pawel, soll ich mal mit Roman über das Ganze sprechen?"

Der Schüler sieht Anna total erschrocken an:

125

„Sie haben versprochen, dass alles unter uns bleibt. Wenn die erfahr'n, dass ich was gesagt habe, bin ich verlor'n."

„Pawel, du hast selbst gesagt, dass du dir Sorgen um Romans Gesundheit machst. Aber wie soll ich ihm helfen, wenn ich nicht mit ihm sprechen darf?"

Pawel macht ein ärgerliches Gesicht: „Sie haben mich reingelegt! Ich wollte Ihnen das gar nicht erzählen! Aber Sie haben gesagt, dass es hilft, einfach nur zu reden."

Anna merkt, dass sie Pawel und sich tatsächlich in eine schwierige Situation gebracht hat. Aber dass er mit einer derartigen Geschichte kommen würde, hat sie nicht geahnt.

„Beruhig dich, Pawel. Ich will dich nicht reinlegen. Ich verspreche dir, dass ich Roman nicht auf das ansprechen werde, was du mir eben erzählt hast. Ganz ehrlich!" Bei den letzten Worten ist sie aufgestanden, um den Tisch herumgegangen und hat Pawel die Hand auf die Schulter gelegt. Der zieht seinen Körper sofort zur Seite.

„Lassen Sie mich in Ruhe! Man kann keinem Lehrer trauen. Auch Ihnen nicht! Da hat Roman ganz recht."

Pawel springt auf, öffnet die Tür und läuft aus dem Raum.

Anna schaut ihm betroffen hinterher. Plötzlich verfügt sie über Informationen, von denen sie nicht weiß, wie sie damit umgehen soll.

Dek kvar / Vierzehn

Zwischendurch frage ich mich ernsthaft, warum ich vor einigen Tagen angefangen habe, mich mit Esperanto zu beschäftigen. Im Internet habe ich mehrere kostenlose Kurse zum Erlernen von Esperanto im Selbststudium gefunden. Es handelt sich um eine Sprache, die sich aufgrund ihrer Regelmäßigkeit und inneren Logik für gewöhnlich dreimal schneller erlernen lässt als Englisch. Und warum soll ich es nicht nutzen, mir etwas anzueignen, was auf die Schnelle der Kommunikation mit völlig fremden Kulturen dient. Wenn ich ganz ehrlich bin – und es ist für einen Psychiater nicht einfach sich zu belügen – dann richtet sich der Wunsch auf Kommunikation mittels Esperanto nicht vorrangig an völlig fremde Kulturen. Eigentlich geht es um Anna Sonnenberg.

Natürlich kenne ich sie kaum. Es sind weitgehend Bernds kurze Erzählungen, wenn er nach dem Taekwondo-Training über gemeinsame Aktionen mit ihr berichtet hat, durch die ich etwas über sie erfahren habe. Andererseits sagen die ersten Sekunden einer Begegnung schon viel darüber aus, ob Menschen miteinander harmonieren oder nicht. Und als Psychiater sollte ich schließlich über die Menschenkenntnis verfügen, die mir sagt, ob da grundsätzlich etwas auf gleicher Wellenlänge funkt oder nicht. Dass ich die Sache mit der Wellenlänge bei meiner Exfrau falsch eingeschätzt habe, hat nur daran gelegen, dass ich damals noch kein Psychiater gewesen bin. Und weitere Fehleinschätzungen von meiner Seite in jüngerer Zeit würde ich eindeutig auf die fatale Wirkung des Alkohols in Form von Sekt und Cocktails zurückführen. Hier poche ich auf eingeschränkte Steuerungs- und Einsichtsfähigkeit.

Es ist der 30. September 2011 und damit wieder einmal Freitag. Gegen Mittag komme ich gerade von einem psychiatrischen Notfalleinsatz im Hauptbahnhof zurück und betrete voller Elan das Gesundheitsamt in der Weinstraße. An mir eilen grüßend zwei Mitarbeiter mit Köfferchen vom Team Hygiene vorbei, die ihren nächsten Einsatz offensichtlich noch vor sich haben. In den letzten Tagen fühlt sich mein Alltag beruflich und privat viel leichter an. Und das, obwohl ich sogar zwei Gremientermine völlig vergessen habe und bei den Konferenzen gar nicht erschienen bin. Ich habe es erstaunlicherweise mit ungewohnter Gelassenheit hingenommen.

In dieser Verfassung erscheine ich im Vorzimmer meiner Sekretärin. Sonja Mock schaut mich schmunzelnd an: „Seit einer Woche geht etwas mit Ihnen vor, Chef. Erlauben Sie mir die Frage, ob es da einen Zusammenhang mit Katharina gibt?"

„Nein", antworte ich, „mit Katharina hat das nichts zu tun. Aber ich glaube wieder daran, dass noch andere Frauen positiven Einfluss auf mein Wohlbefinden haben können."

Während ich in mein Büro gehe, höre ich Mockie sagen: „Wenn es darum geht, wovon ich meine es herausgehört zu haben, dann frage ich jetzt besser nicht weiter nach."

Mockie hat eine unwahrscheinlich treffsichere Auffassungsgabe und leitet daraus für sich erfreulicherweise immer die angemessenen Verhaltensweisen ab.

Ich schließe die Tür hinter mir, um mich in Ruhe zur Vorbereitung eines umfangreichen psychiatrischen

Gutachtens mit dem zugesandten Aktenstapel zu befassen.

„It's been a hard day's night …"

Das ist erneut mein Handy mit dem Beatles-Klingelton. Auf dem Display erkenne ich eine mir bestens bekannte Nummer. Ich nehme das Gespräch an und begrüße meinen Anrufer mit:

„Hallo Bernd, hier ist Mark."

„Hallo Mark. Ich rufe aus der Schule an. Anna Sonnenberg hat einige wichtige vertrauliche Hinweise über die Drogenvorfälle bei uns erhalten. Sie und ich wollen uns heute nach Feierabend darüber austauschen, wie wir weiter vorgehen sollten. Ich habe Anna den Vorschlag gemacht, dich wegen deines guten Gespürs in solchen Angelegenheiten als Vertrauten mit ins Boot zu holen. Und sie war gleich damit einverstanden."

„Das klingt geheimnisvoll. Aber okay, ich bin dabei. Habt ihr schon einen Ort ausgeguckt, an dem wir uns treffen wollen?"

„Da wir einen Ort brauchen, der ‚keine Ohren hat', haben wir an dein Büro im Gesundheitsamt gedacht."

Dem stimme ich zu und wir vereinbaren für den späten Nachmittag einen Termin in meinen Räumlichkeiten. Um diese Zeit ist das Gesundheitsamt fast menschenleer und mein Büro verfügt zudem über schalldichte Doppeltüren.

Bis zu unserem Treffen habe ich noch genügend liegengebliebene Arbeit zu erledigen. Mockie verabschiedet sich und wünscht mir ein „besonders angenehmes Wochenende". Fast pünktlich erscheinen Anna und Bernd in meinem Büro. Draußen sind bei strahlender Sonne Temperaturen bis zu 26 Grad gewesen. Anna trägt ein farbenfrohes Sommerkleid, Bernd ein kurzärmeliges Hemd zur Jeans.

129

„Saluton", begrüße ich Anna mit einem der wenigen Worte auf Esperanto, die ich kenne. Sofort habe ich die Befürchtung, dass sie meine spontane Äußerung angesichts der Ernsthaftigkeit ihres Anliegens albern finden könnte.

Aber sie lächelt mich an und entgegnet: „Saluton, Herr Dr. Seifert. Das gefällt mir, wie schnell Sie sich auf Ihre Klienten einstellen können."

Gerettet, denke ich, während ich Bernd begrüße. Dann nutze ich die Gunst der Stunde und sage zu ihr:

„,Herr Dr. Seifert' klingt mir zu förmlich. Ich heiße Mark und würde Ihnen gerne als vertrauter Kollegin meines Freundes Bernd das unkomplizierte ,Du' anbieten."

Anna stockt für einen Moment – ach, du meine Güte, war ich zu schnell? –, dann sagt sie mit ihrem strahlenden Lächeln:

„Sehr gerne, Mark. Ich heiße Anna. Aber das weißt du ja schon."

Na, wenn das kein guter Auftakt ist. Ich bitte Anna und Bernd, Platz an meinem runden Tisch zu nehmen. Als ich mich Anna gegenübersetze, bemerke ich, dass ihr Gesicht einen ernsten Ausdruck bekommen hat. Sie berichtet davon, dass ihr ein Schüler mit Namen Pawel Tutasz unter dem Siegel der Verschwiegenheit den Dealer genannt hat, der einige Schüler des Hermann-Hesse-Gymnasiums mit Drogen versorgt. Wobei nur ein Schüler namentlich als Drogenkonsument bekannt ist: Roman Janowski, der seine Interessen mit Fäusten durchzusetzen weiß. Der Dealer heißt Holger Manthei, ein ehemaliger Schüler des Hermann-Hesse-Gymnasiums, der die Schule vorzeitig abgebrochen hat und jetzt seine alten Bindungen zur Schule für Drogengeschäfte nutzt.

Bernd erklärt mir das Ziel, das sich Anna und er gesetzt haben:

„Wir müssen erreichen, dass Holger Manthei die Versorgung unserer Schüler mit Drogen einstellt."

„Wollt ihr die Polizei informieren?", frage ich das Naheliegendste.

„Nein, das hat keinen Sinn", sagt Anna. „Pawel ist kein Augenzeuge, der Holger belasten könnte. Er weiß alles nur vom Hörensagen. Außerdem würde er vor der Polizei aus Angst alles abstreiten. Pawel hat Angst vor Roman und einigen von dessen Freunden – und natürlich vor Holger. Ich habe Pawel auch versprochen, seine Hinweise nicht öffentlich zu machen. Deshalb haben wir uns ebenfalls dagegen entschlossen, Neuber zu informieren."

„Ist denn überhaupt davon auszugehen, dass die Infos, die Pawel von Roman hat, der Wahrheit entsprechen?", werfe ich ein.

„Da bin ich mir absolut sicher. Die Infos waren präzise und glaubwürdig", betont Anna.

Ich blicke die beiden an: „Ihr wisst natürlich, dass die Schüler nicht auf Holger Manthei angewiesen sind und sich auch woanders Drogen – insbesondere Ecstasy – besorgen können."

„Natürlich, aber der eingespielte Zugangsweg wäre erst einmal unterbrochen", hält mir Bernd entgegen.

„Kennt ihr Holger Manthei persönlich?", möchte ich wissen.

„Der hatte früher bei mir Sport und Biologie. Ein schwieriger Typ. Immerhin mit Faible für Musik. Bei Anna war er im Englisch-Unterricht", erzählt Bernd.

„Und ich bin der Meinung, dass ich damals einen ganz guten Draht zu ihm hatte. Er hat sich von mir was sagen lassen", ergänzt Anna.

„Ihr wollt mit ihm reden …?", stelle ich fragend fest.

Anna nickt: „Das wird mir jetzt klar. Genau das sollten wir tun."

„Genau das", bringt Bernd es für sich auf den Punkt.

Mir fällt ein: „Wisst ihr denn überhaupt, wo ihr ihn momentan erreichen könnt?"

Anna hat darauf eine Antwort: „Pawel hat mitbekommen, dass sich Holger zumindest an den Wochenenden abends regelmäßig in der ‚Globus-Bar' im Steintorviertel aufhält. Er soll inzwischen ganz anders als zu Schulzeiten aussehen. Bis vor zwei Jahren war er Mitglied der Hannoverschen Hardrock-Band ‚Böse Jungs'. Pawel hat Bilder von ihm auf der Homepage der Band entdeckt, von ganz früher und jetzt. Die Bilder haben wir uns inzwischen auch angesehen. Insofern wissen wir annähernd, wie er aktuell aussieht."

Bei der Beschreibung von Holger Manthei fällt mir ein, dass ich ihn vor einem Jahr im Rahmen eines psychiatrischen Notfalleinsatzes persönlich kennengelernt habe. Da ich meine Schweigepflicht ernster nehme als Bernd, sage ich allerdings nichts dazu. Wegen des Verdachts auf akute Suizidalität hatte ich Holger Manthei damals in seiner Wohnung im Ihme-Zentrum psychiatrisch untersucht. Er steckte in einer depressiv getönten Krise. Da gab es noch die andere hilfsbedürftige Seite dieses harten Rockmusikers und Drogendealers. Ich war damals zu der Einschätzung gelangt, dass keine akute Suizidgefahr bestand, hatte Holger aber dringend angeraten, einen niedergelassenen Nervenarzt aufzusuchen. Außerdem kann ich mich noch vage daran erinnern, mich während meines Einsatzes mit Holgers Nachbarn, einem besorgten älteren Herrn, unterhalten zu haben.

Anna und Bernd sehen mich erwartungsvoll an.

„Was hältst du denn davon, wenn Anna und ich zumindest versuchen, Holger in einem Gespräch von Ex-Lehrer zu Ex-Schüler dazu zu bewegen, in Zukunft seine Finger von unseren Schülern zu lassen?"

Um Bernd muss ich mir bei solchen Einsätzen keine Sorgen machen. Bei seiner Kampfsporterfahrung wird er mit Gegnern vom Kaliber eines Holger Manthei körperlich spielend fertig. Aber dass Anna sich als zierliche Frau in eine solche Situation begibt?

Insgeheim hätte ich Bernd gern den Vorschlag gemacht, ihn anstelle von Anna zu begleiten. Aber meine Vernunft siegt: „Also ihr wollt meine Einschätzung. Der ganze Plan ist völlig verrückt. Zwei Lehrer treffen sich ohne Wissen ihres Schulleiters privat mit einem Drogendealer. Wenn da was schiefgeht, bekommt ihr richtig Ärger. Entweder von der ‚Szene' oder der Schulbehörde. Lasst den Quatsch!"

„Du hast recht, Mark. Das könnte für Anna wirklich gefährlich werden. Ich mach das allein", verkündet Bernd.

„Wenn du gehst, dann gehe ich auch", ist Annas Protest.

Als ich schließlich energisch auf Anna einrede, das Ganze auf keinen Fall mitzumachen, gibt sie schließlich nach und stellt ihren Protest ein.

„Und du solltest das auch lassen", rate ich Bernd.

„Vielleicht hast du recht", gesteht mir Bernd mit einem Nicken zu und wechselt das Thema: „Es gibt weitere aktuelle Vorfälle, die uns vor ein Rätsel stellen. Und von denen wir nicht wissen, ob unsere Schüler etwas damit zu tun haben."

Bernd berichtet darüber, was einer Kollegin von ihnen, der Englisch- und Deutschlehrerin Frau En-

133

gelke-Reimann, zu Hause passiert ist. Irgendwann zwischen gestern Abend und heute früh hat ein unbekannter Täter die Wand ihrer Doppelgarage mit dem Wort „FIPORKO" besprayt. Anna ergänzt, dass „fiporko" ein Schimpfwort auf Esperanto ist und „Dreckschwein" bedeutet. Etwas Ähnliches ist einige Tage vorher einer anderen Kollegin passiert.

Anna macht sich inzwischen Sorgen, dass die beiden Vorfälle etwas mit ihr zu tun haben könnten.

Angesichts der wenigen uns bekannten Fakten kommen wir zu keiner abschließenden Einschätzung.

Unser gemeinsames Gespräch im Gesundheitsamt dauert insgesamt fast anderthalb Stunden. Ich begleite Anna und Bernd zum Eingang des Gesundheitsamtes und verabschiede mich von ihnen. Als ich allein in meinem Zimmer noch einmal den Verlauf des Gesprächs Revue passieren lasse, halte ich es für merkwürdig, wie schnell es mir gelungen ist, Anna und Bernd von ihrem riskanten Plan bezüglich Holger Manthei abzubringen.

Ich setze mich an meinen PC und gehe im Internet auf die Seite der Suchmaschine Google. Holger Manthei spukt mir im Kopf herum. Problemlos finde ich die Homepage der Hardrock-Band „Böse Jungs". Nach meiner Einschätzung handelt es sich um eine Amateurgruppe, die in der Vergangenheit sporadisch in Hannover und Umgebung aufgetreten ist. Es gibt diverse mp3-Dateien von Musikstücken der Gruppe, die kostenlos heruntergeladen werden können. Die einzige CD ist laut Hinweis „derzeit nicht lieferbar". Ich finde Bilder der aktuellen und ehemaligen Mitglieder der Band. Holger Manthei ist bei den „Bösen Jungs" bis 2009 einige Jahre Gitarrist gewesen. Wie von allen Bandmitgliedern finde ich auch von ihm ein Foto aus seiner Jugendzeit. Da ist sein bartloses Gesicht von gelockten längeren Haaren umrahmt, ein fast braves Aussehen. Auf dem Foto als Rockmusiker wirkt er verändert: Nach hinten gegelte Haare und ein auffälliger nach unten gezogener Schnauzbart. Insgesamt eine düstere Ausstrahlung. So habe ich ihn von meinem psychiatrischen Notfalleinsatz letztes Jahr in Erinnerung.

Sämtliche Bandmitglieder haben deutsche Namen. Bis auf einen, der ist spanisch: Miguel Baraja. Ein Gitarrist, der auf den Fotos einen mürrischen Eindruck macht.

Dek kvin / Fünfzehn

Nach dem Treffen mit Mark im Gesundheitsamt fährt Bernd Anna in seinem Wagen nach Hause. Die Fahrt nach Arnum über Hildesheimer Straße und Südschnellweg dauert ungefähr zwanzig Minuten. Zeit genug, dass Anna und Bernd die nächsten Schritte in der Drogenangelegenheit vereinbaren. Dabei hat Anna durchaus Marks warnende Worte im Ohr. Er hat sich sichtlich besorgt um sie gezeigt. Als sie kurz die Augen schließt, taucht sein Bild vor ihr auf: volles braunes Haar, sportlich, schlank, sonore Stimme, immerhin zehn Jahre älter als sie, geschieden und dann noch Psychiater (oh mein Gott!).

Anna wohnt in einem der einzeln stehenden Häuser im Landhausstil an einer langen Straße in der Nähe des Arnumer Sportplatzes. Bernd setzt sie vor der Haustür ab. Als Anna die Haustür aufschließt und dem wegfahrenden Bernd hinterherwinkt, spürt sie die innere Spannung, die sie auf die Vereinbarung zurückführt, die sie soeben mit ihrem Kollegen getroffen hat.

Carsten hat Anna kommen hören.

„Wo warst du denn noch so lange?", spricht er Anna im Flur an. „Ich habe mir schon Gedanken gemacht, ob dir was passiert ist."

„Nein, alles in Ordnung. Bernd und ich haben noch die nächsten Aktionen unseres ‚Blick durch!'-Projekts geplant. Und anschließend hat er mich nach Hause gefahren", wiegelt Anna ab.

„Na, da hat Bernd ja Glück gehabt, dass er die Zeit mit dir verbringen durfte", sagt Carsten und verschwindet im Wohnzimmer. In dieser Verfassung zieht er sich meistens schweigend zurück.

Anna begibt sich ins Arbeitszimmer. Es drängt sie, ihre Gedanken in Worte zu kleiden.

Der PC ist schnell hochgefahren, um eine neue E-Mail auf Esperanto zu schreiben:

„Liebe Elka,

mich würde einmal interessieren, wie es mit Drogen und Alkohol an euren Schulen aussieht. An meiner Schule gibt es leider mehr Drogenprobleme als gedacht. Mein Kollege Bernd und ich haben uns aber entschlossen, aktiv dagegen vorzugehen. Ich muss zugeben, es klingt schon ein bisschen abenteuerlich. Wir beide suchen morgen Abend einen ehemaligen Schüler von uns im Rotlichtviertel auf. Nicht, um mich wichtig zu machen, sondern nur zum besseren Verständnis für dich: Der Typ ist Ex-Mitglied der ‚Bösen Jungs‘ (einer wirklich finsteren Hardrock-Band!) und hat schlechten Einfluss auf unsere Schüler (weitere Einzelheiten will ich hier nicht nennen). Wir wollen deshalb mit ihm reden. Er hockt wohl jedes Wochenende in der ‚Globus-Bar‘, über die vielleicht sogar die Medien in Kroatien berichtet haben. Vor einem Jahr hat dort ein Besucher im Streit über das Ergebnis eines Formel-1-Rennens zwei spanische Gäste erschossen und ist anschließend nach Elba geflohen. Etwas mulmig ist mir schon bei unserer geplanten Aktion, aber mit Bernd an der Seite kann mir nichts passieren. Drück uns mal die Daumen, dass wir mit unserem Gespräch Erfolg haben.

Ich hoffe, dass ich dich mit der ganzen Schilderung nicht verschreckt habe (aber sonst geht es in Hannover auch eher harmlos zu).

Viele Grüße,
Anna"

*Samstag, 1. Oktober 2011, 21:05 Uhr. Hannover-Mitte,
Parkplatz „Am Marstall".*

Das sommerliche Wetter hat sich gehalten. Am Tag
sind wieder 25 Grad erreicht worden.

Bernd stellt seinen Wagen auf dem großen Parkplatz
ab, der direkt an das Rotlichtviertel grenzt.

„Da sind wir. Jetzt kann's losgehen", sagt er und
schaut Anna auf dem Beifahrersitz aufmunternd an.

Ihr Lächeln wirkt leicht gezwungen, als sie erwidert:
„Alles klar, auf geht's."

Anna hat versucht, sich heute Abend möglichst unauffällig zu kleiden. Sie hat ein graues langärmeliges
Sweatshirt an, dazu blaue Jeans. Bernd trägt ein ge-
streiftes kurzärmeliges Hemd und eine leichte helle
Stoffhose.

Die „Globus-Bar" liegt auf der anderen Seite des
Rotlichtbezirks an der Münzstraße, in der Nähe des
Steintorplatzes. Anna und Bernd verlassen den Wagen
und haben Hannovers Amüsierviertel unmittelbar vor
sich. Überall preist Leuchtreklame schnelle Unterhaltung unterschiedlicher Art an. Neben zahlreichen
mehrstöckigen Bordellen finden sich Sex-Shops, Tanz-
clubs und zahlreiche Bars. Schneller käuflicher Sex
oder erotischer Table-Dance sind im Rotlichtviertel
längst nicht mehr die einzigen Anziehungspunkte. Es
gibt angesagte Diskos, in die es regelmäßig junge Männer und Frauen zum Abtanzen zieht. Im „Rocker" in
der Reuterstraße treten jeden Mittwoch Newcomer-
Bands auf, junge motivierte wie talentierte Rockgrup-

pen, die häufig aus Hannover oder Umgebung kommen. Um diese Zeit ist auf den Straßen des Steintorviertels viel los. Südländisch wirkende Männer stehen an der Straßenecke und diskutieren lebhaft miteinander. Männer unterschiedlicher Herkunft flanieren langsam an Schaufenstern vorbei, in denen sie interessiert die ausgestellten Bilder unzureichend bekleideter Frauen mustern, die durch verführerische Posen zum Betreten des Etablissements animieren sollen. Möglicherweise stellt sich der eine oder andere Schaulustige die Frage, ob er das, was draußen verlockend angepriesen wird, auch drinnen wiederfinden kann. Pärchen ziehen lachend durch die Straße, vorbei an Kneipen und Clubs, aus denen laute Musik dröhnt. Davor stehen private Sicherheitskräfte. Gelegentlich patrouilliert uniformierte Polizei durch das Viertel.

Anna und Bernd durchqueren die Scholvinstraße und sind damit bereits auf der anderen Seite des Amüsierviertels. Insgesamt 750 Meter misst Hannovers sündiges Pflaster. Die „Globus-Bar" liegt direkt gegenüber vor ihnen. Zwei Minuten später stehen die beiden Lehrer vor dem Eingang der Bar. Dort befindet sich ein Schild mit dem Hinweis: „Ohne Verzehr kein Eintritt". Es ist bekannt, dass die Bar rund um die Uhr geöffnet hat.

Anna nickt kurz. Bernd öffnet die Eingangstür und geht voran. Musik in dezenter Lautstärke sowie ein Stimmengewirr der zahlreichen Gäste schlägt ihnen entgegen. Die meisten Besucher sind Männer, aber es sind auch einige Frauen darunter, die sich angeregt mit den männlichen Gästen unterhalten. Eine besondere Kleiderordnung scheint es hier nicht zu geben, vorwiegend wird lockere Freizeitkleidung getragen. Einige der männlichen Gäste schauen Anna begehrlich

139

hinterher. Aber angesprochen werden weder Anna noch Bernd. Dieser hält Ausschau nach Holger Manthei, der sich hoffentlich wirklich heute Abend in der Bar aufhält. Erotische Tanzeinlagen werden hier nicht angeboten. Beide Lehrer kennen den Innenraum bisher nur durch die Bilder der Medien. An der rechten Seite befindet sich eine langgezogene Theke, hinter der eine Frau und ein Mann jeweils mittleren Alters Getränke ausschenken. Ein großer Spiegel bedeckt die Wand hinter der Theke, verschönert mit einer roten Lichterkette. Im Raum bedient eine junge Frau, die zum Blickfang taugt. Vor der Theke steht eine lange Reihe mit Barhockern, fast alle mit Gästen besetzt. Auf der linken Seite befinden sich diverse kleine Tische mit Stühlen. Hier gibt es noch freie Plätze. Die Gäste essen Currywust mit Pommes frites, Frikadelle mit Senf oder Flammkuchen nach Elsässer Art. Zwei antiquiert wirkende Sofas stehen an der Wand, davor Tische. Auf einem der Sofas sitzt ein übergewichtiger Mann neben einer laut lachenden Frau. Am Ende des Raums ist der Durchgang zu einem größeren Hinterzimmer. In der „Szene" gilt diese Bar als „in".

Im Spiegel hinter der Theke entdeckt Bernd das Gesicht von Holger Manthei. Pawels Information über die Gewohnheiten des Dealers ist also zutreffend. Holger trägt zur beigen Hose ein dunkelblaues Markenhemd. Er sitzt auf einem Barhocker, vor sich auf der Theke steht ein mehrfarbiger Cocktail. Bernd tritt hinter ihn und legt ihm die linke Hand auf die rechte Schulter. Holger dreht sich unwillig zur Seite und schaut Bernd ungläubig an. Dann bemerkt er zusätzlich Anna.

„Hallo, Holger", ist Bernds Begrüßung.

Holger verzieht unwillig das Gesicht: „Ach nee, Bernd Kramer. Mister Superkumpel vom Hermann-

Hesse-Gymnasium. Das muss ich jetzt wirklich nicht haben."

„Guten Abend, Holger", mischt sich Anna ein.

„Und die süße Fremdsprachenmaus ist auch dabei. Das kann ja wohl kein Zufall sein. Was wollt ihr denn hier?" Holger klingt über das Wiedersehen alles andere als begeistert.

„Wir würden gerne mit dir sprechen. Im vertrauten Rahmen. Also nicht unbedingt an der Theke", kommt Bernd gleich zur Sache.

Ein Mann Mitte dreißig auf dem Barhocker neben Holger guckt interessiert: „He, Hollie, was hast du für außergewöhnliche Bekannte? Jugendamt oder Steuerfahndung?" Der Mann lacht über seine vermeintlich witzige Bemerkung.

Holger winkt ab: „Noch schlimmer, zwei Oberlehrer. Aber keine Panik, ich regel das schon."

„Lass uns miteinander einige vertrauliche Worte wechseln, okay?", sagt Anna. „Es wäre mir wichtig."

„Na, wie sieht's aus?", setzt Bernd nach.

Holgers Gesichtsausdruck verfinstert sich: „Also pass mal auf, Bernd. Mit dir rede ich jetzt überhaupt nicht. Hab ich absolut kein'n Bock drauf. Wenn's unbedingt sein muss, rede ich höchstens mit meiner schönen Ex-Lehrerin."

„Nein, wenn, dann reden wir alle zusammen", geht Bernd dazwischen.

„Dann eben gar nicht", hält Holger dagegen.

Anna legt Bernd die Hand auf den Oberarm und nickt ihm zu: „Schon in Ordnung, Bernd. Ich rede allein mit ihm."

„Ich habe sowieso nicht viel Zeit. Um halb zehn treffe ich mich draußen noch mit einem guten Freund", verkündet Holger und steigt vom Barhocker.

Dann zeigt er mit der rechten Hand zum Hinterzimmer. „Gehen wir."

Holger nimmt sich sein Cocktailglas und geht voran. „Wir sind hinten", teilt er dem Mann hinter der Theke mit.

„Warte hier auf mich", sagt Anna zu Bernd gewandt und folgt Holger.

Bernd schaut den beiden unschlüssig hinterher. Die Frau vom Ausschank spricht ihn an: „Also nur gucken und quatschen is' nich'. Was darf ich dir bringen?"

„Ein kleines Pils", antwortet Bernd und setzt sich auf Holgers Barhocker an der Theke.

Im Hinterzimmer ist gedämpftes Licht, links an der Wand hängt ein Spiegel mit Whiskey-Reklame. Es stehen mehrere Tische im Raum, von denen die Hälfte besetzt ist. Anna und Holger werden beim Eintreten flüchtig von einigen Gästen an den Tischen gemustert. Holger setzt sich an einen freien kleinen Tisch am Ende des Raumes, Anna setzt sich ihm gegenüber. Musik aus Wandlautsprechern und die Stimmen der Gäste schaffen einen gewissen Klangteppich, unter dem eine Unterhaltung möglich ist, ohne dass deren Inhalt gleich von den anderen Anwesenden im Raum verstanden wird.

Die junge Bedienung kommt an ihren Tisch und Anna bestellt ein Bitter Lemon. Die Frage nach der Speisekarte verneint Anna.

Holger sieht seine ehemalige Englischlehrerin erwartungsvoll an. Anna erklärt kurz, dass sie seit ihrer Hochzeit „Sonnenberg" heißt. Dann fragt sie ihn, wie es ihm seit der Beendigung seiner Schulzeit ergangen ist. Eine unproblematische Frage zum „Anwärmen". Da bringt auch schon die Bedienung das Bitter Lemon. Jetzt sind sie weitgehend ungestört.

„Ich kann mir nicht vorstellen, dass Sie nur gekommen sind, um mit mir über alte Jugendgeschichten zu plaudern", vermutet Holger, der sein Cocktailglas austrinkt.

„Nein, das stimmt. Es geht um aktuelle Jugendgeschichten. Und zwar die von unseren jetzigen Schülern. Da sind einige dabei, die Drogen nehmen."

„Tragisch, dass so etwas an Ihrer Schule vorkommt."

„Das sehe ich genauso. Und besonders tragisch finde ich es deshalb, weil du den Schülern die Drogen lieferst."

Holgers Gesichtszüge erstarren, dann ein gequältes Lächeln.

„Mit Drogenhandel habe ich nichts zu tun. Ich bin rechtschaffener Musiker. Da muss ein Irrtum vorliegen."

„Das ist leider kein Irrtum", kontert Anna. „Ich möchte, dass du in Zukunft unseren Schülern keine Drogen mehr verkaufst. Kein Kokain, kein Cannabis, kein Ecstasy."

„Hör mal zu, kleine Lehrerin", zischt Holger, „solche Verleumdungen muss ich mir von dir nicht anhören. Von wem hast du diesen Unsinn?"

„Von wem, spielt hier keine Rolle. Es genügt, wenn Bernd und ich es sicher wissen. Ich möchte von dir eine Zusage, dass du dich da zukünftig raushältst!" Und um ihrer Forderung kräftigen Nachdruck zu verleihen, blufft sie einfach: „Wenn du nicht mitspielst, dann sorge ich dafür, dass meine Infos an die Polizei gehen."

Von einer Sekunde zu nächsten verzieht sich Holgers Gesicht zu einer bösen Fratze.

„Pass mal auf, du kleine Lehrerfotze", sagt er leise mit drohendem Unterton, „ich rate dir dringend davon ab, mit solchen Lügen zu den Bullen zu geh'n. In dei-

143

nem eigenen Interesse." Dabei holt er ein Klappmesser aus seiner Hosentasche, das er blitzschnell mit dem Daumen öffnet. Anna zuckt zusammen. Während Holger beginnt, demonstrativ mit dem Messer in seiner Hand zu spielen, blickt er Anna durchdringend an.

„Du verdammtes Dreckstück hast so ein schönes Gesicht. Es würde mir sehr leid tun, wenn dieses Gesicht in den nächsten Stunden oder Tagen völlig blutig zerschnitten würde. Es gibt ja so viele bösartige Menschen. Wie schnell könntest du ein Opfer solcher Menschen werden."

Holger legt das Messer vor sich auf den Tisch. Anna, die ihm gegenübersitzt, verdeckt mit ihrem Rücken die Szenerie weitgehend für die anderen Gäste. Anna spürt, wie Holger über den Tisch ihre Hände ergreift und diese schmerzhaft auf die Tischplatte presst.

„Ich weiß noch genau, dass Bernd eine nette kleine Tochter hat. Die muss jetzt so um die 16 sein. Wenn mich aufgrund deiner Lügen die Bullen krallen, dann kann ich nicht dafür garantier'n, dass meine Freunde ganz unüberlegte Dinge tun. So einer 16-Jährigen kann auf dem Schulweg schnell etwas Grauenhaftes passier'n."

Anna spürt die Angst, die sie ergriffen hat, im ganzen Körper. Sie ist unfähig, etwas zu erwidern. Wie gebannt schaut sie in Holgers Augen, die sie diabolisch anblitzen. An Annas starrer Körperhaltung kann Holger ablesen, welch ungeheuren Druck er im Moment auf sie ausübt.

Unerbittlich setzt er seine Drohungen mit leiser Stimme fort: „Eine mit dem Messer verunstaltete Tochter ist ein wirklich schlimmer Anblick. Und wenn so ein Täter vorher sogar noch seinen Spaß mit der Kleinen hatte ... Ich möchte nicht, dass Bernd ein unglücklicher Vater wird. Sag ihm auf jeden Fall, dass ihr eure

144

Lügen für euch behaltet, weil es sonst tragische Folgen haben könnte. Hast du mich verstanden, Dreckstück?"

Als Anna auf seine Frage nicht reagiert, stellt er sie erneut: „Hast du mich verstanden?"

Ganz leise sagt sie mit kloßiger Stimme: „Ja …"

„Gut, dann sind wir uns hoffentlich einig. Auf dass wir in Zukunft nichts mehr miteinander zu tun haben."

Holger steckt das Messer zusammengeklappt in die Hosentasche, steht auf und verlässt den Tisch. Er geht aus dem Hinterzimmer und würdigt die junge Lehrerin keines Blickes mehr.

Bernd Kramer rutscht unruhig auf dem Barhocker hin und her. Von seinem Platz aus hat er keine Sicht auf das, was sich zwischen Anna und Holger abspielt.

„Na, Kumpel. Hast du Angst, dass Hollie mit deiner Begleitung anbändelt?", erkundigt sich der Gast neben ihm.

„Ich glaube kaum, dass meine Kollegin etwas mit Holger anfängt. In solchen Sachen ist sie Gourmet", erwidert Bernd, der im Moment keine große Lust verspürt, sich auf einen Smalltalk mit seinem um Witzigkeit bemühten Nebenmann einzulassen.

„He, he, Kumpel, lehn dich mal nicht zu weit raus. Hollie ist 'n guter Bekannter von mir. Da mag ich es gar nicht, wenn man ihn beleidigt." Der Mann guckt Bernd herausfordernd an.

Bernd merkt, dass ein Streit jetzt das Letzte wäre, was Anna und ihm nützt. Insofern lenkt er ein: „Ist schon gut, Kumpel. War nur spaßig gemeint. Tut mir leid, wenn's falsch rübergekommen ist."

„Na gut. Aber pass demnächst besser auf deine Wortwahl auf."

Der Mann wendet sich ab. Für ihn ist die Konversation damit zu Ende.

Holger kommt allein aus dem Hinterzimmer und steuert auf die Theke zu, wo er bei dem Barkeeper seine Rechnung bezahlt. „Stimmt so!"

Als Bernd ihn anschaut, teilt Holger ihm mit: „Frau Sonnenberg und ich haben alles abschließend geklärt. Details hörst du von ihr. Ich sage nur: wenn ihr friedlich bleibt, dann bin ich es auch. Und jetzt habe ich eine Verabredung draußen."

Holger verabschiedet sich kurz von einigen Gästen und verlässt die Bar. Bernd geht ins Hinterzimmer, wo ihm Anna entgegenkommt. Sie sieht sehr mitgenommen aus.

„Was ist passiert?", fragt Bernd.

„Komm, wir setzen uns noch mal", sagt Anna leise und führt ihn an einen freien Tisch am Ende des Raumes. Hier stehen ein leeres Cocktailglas und ein halb ausgetrunkener Bitter Lemon. Nachdem sie sich hingesetzt haben, berichtet Anna fast flüsternd: „Er hat alles abgestritten. Aber seine Reaktion war so, dass ich weiterhin glaube, Pawel hat recht. ... Für den Fall, dass wir zur Polizei gehen, hat er gedroht, mir das Gesicht zu zerschneiden. Oder deiner Tochter aufzulauern, um sie zu misshandeln."

„Wie bitte?!", sagt Bernd merklich lauter.

„Er hat am Tisch sein Messer gezogen und ich hatte auf einmal solche Angst, dass er mir wirklich was antut."

„Ich hätte dich nicht allein lassen dürfen", macht sich Bernd einen Vorwurf. „Aber Holger wird seine Drohungen nicht umsetzen, weil wir gar keine Beweise für die Polizei haben." Damit versucht er seine Kollegin zu beruhigen.

Anna schüttelt den Kopf: „Ich hab einen schlimmen Fehler gemacht. Weil ich ihn in den Glauben versetzt habe, dass wir Zeugen oder Beweise haben, mit denen wir ihn jederzeit bei der Polizei belasten können. Vielleicht wartet er gar nicht ab, sondern tut deiner Tochter oder mir etwas, um uns einzuschüchtern."

„Komm wir geh'n", sagt Bernd. An der Theke zahlt er für Anna und sich. Er merkt, dass sie beide einige Aufmerksamkeit auf sich gezogen haben. Anna steht dicht neben ihm. Schützend legt er den Arm um sie, was ihr sichtlich entgegenkommt. Dann gehen sie gemeinsam nach draußen.

Es ist immer noch angenehm warm, aber Anna scheint zu frieren. Bernd sieht, dass Holger einige Schritte vom Eingang der Bar entfernt auf dem Bürgersteig steht. Vermutlich wartet er auf den besagten Freund.

„Ich hoffe, du hast kapiert, dass deine Tochter echt unsicheren Zeiten entgegensieht. Also benimm dich wie ein guter Familienvater, Bernd", äußert Holger.

Die Drohung gegenüber seiner Tochter legt bei Bernd einen Schalter um. Er lässt Anna zurück und stürmt auf den Dealer zu. Bevor der reagieren kann, hat ihn Bernd am Kragen gepackt und einmal kräftig geschüttelt.

„Ganz vorsichtig, du Arschloch!", stößt Bernd voller Wut hervor. „Solche Ankündigungen solltest du unterlassen, wenn dir deine Gesundheit lieb ist. Drohe nie wieder meiner Tochter oder Anna!"

Danach schubst er Holger mit Wucht zurück, dass der Richtung Fahrbahn zu Boden stürzt. Holger blickt Bernd hasserfüllt an.

„So gehst du nicht mit mir um!", schleudert er Bernd entgegen. Sofort steht er wieder auf den Beinen. Als er

147

sich Bernd nähert, zieht er ein Klappmesser. Mit einem Griff seines Daumens hat er es geöffnet.

„Bernd, pass auf!", ruft Anna erschrocken.

Bewaffneter Angriff, hämmert es in Bernds Gehirn. In ihm erwacht der erfahrene Taekwondo-Kämpfer. Holger kommt bedrohlich mit dem Messer auf ihn zu. Ohne nachdenken zu müssen laufen in Bernd jahrelang erprobte Kampfmuster ab. Er täuscht einen Angriff vor, Holger stößt das Messer schräg nach vorne ins Leere. Bernds Handkantenschlag trifft blitzschnell Holgers rechten Unterarm mit einer Härte, dass dieser sofort das Messer fallen lässt. Schmerzverzerrt fasst Holger sich mit der linken Hand auf den rechten Unterarm. Dabei geht er einen Schritt zurück.

„Holger, was ist los?!", ertönt eine Stimme von der Seite. Aus Richtung Steintorplatz erscheint ein südländisch aussehender Mann Mitte zwanzig.

„Miguel, hilf mir!", ruft Holger ihm zu.

Bernd blickt nach links und rechts. Er bemerkt, dass ein Mann am Eingang der „Globus-Bar" offenbar das ganze Geschehen beobachtet hat. Sicherlich einer der Gäste. Auch zwei Männer auf der anderen Straßenseite gucken neugierig herüber.

Mit einem gezielten Tritt kickt Bernd das auf dem Bürgersteig liegende Messer weg, damit Holger es nicht mehr erreichen kann. Das Messer schlittert über den Boden, fällt über die Kante des Bürgersteigs und bleibt auf einem Gulli liegen.

Miguel erreicht den Ort der Auseinandersetzung. Bernd ist mit einigen Schritten beim Gulli und versetzt dem Messer darauf einen kleinen Stoß, dass es im Gulli verschwindet.

Holger gesellt sich zu Miguel, dabei starrt er Bernd kampflustig an. Auf einmal nimmt Holger eine lockere

Körperhaltung an und zischt: „Die Bullen." Von der Goethestraße nähert sich ein Streifenwagen Richtung Münzstraße und Steintor. Zufall – oder hat ein Passant die Polizei verständigt?

„Wir sprechen uns noch, Bernd Kramer", schnaubt Holger. Dann verlassen Holger und Miguel betont unauffällig den Platz vor der „Globus-Bar". Die Münzstraße macht einen Linksknick, hinter dem die beiden in kürzester Zeit verschwunden sind.

„Ich glaube, wir sollten jetzt auch gehen", sagt Bernd zu Anna.

Der Streifenwagen fährt an ihnen vorüber zum Steintorplatz. Offenbar ist er nicht ihretwegen aufgetaucht. Die Schaulustigen haben sich entfernt.

Es dauert ungefähr fünf bis sieben Minuten, bis Anna und Bernd seinen geparkten Wagen erreicht haben. Bernd sieht Anna an, dass sie die Auseinandersetzung mit Holger immer noch in Angst versetzt.

Was bin ich doch für ein Blödmann, denkt sich Bernd. Erst bringe ich Anna allein in die Situation, dass sie von Holger übel bedroht wird. Und dann ängstige ich sie zusätzlich, indem ich auf Holger losstürme und sie Zeuge einer Auseinandersetzung mit dem Messer wird.

Als sie nebeneinander im Wagen sitzen, meint er lakonisch: „Unsere ganze Aktion – guter Angriff, schwacher Abschluss."

Holger Manthei ist erleichtert, als er feststellt, dass das Auftauchen der Polizei nicht mit ihm in Zusammenhang steht. Gemeinsam mit Miguel Baraja geht er in die Reitwallstraße, eine Fußgängerzone im Rotlichtviertel, von der mehrere Bordelle, Erotik-Kinos und Spielotheken abgehen.

In der Mitte der Fußgängerzone bleiben sie stehen. Einzelne Männer gehen in einiger Entfernung durch die Straße, zwei verschwinden nacheinander im „Thai Eros". Holger registriert, dass die anderen Besucher der Fußgängerzone außerhalb der Hörweite sind, solange Miguel und er nur leise genug reden.

„Da bahnt sich was an, dem wir rechtzeitig entgegensteuern müssen", stellt Holger fest.

„Wer waren die beiden Figuren vorm ‚Globus'", will Miguel wissen.

„Ehemalige Lehrer von mir. Bernd Kramer und Anna Sonnenberg vom Hermann-Hesse-Gymnasium. Die wussten von unseren Geschäften mit den Schülern dort. Da muss sich jemand bei ihnen ausgequatscht haben."

„Roman Janowski?"

„Keine Ahnung. Kann ich mir aber nicht vorstellen, dass der mit Lehrern über unsere Geschäfte plaudert."

„Was ist mit Sebastian Rokahr?"

„Weiß nicht. Der müsste schön blöd sein, wenn er das macht. Da würde er sich ja selbst vorher belasten", vermutet Holger.

„Und wenn er bereits aufgeflogen ist?!", wirft Miguel ein.

Holger überlegt: „Er hat mich gestern wegen der geplanten Sache mit dem Sprachlabor seiner Schule angerufen. Der Mistkerl hat sich geweigert, die Angaben über die Alarmanlage rüberzuschieben. Ich hab ihm 'n paar passende Worte dazu gesagt. Will nicht hoffen, dass er uns're kleine Auseinandersetzung mit 'ner Retourkutsche bei Kramer und der Sonnenberg beantwortet hat. Das wäre sehr dumm von ihm."

Miguel verkneift sich seinen Hinweis, dass er von vornherein gegen eine Zusammenarbeit mit dem Gymnasiasten war.

„Wie wollen wir reagieren?", fragt Miguel stattdessen.

„Zunächst mal vorsichtig verhalten. In den nächsten Tagen werde ich abklär'n, ob Sebastian oder Roman da mit drinhängen. Oder ob die zumindest wissen, wer dahintersteckt."

Miguel nickt zustimmend. Holger schaut ihn fragend an: „Warum bist du zu unserm vereinbarten Termin vorm ‚Globus' eigentlich zu spät gekommen? Wenn du pünktlich aufgekreuzt wärst, hätte mir das die Scheißsituation mit Kramer erspart."

„Sorry, hab bei ‚McDonald's' getrödelt. Konnte ja nicht ahnen, dass du Stress vorm ‚Globus' kriegst. Kann ich's wiedergutmachen?" Miguel zeigt sich zerknirscht.

„Kannst du", antwortet Holger. „Mein Messer ist im Gulli gelandet. Besorg mir morgen ein neues. Aber von gleicher Qualität!"

„Morgen ist Sonntag", wagt Miguel einzuwenden.

„Ist mir egal. Du wirst das schaffen – da bin ich mir sicher. Oder siehst du das etwa anders?" Holger blickt seinem Gegenüber intensiv in die Augen.

„Okay, okay. Ich besorg dir dein Messer", verspricht Miguel.

Spätabends am selben Tag sitzt Anna Sonnenberg in Arnum vor ihrem Computer.

„Liebe Elka,

der heutige Abend war der absolute Horror für mich. Du kannst dir nicht vorstellen, was ich erlebt habe. Aber ich bin selbst schuld. Dieser Holger, den Bernd und ich im Rotlichtviertel aufgesucht haben, hat mich mit einem Messer bedroht. Und Bernd hat mit

ihm sogar kurz auf offener Straße gekämpft. Glücklicherweise ist niemand verletzt worden. Wir hätten
nicht ins Rotlichtviertel gehen dürfen. Ich habe jetzt
wirklich Angst, dass dieser Holger uns etwas antun
könnte.

Bernd und ich überlegen uns noch, wie wir mit der
schwierigen Situation umgehen wollen. Vielleicht
wenden wir uns an die Polizei. Vermutlich klingt das
für dich alles etwas verrückt.

In diesem Moment würde ich mir wünschen, dass
ich bei dir in Kroatien in Sicherheit sein könnte.

Ich melde mich wieder!

Viele Grüße,

Anna"

Carsten erscheint im Arbeitszimmer und fragt: „Sag
mal, wo warst du eigentlich heute Abend?"

Dek ses / Sechzehn

Katharina hat mich eben tatsächlich aus London zu Hause angerufen. Bei unserem Telefonat habe ich gemerkt, wie sehr ich sie vermisse. Insofern ist heute im wahrsten Sinne des Wortes der „Tag der Deutschen Einheit". Aber wer weiß, wie es mit uns weitergeht. Es wäre schön, wenn sie wiederkäme. Die Verhaltensweisen junger Frauen sind manchmal schwer vorauszusehen.

Es ist gleich 20 Uhr. In meiner Dreizimmerwohnung im Hannoverschen Stadtteil Zoo fühle ich mich zeitweise etwas allein. Eine Mitbewohnerin könnte dem Umstand schnell Abhilfe verschaffen. Ich finde es durchaus gemütlich hier: das Wohnzimmer mit Möbeln und Bildern im mediterranen Stil, zahlreiche Bücherregale im Arbeitszimmer, das Schlafzimmer mit kleinem Fernseher und Musikanlage. Anna fällt mir ein, wie schon so oft in den letzten Tagen. Ich werde sie vielleicht erst Anfang November wiedersehen, wenn ich meine erste Info-Veranstaltung über Alkohol im Hermann-Hesse-Gymnasium durchführe. Eher geht nicht, weil die „Q2" in der ersten Oktoberhälfte auf Studienfahrt ist und die letzten beiden Oktoberwochen Herbstferien sind. Ich trotte ins Arbeitszimmer, wo ich mich an den PC setze. Spontan kommt mir ein Gedanke. Im Internet tippe ich bei Google „Anna Sonnenberg Hannover" in die Suchmaske ein. Ich finde heraus, dass Anna in Hannover nicht nur die wöchentliche Montagsrunde der Esperantisten besucht, sondern offenbar auch gelegentlich die monatliche Mittwochsgruppe der Esperanto-Sprecher im Freizeitheim Linden, deren Mitglieder deutlich älter sind. Bei der „Ratkaptista Bando", einer Esperanto-Gruppe in Hameln, ist sie ebenfalls schon gewesen. Anna pflegt viele Verbindungen zu Esperantisten. Am 11. Oktober beginnt in der Volkshochschule Hannover ein abendlicher Esperanto-Sprachkurs, der von Anna als Dozentin geleitet wird. Ich werde bei der Volkshochschule herausfinden, ob da noch ein Platz für mich frei ist.

Von Bernd habe ich gehört, dass Anna im Oktober von Arnum nach Linden umzieht. Möglicherweise könnte ich ihr beim Umzug helfen. Ich entschließe mich, in dieser Sache gleich Bernd anzurufen. Auf seinem Festnetzapparat geht niemand ran. Sind weder er noch seine Familie zu Hause? Ich versuche es auf seinem Handy, aber dort habe ich ebenfalls kein Glück. Sein Handy ist ausgeschaltet und ich habe keine Lust, ihm etwas auf die Mailbox zu sprechen.

Dek sep / Siebzehn

Das Wohnhaus verfügt über sieben Stockwerke. Vom Hausflur auf der 4. Etage, welcher über das Treppenhaus erreichbar ist, gehen zwei Wohnungen ab. Am rechten Ende des Hausflurs, direkt neben dem Treppenaufgang zur 5. Etage, befindet sich die Tür zur Wohnung von Holger Manthei. Am gegenüberliegenden Flurende ist die Tür zur anderen Wohnung, die Günther Dellbrück gehört. Aus Dellbrücks Wohnung sind Stimmen zu hören, die eindeutig vom abendlichen Fernsehprogramm herrühren.

Das gelb gestrichene Treppenhaus ist renovierungsbedürftig. Die roten metallenen Treppengeländer sind abgeschabt, der Holzlauf der Geländer ist zerkratzt.

Vom Treppenaufgang betrachtet, liegt Dellbrücks Wohnung auf der linken Seite des Hausflurs einige Meter nach hinten versetzt.

Dadurch entsteht vor seiner Wohnungstür eine Nische, die von der Treppe aus nicht eingesehen werden kann. Diese Nische hat sich die Gestalt zunutze gemacht, die auf Holger Manthei wartet. Holger wird demnächst in seine Wohnung zurückkehren. Die Gestalt geht davon aus, dass Holger ihn in der Nische vor Dellbrücks Wohnung nicht bemerken wird. Und Dellbrück macht nicht den Eindruck, dass er nach dem Fernsehgucken noch einen Schritt vor die Tür setzen wird.

Die Gestalt wiegt die Waffe in ihrer Hand, mit der sie Holger niederstrecken wird.

Es ist alles vorbereitet. Maske und Handschuhe sind griffbereit.

Holger hat verdient, was ihn erwartet, schießt es der Gestalt durch den Kopf.

Es ist kurz nach 22 Uhr. Holger Manthei sitzt an seinem Stammplatz in der „Globus-Bar" an der Theke und bezahlt seine Rechnung.

„Mach's gut", sagt er zu dem Mann auf dem benachbarten Barhocker. „Mal seh'n, ob ich mir draußen noch 'nen süßen Nachtisch gönne."

„Mach's besser, Hollie. Und treib's nicht zu heftig", antwortet der Mann neben ihm mit einem gekünstelten Lachen.

Holger zieht sich eine helle Sommerjacke über sein kurzärmeliges Hemd. Dann verlässt er die „Globus-Bar" und schaut hinüber zu den Bordellen in der Scholvinstraße. Für einen Moment spielt er mit dem Gedanken, sich den ausklingenden Tag mit einer willigen Frau von gegenüber zu versüßen. Heute ist der 3. Oktober. Die Geschäfte an diesem Wochenende sind gut gelaufen. Da kann er sich etwas Niveauvolleres gönnen. Wenn es ihm nicht zu spät ist, wird er von zu Hause noch Amanda anrufen. Die käufliche Schönheit macht Hausbesuche und ist ihr Geld wert. Aber vielleicht ist Amanda auch ausgebucht.

Holger geht einige Schritte zur Goethestraße. Auf der Brücke, wo die Goethestraße die Leine überquert, ist die Haltestelle der Stadtbahn. Für den kurzen Weg nach Hause lohnt sich kein Taxi. An der Haltestelle stehen mehrere Männer mittleren und jüngeren Alters sowie zwei junge Frauen. Manchmal hat Holger das Gefühl, beobachtet und verfolgt zu werden. Er blickt sich vorsichtig um, kann jedoch niemand Verdächtigen in seiner Nähe entdecken. Er schaut nach links Richtung Leineufer, an dem jeden Samstagvormittag der Flohmarkt abgehalten wird. Rechts, von der anderen Seite der Brücke, ist das markante fünfstöckige Bürogebäude der Agentur für Arbeit zu sehen, mit dem Holger früher zwangsläufig schon mehrere Male Bekanntschaft gemacht hat.

Holger steigt in die Stadtbahnlinie 10 und fährt durch die Goethestraße Richtung Ahlem. In der Bahn fällt ihm eine junge Frau auf, deren Aussehen genau seinen Geschmack trifft. Er setzt sich ihr gegenüber, grinst sie auffordernd an. Die könnte er sich nachher gut in seinem Schlafzimmer vorstellen. Schnell merkt er, dass daraus nichts wird. Die Frau steht auf und setzt sich auf einen freien Sitzplatz einige Reihen hinter ihm. Holger schaut aus dem Fenster. In der Goethestraße befinden sich diverse türkische und arabische Geschäfte. Viele Migranten sind Kunden von ihm. Holger beschäftigt sich mit morgen früh. Bereits um 9 Uhr wird er sich mit Miguel treffen.

Am Küchengarten steigt er aus. Vor ihm liegt das Ihme-Zentrum. Eine Stadt in der Stadt direkt an der Ihme. Dieses Wohn- und Bürozentrum in Linden-Mitte ist inzwischen eine riesige Baustelle. Im Norden und im Süden wird das Ihme-Zentrum durch mehrere 20-stöckige Hochhäuser begrenzt. Dazwischen stehen einige fünf- bis siebenstöckige Wohn- und Bürogebäude. Bei seiner offiziellen Eröffnung im Jahr 1974 galt der verwinkelte und unübersichtliche Betonkomplex des Ihme-Zentrums noch als wegweisende moderne Architektur. Hier sollten Menschen wohnen, arbeiten und einkaufen. Die früher zahlreichen Geschäfte und Kaufhäuser sind inzwischen komplett verschwunden. Lediglich „enercity" und Teile der Ver-

157

waltung der Stadt Hannover haben hier ihren Sitz behalten, ansonsten wohnen noch ungefähr 2400 Menschen im Ihme-Zentrum, das seit einigen Jahren generalsaniert und zum Linden-Park umgestaltet werden soll. Geplant war eine mit Glas überdachte, moderne Ladenpassage. Seit Januar 2009 ist das Großprojekt gestoppt, weil der US-Investor Carlyle unter finanziellen Druck geraten war und seine am Umbau beteiligten Projektgesellschaften inzwischen Insolvenz angemeldet haben. Die Fußgängerzone im Innenbereich des Ihme-Zentrums, durch Gitterzäune wegen der unterbrochenen Umbauarbeiten vollständig abgesperrt, ist nicht mehr begehbar. In einigen Teilen des Ihme-Zentrums leben wohlsituierte Bürger in ihren nicht mehr zu verkaufenden Eigentumswohnungen. Daneben – insbesondere in den Hochhäusern – wohnen Sozialhilfeempfänger in Mietwohnungen. Holger lebt schon seit Jahren relativ preiswert zur Miete in einem siebenstöckigen Wohnhaus mitten im Ihme-Zentrum.

Vom Küchengarten-Platz steuert er über die Blumenauer Straße auf den unteren Eingang des Ihme-Zentrums links neben „enercity" zu, durch den auch Autos ins Innere gelangen können. Holger erreicht den Ihmeplatz, an dem sich das Haus mit seiner Mietwohnung befindet. Am Hauseingang verweist ein Schild darauf, dass sich drinnen die Büroräume einer Immobilienfirma befinden. Die Gegensprechanlage ist seit Langem nicht mehr in Betrieb. Holgers Name steht draußen an einem Schild neben einem der vielen Klingelknöpfe. Er schließt die äußere Haustür auf und betritt den unteren Flur, der durch seine dunkelbraunen Fliesen düster und unmodern wirkt. Auf der linken Seite befinden sich zwei Fahrstühle. Mit einem von ihnen fährt er in den 2. Stock. Im Spiegel der Fahr-

158

stuhlkabine überprüft er sein Aussehen. Soll er sich noch Amanda für eine heiße Runde im Bett ordern? Wahrscheinlich ist es schon zu spät. Schließlich ist er früh mit Miguel verabredet.

Er tritt aus der Kabine und biegt links neben dem Fahrstuhl in einen langgezogenen Gang ein, an dessen Ende sich ein Treppenhaus befindet, zu dem es in den Stockwerken darüber keine Querverbindung vom Fahrstuhl gibt. Von hier aus geht er die zwei Stockwerke bis zu seiner Wohnung zu Fuß. Niemand folgt ihm. Ruhig nimmt er die letzten Stufen zum Flur der 4. Etage. Aus der Wohnung von Günther Dellbrück ist kein Fernseher mehr zu hören. Holger schaut auf die verschlossene Tür seiner Wohnung und sucht in seiner Jackentasche nach dem Wohnungsschlüssel. Gerade als er mit dem Schlüssel die Tür öffnet, nimmt er hinter sich eine Person wahr.

Der Plan der Gestalt ist aufgegangen. Sie trägt Handschuhe und eine Sturmmaske, als sie sich Holger von hinten nähert, lautlos, die Waffe in der rechten Hand. Holger stockt, er scheint etwas mitbekommen zu haben. In diesem Moment stößt die Gestalt einen kurzen Fluch aus und stürzt sich auf den Drogendealer, der unter dem Angriff zusammenbricht und in seine Wohnung fällt.

Günther Dellbrück, ein kleiner wohlbeleibter Herr mit Glatze, ist bereits einige Jahre Rentner. Seit dem Tod seiner Frau lebt er in der Eigentumswohnung am Ihmeplatz allein. Aufmerksam nimmt Dellbrück das Geschehen um ihn herum wahr. Vor einem Jahr hatte er eine lebensmüde klingende Äußerung seines psychisch angeschlagenen Nachbarn aufgeschnappt und verantwortungsvoll die Rettungsleitstelle informiert, die sofort einen Arzt vom Sozialpsychiatrischen Dienst hierhergeschickt hatte.

Dellbrück hat längst gefrühstückt, als er seine Wohnung verlassen will. Gestern Abend hat der Nachbar seinen Fernseher vorübergehend sehr laut angehabt. Dellbrück wird ihm bei Gelegenheit mitteilen, dass das eine Lärmbelästigung darstellt, die in Zukunft nicht mehr geht.

Der Rentner zieht sich eine Jacke an und öffnet seine Wohnungstür. Er sieht, dass jemand die gegenüberliegende Wohnung betreten hat, der jetzt einige hektische Bewegungen macht. Interessiert geht Dellbrück den Flur entlang zu Holger Mantheis Wohnung. Eventuell bietet sich sofort die Möglichkeit, mit dem Nachbarn über die gestrige Ruhestörung zu sprechen.

Da fliegt die Tür von Mantheis Wohnung auf und ein südeuropäisch aussehender Mann Mitte zwanzig blickt sich gehetzt um. Erschrocken bemerkt er die Anwesenheit von Dellbrück. Der Mann zieht die Tür hinter sich zu.

„Was machen Sie in der Wohnung von Herrn Manthei?", fragt Dellbrück.

Sein Gegenüber scheint flüchten zu wollen, besinnt sich dann jedoch eines Besseren:

„Ich wollte ihn treffen …"

„Ja und warum haben Sie es so eilig?"

„Er ist tot", bringt der junge Mann hervor. „Ermordet."

Dellbrück weicht zurück. Hat er gerade den Mörder seines Nachbarn aufgeschreckt? Dann ist er jetzt in Todesgefahr!

„Hilfe, Polizei!", schreit Dellbrück, „Polizei!"

Der junge Mann geht auf Dellbrück zu und packt ihn an den Schultern:

„Ganz ruhig. Ist nicht so, wie Sie denken. Ich habe nichts mit dem Mord zu tun! Ganz ruhig!"

„Hilfe, lassen Sie mich los. Hilfe!", ruft Dellbrück erneut.

Sein Gegenüber lässt ihn augenblicklich los und tritt zwei Schritte zurück:

„Alles klar, ich tu Ihnen nichts! Alles klar!"

Dellbrück wird etwas ruhiger. Aus dem Stockwerk unter ihm sind Geräusche zu hören. Eine laute Frauenstimme fragt: „Was ist denn da oben los? Brauchen Sie Hilfe?"

Jetzt meldet sich auch ein Mann aus der 5. Etage: „Herr Dellbrück, ich komme!"

Fast gleichzeitig erscheint über das Treppenhaus von unten etwas zögerlich eine ungefähr dreißigjährige Frau osteuropäischer Herkunft, während ein Mann in den Sechzigern auf den Stufen der Treppe nach oben auftaucht.

Dellbrück zeigt auf sein Gegenüber: „Den Mann hier habe ich eben dabei überrascht, wie er aus der Wohnung von Herrn Manthei flüchten wollte. Und er behauptet, dass Herr Manthei ermordet wurde."

Die Sätze lösen Erschrecken in den Gesichtern der Hinzugekommenen aus.

„Holger war schon tot, als ich die Wohnung betreten habe. Glauben Sie mir! Ich habe damit nichts zu tun!", beteuert der Unbekannte. Dabei hebt er beide angewinkelten Arme und zeigt den Umstehenden demonstrativ seine leeren Handinnenflächen. Von seiner Körperhaltung geht keine Bedrohung mehr aus.

Dellbrück fasst Vertrauen. Momentan scheint der Mann weder ihn noch die anderen Hausbewohner angreifen zu wollen. Dann kommt ihm ein Gedanke, der erneut sein Misstrauen schürt:

„Wie sind Sie überhaupt in die Wohnung gelangt, wenn Herr Manthei schon tot war?"

„Der Schlüssel steckte von außen", erklärt der junge Mann auf Anhieb. Dellbrück sieht, dass sich momentan tatsächlich ein Schlüssel im Schloss der Wohnungstür befindet.

„Ich möchte selbst mal einen Blick in die Wohnung werfen", sagt Dellbrück und geht zur Tür von Holger Mantheis Wohnung. Er dreht den Schlüssel herum, öffnet die Tür und macht einen Schritt in die Wohnung. Sofort sieht er, dass sein Nachbar tot auf dem Flur liegt. Der Oberkörper des Toten ist voller Blut.

Dek ok / Achtzehn

Der Vormittag dieses 4. Oktober bringt jede Menge neuer Arbeit für Kriminalhauptkommissar Robert Nolte. Er ist direkt zum Fundort der Leiche gefahren. Nolte, ein erfahrener Polizist Ende vierzig, legt viel Wert auf sein Äußeres. Seine kurzen dunkelblonden Haare trägt er mit einem Seitenscheitel, dessen ordentlichen Verlauf er mehrfach am Tag kontrolliert. Seinem Körper sieht man das regelmäßige Kraft- und Ausdauertraining an.

Er gehört zur Kriminalfachinspektion 1.1 K, die sich bei der Polizeidirektion Hannover mit Straftaten gegen das Leben beschäftigt. Ein weiterer Kollege der Abteilung, der ebenfalls heute „Mordbereitschaft" hat, ist noch auf dem Weg hierher.

Holger Manthei, ein 24-jähriger Deutscher, ist erstochen in seiner Wohnung im Ihme-Zentrum aufgefunden worden. Die Kollegen vom Kriminaldauerdienst suchen vor Ort routiniert nach Spuren, von denen es auf den ersten Blick erstaunlich wenige gibt.

Nolte blickt sich in der Wohnung des Toten um. Es handelt sich um eine modern eingerichtete Dreizimmerwohnung, wobei aus Noltes Sicht einige Möbel stilistisch nur bedingt zueinander passen. Fernseher, Spielekonsole und Notebook wirken technisch auf dem neuesten Stand. Auffällig sind mehrere große Lautsprecherboxen, die im Wohnzimmer auf dem Teppichboden stehen. Für eine Mietwohnung erscheinen die Lautsprecher etwas zu groß geraten. So unaufgeräumt, wie die Küche aussieht, muss Manthei hier als Junggeselle allein gelebt haben. Aus dem

163

Wohnzimmerfenster hat man einen fantastischen Ausblick über Hannover.

Nolte kehrt in den Flur zurück, wo der Rechtsmediziner Dr. Ulrich Lindhoff die vorläufige Untersuchung der Leiche abgeschlossen hat. Der Tote ist auf der linken Seite liegend gefunden worden.

„Was können Sie schon sagen, Doktor?", fragt Nolte, der eine etwas förmlichere Beziehung zu dem Rechtsmediziner pflegt.

„Drei Stiche in den Oberkörper, die letztendlich tödlich gewesen sein müssen", erläutert Lindhoff. „Außerdem ein kleines Brandmal im Nackenbereich."

Max Quast, der Kollege vom Kriminaldauerdienst im weißen Overall, mischt sich ein: „Wenig Spuren eines Kampfes. Muss alles sehr schnell gegangen sein. Aber die Wohnung ist sicherlich der Tatort. Die Tatwaffe haben wir nicht gefunden. Es gibt übrigens keine Hinweise, dass der Täter die Wohnung durchsucht oder etwas entwendet hat."

Nolte nickt anerkennend. „Wie lange ist das Opfer schon tot?", fragt er den Rechtsmediziner.

„Nach ersten Schätzungen muss sich die Tat gestern am späten Abend abgespielt haben", antwortet Lindhoff.

Nolte überlegt: „Womit klar ist, dass der Spanier ihn nicht ermordet haben kann. Zumindest nicht heute Morgen."

Die Nachbarn im Haus, soweit nicht gerade bei der Arbeit, werden von der Polizei systematisch befragt. Niemand hat gestern Abend im Haus eine verdächtige Person gesehen. Allerdings haben sich spät abends auch nicht mehr viele im Treppenhaus aufgehalten. Günther Dellbrück hat angegeben, dass er gestern gegen 22:30 Uhr in Mantheis Wohnung zumindest

eine laute Stimme gehört hat, von der er jedoch angenommen hatte, dass sie Teil einer Fernsehsendung
war. Es wäre mit großer Wahrscheinlichkeit ein Mann
gewesen, der geschimpft hätte. Was er allerdings gesagt habe, hätte Dellbrück nicht verstanden. Er würde
die Stimme wohl auch nicht wiedererkennen.

Die Immobilienfirma im Haus hat Nolte ein Büro
zur Verfügung gestellt, wo er in Anwesenheit eines
Kollegen den 25-jährigen Mann befragt, der Holger
Manthei heute gegen 9 Uhr in seiner Wohnung gefun-
den hat. Der Mann ist spanischer Herkunft und heißt
Miguel Baraja.

„Was haben Sie denn heute Morgen von Herrn
Manthei gewollt?", fragt Nolte, der dem Zeugen an
einem kleinen Tisch gegenübersitzt. Der zweite Polizist hält sich stehend im Hintergrund.

„Ich hatte eine Verabredung mit ihm. Um 9 Uhr in
seiner Wohnung", antwortet Baraja.

„Was machte Herr Manthei eigentlich beruflich?"

„Er war Musiker. Hat früher bei der Gruppe ‚Böse
Jungs' mitgespielt."

„Was heißt früher? Und womit verdiente er sich zuletzt sein Geld?", möchte es Nolte genau wissen.

„Er ist vor zwei Jahren aus der Gruppe ausgestiegen. Danach hat er durch Wetten viel Geld gemacht."

„Nur durch Wetten hat er seinen Lebensunterhalt
verdient?", fragt Nolte ungläubig.

Baraja nickt: „Ja, er hatte bei Fußball- und Pferde-
wetten einen – wie man im Deutschen sagt – ausge-
sprochen guten Riecher."

„Hatte er noch andere Einnahmequellen?"

„Davon weiß ich nichts", behauptet Baraja.

„Hat er später noch für eine andere Musikgruppe
gespielt?"

„Das weiß ich nicht."

„Herr Baraja, Sie haben angegeben, ebenfalls Musiker und ‚Gelegenheitsarbeiter' zu sein. Wo arbeiten Sie denn ‚gelegentlich'? Und woher kannten Sie Herrn Manthei?"

„Ich bin auch Gitarrist der ‚Bösen Jungs'. Die Gruppe löst sich auf. Habe daher schon einige Zeit nicht mehr mit denen gespielt. Daneben arbeite ich mal auf'm Bau oder im Lager. … Holger habe ich durch die ‚Bösen Jungs' kennengelernt. Ich bin dort vor drei Jahren eingestiegen."

„Warum hat Herr Manthei die Gruppe verlassen?", interessiert Nolte.

„Wir machen da Hardrock in Lederklamotten und so. Holger stand irgendwann auf ganz andere Kleidung, hat seinen Geschmack total verändert. Er meinte, er hätte Bock auf mehr Stil."

„Trotzdem sind Sie mit ihm in Verbindung geblieben?"

„Klar, ist doch immer ein guter Kumpel von mir gewesen", bekräftigt Baraja.

„Und gab es heute Morgen einen bestimmten Anlass für Ihre Verabredung?"

Barajas Stimme bekommt einen belanglosen Tonfall: „Wir wollten mal wieder über alte Zeiten sprechen. Nichts Besonderes."

„Wo haben Sie sich denn in der letzten Zeit sonst so getroffen?", erkundigt sich Nolte.

„Mal hier und da. Meistens im ‚Globus' am Steintor. Das war Holgers Stammkneipe. So 'ne Art zweite Heimat für ihn, seit er bei den ‚Jungs' ausgestiegen ist."

„Wann haben Sie ihn zuletzt lebend geseh'n?"

„Vor zwei Tagen. Ich hab ihn gegen 8 Uhr abends kurz vor dem ‚Globus' getroffen. Da war alles unauffällig. Ich hatte wenig Zeit, also haben wir uns für heute verabredet."

„Wissen Sie, ob Herr Manthei eine Lebenspartnerin hatte?"

„Verheiratet war er nicht. Und eine feste Freundin …?", Baraja stößt ein angedeutetes Lachen aus. „Nein, er war mehr für die Abwechslung. One-Night-Stands – Sie versteh'n?"

„Wie sieht es bei Herrn Manthei mit Angehörigen aus?"

„Er hat keine Geschwister. Sein Vater ist vor ein paar Jahren gestorben. Seine Mutter lebt noch in Hannover. Aber zu ihr hat Holger zuletzt wenig Kontakt gehabt."

„Hatte Herr Manthei irgendwelche Feinde?", fragt Nolte.

„Keine Ahnung. Ich meine, wer hat die nicht. In der Zeit mit den ‚Bösen Jungs' gab's häufiger mal Zoff mit ganz unterschiedlichen Typen. Aber ich kenne niemanden, der Holger gleich abstechen will."

Nolte schaut Baraja fest in die Augen: „Und dennoch hat es gestern einer getan."

Robert Nolte will erneut einen Blick auf den Tatort und die unmittelbare Umgebung im Treppenhaus werfen. Momentan ist noch nicht geklärt, ob sich der Täter bereits in Mantheis Wohnung befunden und dort sein Opfer empfangen hat. Alternativ könnte Manthei den Täter getroffen und selbst mit in die Wohnung genommen haben. Oder der Täter hat die Rückkehr Mantheis im Treppenhaus abgewartet. In diesem Fall muss der Täter die Gewohnheiten seines Opfers genau gekannt haben. Von der 3. Etage geht Nolte langsam die Treppe nach oben. Auf der Ebene zwischen dem 3. und 4. Stockwerk befindet sich ein versteckt liegender größerer Abstellbereich – rechts hinter der Wand, vor der die Treppe nach oben führt. Der Abstellbereich ist der Grund für die Nische auf der 4. Etage vor Dellbrücks Wohnung. Sowohl der Abstellbereich auf der Zwischenebene als auch die Nische vor Dellbrücks Wohnung bieten die Möglichkeit, sich im Treppenhaus vor Personen zu verstecken.

Manthei hat einen Wagen besessen, diesen jedoch nach Auskunft von Baraja nicht benutzt, wenn er in der „Globus-Bar" etwas trinken wollte. Der Weg vom Ihme-Zentrum zum Steintor lässt sich schnell mit der Stadtbahn erreichen.

Nolte prägt sich die Einzelheiten im Treppenhaus und in Mantheis Wohnung ein. Grundsätzlich käme auch eine Frau als Täterin in Betracht. Aber Dellbrück hat von einer männlichen Stimme gesprochen, die er zur vermuteten Tatzeit aus Mantheis Wohnung gehört haben will. Wenn es sich dabei tatsächlich um die Stimme des Täters gehandelt hat …

Die Aufklärung des Mordes an Holger Manthei – so die Einschätzung der zuständigen Kriminalfachinspektion – wird für die Polizei mit einigem Aufwand verbunden sein. Es ist nicht ausgeschlossen, dass Manthei in kriminelle Machenschaften verwickelt war. Die Ermittlungen werden das Rotlichtviertel und die Szene um die Hardrock-Band „Böse Jungs" mit einbeziehen müssen. Insofern wird die gebildete „Mordkommission Holger" dafür ausreichend personell ausgestattet. Wichtig ist eine zeitnahe Befragung des als Hinweisgeber infrage kommenden Personenkreises.

Am Nachmittag werden die von der Arbeit zurückkehrenden Bewohner des Hauses, in dem Manthei gestern ermordet worden ist, nach und nach befragt.

Kriminalhauptkommissar Thomas Stelter ist einer der Mitglieder der „Mordkommission Holger". Zusammen mit einer Kollegin besucht er abends die „Globus-Bar", in der das Opfer regelmäßig verkehrt haben soll. Manthei als spendabler Gast ist beim Personal und einigen Gästen offenbar beliebt gewesen, andere wiederum nehmen die Nachricht von seinem Tod fast mit Genugtuung zur Kenntnis. Neben der grundsätzlichen Zurückhaltung gegenüber der Polizei gibt es durchaus Bestrebungen, die Aufklärung des Mordes an dem Stammgast zu unterstützen. Im Verlauf der Befragung erfahren die Polizisten, dass Manthei am 1. Oktober direkt vor der Bar eine bedrohliche Auseinandersetzung mit einem Mann hatte, den Manthei „Bernd Kramer" genannt haben soll. Außerdem wäre der Mann in Begleitung einer blonden Frau Anfang dreißig gewesen. Die beiden hätten zuvor mit Manthei in der Bar gesprochen. Da habe Manthei die beiden als „Oberlehrer" bezeichnet. Bei dem Konflikt auf der Straße wäre Manthei von Kramer angegriffen und zu Boden geschubst worden. Manthei habe sich mit einem Messer verteidigt, das ihm sein Gegner aus der Hand geschlagen habe. Kramer hätte den Eindruck eines geübten Kämpfers gemacht. Zuletzt wäre noch Miguel Baraja, ein Freund von Manthei, dazugekommen. Und plötzlich wären alle Beteiligten in verschiedene Richtungen verschwunden. Kramer und seine weibliche Begleitung wären zuvor noch nie in der „Globus-Bar" gewesen.

Der Hannoversche Stadtteil Sahlkamp zeichnet sich durch Hochhäuser mit zahlreichen Sozialwohnungen aus, in denen Menschen ganz unterschiedlicher nationaler Herkunft leben. Die Arbeitslosenquote ist hoch, der Sahlkamp gilt als sozialer Brennpunkt.

Am Morgen des 5. Oktober stehen in einem der Hochhäuser im Sahlkamp Kriminalhauptkommissar Robert Nolte und Kriminaloberkommissar Arif Kimil, ein türkischstämmiger dunkelhaariger Mann Mitte dreißig, der sich durch sein häufig gezeigtes freundliches Lächeln auszeichnet. Kimil bietet einen deutlichen Kontrast zu dem nüchtern-korrekt wirkenden Nolte. Ein Kontrast der Charaktere, der sich in der Vergangenheit schon öfters bewährt hat. Jeder der beiden kann einen „Draht" zu ganz unterschiedlichen Personenkreisen herstellen. Nolte klingelt an der Wohnungstür, hinter der sich laut Namensschild Miguel Baraja aufhalten sollte. Tatsächlich öffnet Baraja die Tür und blickt die beiden Polizisten verwundert an.

„Morgen, Herr Kommissar. Was verschafft mir denn erneut die Ehre?"

„Wir hätten noch ein paar Fragen an Sie. Das ist mein Kollege, Herr Kriminaloberkommissar Kimil", äußert Nolte förmlich.

„Dürfen wir hereinkommen? Auf dem Flur bespricht sich das Ganze nicht so gut", sagt Kimil und lächelt Baraja dabei an.

„Ja, von mir aus. Ich hab nichts zu verbergen und helfe Ihnen, wo ich kann", teilt Baraja mit.

„Das hört man gern", bemerkt Kimil, während Baraja die Haustür weit öffnet und eine einladende Bewegung mit der linken Hand macht.

Baraja lebt in einer Zweizimmerwohnung, die insgesamt unaufgeräumt wirkt. Er führt die beiden Polizisten in das Wohnzimmer, das mit Tisch, Couch und weiteren Sitzgelegenheiten ausgestattet ist. Einige „Ikea"-Regale, in denen sich unter anderem jede Menge CDs, DVDs und Hüllen von Computerspielen befinden, zieren zwei der Wände. Ein riesiger Flachbildfernseher steht im Raum, an den ein PC mit einem Gamecontroller angeschlossen ist. Auf dem Tisch und dem Fußboden liegen mehrere leere Bierflaschen. Baraja bietet den Ermittlern einen Platz auf der Couch an und setzt sich selbst auf einen Stuhl. Etwas verlegen zeigt er auf die leeren Flaschen:

„Sie müssen entschuldigen, aber auf den Schreck von gestern musste ich erst mal einen trinken."

„Schon klar, Kumpel. Kann ich gut versteh'n", sagt Kimil.

„Ich möchte Sie direkt danach fragen, warum Sie uns verschwiegen haben, dass Sie am 1. Oktober Zeuge einer ernsthaften Auseinandersetzung zwischen Herrn Manthei und einem Herrn Kramer geworden sind. Da sollen gegenseitige Bedrohungen ausgetauscht worden sein", kommt Nolte ohne Umschweife zur Sache.

Baraja wirkt überrascht, dann kontert er: „Sie haben mich gestern auch nicht nach den Vorfällen am 1. Oktober gefragt."

„Bei einem derart außergewöhnlichen Vorfall, in dem sogar ein Messer eine Rolle spielte, erwarte ich von Ihnen, dass Sie von selbst darüber sprechen", hält Nolte energisch dagegen.

„Aber Sie haben ja jetzt noch ausreichend Gelegenheit, das Ganze nachzuholen", bietet Kimil in ruhigem Tonfall an und fährt fort: „Wir werden Kramer und seine Begleiterin schnell ausfindig machen und dann von den beiden erfahren, was da losgewesen ist."

„Ich hab der Sache in Bezug auf den Mord keine Bedeutung beigemessen", gibt sich Baraja geläutert. „Richtig, Holger hat mir nach dem Vorfall erzählt, dass die beiden Typen Lehrer des Hermann-Hesse-Gymnasiums sind. Bernd Kramer und Anna Sonnenberg. Holger ist bis vor acht Jahren selbst auf diese Schule gegangen. Kramer und die Sonnenberg haben ihm wohl irgendwelche Vorwürfe gemacht für Sachen, mit denen Holger gar nichts zu tun hat. Alles ein Missverständnis. Aber Kramer hat nicht lockergelassen, immer wieder falsche Anschuldigungen vorgebracht und hat Holger schließlich sogar noch auf der Straße angemacht. Wir sind dann gegangen, um weiterem Streit vorzubeugen."

„Was für Vorwürfe haben die beiden Lehrer Herrn Manthei gemacht? Muss doch was Schwerwiegendes gewesen sein", setzt Nolte nach.

„Das hat Holger mir nicht erzählt. Er hat wohl selbst nicht durchgeblickt, was die beiden ihm für einen Unsinn vorgeworfen haben."

„Holger hat während des Streits immerhin ein Messer gezückt", wirft Kimil ein.

„Das war, bevor ich dazugekommen bin. Als ich kam, lag das Messer schon auf dem Boden und Kramer hat es mit dem Fuß in den Gulli befördert."

„Herr Manthei hatte also doch Feinde, mit denen er erst vor Kurzem aneinandergeraten ist", stellt Nolte nüchtern fest.

„Von Feinden würde ich da nicht sprechen. Nach dem Streit war die Sache aus meiner Sicht erledigt."

Nolte verzieht ärgerlich das Gesicht: „Aus unserer Sicht ist die Sache noch nicht erledigt."

„Leben Sie hier eigentlich allein?", wechselt Kimil das Thema.

„Ja. Aber ich habe eine Freundin, die eine eigene Wohnung hat. Wir ziehen bald zusammen."

„Das freut mich für Sie", äußert Nolte. „Können Sie mir übrigens sagen, wo Sie sich am 3. Oktober gegen 22:30 Uhr aufgehalten haben?"

„Sie glauben doch nicht im Ernst, dass ich was mit dem Mord an meinem Kumpel zu tun habe. Schließlich war ich es, der ihn am nächsten Morgen gefunden hat", stößt Baraja empört hervor.

„Wobei das eine das andere grundsätzlich nicht ausschließen würde", bemerkt Nolte nüchtern. „Also, wo waren Sie zur Tatzeit?"

„Zu Hause."

„Allein?"

„Ja, allein. Das soll ja mal vorkommen."

Nolte und Kimil beenden das Gespräch und verlassen Barajas Wohnung.

Im Dienstwagen auf der Fahrt zurück zum Hauptgebäude der Polizeidirektion Hannover fragt Kimil seinen Kollegen:

„Baraja hat kein Alibi. Glaubst du, er könnte heute aus irgendeinem Grund an den Tatort zurückgekehrt sein und die Überraschung beim Auffinden der Leiche nur gespielt haben?"

„Eigentlich nicht. Aber er hat mehr Infos über Manthei, als er uns weismachen will."

„Wir wissen inzwischen, dass Manthei kurz vor seinem Tod die ‚Globus-Bar' allein verlassen hat. Wenn er auf dem Weg nach Hause noch jemanden getroffen hat, müssten sich dafür Zeugen finden lassen. Aber vielleicht hat ihn sein Mörder auch im Treppenhaus erwartet. Mörder und Opfer müssen sich gekannt haben. Mantheis Adresse steht weder im Telefonbuch noch im Internet."

Nolte fällt ein Delikt in Verbindung mit einem Messer ein, über das er vor drei Wochen einen kleinen Artikel in den „Hannoverschen Nachrichten" gelesen hat. Ein Mann war in einer öffentlichen Toilette von einem Maskierten, der einen spanischen Akzent hatte, mit

173

dem Messer bedroht und beraubt worden. Damals wirkte die Auswahl des Opfers zufällig, das Motiv war Raub. Im Fall von Holger Manthei glaubt Nolte nicht an Zufall. Und Hinweise auf Raub gibt es auch nicht.

Am Nachmittag erfährt Nolte von Dr. Lindhoff die Ergebnisse der Obduktion des Toten. Es sind Stofffasern unter den Fingernägeln des Opfers als Ergebnis eines Kampfes gefunden worden. Das Brandmal am Nacken weist auf die Einwirkung eines Elektroschockers hin. Auf dem rechten Unterarm hat sich das Opfer einige Tage vorher ein Hämatom durch einen Schlag zugezogen. Ein frisches Hämatom befindet sich am rechten Handgelenk. Daneben ist festgestellt worden, dass Manthei gelegentlich Cannabis konsumiert hat.

„Böser Junge erstochen in seiner Wohnung aufgefunden", lautet die Schlagzeile der „Hannoverschen Nachrichten".

Ein verkaufsförderndes Wortspiel, welches darauf anspielt, dass der getötete Holger Manthei früher Mitglied der Hannoverschen Hardrock-Band „Böse Jungs" war. Eine Musikgruppe, die trotz ihrer künstlerischen Bedeutungslosigkeit in den letzten Jahren immer wieder einmal für kleine Artikel über Ausschreitungen der Fans oder der Bandmitglieder gesorgt hatte. Der Zeitung ist es gestern gelungen, den 27-jährigen Bandleader für ein kurzes Interview ausfindig zu machen. Wie zu lesen ist, hat er die Nachricht vom gewaltsamen Tod seines Ex-Gitarristen „bestürzt" zur Kenntnis genommen, wobei seit zwei Jahren fast kein Kontakt mehr zueinander bestanden hat.

Im Hermann-Hesse-Gymnasium trifft sich Sebastian Rokahr in der ersten großen Pause mit Roman Janowski am Rand des Schulhofs. Ihnen ist es wichtig, bei ihrem Gespräch keine Zuhörer zu haben.

„Da hat also jemand Holger plattgemacht, und das ausgerechnet mit dem Messer. Wo er doch selbst so ein Messerfetischist war", bemerkt Roman.

„Ich hatte schon ein paar Tage nicht mit ihm zu tun. Und du?"

„Ich auch nicht. Letzten Freitag hab ich zuletzt mit ihm telefoniert", antwortet Sebastian. Mit Unbehagen denkt er an das verdammte Telefonat mit Holger. Sebastian hatte sich endgültig geweigert, ihm die gewünschten Informationen über die Sicherung des Sprachlabors zu besorgen. Daraufhin hatte Holger ihn unangenehm unter Druck gesetzt. Das Problem hat sich mit Holgers Tod erledigt. Sebastian empfindet Erleichterung darüber – aber das geht Roman nichts an.

„Hast du 'ne Ahnung, wer ihn ermordet haben könnte?", erkundigt sich Roman.

„Vielleicht ein Konkurrent, dem Holger geschäftlich in die Quere gekommen ist. Oder sein Partner Miguel."

„Miguel?"

„Warum nicht?! Den hat doch Holger manchmal ziemlich bevormundet."

„Is' mir nich' aufgefallen", wundert sich Roman.

„Ich glaube, Miguel hat einige Mal 'ne Menge Wut auf Holger runtergeschluckt. Könnte doch sein, dass das mit dem Runterschlucken irgendwann nicht mehr geklappt hat", erläutert Sebastian seine Theorie.

Roman hat andere Sorgen: „Hoffentlich finden die Bullen keine Hinweise, mit wem Holger alles Geschäfte gemacht hat. Das könnte uns noch einigen Ärger machen."

In Gedanken stimmt Sebastian ihm zu. Dabei geht es für Sebastian nicht nur um Drogen, sondern auch um seine Beteiligung am Ausräumen eines städtischen Bürogebäudes am 11. September.

Nach der Schule erwartet Sebastian in seiner Wohnung Besuch von Irina. Zwischen ihm und Alexej hat es in den letzten Tagen erneut kleine Auseinandersetzungen gegeben. Offenbar ist es Sebastian und Roman mit ihrer kleinen Machtdemonstration auf dem Schulhof nur vorübergehend gelungen, Alexej zu beeindrucken. Was Sebastian beunruhigt, ist seine Beobachtung, dass heute Nachmittag zwei Männer in Zivil im Hermann-Hesse-Gymnasium aufgetaucht sind, die mit großer Wahrscheinlichkeit zur Polizei gehören.

Es klingelt. Das muss Irina sein, die unten vor der Haustür steht. Sebastian drückt auf den Summer neben seiner Wohnungstür. Sofort hat er Sonnenberg vor Augen, wie dieser verschämt Irina anglotzt. Sein Erdkundelehrer interessiert sich eindeutig dafür, was Irina körperlich zu bieten hat. Und das wird Sebastian zu nutzen wissen.

Es klingelt erneut. Sebastian öffnet die Tür und steht Irina gegenüber. Die 17-Jährige trägt eine Sommerjacke über ihrer Bluse, dazu eine lange Jeans.

„Hallo Sebastian", sagt sie lächelnd und nimmt ihren Mitschüler in den Arm. Dabei gibt sie ihm einen Kuss auf die Wange. Sebastian erwidert die Umarmung, zieht das Mädchen fest an sich.

„Hi, Irina, du siehst klasse aus", erwidert Sebastian. Dann küsst er Irina auf den Mund, die sich das gerne gefallen lässt. „Komm rein. Ich würd gern was mit dir besprechen."

Irina zieht ihre Jacke aus und sieht sich in der Wohnung um. Ihr Blick bleibt an dem Flachbildfernseher, dem Notebook und der Spielekonsole hängen.

„Schön hast du's hier. Ich hätt' auch gern 'ne eigene Wohnung", äußert sie.

„Ja, das ist schon ganz praktisch", bestätigt er. „Wissen deine Eltern, dass du bei mir bist?"

„Nein, das gibt nur Stress. Ich hab ihnen erzählt, dass ich noch mit 'ner Freundin was für die Schule machen will."

„Schlaues Mädchen", lobt Sebastian. „Magst 'ne Cola?"

Als Irina nickt, geht er in die Küche und holt zwei Dosen aus dem Kühlschrank. Das Mädchen hat es sich bereits auf der Bettcouch im Wohnzimmer gemütlich gemacht.

Sebastian stellt die Cola-Dosen auf den Tisch und setzt sich zu Irina.

„Ich bin gespannt, was du von mir willst", lächelt das Mädchen.

„Ist dir schon mal aufgefallen, dass Sonnenberg ganz schön geil auf dich ist?", fragt Sebastian.

„Klar. Auch wenn er immer versucht, es zu verheimlichen."

Sebastian grinst: „Das ist ein Kapital, das du nutzen solltest."

Irina klingt enttäuscht: „Bisher hab ich davon keinen Vorteil gehabt. Sonnenberg gibt mir deswegen nicht mehr Punkte."

„Ich glaub, du hast die Fähigkeit, das zu ändern", sagt Sebastian und legt den rechten Arm um ihre Schulter. Irina dreht den Kopf und blickt Sebastian verheißungsvoll an. Das gefällt ihm, genau das. Während seine linke Hand nach ihrer rechten Hüfte greift, küsst sie ihn mit geöffnetem Mund. Aufgewühlt erwidert er den Kuss, wobei sie mit ihrer Zunge zielsicher die seine findet.

177

Irina weiß, was sie will. Sebastian spürt, wie das Mädchen ihren Körper leidenschaftlich an ihn presst. Erregt zieht er ihr die Bluse aus der Jeans. Dann schiebt sich seine linke Hand unter ihre Bluse, wobei er ihre zarte Haut fühlen kann. Irina ist bereit zu geben, was sie hat. Genau das ist es, was Sebastian zur Umsetzung seines Plans benötigt.

Dek naŭ / Neunzehn

Mittwoch, 5. Oktober 2011.

Was um alles in der Welt ist mit Bernd los?

Erst erscheint er zu spät in der Kampfsportschule zum Taekwondo. Das ist schon lange nicht mehr passiert. Dann ist er bei unseren Trainingseinheiten merklich unkonzentriert. Da erkenne ich ihn kaum wieder. Beim Taekwondo ist er sonst immer die Aufmerksamkeit in Person.

Was tut ein Psychiater, wenn er ungewöhnliche Verhaltensweisen bemerkt? Na klar, er stellt nach Trainingsende tiefgründige Fragen wie: „Was ist mit dir?"

Bernds Antwort bestätigt meine Vermutung: „Ich hab Mist gebaut. Darüber würd ich gern mit dir reden. Aber nicht hier oder beim Italiener."

Oha, das klingt ernst. Ich schlage vor, dass wir in meine Wohnung im Zooviertel fahren. Bernd stimmt gleich zu.

Da ich mit der Stadtbahn zum Training komme, fahren wir mit Bernds Wagen zu mir.

Bernd sagt mir während der Fahrt noch nicht, worum es geht. Es scheint ihm wirklich unangenehm zu sein. Ich warte also, bis er selbst den Anfang macht.

In meiner Wohnung bitte ich ihn ins Wohnzimmer und stelle uns zwei alkoholfreie Weizenbier auf den Tisch. Bernd hat auf der Couch Platz genommen, ich setze mich in den Sessel gegenüber. Dabei spüre ich, dass es gewaltig in ihm arbeitet. Er nimmt einen großen Schluck.

„Ich hab Anna und mich in eine richtig beschissene Situation gebracht", macht Bernd den Auftakt.

Eigenartigerweise denke ich sofort an Holger Manthei, von dessen Tod ich heute Morgen in der Zeitung gelesen habe.

„Du hast uns am Freitag klar davon abgeraten, Holger in der ‚Globus-Bar' aufzusuchen", sagt Bernd kleinlaut. „Trotzdem habe ich Anna später dazu ermuntert, dass wir Holger im Steintorviertel treffen."

Mein damaliges Gefühl hatte mich also nicht getäuscht. Nachdem Anna und Bernd am Freitag mein Büro verlassen hatten, war es mir gleich so merkwürdig vorgekommen, dass sie zuvor von ihrem risikoreichen Plan relativ schnell Abstand genommen hatten.

„Nach dem Gespräch bei dir hab ich Anna nach Hause gefahren. Da haben wir noch mal über das Ganze gesprochen ... und uns für den folgenden Abend verabredet."

„Ich vermute mal, dass ihr Holger auch angetroffen habt?", äußere ich. Bernd nickt zustimmend.

„Und das ist leider auch das Problem. Wir kannten ja Holger noch von früher. Dass er sich derart bösartig zeigen würde, hatten wir nicht erwartet. Ich hab zugelassen, dass Anna mit ihm allein in einem Hinterzimmer redet. Sie hat was von Polizei gesagt, da hat er sie mit einem Messer eingeschüchtert und gedroht, ihr oder meiner Tochter etwas anzutun, wenn wir nicht die Schnauze halten. Anna hat's richtig mit der Angst bekommen."

Ich spüre, wie mir Anna in dieser Situation leidtut. Ihr Engagement und ihre Gutgläubigkeit haben die junge Lehrerin da reingeritten.

„Vor der Bar haben wir Holger wiedergetroffen. Er hat eine Drohung gegenüber meiner Tochter ausgestoßen, da hab ich die Nerven verlor'n. Ich hab ihn am Kragen gepackt, durchgeschüttelt und zu Boden geschubst. Dabei hab ich ihn wohl auch bedroht, wobei ich gar nicht mehr weiß, was ich genau zu ihm gesagt hab."

„Und Holger …?", möchte ich wissen.

„Der ist mit dem Messer auf mich los. Aber ich hab's ihm aus der Hand geschlagen. Anna hat alles mitansehen müssen. Schrecklich! Dann ist noch ein Spanier aufgetaucht, den Holger Miguel genannt hat. Der hätte ihm geholfen, wenn nicht zufällig ein Polizeiwagen aufgekreuzt wäre. Da sind die beiden schnell abgetaucht. Die Polizei hat am Samstag von dem ganzen Vorfall nichts mitbekommen. Wir sind dann ebenfalls abgehau'n."

„Und zwei Tage später ist Holger in seiner Wohnung erstochen worden", werfe ich ein.

„Genau. Die Polizei muss bei ihren Ermittlungen von meiner Auseinandersetzung mit ihm vor der ‚Globus-Bar' erfahren haben. Zwei Kriminalbeamte von der Mordkommission sind heute Nachmittag im Hermann-Hesse-Gymnasium erschienen, Stelter und Kimil. Sie sind zunächst bei unser'm Schulleiter Neuber gewesen. Glücklicherweise waren die sehr diskret. Sie müssen Neuber lediglich erzählt haben, dass sie Anna und mich als Zeugen befragen wollen, weil wir wohl Holger Manthei noch vor einigen Tagen lebend in der Stadt gesehen hätten. Die ‚Globus-Bar' und meinen Kampf mit Holger haben sie Neuber gegenüber nicht erwähnt, denn sonst hätte der uns auf jeden Fall später darauf angesprochen. Die beiden Polizisten haben dann nacheinander mich und später Anna jeweils allein in einem leeren Klassenraum befragt."

„Haben Stelter und Kimil unangenehme Fragen gestellt?", interessiert mich.

181

„Das kannst du wohl laut sagen. Ich habe ihnen von Holgers Drohungen gegen meine Tochter und Anna erzählt. Und dass ich deswegen mit ihm aneinandergeraten bin. Die Polizei hat mich verdächtigt, etwas mit dem Mord an Holger zu tun zu haben. Dass ich ihn eventuell beseitigt habe, damit er meiner Tochter nichts tut. Dabei wusste ich noch nicht einmal, wo er wohnt."

„Hast du der Polizei auch erzählt, warum ihr Holger in der Bar getroffen habt?"

„Ja, da musste ich mit offenen Karten spielen. Auch wenn ich damit Pawel in den Rücken falle. Schließlich geht es um die Aufklärung eines Mordes. Ich habe die Infos, die Pawel Anna unter dem Siegel der Verschwiegenheit anvertraut hat, an die Polizei weitergegeben. Dass Holger Roman Janowski und andere Schüler mit Drogen versorgt haben soll. Allerdings habe ich die Polizei gebeten, mit diesem Wissen rücksichtsvoll umzugehen und Pawel gegenüber den Mitschülern nicht in die schlimme Rolle eines Denunzianten zu bringen. Ich glaube, die beiden Polizisten haben das verstanden."

„Da stimm ich dir zu. Ich kenne Stelter übrigens, weil ich schon mal mit ihm bei den Ermittlungen der Kripo in einem anderen Mordfall zu tun hatte. Ein sehr verantwortungsbewusster Mann. Ich denke, er wird deine Infos über Pawel und Roman sehr vorsichtig verwenden." Den diskreten Umgang mit Zeugen hat Stelter schließlich schon im Fall von Anna und Bernd praktiziert.

„Konntest du den Verdacht gegen dich durch ein gutes Alibi entkräften?", frage ich.

„Am 3. Oktober war ich ab 20 Uhr im ‚Sing Sing'. Das ist der kleine Musikclub unter dem ‚Theater Am

Küchengarten'. Dort hab ich mir das Konzert von ‚Jack Beauregard', einem Elektropop-Duo, angehört."

Das ist nicht weit entfernt vom Ihme-Zentrum. Aber der Konzertbesuch ist nicht ungewöhnlich, denn Bernd steht auf solche Musik.

Er fährt fort: „Holger Manthei soll gegen 22:30 Uhr umgebracht worden sein. Da war das Konzert im ‚Sing Sing' längst zu Ende. Nach dem Konzert bin ich mit dem Wagen nach Hause gefahren."

„Vanessa war nicht mit dabei?", geht mir durch den Kopf. Vanessa, Bernds Frau, begleitet ihn häufig zu Konzerten.

„Vanessa war mit Jaqueline in München", erklärt Bernd. Jaqueline ist seine 16-jährige Tochter. „Shopping – und einmal zum Oktoberfest, das war schon immer Jaquelines Wunsch. Aber nichts für mich. Von Samstag bis Montag, also vom 1. bis 3. Oktober, ist meine Frau mit ihr nach München geflogen. Am 3. sind sie gegen 22:30 Uhr wieder auf dem Flughafen Hannover gelandet."

„Hast du sie vom Flughafen abgeholt?"

„Nein. Vanessa hatte unseren Zweitwagen am Flughafen geparkt. Gegen 23:45 Uhr sind sie bei uns zu Hause eingetroffen. Da war ich schon lange wieder zu Hause."

Mir ist klar, was das bedeutet: „Für die Polizei hast du kein Alibi?!"

„Allerdings." Bernd wirkt äußerst bedrückt, was ich gut verstehen kann.

Dabei zweifle ich nicht im Geringsten an Bernds Unschuld. Ich kenne meinen Freund seit Jahren und weiß, wie sehr er die körperliche Unversehrtheit anderer Menschen achtet. Insofern gehe ich davon aus, dass ein Menschenkenner wie Stelter das ebenso einschätzen

183

wird und sein Verdacht eher theoretischen Charakter hat.

„Wie hat Anna die Befragung durch die Polizei aufgenommen?", möchte ich wissen.

„Sie war schon von dem Zeitungsartikel über Holgers Tod ziemlich berührt. Aber die Fragen der Polizei haben sie besonders geschafft. Das hat sie mir später erzählt. Genau wie ich hat sie der Polizei von Pawels Angaben über Holgers Drogenverkäufe an Schüler unseres Gymnasiums berichtet und damit ihr Versprechen gegenüber Pawel gebrochen, das Gehörte nicht an andere Personen weiterzutragen. … Dann noch die Erwägungen der Polizei, unser Streit mit Holger könnte im Zusammenhang mit seinem Tod stehen."

Bernds Bericht hat mich erschreckt. In was für eine unangenehme Situation ist mein Freund mit seiner Kollegin da geraten! Ich wünschte, ich könnte den beiden helfen.

Am nächsten Morgen sitze ich in meinem Büro im Gesundheitsamt am Schreibtisch. Ich beantworte am PC einige der zahlreichen E-Mails, die mich seit gestern Nachmittag erreicht haben. Meine Sekretärin Sonja Mock ruft mich aus dem Vorzimmer an: „Chef, denken Sie an Ihren Termin beim Fachbereich Jugend? Sie wollten sich vorher noch vorbereiten."

„Danke, dass Sie mich erinnern." Mockies fürsorglicher Anruf bringt mich auf einen Gedanken. Ich öffne unsere elektronische Patientendatei und suche nach meinem Eintrag von 2010 über Holger Manthei. Da steht zudem seine genaue Adresse am Ihmeplatz innerhalb des Ihme-Zentrums.

Danach überfliege ich einige Unterlagen, die ich für das folgende Gespräch mit Vertretern des Fachbereichs Jugend und Familie der Landeshauptstadt benötige, Thema: Gefährdung von Kindern psychisch kranker Eltern. Jetzt muss ich mich beeilen. Ich verlasse das Gesundheitsamt, draußen regnet es bei 18 Grad. Die Hitzewelle scheint endgültig vorbei zu sein. Am „Aegi" steige ich in die Straßenbahn der Linie 10 ein, wo ich einen Sitzplatz am Fenster bekomme, und fahre an Hauptbahnhof, Steintor und „Globus-Bar" vorbei zum Küchengarten-Platz, wo ich aussteige. Von hier aus sind es einige Schritte zum Ihme-Zentrum. Mein Ziel ist Ihmeplatz 5, der Sitz des Fachbereichs Jugend und Familie.

Es folgen anderthalb Stunden intensiver Austausch über die Zusammenarbeit des Sozialpsychiatrischen Dienstes mit dem Fachbereich Jugend. Dann verabschiede ich mich und verlasse das Bürogebäude. In unmittelbarer Nähe befindet sich das siebenstöckige Haus, in dem Holger Manthei gewohnt hat. Es reizt mich, noch einmal einen Blick auf die Wohnung zu werfen, in der der Rockmusiker und Drogendealer vor drei Tagen ermordet worden ist. Als ich vor der verschlossenen Außentür des Hauses stehe, kommen Erinnerungen an meine Begegnung mit Holger. Ich drücke auf den Klingelknopf der Immobilienfirma und sofort ertönt ein Summton, der mir die Tür öffnet. Hier reinzukommen ist kein Problem. Schnell finde ich mich in den grundsätzlich unübersichtlichen Verbindungen zwischen Fahrstuhl und Treppenhaus zurecht. Im Treppenhaus sehe ich mich interessiert um. Abstellbereiche auf den Zwischenebenen bieten sich als Versteck vor Hausbewohnern, die von oben kommen, an. Nischen vor den jeweils linken Wohnungen eignen sich als Sichtschutz vor Personen, die die Treppe heraufkommen. Wenn jemand in üblicher Weise durchs

Treppenhaus geht, ist das von Weitem zu hören. Zeit genug, rechtzeitig vor ungewollten Blicken in Sicherheit zu gehen. Das Haus ist ideal für einen Mörder, der im Treppenhaus auf die Rückkehr seines Opfers wartet.

Im Flur der 4. Etage stehe ich vor der Tür der rechten Wohnung, die noch polizeilich versiegelt ist. Da höre ich, wie jemand langsam die Treppe nach oben kommt. Ich hätte genug Zeit, in der gegenüberliegenden Nische in Deckung zu gehen.

Ein älterer Herr mit Glatze erreicht den Hausflur der 4. Etage und schaut mich verwundert an. Plötzlich erhellen sich seine Gesichtszüge und er sagt zu mir: „Guten Tag, Herr Doktor. Ich habe Sie gleich erkannt. Sie sind der Leiter des Sozialpsychiatrischen Dienstes."

Ich bin völlig überrascht. Woher weiß er das so genau?

„Sie kennen mich?", frage ich zaghaft.

„Natürlich, Sie sind vor einem Jahr schon einmal hier gewesen, als Sie Herrn Manthei untersucht haben. Da haben wir ganz kurz miteinander gesprochen", äußert der ältere Herr.

Was für ein Gedächtnis! Auf jeden Fall besser als meins.

„Mein Name ist Dellbrück. Ich bin der Nachbar, der damals um Hilfe für Herrn Manthei gebeten hat."

Ach ja richtig, der Nachbar, über den ich damals noch einige Informationen über Holger eingeholt hatte. Sein Gesicht hatte ich schon wieder vergessen. Dellbrück ist mir gegenüber auffällig vertrauensselig.

„Woher können Sie sich so gut an mich erinnern?", möchte ich jetzt doch wissen.

„Ich habe Sie vor einem Monat im Nachrichtenmagazin von h1 gesehen, wo Sie im Interview genau erzählt haben, wie der Sozialpsychiatrische Dienst schwerkranken Menschen helfen kann. Das hat mir gut gefallen, was Sie für die Menschen in Hannover tun. Und da habe ich Sie wiedererkannt als den Arzt, der hier damals den Hausbesuch gemacht hat."

Wenigstens einer, der die Sendung gesehen hat. Das Fernsehen einmal als vertrauensstiftende Maßnahme.

„Hatten Sie wieder dienstlich im Haus zu tun?", fragt Dellbrück.

„Ja, ja. Ich bin dienstlich ins Ihme-Zentrum gekommen", antworte ich. Dass der dienstliche Grund im Nachbarhaus war, brauch ich ihm ja nicht auf die Nase zu binden.

„Muss sicherlich eine schreckliche Vorstellung für Sie sein, dass Ihr Nachbar ermordet wird, während Sie sich in unmittelbarer Nähe befinden. Haben Sie von dem grauenhaften Vorfall sogar etwas mitanhören müssen?", frage ich nicht ohne Hintergedanken.

„Sie haben recht, Herr Doktor. Das war wirklich schrecklich für mich. Ich hab den Mörder gehört, ohne es in diesem Moment zu ahnen. Die laute Stimme kommt aus einem Fernsehfilm, hab ich gedacht."

Dellbrück ist ein wichtiger Be- oder Entlastungszeuge.

„Und jetzt sind Sie sicher, dass Sie damals nicht den Fernseher gehört haben?"

„Die Polizei hat mich zu dem, was ich gehört habe, in allen Einzelheiten befragt. Auch Geräusche habe ich gleichzeitig wahrgenommen. Ein Kommissar hat mir gesagt, dass meine Schilderung zu dem Kampf von Herrn Manthei mit seinem Mörder passt."

Dellbrück berichtet von sich aus, dass er nicht verstanden hat, was die männliche Stimme damals gesagt hat.

„Würden Sie die Stimme wiedererkennen?", interessiert mich.

„Darüber habe ich lange nachgedacht. Ich glaube nicht. Aber erst heute Morgen bin ich darauf gekommen, was mir die ganze Zeit so merkwürdig bei der Stimme vorgekommen ist."

„Und …?", ist meine gespannte Frage.

„Das Gesagte klang nach einer anderen Sprache. Wahrscheinlich Spanisch, oder vielleicht Italienisch. Meinen Sie, das sollte ich noch der Polizei melden?"

„Unbedingt. Was Ihnen da noch eingefallen ist, halte ich für eine sehr wichtige Information. Rufen Sie bei der Polizeidirektion Hannover an. Zu der zuständigen Mordkommission gehört ein Kriminalhauptkommissar Stelter."

Dellbrück bedankt sich für meinen Hinweis und will das Telefonat mit der Polizei gleich im Anschluss erledigen.

Er berichtet mir noch bereitwillig davon, wie er am nächsten Morgen einen jungen Mann aus der Nachbarwohnung habe kommen sehen, der angeblich einen Termin mit Holger hatte. Später habe Dellbrück erfahren, dass dieser Mann Miguel Baraja heißt. Äußerst schlimm wäre für Dellbrück gewesen, seinen Nachbarn erstochen in der Wohnung liegen zu sehen.

Miguel Baraja ist der spanische Gitarrist, den ich auf der Homepage der „Bösen Jungs" gesehen habe. Den Bernd in seiner Schilderung der Ereignisse vor der „Globus-Bar" erwähnt hat.

Wenn Miguel der Mörder ist, dessen Spanisch sprechende Stimme Dellbrück gehört hat, warum kehrt er dann am nächsten Morgen an den Tatort zurück? Das wäre nur sinnvoll, wenn Miguel am Tatort etwas vergessen hätte.

Oder wenn es jemanden gibt, der von der konkreten Verabredung von Holger und Miguel am Morgen des 4. Oktober gewusst hat. Wenn davon auszugehen ist, dass diese Person der Polizei von der geplanten Verabredung erzählen könnte. Denn in diesem Fall würde sich Miguel als vermeintlicher Mörder sehr verdächtig machen, wenn er zu dem verabredeten Treffen in Holgers Wohnung nicht mehr erscheint.

Ich verspüre einen Impuls, Miguel in dieser Angelegenheit aufzusuchen und zu befragen. Aber das ist Aufgabe der Polizei, die das professionell erledigen wird. Insofern lasse ich die Finger davon.

„Wissen Sie, ob Herr Manthei Spanisch gesprochen hat? Immerhin hatte er einen spanischstämmigen Freund", möchte ich noch wissen.

„Ich wohne schon einige Jahre neben Herrn Manthei. Aber Spanisch habe ich ihn nie sprechen hör'n", antwortet Dellbrück.

Ich verabschiede mich: „Danke, Herr Dellbrück. Sie haben mir sehr geholfen."

„Wobei denn?", fragt er verwundert.

Am Nachmittag sitze ich wieder am Schreibtisch meines Büros. Im Internet sehe ich mir die Bilder von Holger Manthei auf der Homepage seiner ehemaligen Hardrock-Band an. Bis zum 16. Lebensjahr wirkte er optisch angepasst. Dann folgte offenbar eine rebellische Phase, in der er die Schule vorzeitig verließ, sein Aussehen völlig veränderte und sich aus Protest einer düster wirkenden Band anschloss. Seinen Kleidungsstil hat er vor zwei Jahren erneut stark verändert. Modische und teure Kleidung - so habe ich ihn kennengelernt. Ist diese Veränderung ein Hinweis auf eine neue Lebensphilosophie, die ihm ganz andere Einnahmequellen erschloss? Sollte das ein Indiz dafür sein, dass Holger ab dieser Zeit verstärkt mit Drogen gehandelt hat? Dann wäre das auch eine Erklärung für unser Zusammentreffen vor einem Jahr. Damals bei meinem notfallmäßigen Hausbesuch im Ihme-Zentrum fand ich einen innerlich zerrissenen Holger vor, der daran zweifelte, ob die Art und Weise, wie er aktuell sein Leben gestaltete, wirklich der richtige Weg sei. Konkrete Angaben zu seiner Lebensführung hatte er damals mir gegenüber nicht gemacht. Möglicherweise hatte Holger wirklich moralische Skrupel bezüglich seiner Drogengeschäfte. Wenn ich mit meiner Vermutung über die Skrupel richtig liege, dann sind diese leider nur von sehr kurzer Dauer gewesen.

Mein Telefon klingelt.

„Chef, ich habe eine Frau Kramer am Apparat, die sagt, dass sie Sie privat kennt. Was sie möchte, will sie nur Ihnen persönlich sagen", teilt Mockie mit. „Soll ich sie durchstellen?"

„Ja, bitte", antworte ich und habe dabei sofort eine Vermutung, welche „Frau Kramer" mich sprechen möchte.

„Guten Tag, Mark. Hier ist Vanessa Kramer", meldet sich eine leicht aufgeregt klingende Stimme. Meine Vermutung war richtig: Bernds Frau ist am Telefon. 42 Jahre, sympathisch und sonst eher gelassen.

„Guten Tag, Vanessa. Was kann ich für dich tun?"

„Bernd hat mir erzählt, dass er mit dir nach dem Training noch längere Zeit über irgendwelche Vorfälle am Wochenende gesprochen hat. Die Polizei hätte ihn deswegen gestern Nachmittag in der Schule als Zeuge vernommen. Das Ganze hätte mit dem Tod eines ehemaligen Schülers von ihm zu tun", berichtet Vanessa. „Dabei ist Bernd so aufgewühlt gewesen wie noch nie.

Momentan ist er noch in der Schule. Ich steh jetzt selbst derart unter Druck … darum ruf ich dich an. Mark, muss ich mir um Bernd Sorgen machen? Ist er durch seine manchmal etwas unbeherrschte Art in Schwierigkeiten geraten?"

Ich merke, dass ihre Stimme sehr bewegt klingt.

„Bernd hat versucht, für die Belange seiner Schule einzutreten. Dadurch ist er ungewollt Zeuge in einem Ermittlungsfall der Polizei geworden. Die Einzelheiten sollte er dir später selbst erzählen. Aber ich weiß, dass er nichts getan hat, was nicht in Ordnung wäre."

„Wenn du das sagst, beruhigt mich das schon. Schließlich kennst du ihn seit Jahren", äußert Vanessa.

Ich nutze die Möglichkeit, sie nach der Reise mit ihrer Tochter nach München zu fragen. Ein Thema, mit dem Vanessa auf angenehme Gedanken kommt.

Am Schluss interessiert mich noch ein anderes Thema: „Spricht Bernd eigentlich Spanisch oder Italienisch?"

„Jeweils einige Sätze durch unsere Urlaube. Und seine Kollegin Frau Sonnenberg hat ihm noch etwas Esperanto beigebracht. Warum fragst du?"

„Ach, nur so", antworte ich. Vanessas Antwort bestätigt mich in meiner Auffassung, dass Bernd nicht der Mann ist, der Holger in dessen Wohnung umgebracht hat. Denn warum sollte er gerade die paar Sätze Spanisch, die er kann, während eines Mordes von sich geben?

Dudek / Zwanzig

Am Nachmittag des 7. Oktober wartet Anna Sonnenberg im Hermann-Hesse-Gymnasium direkt vor der Hausmeisterloge auf ihren Mann Carsten, um gemeinsam mit dem Wagen nach Hause zu fahren. Frank Müller betritt durch die Verbindungstür zu seiner Wohnung die Loge. Nachdem er die Tür hinter sich geschlossen hat, kommt er auf Anna zu.

„Alles in Ordnung mit dir, Anna?", fragt er. Der Hausmeister scheint zu spüren, dass Anna gerade durch ein Wechselbad der Gefühle geht.

„Ja, es geht mir wieder besser. In der letzten Zeit ist doch viel passiert", antwortet Anna leicht ausweichend.

„Freut mich, wenn's bei dir wieder bergauf geht", sagt Frank. „Wenn ich Glück habe, klappt das bei mir in den Herbstferien mit einer Busreise nach London. Ab 25. Oktober für vier Tage. Ich warte auf den Anruf des Reiseunternehmens, ob noch ein Platz frei ist."

„Sicher ganz schön, wenn du mal für einige Tage hier rauskommst", meint Anna.

Zwei Schülerinnen gehen im Forum hinter ihr vorbei: „Tschüss, Frau Sonnenberg. Bis Montag!" Anna erwidert freundlich den Gruß. Heute ist Freitag, das Wochenende steht vor der Tür. Nächsten Montag fährt der Abiturjahrgang, die „Q2", für fünf Tage auf verschiedene Studienfahrten. Carsten wird mit den Teilnehmern seines Erdkunde-Kurses die Insel Rügen besuchen. Anna bleibt in der Schule, weil sie nicht im Abiturjahrgang unterrichtet.

Anna hört leise ein Handy klingeln.

„Oh, das ist meins. Ich hab's in meiner Wohnung liegen lassen. Das könnte das Reiseunternehmen sein", verkündet Frank, stürzt zur Verbindungstür, schließt auf und verschwindet in seiner Wohnung.

Obwohl Frank die Tür hinter sich zugemacht hat, kann Anna hören, dass er telefoniert. Alles hellhörig, wie überall in der Schule. Das führt schon mal dazu, dass lärmende Schüler auf dem Flur den Unterricht im Klassenraum stören können.

Carsten Sonnenberg erscheint mit einer Aktentasche in der Hand.

„So, da bin ich", sagt er. „Sag mal, Anna, glaubst du wirklich, jetzt ist der richtige Zeitpunkt allein zu wohnen und alles mit sich selbst abzumachen? Wer weiß, was die Polizei noch alles von dir will?! Oder ob du noch Ärger mit irgendwelchen Freunden dieses Holger Manthei bekommst."

Anna ärgert sich, dass sie überhaupt mit Carsten über die ganze Angelegenheit gesprochen hat. Mit seinen Befürchtungen übt er nur Druck auf sie aus, weil er nicht will, dass sie diesen Monat bei ihm auszieht.

Frank hat zu Ende telefoniert und betritt seine Hausmeisterloge.

„Anna, es hat geklappt. Da ist noch ein Platz im Bus nach London für mich frei!", stößt er begeistert hervor. Erst auf den zweiten Blick bemerkt er offenbar die Anwesenheit von Carsten, der die Augen verdreht.

„Oh, Herr Sonnenberg. Sie sind auch schon da." Frank lächelt Anna an. „Ich wollte dich fragen, ob du Montag wieder zur ‚Lunda Rondo' kommst?!"

Carsten weist ihn zurecht: „Ich unterhalte mich gerade mit meiner Frau. Merken Sie nicht, Herr Müller, dass Ihre Frage momentan unpassend ist?"

Anna fällt auf, dass ihr Mann gegenüber dem Hausmeister eine Energie aufbringt, die er manchmal im Umgang mit seinen Schülern vermissen lässt. Schon möglich, denkt Anna, dass für Carsten der Hausmeister auf der Rangskala weit unten steht. Sie versucht die Situation für Frank erträglicher zu machen, indem sie ihm eine Antwort gibt: „Bei der nächsten ‚Lunda Rondo' bin ich dabei."

Frank nimmt Annas Rückmeldung dankbar zur Kenntnis und zieht sich in den letzten Winkel der Hausmeisterloge zurück.

„Am besten, wir sprechen draußen weiter miteinander", schlägt Anna vor und geht voran zum Haupteingang der Schule. Carsten folgt ihr. Auf dem Weg zum Parkplatz sind sie ungestört.

Anna versichert ihrem Mann: „Ich ziehe nicht aus, während du auf Studienfahrt bist. Du kannst in aller Ruhe nach Rügen fahren. Wenn du wiederkommst, bin ich noch da."

„Gibt es etwas, dass ich tun kann, damit du mich nicht verlässt?", fragt Carsten eindringlich.

„Nein", ist Annas klare Botschaft.

Die Ermittlungstätigkeit innerhalb der „Mordkommission Holger" bedeutet für Kriminalhauptkommissar Thomas Stelter und Kriminaloberkommissar Arif Kimil, dass sie am 7. Oktober – wie bereits die Tage zuvor – eine Zeugenbefragung nach der anderen durchführen. Die beiden Polizisten suchen an diesem Tag erneut gemeinsam Jürgen Neuber, den Leiter des Hermann-Hesse-Gymnasiums auf. Sie wollen von Neuber Details über den Drogenkonsum einzelner Schüler erfahren.

„Unsere Ermittlungen im Mordfall Holger Manthei haben zuverlässige Hinweise darauf ergeben, dass zumindest der Schüler Roman Janowski Kokain von dem Ermordeten gekauft haben soll. Was wissen Sie über weitere Drogenzwischenfälle, eventuell im Zusammenhang mit anderen Schülern?", erkundigt sich Stelter.

Für den Schulleiter ist die Information neu, von wem Roman das Kokain bezogen hat. Die Tatsache, dass der Schüler bereits in der Vergangenheit Kokain konsumiert hat, ist ihm bekannt.

„In den vergangenen Wochen sind in der Schule jeweils Cannabis und Ecstasy gefunden worden. Aber Ihre eingeschalteten Kollegen von der Drogenfahndung haben nicht herausgefunden, wer die Drogen bei uns deponiert oder verloren hat", berichtet Neuber.

Kimil macht sich Notizen, wann und wo sich die Vorfälle in der Schule abgespielt haben. Insgesamt stellt sich die Befragung von Neuber für die beiden Ermittler der Mordkommission als nicht sehr ergiebig heraus.

Im Fokus ihres Interesses steht jetzt Roman Janowski. Am Nachmittag nach Schulschluss erreichen Stelter und Kimil ein mehrstöckiges, hellgelb gestrichenes Mietreihenhaus in Linden-Süd, in dem Roman mit seinen Eltern und seinem jüngeren Bruder wohnt. Wie auch bei den Häusern nebenan sind dort mehrere Satellitenschüsseln montiert. Den Namensschildern zu urteilen, leben in dem Haus etliche Bewohner unterschiedlicher Nationalitäten. Die Familie Janowski wohnt im 1. Stock. Auf ihr Klingeln wird den Polizisten umgehend geöffnet. Der Weg nach oben führt durch ein renovierungsbedürftiges Treppenhaus. Ein Mann mit grauen Haaren um die fünfzig steht im Eingang einer geöffneten Wohnungstür. Stelter und Kimil stellen sich namentlich als Kriminalbeamte vor, die im

Rahmen ihrer Ermittlungen mit Roman sprechen möchten. Der Grauhaarige heißt Patryk Janowski und ist Romans Vater. Mit einer Mischung aus Misstrauen und Gastfreundschaft bittet er die beiden Besucher herein.

„Hat er wieder Drogen genommen?", ist die Frage, die er den Kriminalbeamten gleich auf dem Wohnungsflur stellt. Insofern ist klar, dass das Thema Drogenkonsum in der Familie allseits bekannt ist.

„Um diese Frage beantworten zu können, würden wir uns gerne mit Roman unterhalten", teilt Kimil mit.

Die einfach eingerichtete Wohnung zeichnet sich durch Ordnung und Sauberkeit aus. Auf dem Flur der Wohnung lernen die Polizisten Romans Mutter und Bruder kennen, die sich anschließend wieder zurückziehen. Patryk Janowski ruft energisch nach seinem älteren Sohn, der daraufhin aus einem Zimmer am Ende des Flurs kommt. Romans Begeisterung über das Erscheinen der Polizei hält sich merklich in Grenzen. Stelter teilt mit, dass sie mit Roman allein sprechen wollen. Etwas widerwillig dirigiert der Vater die Kriminalbeamten und Roman in das Wohnzimmer. Es wird deutlich, dass Patryk Janowski großes Interesse daran gehabt hätte, bei der Befragung seines Sohnes dabei zu sein. Aber er bleibt auf dem Flur stehen, als Roman die Wohnzimmertür schließt. Stelter und Kimil nehmen auf einem Sofa Platz, Roman setzt sich ihnen gegenüber in einen Sessel.

Stelter spricht Roman direkt an: „Wie du bestimmt aus der Zeitung weißt, ist vor vier Tagen Holger Manthei in seiner Wohnung im Ihme-Zentrum ermordet worden. Ein ehemaliger Schüler des Hermann-Hesse-Gymnasiums, der mit Drogen gehandelt hat. Wir wissen inzwischen, dass du zu seinen Kunden gezählt hast. Wann hast du welchen Stoff zuletzt von ihm gekauft?"

„Ich hab vor Wochen einmal bei ihm Kokain gekauft. Von dem Kokainkonsum wissen meine Eltern und die Schule. Aber das war nur das eine Mal. Danach habe ich Holger Manthei nicht mehr wiedergesehen", versichert Roman.

„Bist du dir da ganz sicher? Überleg noch mal genau", setzt Kimil nach.

„Ganz bestimmt. Außerdem … vor Kurzem hab ich mein Portemonnaie mit einer größeren Summe Geld verloren. Da hätte ich mir keinen Stoff leisten können, auch wenn ich's gewollt hätte."

„Na wenn das so ist", kommentiert Kimil. „Weißt du denn, wer Cannabis und Ecstasy in die Schule eingeschleust hat?"

„Keine Ahnung."

„Welche Mitschüler haben sonst noch Drogen bei Holger Manthei gekauft?", fragt Stelter.

„Ich weiß von keinem Schüler, der sich außer mir Drogen besorgt hat … bei wem auch immer", behauptet Roman.

„Ist ein Kumpel von Holger, ein gewisser Miguel Baraja, an den Drogengeschäften beteiligt?", ist Stelters nächste Frage.

„Einen Miguel Baraja kenne ich nicht", erklärt Roman.

„Ich würde gerne noch wissen", erkundigt sich Stelter mit ernstem Gesicht, „wo du am 3. Oktober gegen 22:30 Uhr warst."

Roman überlegt kurz, dann antwortet er: „Da war ich zu Hause. Da ich momentan unter Geldknappheit leide, sogar den ganzen Abend."

Zu dieser Angabe befragt Stelter anschließend Romans Vater auf dem Flur.

„Das stimmt", bezeugt Patryk Janowski. „Der ‚Tag der Deutschen Einheit' - da hat Roman den Abend mit irgendwelchen Ballerspielen vorm PC verbracht. Das kann Ihnen auch meine Frau bestätigen."

Stelter und Kimil verabschieden sich von den Janowskis. Beim Verlassen der Wohnung fällt Kimil auf, dass Patryk Janowski seinen Sohn erwartungsvoll anschaut.

Die beiden Polizisten treten auf die Straße. Romans Alibi ist wasserfest. Er scheidet als Mörder von Holger Manthei aus. Aber erstmals liegt eine Bestätigung aus erster Hand vor, dass der Ermordete tatsächlich mit Kokain gehandelt hat. Das weitet die Ermittlungen der „Mordkommission Holger" auf die Drogenszene aus.

Zehn Minuten später sitzen die beiden Kriminalbeamten Pawel Tutasz, der bei seiner alleinerziehenden Mutter Paulina lebt, gegenüber. Die im Vergleich zu den Janowskis kleinere Wohnung befindet sich ebenfalls in einem Mietreihenhaus in Linden-Süd – liebevoll, aber sparsam eingerichtet. Ordnung und Sauberkeit spielen auch in der Wohnung der Anfang vierzigjährigen Paulina Tutasz eine große Rolle. Pawel hat noch eine erwachsene Schwester, die bereits ausgezogen ist und mit ihrem Freund zusammenwohnt.

Nach einem kurzen Hinweis auf ihre polizeilichen Ermittlungen im Mordfall Manthei eröffnet Stelter die Befragung des 16-jährigen Schülers in bewusst freundlichem Tonfall: „Wir wissen inzwischen, dass Roman Janowski von Holger Manthei mit Kokain beliefert worden ist. Das hat Roman uns gegenüber selbst zugegeben. Von Frau Sonnenberg haben wir erfahren, dass du dir große Sorgen um die Gesundheit von Roman gemacht hast. Und dass du davon gesprochen hast, dass Holger noch andere Mitschüler von dir mit Drogen beliefert hat. Um welche Mitschüler handelt es sich dabei?"

„Dass noch andere Schüler Drogen bei Holger kaufen, hab ich nur vermutet, … weil in der Schule Cannabis und irgendwelche Pillen gefunden worden sind", sagt Pawel, wobei seine Stimme zittert. Stelters Frage setzt ihn offensichtlich unter Druck. „Ich hab schon Frau Sonnenberg gesagt, dass ich überhaupt nicht weiß, wer außer Roman so etwas nimmt. … Wirklich, ich hab da keine Ahnung. … Gegenüber Frau Sonnenberg wollte ich mich mit meinen Andeutungen nur wichtigmachen!"

„Es ist schon von Bedeutung, dass du uns alles sagst, was du weißt", bekräftigt Stelter behutsam.

„Nein, ich weiß nicht mehr. Großes Ehrenwort", bleibt Pawel dabei.

Stelter vermutet, dass Pawel möglicherweise noch von anderen Drogenkonsumenten gehört hat. Ob das allerdings für die weiteren Ermittlungen im Mordfall zielführend ist, hält Stelter für zweifelhaft. Im Moment ist nicht davon auszugehen, dass Pawel seiner Aussage noch etwas hinzufügt. Die abschließende Routinefrage nach dem Alibi kann Pawel glaubhaft beantworten, wobei seine Mutter die Angabe hinterher bestätigt. Pawel lag zu diesem Zeitpunkt bereits im Bett, weil es ihm körperlich nicht gut ging.

Als sich die beiden Polizisten verabschieden, gibt Stelter Pawel noch einen Tipp: „Hier wohnen ja alle dicht beieinander. Womöglich bekommen deine Mitschüler mit, dass du von uns vernommen worden bist. Wenn du gefragt wirst, warum wir bei dir waren, kannst du antworten: Routine, weil du der Freund von Roman bist, den wir zuvor vernommen haben."

Pawels Gesichtszüge hellen sich ansatzweise auf, als er sagt: „Danke."

Dudek unu / Einundzwanzig

Hopp oder topp! Carsten Sonnenberg hat den Eindruck, dass die fünftägige Studienfahrt nach Rügen von entscheidender Bedeutung für sein Ansehen im Erdkunde-Kurs ist. Durch die Auseinandersetzung mit Sebastian Rokahr, in der sich Carsten fast durchgängig als Verlierer fühlt, ist seine Position als Lehrer auch gegenüber den anderen Kursteilnehmern geschwächt. Die Studienfahrt bietet Carsten die Möglichkeit, seinen Schülern privat näherzukommen. Er will ihnen zeigen, dass er mehr als der nüchterne Erdkunde- und Mathematiklehrer ist. Natürlich hält er die Chance, sogar Sebastian für sich zu gewinnen, für fast unmöglich. Aber vielleicht gelingt es ihm bei den anderen. Carsten hat den Aufwand einer Studienfahrt bewusst auf sich genommen. Seine Begleiterin auf dieser Fahrt ist Stefanie Klein, eine junge Referendarin. Eine erfahrene Lehrerkollegin als Begleitung hätte ihm von vornherein die Schau gestohlen.

Es ist Montagmorgen, der 10. Oktober 2011. Carsten ist zusammen mit Anna zum Hermann-Hesse-Gymnasium gefahren. Anna parkt ihren silberfarbenen Mazda 3 vor der Schule. Carsten holt sein Reisegepäck aus dem Kofferraum. Anna und er gehen zum Haupteingang der Schule, wo bereits diverse Schüler mit Trolleys und Reisetaschen warten. Carsten registriert, dass Irina Smirnov unter den Wartenden ist. Er hat den Eindruck, dass sie ihn für einen kurzen Moment anlächelt. Dabei spürt er eine angenehme Irritation. Carsten geht zu ihr hin und begrüßt sie. Sebastian hat er noch nicht gesehen. Nahezu der komplette

Abiturjahrgang fährt gleichzeitig verschiedene Reiseziele an. Wegen des Gepäcks werden viele Schüler von ihren Eltern zur Schule gefahren.

Anna ist schon ins Forum gegangen, Carsten folgt ihr. Er trifft vor dem Lehrerzimmer Stefanie Klein. Die rothaarige, etwas pummelige 25-jährige Referendarin ist ein ruhiger Typ. Als Anfängerin wirkt sie noch unsicher, begegnet Carsten mit Respekt, was dieser als sehr angenehm empfindet. Immer mehr Schüler erscheinen im Forum. Carsten gibt Stefanie eine kurze Einweisung, um dann mit ihr Richtung Haupteingang zu gehen. Vor der Hausmeisterloge steht Anna mit Frank Müller. Der Hausmeister geht Carsten gehörig auf die Nerven. Neben seinem bisherigen Privat- und Diensthandy trägt Müller noch ein weiteres Mobiltelefon am Gürtel. Da will sich jemand wichtigmachen, geht es Carsten durch den Kopf. Schlimm genug, dass seine Schüler permanent mit ihren Handys und Smartphones hantieren. Außerdem lässt sich Müller schon wieder von Anna bedauern, wegen des Überfalls auf ihn vor einem Monat. Wenn Müller wüsste, was seine Frau vor gut einer Woche am Steintor durchmachen musste. Der Umstand, dass Anna mit dem Hausmeister herumsteht, während ihr Mann kurz davor ist, für fünf Tage wegzufahren, kränkt Carsten mehr als er sich zugesteht.

Gerade eben fahren die ersten Reisebusse vor. Sebastian ist inzwischen aufgetaucht und steht neben Roman und Kevin. Die Fahrt nach Rügen kann beginnen.

Dienstag ist der zweite Tag, den Sebastian Rokahr mit seinen 19 Mitschülern auf Rügen verbringt. Die größte deutsche Insel liegt vor der pommerschen Küste in der Ostsee. Die Gruppe aus Hannover ist gestern mit dem

Reisebus über die neue Rügenbrücke, die das Festland mit der Insel verbindet, nach Sellin gefahren. Hier, in diesem touristisch sehr beliebten Ostseebad im Südosten Rügens, wohnen Lehrer und Schüler in der Jugendherberge. Heute Vormittag ist die gesamte Gruppe von Sellin aus mit dem Bus zur nördlichen Spitze der Insel gereist, wo Sonnenberg und Stefanie die Schüler durch das kleine Fischerdörfchen Vitt mit seinen insgesamt 13 reetgedeckten Häusern führen. Das Wetter spielt mit. Es ist kühl, aber sonnig. Sebastian geht bewusst auf Distanz zu Irina, die sich während des folgenden Strandspaziergangs von Vitt zur 42 Meter hohen Steilküste Kap Arkona häufig in der Nähe von Sonnenberg aufhält. Der Weg am Strand führt direkt an den beeindruckenden Kreidefelsen entlang. Sonnenberg ist bereits mehrfach auf Rügen gewesen und gibt ständig Erläuterungen zu sehenswürdigen Punkten ab. Irina hört ihm andächtig zu.

Vom Strand, der zuletzt nur noch aus großen Gesteinsbrocken besteht, führt die „Königstreppe" über 230 Stufen an der Steilküste nach oben. Beim Aufstieg geht Irina direkt vor Sonnenberg, der den Abschluss der Gruppe bildet. Plötzlich kommt Irina leicht ins Straucheln. Sofort greift Sonnenberg zu und stützt die Schülerin, die keine Anstalten macht, sich aus dem Griff des Lehrers zu befreien. Sonnenberg nimmt vorsichtig die Hände von Irinas Körper und rät ihr: „Du musst vorsichtig sein, Irina. Ich möchte auf keinen Fall, dass dir etwas passiert."

Irina wendet ihren Kopf Sonnenberg zu, wobei sie ihn schuldbewusst ansieht: „Danke, Herr Sonnenberg. Sie haben mich gerettet."

Sonnenberg, der mitbekommen haben muss, dass einige der Schüler sich umdrehen und bereits zu grinsen anfangen, wiegelt ab: „Na, nun übertreib mal nicht, Irina."

Sebastian beobachtet den kleinen Zwischenfall mit Wohlgefallen.

Das russische Luder weiß genau, wie es sich gut an den Mann bringt, feixt Sebastian innerlich.

Danach erreicht die Gruppe ohne weitere Probleme den oberen Teil der Steilküste. Auf dem Plateau stehen drei Türme an einem Platz. Es handelt sich dabei um zwei Leuchttürme und einen ehemaligen Marinepeilturm. Sonnenberg hält einen Vortrag darüber, dass die Kreidefelsen auf Rügen ständigen Erosionen ausgesetzt sind. Der nächste Programmpunkt ist die Besichtigung eines der beiden Leuchttürme.

Auf dem Rückweg über das Plateau spendiert Sonnenberg der kompletten Gruppe ein Eis.

Jetzt versucht er sich beliebt zu machen, vermutet Sebastian. Aber das wird Sonnenberg nicht gelingen!

Am späten Nachmittag ist die Gruppe wieder in ihre Selliner Jugendherberge zurückgekehrt. Schon auf der Rückfahrt hat die Referendarin über zunehmende Übelkeit geklagt.

In der Jugendherberge zieht sie sich gleich für den Rest des Tages in ihr Zimmer zurück.

Nach dem Abendessen sitzt Sonnenberg mit ungefähr der Hälfte seiner Kursteilnehmer an einem Tisch im Aufenthaltsraum zusammen. Darunter sind Laura, Irina, Roman, Kevin und Sebastian. Sonnenberg nutzt die Gelegenheit, um seinen Schülern bei einem Getränk zu erzählen, wie er früher die eigene Schulzeit erlebt hat. An einigen Nebentischen befinden sich andere Gäste der um diese Zeit gut besuchten Jugendherberge. Im Raum herrscht ein gewisser Geräuschpegel, teilweise wird laut geredet und gelacht.

„Bei Klassenarbeiten in Physik hab ich als Schüler auch mal bei meinem Nachbarn abgeschrieben. Vieles von dem, was euch vielleicht im Unterricht nervt, kenn ich aus eigener Erfahrung", behauptet Sonnenberg. „Da sind wir gar nicht so weit voneinander entfernt."

Erbärmliches Kumpelgetue, geht es Sebastian durch den Kopf. Sonnenberg versucht durch weitere persönliche Geschichten einen Draht zu seinen Kursteilnehmern herzustellen. Lächerlich, wie er sich dabei anbiedert. Sebastian merkt verstärkt Wut in sich aufsteigen. Das Verhalten seines Lehrers ist völlig durchschaubar!

Schließlich sagt Sonnenberg: „Ich habe manchmal das Gefühl, dass ich ein richtiges Negativ-Image bei einigen Schülern habe. Aber ich verstehe gar nicht, warum."

Sebastian wird das leutselige Gerede seines Lehrers zu bunt. Er schaut Sonnenberg direkt ins Gesicht und entgegnet: „Sie sind doch Western-Fan, Herr Sonnenberg. Dann haben Sie bestimmt schon von dem Satz gehört: ‚Nur ein toter Indianer ist ein guter Indianer.' Und ich als Schüler sage Ihnen: ‚Nur ein toter Lehrer ist ein guter Lehrer.' Versteh'n Sie? Manche Unterschiede sind unüberwindlich."

Sonnenberg macht ein verdutztes Gesicht und weiß offenbar nicht, ob oder was er darauf antworten soll. Roman, Kevin und einige der anderen Schüler fangen leise an zu kichern. Irina zeigt keine erkennbare Reaktion.

„Was soll das, Sebastian?", fragt Sonnenberg schließlich.

„Das hab ich als Bild gemeint. Für unvereinbare Rollen", erklärt Sebastian mit einem Lächeln.

Einige Schüler kichern immer noch. Laura ist die Situation sichtlich unangenehm.

Da sagt Kevin: „Sebastian hat das bestimmt nicht als Beleidigung gemeint."

„Nein, natürlich nicht", bekräftigt Sebastian. „War nur 'nen Scherz, Herr Sonnenberg."

„Für solche Scherze hab ich nichts übrig", teilt Sonnenberg mit, steht auf und verlässt den Aufenthaltsraum.

Sebastian sieht ihm grinsend hinterher.

Es ist Mittwochmorgen. Carsten Sonnenberg ärgert sich, dass er gestern Abend nach dem Wortgeplänkel mit Sebastian den Raum verlassen hat. Damit hat sich der Lehrer erneut in die Rolle des Verlierers hineinmanövriert. Aber es hatten Carsten Kraft und Ideen gefehlt, um dagegenzuhalten.

Ansonsten sind die ersten beiden Tage auf Rügen ganz gut gelaufen. Und dass, obwohl die Reise durch Annas kühle Verabschiedung für ihn mit einem Gefühlstief begonnen hat. Besonders Irina sieht er mit anderen Augen. Sie hat sich auf den bisherigen Exkursionen überraschend interessiert gezeigt und bei Sebastians üblem Spruch über gute tote Lehrer nicht mitgelacht. Carsten entschließt sich, seine Bemühungen um die Gunst seiner Kursteilnehmer fortzusetzen.

Nach dem gemeinsamen Frühstück hat Carsten ein weiteres Highlight für seine Schülergruppe. Zusammen mit Stefanie Klein, der es heute Morgen wieder besser geht, macht sich die Gruppe auf den Weg zur Selliner Seebrücke, die ungefähr vierhundert Meter ins Meer ragt. An der Seebrücke steigen alle in eine Tauchgondel, mit der sie 3,5 Meter unter die Meeresoberfläche abgesenkt werden. Der vierzigminütige Aufenthalt unter Wasser erlaubt ihnen einen interessanten Einblick in die Unterwasserwelt.

Das Mittagessen nehmen Schüler und Lehrer wieder gemeinsam in der Jugendherberge ein, danach sind zwei Stunden zur freien Verfügung.

Einige Schüler nutzen die Zeit draußen auf dem Volleyballfeld oder dem Bolzplatz, andere gehen in den Ort oder ziehen sich in eines ihrer Vierbettzimmer zurück. Carsten findet es angenehm, zwischendurch Mittagspause zu haben. Er ist allein auf dem Weg zu seinem Einzelzimmer im 2. Stock, als ihm dort im Flur Irina entgegenkommt. Sie trägt eine kurzärmelige Bluse zum kurzen Rock mit Strumpfhose.

„Ich würde gerne mit Ihnen sprechen", sagt Irina in einem Ton, den Carsten gleichzeitig als freundlich und verlockend empfindet.

„Um was geht's denn, Irina?", fragt er bereitwillig nach.

„Wegen gestern …", antwortet sie und deutet auf den kleinen unbenutzten Seminarraum am Ende des Ganges. „Aber das möchte ich nicht auf dem Flur besprechen. Können wir uns da in dem Raum unterhalten?"

„Natürlich", sagt Carsten, der sich ein wenig geschmeichelt fühlt, dass Irina mit ihm ein Gespräch im vertraulichen Rahmen führen möchte.

Der Seminarraum bietet durch seine Fensterfront an der Kopfseite einen Blick in den herbstlichen Laubwald. Als Kontrast zum Stuhlkreis in der Raummitte steht an der linken Wand ein Dreisitzer. Irina betritt den Raum, Carsten folgt ihr und schließt hinter sich die Tür. Er ist gespannt, was Irina ihm mitzuteilen hat.

Vor dem Dreisitzer bleibt Irina stehen. Sie dreht sich zu ihrem Lehrer um und sagt: „Ich finde das ganz klasse, was Sie uns gestern am Kap Arkona alles erzählt haben. Das hat mich wirklich interessiert. Auch die Unterwasserwelt war spannend."

„Freut mich, wenn dir unsere Studienfahrt bisher gefällt", erwidert Carsten mit einem Lächeln. Das hätte er gar nicht erwartet.

„Sie haben alles so gut vorbereitet. Da fand ich es ganz gemein, was Sebastian gestern zu Ihnen gesagt hat. Dass nur tote Lehrer gute Lehrer sind. Das hat Ihnen bestimmt wehgetan, oder?", fragt Irina und schaut Carsten dabei mitfühlend an.

Die Schülerin hat damit Carstens Empfindungen auf den Punkt getroffen. Er liest echte Anteilnahme in ihrem Gesicht.

„Du hast recht. Das war alles andere als witzig. Da muss man schon mal schlucken", stimmt Carsten zu.

Irina tritt dicht an Carsten heran. Auf einmal registriert er den anregenden Duft ihres Körpers.

„Ich möchte Sie deswegen so gerne trösten", erklärt sie ihm mit überraschender Klarheit. Er spürt, wie ihr Körper den seinen berührt. Dabei schiebt sich wie aus Versehen ihr Oberschenkel zwischen seine Beine. Eine zunehmende Erregung durchströmt seinen Körper. Diese Gefühle hat er lange vermisst. Sein Verstand versucht einen Moment dagegen anzukämpfen, aber sein Körper signalisiert Zustimmung.

„Irina …", bringt er lediglich hervor, als sie zart ihre Arme um ihn legt. Ganz automatisch greift er mit beiden Händen nach ihrem Körper.

„Ist das gut so, Herr Sonnenberg?", stellt sie eine völlig überflüssige Frage.

Carsten blickt fasziniert in das wunderschöne Gesicht dieses Mädchens.

„Ja, das ist gut", antwortet er fast stöhnend, als er zwei feste Brüste an seinem Oberkörper spürt. Seine rechte Hand streicht zärtlich über ihren Rücken. Während Irina sich langsam rückwärts bewegt, strahlt alles an ihr Einvernehmen aus. Er ist mit ihr in völligem Gleichklang. Als sie sich schräg zum Fenster auf den Dreisitzer fallen lässt, folgt Carsten willig ihren Bewegungen und fällt halb auf sie.

„Was machen Sie mit mir?", stößt sie hervor, was Carsten als gespielten Protest wahrnimmt. Denn ihr Körper zeigt keinerlei Gegenwehr. Dieses Energiebündel weiß, was einen Mann anmacht. Carsten tastet mit der rechten Hand nach ihrem Oberschenkel, schiebt die Hand langsam nach oben unter ihren Rock.

„Oh, Irina …", entfährt es ihm, wobei er nur noch diesen wundervollen Körper registriert. Für den Bruchteil einer Sekunde meint er am äußersten Rand seines Blickfeldes eine Bewegung wahrzunehmen. Richtung Tür – eine belanglose Bewegung, der er in seiner jetzigen Verfassung keine Bedeutung beimisst.

„Ich will das nicht, Herr Sonnenberg", sagt Irina völlig unvermittelt, wobei Carsten ihren Worten keinen Glauben schenkt. Seine Hände verbleiben auf dem bis eben fügsamen Körper.

„Lassen Sie das! Lassen Sie mich los!", bittet das Mädchen, ohne dabei laut zu werden. Carsten bemerkt ihre angespannte Abwehrhaltung, die überhaupt nichts Verlockendes mehr hat. Er stockt, ist irritiert.

„Lassen Sie mich bitte gehen, Herr Sonnenberg", sagt Irina mit weinerlicher Stimme.

Carsten erschrickt. Was ist mit dem Mädchen? Was hat er mit seiner Schülerin gemacht? Er muss von Sinnen gewesen sein, sich zu einem solchen Verhalten hinreißen zu lassen. Sofort lässt er von ihr ab, erhebt sich von dem Dreisitzer und steht wie erstarrt vor ihr.

„Tut mir … leid", stammelt er.

Sie zieht ihren Rock herunter, schaut dabei an Carsten vorbei. Dann steht sie schnell auf, ordnet ihre blonden Haare und verkündet: „Sie haben meine Freundlichkeit total ausgenutzt."

Carsten fühlt sich schuldig, will etwas erwidern. Aber Irina geht ohne abzuwarten zur Tür, die einen kleinen Spalt offen steht. Carsten sieht ihr hinterher, wie sie wortlos den Raum verlässt. Er spürt eine große Angst in sich aufsteigen. Jetzt hat er alles verloren.

Dudek du / Zweiundzwanzig

Dienstagabend, 11. Oktober 2011, Kursraum im Gebäude der Volkshochschule am Theodor-Lessing-Platz in Hannover-Mitte.

Es ist erstaunlich, dass ich überhaupt mitbekomme, was Anna genau erzählt. Viel zu sehr bin ich davon fasziniert, wie sie es tut. Bezaubernd und voller Begeisterung berichtet sie über Esperanto. Zusammen mit acht weiteren Teilnehmern sitze ich in ihrem Einführungskurs. Ein wenig komme ich mir vor, als ginge ich wieder zur Schule. Es ist der erste von zehn wöchentlichen Abendterminen, wobei danach wegen der Herbstferien gleich zwei Wochen kein Unterricht stattfindet.

Anna geht auf die Ursprünge der Plansprache ein. Unter dem Pseudonym „Dr. Esperanto" stellt der russisch-polnische Augenarzt Dr. Ludwik L. Zamenhof erstmals 1887 die von ihm entwickelte internationale Sprache vor. Bald wird Esperanto der Name für die Plansprache selbst, die Zamenhof als einen Beitrag zum Frieden durch eine bessere Völkerverständigung sieht. Im Jahr 2012 feiert die Sprache bereits ihr 125-jähriges Jubiläum, wie Anna stolz verkündet. Esperanto ist in sich völlig logisch aufgebaut und verzichtet auf Ausnahmeregeln, bietet kreative und differenzierte Ausdrucksmöglichkeiten. Ich empfinde die schnell erlernbare Sprache als sehr wohlklingend. Anna spricht uns einige Beispielsätze vor und erläutert, dass die vertrauten Wortstämme bekannten romanischen, germanischen und slawischen Sprachen

211

sowie Latein und Griechisch entliehen sind. Inzwischen wird Esperanto auf allen Kontinenten von Menschen gesprochen, die sich auf internationalen Kongressen treffen oder über das Internet miteinander kommunizieren. Es gibt zahlreiche Bücher, Zeitschriften, Lieder oder Filme auf Esperanto, sogar einen Radiosender im Internet, auf dem ganztägig Musik und Wortbeiträge auf Esperanto zu hören sind.

Unter Esperantisten ist es üblich, sich zu duzen. Auf Annas Initiative sind alle Kursteilnehmer mit ihr und untereinander per Du.

Sven, ein ungefähr vierzigjähriger Mann, stellt Zwischenfragen auf Esperanto und demonstriert damit, dass er kein Anfänger ist.

„Por mi vi estas la plej bona instruistino en la tuta mondo", brilliert er vor den anderen Kursteilnehmern und will offensichtlich Eindruck schinden bei Anna.

„Dankon por via granda komplimento, Sven", entgegnet Anna. „Für die anderen, die das noch nicht verstehen konnten: Sven meinte, dass ich für ihn die beste Lehrerin auf der ganzen Welt wäre. Ein großes Kompliment, über das ich mich natürlich freue, wenn es auch maßlos übertrieben ist."

Dieser Sven fängt an, mir auf die Nerven zu gehen. So ein Schleimer! Natürlich ist Anna die beste Esperanto-Lehrerin weit und breit. Aber das soll er doch für sich behalten! Ich fühle mich herausgefordert, bin jedoch auf dem Feld von Esperanto deutlich unterlegen. Da werde ich demnächst gewaltig nachlegen müssen.

Aber mir fällt auf, dass Anna Svens Vorstöße auf Esperanto, die klar persönliche Komponenten enthalten, nicht wirklich angenehm sind. Da scheint es möglicherweise eine Vorgeschichte zu geben.

Sven weiß womöglich sogar, dass Anna sich demnächst von ihrem Mann zu trennen gedenkt. Denn nach dem Ende des heutigen Kurses geht er auf sie zu und sagt: „Anna, ich würde meine Kenntnisse in Esperanto gerne noch mehr vertiefen und wollte dich fragen, ob du Donnerstagnachmittag Zeit hättest, mir noch einiges zu Esperanto zu erklären. Wenn du willst, würde ich dich dazu ins Café einladen …"

Ich habe das selbstverständlich aus Zufall mitgehört. Jetzt heißt es intervenieren. Ich trete hinzu und lächle Sven an: „Tut mir leid, Sven. Donnerstagnachmittag wird Anna nicht können. Da hat sie bereits einen Termin mit mir." Und als Anna mich erstaunt anguckt, füge ich hinzu: „Eine Führung durch das Gesundheitsamt. Einsatz von Fremdsprachen bei Patienten mit Migrationshintergrund."

Sven wirft mir einen feindseligen Blick zu, dann schaut er ungläubig Anna an.

Diese lässt sich drei lange Sekunden Zeit, ehe sie reagiert. Dann sagt sie mit einem Lächeln: „Mark hat recht, Sven. Ich hab leider keine Zeit. Das Gesundheitsamt im Detail kennenzulernen, hat mich schon immer sehr interessiert."

„Schade", entgegnet Sven sichtlich enttäuscht. „Vielleicht später einmal …"

Oder auch nicht, füge ich in Gedanken hinzu.

Sven und die anderen Kursteilnehmer verabschieden sich von Anna. Ich bleibe mit ihr allein im Kursraum zurück.

„Was erwartet mich denn am Donnerstagnachmittag im Gesundheitsamt?", fragt sie mich. Daraus schließe ich, dass sie tatsächlich kommen wird.

„Ein freundlicher Psychiater, der nicht nur Interesse an Esperanto hat", antworte ich wahrheitsgemäß.

„Hätte nie gedacht, dass ich mal 'nen Psychiater brauche", verkündet sie grinsend. „Aber du hast mich vor Sven gerettet."

Wie ich von Anna erfahre, ist Sven ein alleinerziehender Vater, dessen 13-jährige Tochter bei Anna Englisch in der 8. Klasse hat. Anna hat den Eindruck, dass sich Sven durch sein Verhalten ihr gegenüber unter anderem Vorteile für seine leistungsschwache Tochter erhofft. Womöglich hat er also mit seiner Anspielung auf die „beste Lehrerin der Welt" nicht nur den Esperanto-Unterricht gemeint. Sven hat bereits zwei Esperanto-Kurse bei Anna absolviert, der Besuch eines erneuten Anfängerkurses verweist insofern auf eine private Motivation. Mir fällt ein, dass Bernd schon bei meiner ersten Begegnung mit Anna eine Andeutung über diesen Vater hat fallen lassen.

Unterm Strich gesehen habe ich Sven zu verdanken, dass ich Anna bereits übermorgen wiedersehe.

Meine intensive Beschäftigung mit psychiatrischen Gutachten in Strafrechtverfahren führt manchmal dazu, dass ich mich auch privat mit ungeklärten Verbrechen gedanklich auseinandersetze. Zum Mordfall Holger Manthei habe ich sogar einen persönlichen Bezug. Die letzte Woche habe ich mich mehrfach gefragt, ob es tatsächlich einen Zusammenhang gibt zwischen der Ermordung des Dealers und seinem bedrohlichen Verhalten gegenüber Anna und Bernd einige Tage zuvor. Ich würde gerne wissen, wie Annas Mann Carsten auf die Bedrohung seiner Frau reagiert hat. Aber das in Erfahrung zu bringen, dürfte kein Problem sein.

Donnerstag am späten Nachmittag steht Anna in meinem Büro im Gesundheitsamt. Wenn meine Sekretärin nicht schon im Feierabend wäre, hätte sie Anna jetzt kennengelernt. Was nicht ist, kann ja noch werden. Im Flur im Erdgeschoss sitzen um diese Zeit nicht wenige Bürger, etliche mit Migrationshintergrund, die zur Impfsprechstunde möchten. Das fällt nicht in mein Gebiet, aber es bereinigt mein Gewissen, dass ich Sven gegenüber keine falschen Angaben gemacht habe.

Annas Aufenthalt im Gesundheitsamt ist nur von kurzer Dauer. Wir beschließen, uns an einem gemütlicheren Ort zusammenzusetzen. Sven hatte Anna einen Besuch im Café in Aussicht gestellt. Da will ich nicht zurückstehen. Wir gehen vom Gesundheitsamt in der Weinstraße zur Hildesheimer Straße, die wir an der Fußgängerampel in Höhe der Stadtbibliothek überqueren. Von da aus sind es lediglich ein paar Schritte zur „Ständigen Vertretung", einem originellen Lokal im Stil einer Kölschen Kneipe, direkt neben dem Theater am Aegi. Anna und ich setzen uns an einen der zahlreichen kleinen Holztische mit Blick durch die große Glasfront zum Aegidientorplatz. Die Wände sind übersät mit Bildern von früheren Politikern aus der Bundesrepublik und der damaligen DDR. Der Name „Ständige Vertretung" ist eine Anspielung auf die jeweiligen Ersatz-Botschaften der beiden deutschen Staaten vor der Wende. Unter anderem werden rheinische Speisen und Kölsch-Bier angeboten. Wie meistens sind auch heute schon zahlreiche Tische besetzt. Wir bestellen uns beide einen Cappuccino.

Anna hat nicht nur als Esperanto-Lehrerin viel zu bieten. Mir gefällt ihre sympathische Stimme, mit der sie interessant zu erzählen weiß. Dabei sprühen ihre blauen Augen vor Lebendigkeit. Ihre langen blonden Haare umrahmen ein wunderschönes Gesicht, das

mich – erst jetzt fällt es mir auf – an eine meiner ame-
rikanischen Lieblingsschauspielerinnen erinnert.
Dabei ist der Rest ihres Körpers bestimmt nicht weniger schön als ihr Gesicht, entzieht sich aber durch den
Tisch zwischen uns momentan weitgehend meinem
Blick. Obwohl ich gestehen muss, dass ich bereits vorher genau hingesehen habe.

Anna hat Humor und erzählt mit Leichtigkeit Geschichten, über die ich echt lachen muss. Dabei geht es
um komische Ereignisse im Zusammenhang mit ihrer
Leidenschaft, außergewöhnliche Masken zu sammeln.
Aber im Verlauf unseres Gespräches wird mir deutlich,
dass sie mit ihren Geschichten etliche Sorgen überspielt.
Ihre Erlebnisse im Steintorviertel und der Tod von Holger Manthei beschäftigen auch sie weiterhin.

„Für die Polizei ist Bernd wirklich einer der Mord-
verdächtigen. Ich kann es immer noch nicht glauben“,
benennt Anna das, was ihr durch den Kopf geht.

„Bernd hat damit nichts zu tun. Es ist nur ärgerlich,
dass er keine Zeugen hat, die beweisen können, dass er
zur Tatzeit zu Hause gewesen ist“, sage ich. „Ich vermute mal, dass dir die Polizei auch die lästige Frage
nach dem Alibi gestellt hat …?“

„Klar. Aber bei mir war das kein Problem. Ich war
am Tatabend mit einer Freundin im Kino am Rasch-
platz, anschließend haben wir uns noch gemeinsam in
einer Kneipe zusammengesetzt.“

„Dein Mann war nicht dabei?“

„Der hat sich zu Hause eine DVD angesehen.“

Ich bin froh, dass Anna nicht unter dem Druck steht,
kein Alibi zu haben. Schlimm genug, dass es Bernd getroffen hat. Aber etwas möchte ich doch geklärt haben:

„Wusste dein Mann, dass dich Holger in der ‚Globus-Bar‘ mit dem Messer bedroht hat?“

„Das hat mich die Polizei auch gefragt", meint Anna, die meine Frage offenbar nicht stört. „Nein, nach meiner Rückkehr habe ich Carsten nur ausweichende Antworten gegeben. Ich wollte mir von ihm keine Vorwürfe anhören. Erst als mich die Polizei in der Schule nach Holger befragt hat, habe ich Carsten von den Vorfällen erzählt."

Anna ist also am Abend des 1. Oktober von Bernd mit dem Auto in Arnum abgeholt worden, als sie gemeinsam ins Rotlichtviertel gefahren sind. Während Carsten allein zu Hause geblieben ist, ohne zu wissen, wo seine Frau den Abend verbringt.

„Folglich hätte Carsten dir schon mit dem Auto folgen müssen, um herauszubekommen, was in und vor der ‚Globus-Bar' passiert ist", fasse ich meine Gedanken laut zusammen.

„Ich glaube, jetzt geht gerade der ermittelnde Psychiater mit dir durch", sagt Anna leicht irritiert. „Wenn du ernsthaft in Erwägung gezogen haben solltest, dass Carsten als zorniger Ehemann Holger aufgelauert haben könnte, dann liegst du komplett daneben. Dafür ist Carsten nicht der Typ. Außerdem würde er sich schon gar nicht zu abendlichen Verfolgungsjagden hinreißen lassen."

Wenn ich Anna ansehe, finde ich, dass sie eine Frau ist, für die Männer alles tun würden. Vielleicht sogar morden.

Dudek tri / Dreiundzwanzig

Die ersten beiden Tage auf Rügen hat sich Sebastian
Rokahr intensiv den Kopf darüber zerbrochen, welche
Örtlichkeit sich am besten für seinen Plan eignet. Ein
kleiner Seminarraum in der Selliner Jugendherberge
am Ende eines Flurs im 2. Stock springt ihm ins Auge.
Der Raum liegt in der Nähe von Sonnenbergs Einzelzimmer, ist zu bestimmten Zeiten unbenutzt. Der Dreisitzer, diagonal gegenüber der Eingangstür, könnte
zur idealen Requisite werden. Von Sonnenberg ist bekannt, dass er sich in Pausen gerne zurückzieht. Schon
in den Doppelkursstunden in der Schule geht er in der
Fünfminutenpause fast jedes Mal vor die Tür. Mit Irina
ist alles im Detail durchgesprochen. Seit Beginn der
Studienfahrt hat sie in ganz unterschiedlichen Situationen immer wieder Nähe zu Sonnenberg hergestellt.
Und Sebastian hat seinem Lehrer angesehen, dass dieser darauf angesprungen ist. Die Mittagspause am
heutigen Mittwoch müsste die Stunde X sein! Irina
und Sebastian setzen alles auf eine Karte. Es ist uner-
lässlich, dass Irina ihren Lehrer im richtigen Moment
auf dem Flur abfängt.

Sebastian hat mit Irina verabredet, dass sie vor der
Tür des leeren Seminarraums wartet, bis von der anderen Seite des Ganges Sonnenberg auftaucht. Sebastian folgt seinem Lehrer unbemerkt in einiger Entfernung, als dieser die Treppe nach oben in den 2. Stock
geht. Sein neues Smartphone, mit dem er Videos in
hervorragender Qualität aufzeichnen kann, hat der
Schüler griffbereit in der Hosentasche. Sebastian verspürt ein Kribbeln im ganzen Körper. Es ist dieser

wahnsinnige Kick, den er schon von seinen Diebestouren kennt, oder von dem Tag, als er die Ecstasy-Pillen mit in die Schule genommen hat. Natürlich kann etwas Unvorhergesehenes dazwischenkommen und das komplette Unternehmen zu Fall bringen.

Sonnenberg erreicht den Flur der 2. Etage, der um eine Ecke führt. Sebastian geht die Treppe langsam nach oben. Er weiß, dass ihm Sonnenberg nicht entkommen kann. Vor dem Knick des Flurs bleibt er stehen. Er hört, dass Irina auf Sonnenberg zugegangen ist, um ihn zu einem vertrauten Gespräch in den Seminarraum zu bitten. Jetzt werden die Weichen gestellt. Alles hängt davon ab, ob Sonnenberg Irinas Bitte nachkommt. Es klappt! Die beiden gehen in den Raum, Sonnenberg zieht die Tür hinter sich zu.

Sebastian holt sein Smartphone aus der Hosentasche und überprüft die Startbereitschaft fürs Filmen. Er tritt dicht an die Tür des Raumes heran, um Irinas Stichwort nicht zu verpassen. Vorsichtig drückt er die Klinke herunter und öffnet die Tür einen Spalt. Sonnenberg steht mit dem Rücken zur Tür, als Irina ihr Stichwort mit klarer Stimme äußert: „Ich möchte Sie deswegen so gerne trösten." Das Signal, dass alles okay ist.

Durch die leicht geöffnete Tür fängt Sebastian sofort an zu filmen. Die Ausleuchtung der Szenerie ist bestens. Im Display seines Smartphones sieht er Sonnenberg und Irina in Umarmung, wie sie übereinander auf den Dreisitzer fallen und schließlich Sonnenbergs Hand unter Irinas Rock wandert. Irinas Protest krönt den lustbetonten Kurzfilm.

Sebastian triumphiert. Schnell entfernt er sich von der Tür, huscht den Gang entlang zur Treppe. Er kann es kaum abwarten, das Ergebnis seiner Filmerei zu überprüfen.

Eine halbe Stunde später in einem Waldstück, in sicherer Entfernung von der Jugendherberge, guckt er sich zusammen mit Irina den Videofilm auf dem Smartphone an. Sonnenberg und Irina sind deutlich zu erkennen, der Ton ist passabel. Es ist weitgehend herauszuhören, was die beiden gesagt haben, insbesondere Irinas Protest am Schluss.

„Gutes Mädchen", lobt Sebastian. „Jetzt bist du mit Teil zwei dran."

Irina soll Sonnenberg auf Distanz halten. Danach kann der Spaß beginnen.

Carsten Sonnenberg verlässt langsam den Seminarraum. Irina ist bereits verschwunden.

Bilder schießen durch seinen Kopf. Irina, die ihren Mitschülern von dem Vorfall berichtet, Irinas Eltern, die rechtlich gegen Sonnenberg vorgehen, Schulleiter Neuber, der fassungslos den Kopf schüttelt, und Anna, die endgültig einen Schlussstrich unter ihre Ehe zieht.

Carsten geht durch die einzelnen Etagen der Jugendherberge, Irina ist nirgendwo zu finden. Im Aufenthaltsraum trifft er auf Stefanie Klein, die ihn verwundert anschaut: „Alles in Ordnung, Herr Sonnenberg?"

„Ja, alles in Ordnung", ist seine knappe Antwort.

„Suchen Sie etwas?", fragt Stefanie freundlich.

„Haben Sie Irina gesehen?", ist seine Gegenfrage.

„Zuletzt beim Mittagessen", entgegnet sie, wobei Carsten meint, ein leichtes verstehendes Lächeln auf ihrem Gesicht zu entdecken.

Hat sie etwa bemerkt, mit welchem Wohlwollen er Irina die letzten Tage betrachtet hat? Er entschließt sich, das Thema „Irina" nicht weiter mit der Referendarin zu erörtern.

„Ja, danke", murmelt er und lässt Stefanie im Aufenthaltsraum stehen. Er muss sich mit Irina aussprechen, sich entschuldigen, den peinlichen Vorfall als bedauerlichen Irrtum seinerseits kennzeichnen.

Erst am Nachmittag, als die Gruppe zu einem weiteren Ausflug zu den Feuersteinfeldern von Neu-Mukran aufbricht, trifft Carsten auf Irina. Sie hält sich von ihm fern. Die Schülergruppe und Stefanie Klein stehen im Pulk vor dem Bus, der sie zu den Feuersteinfeldern bringen soll. Carsten nimmt Irina kurz zur Seite und sagt: „Irina, ich würde gerne nach unserem Ausflug mit dir reden."

„Ich möchte darüber nicht sprechen", entgegnet Irina deutlich. „Die Sache ist für mich erledigt."

„Es tut mir leid …", setzt er leise nach.

„Schon gut. Ich werde über die Sache zu niemandem etwas sagen."

Als Laura auf Irina zukommt, unterbricht Carsten das Gespräch. Einige der Schüler gucken zu ihnen herüber.

Mein Verhalten wird schon auffällig, geht es Carsten durch den Kopf.

Während des gesamten Ausflugs ist Carsten mit seinen Gedanken bei dem Vorfall von heute Mittag. Er kann die Konsequenzen für sich überhaupt nicht einschätzen. Panik macht sich breit. Irina hat zugesichert, mit niemandem über den Zwischenfall zu reden. Vielleicht können sie beide den Vorfall einfach vergessen, sodass nichts davon an die Öffentlichkeit dringt. Aber darüber möchte Carsten mehr Gewissheit haben, eine Abstimmung mit Irina würde ihm helfen.

Den nächsten Tag versucht er mehrfach, mit Irina ins Gespräch zu kommen. Aber sie blockt jedes Mal konsequent ab. Carsten hat Angst, sie zu bedrängen.

Wer weiß, wie sie darauf reagieren würde. Schließlich lässt er es dabei bewenden. Immer noch in Ungewissheit, tritt er am Freitag mit der Gruppe die Rückfahrt von Rügen nach Hannover an. Im Reisebus klammert er sich an die Hoffnung, dass Irina ihr Versprechen hält, über ihr Zusammentreffen zu schweigen. Er wird es auf jeden Fall für sich behalten.

Dudek kvar / Vierundzwanzig

Ich ertappe mich dabei, dass ich mich zwischendurch immer wieder mit der Frage beschäftige, wer Holger Manthei umgebracht haben könnte. Eine ernsthafte Vermutung habe ich momentan nicht. Aus der Zeitung, die nur noch in Abständen über die Ermittlungen der „Mordkommission Holger" berichtet, kann ich entnehmen, dass die Polizei ebenfalls noch keine heiße Spur hat.

Im Laufe seines kurzen Lebens hat Holger viele verschiedene Facetten geboten. Mir gegenüber hat er sich hilfsbedürftig und nachdenklich gezeigt, letztlich aber nur pseudo-einsichtig, was die Distanzierung von seinen kriminellen Verhaltensweisen angeht. Gegenüber Anna und Bernd ist er der gewaltbereite Kriminelle gewesen, der keinen Respekt mehr vor seinen beiden ehemaligen Lehrern hat. Wenn jemand von seinem Tod profitiert, ist es derzeit in ganz bescheidenem Ausmaß die Hardrock-Band „Böse Jungs". Die Gruppe hat ein ungefähr zwei Jahre altes Musikstück, bei dem Holger noch als Gitarrist mitwirkt, mit einem neuen Videoclip versehen. Unter anderem sind auf dem Musikvideo alte Bilder der Band mit Holger zu sehen. Das Video kann im Internet auf der Homepage der Gruppe und diversen Videoportalen angesehen und heruntergeladen werden. Ich habe einen Blick auf die Anzahl der Besucher, die das Musikvideo angeklickt haben, geworfen. Für ihre Verhältnisse hätte die Gruppe vor Kurzem von solchen Besucherzahlen nur träumen können. Grund genug für einen Mord ist dieser Umstand nach meiner Einschätzung allerdings nicht.

Vor 14 Tagen haben Anna und ich im Lokal „Ständige Vertretung" zusammengesessen. Damals habe ich Anna angeboten, ihr beim Umzug von Arnum nach Hannover-Linden in die Erderstraße zu helfen.

„Ich denke, es ist besser, wenn du nicht in Arnum auftauchst. Das möchte ich Carsten nicht antun", hat Anna geantwortet. „Aber in der neuen Wohnung könnte ich jede helfende Hand gebrauchen."

Bernd und einige andere Bekannte haben Anna in Arnum dabei unterstützt, ihre Sachen in Kartons zu packen. Ein Umzugsunternehmen hat Annas Möbel und Kartons in einen Lastwagen verpackt und nach Hannover transportiert. Damit ist der Lebensabschnitt, den Anna mit Carsten gemeinsam verbracht hat, vorbei.

Heute ist Freitag, der 28. Oktober, letzter Tag der Herbstferien. In Annas neuer Zweizimmerwohnung bin ich am Nachmittag beim Einräumen der Möbel und beim Auspacken der Kartons dabei. Bernd und ein befreundetes Ehepaar, das Anna von den Montagstreffen der Hannoverschen Esperantisten kennt, helfen ebenfalls mit. Bei der Wohnung handelt es sich um einen typischen Altbau mit hohen Wänden, dessen Zuschnitt der einzelnen Zimmer gut gelungen ist. Die Arbeit geht flott voran. Schränke, Regale, Bett, Schreibtisch und PC sind bereits wieder aufgebaut. Das Bett hat bisher in Arnum fast unbenutzt im Gästezimmer gestanden. Gardinen, Rollos und die Einbauküche hat Anna vom Vormieter übernommen. Der Kühlschrank ist bereits mit dem Wichtigsten gefüllt. Im Wohnzimmer stehen noch einige volle Umzugskartons, die Anna in den nächsten Tagen selbst ausräumen will. In zwei der Kartons befindet sich ihre Maskensammlung. Das kleine Sofa hat Anna aus ihrem alten Arbeitszimmer mitgenommen, neben einem niedrigen Tisch stehen zwei Korbsessel.

Die Einrichtung des Wohnzimmers wirkt momentan noch improvisiert.

Anna stehen bereits Telefon- und Internetanschluss zur Verfügung, da sie beides schon vor 14 Tagen neu beantragt hat.

Nach getaner Arbeit sitzen Anna, Bernd und ich noch zusammen. Annas Gedanken sind bei Carsten, wie er auf ihren Auszug reagiert hat.

„Er stand im Flur unseres Hauses und hat alles mehr oder minder schweigend hingenommen", erklärt mir Anna. „Direkt nach seiner Rückkehr von Rügen war er bereits sehr bedrückt."

„Gab's Ärger auf der Studienfahrt?", erkundigt sich Bernd.

„Das hab ich ihn auch gefragt. Irgendwann ist er damit rausgerückt, was ihn so beschäftigt. Sebastian Rokahr hat wohl als Scherz 'nen üblen Spruch gemacht, der Carsten sehr an die Nieren gegangen ist."

Bei dem Namen „Sebastian Rokahr" denke ich sofort an den außergewöhnlichen Auftritt des 18-jährigen Schülers auf der Polizeiwache, als er sich dort mit dreisten Sprüchen auf Esperanto in Szene gesetzt hat. Ein wortgewandter und intelligenter Bursche.

„Was hat Sebastian von sich gegeben?", frage ich.

„Nur ein toter Lehrer ist ein guter Lehrer."

„So ein kleiner Bastard!", entfährt es Bernd.

Samstagvormittag, 29. Oktober. Ich sitze allein in meiner Wohnung. Anna kann sicher noch einiges an Unterstützung gebrauchen. Spontan entschließe ich mich, Anna anzurufen und sie zu fragen, ob ich ihr helfen kann.

„Ich könnte dich jetzt wirklich gut gebrauchen", sagt Anna. „Wär klasse, wenn du kommst."

Ihr Tonfall wirkt, als wenn sie dabei nicht nur die Arbeit im Kopf hat. Eine Vorstellung, die mir durchaus gefällt. Ich finde, ich sollte schnellstens herausfinden, ob ich mit meiner Einschätzung richtig liege.

Mit der Stadtbahn bin ich schnell in Linden-Nord. Die Erderstraße geht direkt ab von der Limmerstraße, der Hauptschlagader dieses Stadtteils. An diesem Vormittag herrscht bereits Leben auf der Straße. Die Außentemperatur ist angenehm, im Laufe des Tages sollen es noch 17 Grad werden. Ich muss nicht weit gehen, dann stehe ich vor dem vierstöckigen Mietshaus, in dem Anna jetzt im 2. Stock wohnt. Auf mein Klingeln erfolgt umgehend ein Summen, das mir die Tür öffnet. Im Treppenhaus nehme ich schwungvoll die Stufen in die 2. Etage. Oben angekommen, wartet Anna bereits im Türrahmen.

„Hallo, Mark", begrüßt sie mich. Sie trägt ein rotes Kleid und ist ansprechend geschminkt. Das sieht nicht danach aus, dass ihr vorrangiges Interesse meiner Arbeitskraft gilt. Außerdem bemerke ich den Duft eines exotischen Parfüms.

Mit meinem Sakko zur Jeans bin ich auf keinen Fall „overdressed".

„Hallo, Anna." Ich grinse sie freundlich an. Das sieht nach einem vielversprechenden Vormittag aus.

Anna bittet mich herein. Dem komme ich natürlich gerne nach. Als sie hinter mir die Tür schließt, berühren sich kurz unsere Körper. Sie macht keine Anstalten, von mir abzurücken, während sie sagt: „Ich glaube, ich muss mich noch mal richtig für deine Hilfe gestern Nachmittag bedanken."

„Das hab ich gerne für dich getan", antworte ich ehrlich, wobei ich nicht anders kann, als meine Hände auf ihre Hüften zu legen. Jetzt kommt der entscheidende

Moment, schießt es mir durch den Kopf, wie reagiert sie?

In dem Moment, als sie die Arme um mich legt, empfinde ich Erleichterung und Triumph in einem. In ihren Augen sehe ich Einverständnis und küsse sie vorsichtig auf den Mund. Den zweiten Kuss erwidert sie bereits mit ungeahnter Leidenschaft. Mit beiden Händen ziehe ich ihren Körper an mich, verspüre dabei augenblicklich ihre festen Brüste.

Mit Annas Hilfe schaffe ich es, mich des störenden Sakkos zu entledigen. Danach beginnt sie, auf anregende Weise an meinem linken Ohrläppchen zu knabbern, was mich dazu inspiriert, mit beiden Händen ihren sportlichen Körper zu streicheln. Mit Wohlwollen nehme ich zur Kenntnis, dass sie mein Hemd aufknöpft. Ein Leichtes für mich, das Hemd mit zwei kurzen Bewegungen abzustreifen. Ihr rotes Kleid, bis eben noch Betonung ihres schlanken Körpers, empfinde ich zunehmend als Störfaktor. Ich stelle mich dem Problem und ziehe den Reißverschluss auf der Rückseite des Kleides mühelos nach unten. Anna bedankt sich für mein umsichtiges Handeln mit einem langen Kuss, bei dem sie verdeutlicht, dass sie ihre flinke Zunge nicht nur zum Reden einzusetzen weiß. Mit beiden Händen gelingt es mir, die Träger des roten Kleides über Annas Schultern zu streifen. Das hoffentlich knitterfreie Kleid gleitet in einem Rutsch zu Boden. Auf das Tragen eines BHs hat Anna sinnvollerweise verzichtet. Immer mehr bin ich beeindruckt von dem, was sie zu bieten hat. Anna dirigiert mich zielsicher vom Flur ins Schlafzimmer, wo wir uns auf das einladende Bett fallen lassen. Der Situation angemessen, entledigen wir uns in kurzer Zeit hinderlicher Kleidungsstücke. Ich spüre Anna an jedem Teil meines Körpers und genieße mit wachsender Erregung, wie wir gemeinsam einem unausweichlichen Höhepunkt zustreben. Dabei hauche ich ihr mehrfach ins Ohr: „Ich liebe dich."

Eine angenehme Erschöpfung hat sich in meinem Körper breitgemacht. Ich betrachte Anna, die neben mir im Bett liegt. Sie ist wunderbar. Meine Einschätzung – schon vor Wochen –, dass wir auf einer Wellenlänge sind, hat sich bewahrheitet. Plötzlich meldet sich der analysierende Psychiater in meinem Kopf. Die Heftigkeit, mit der sich Anna mit mir eingelassen hat, könnte ihr Versuch eines emotionalen Schlussstrichs unter ihre Beziehung zu Carsten sein. Ich schalte mein Gehirn wieder auf den Privatmann um, der hofft, dass unser intensives Miteinander von längerer Dauer ist.

„Ich habe gelesen, dass Esperantisten kostenlos Gäste bei sich aufnehmen. Hätte ich eine Chance, ab jetzt häufiger Gast bei dir zu sein?", frage ich Anna scherzhaft.

Anna schmunzelt: „Das gilt nur für Gäste, die ihrerseits gut Esperanto sprechen. Was hast du mir auf Esperanto anzubieten?"

Da lohnt es sich doch, dass ich mich in den letzten Wochen im Internet durch einen Selbstlernkurs für Esperanto gekämpft habe. Ich beherrsche immerhin einige Grundlagen.

„Anna, vi estas tre bela virino", sage ich beinahe flüssig, zumal ich den Satz bereits mehrfach zu Hause geübt habe. Er bedeutet: „Anna, du bist eine sehr schöne Frau."

Anna scheint etwas zu überlegen, dann nickt sie: „In Ordnung, das lasse ich durchgehen."

Dudek kvin / Fünfundzwanzig

Tatsächlich ist es Anna Sonnenberg gelungen, zusammen mit Mark Seifert am Samstagnachmittag noch einige Bilder und Masken aus ihrer Sammlung in verschiedenen Zimmern ihrer neuen Wohnung aufzuhängen. Den Abend haben die beiden in einem spanischen Restaurant in Hannover-Linden, die Nacht gemeinsam in ihrer Wohnung verbracht.

Am Sonntagnachmittag verabschiedet sich Mark für dieses Wochenende, Anna sitzt allein vor ihrem PC. Wie es mit Mark wirklich weitergehen wird, vermag sie noch nicht sicher einzuschätzen. Sie wünscht sich eine längerfristige Beziehung, weiß aber aus der Zeit mit Carsten nur zu gut, wie schnell sie sich irren kann. Gerne hätte sie mehr über Marks früheres Familienleben gewusst. Aber auf Annas rhetorische Frage, ob er geschieden ist, hat Mark abwehrend geantwortet: „Ein äußerst unangenehmes Thema. Lass uns lieber über was Erfreulicheres reden."

Es ist an der Zeit, sich nach dem Umzug bei Elka zu melden. Was soll sie ihrer kroatischen Mailbekanntschaft berichten, die in geordneten Familienverhältnissen mit römisch-katholischem Weltbild lebt? Über ihre Beziehung zu Mark ist sich Anna noch nicht endgültig im Klaren. Es wirft auch kein gutes Licht auf Anna, wenn sie direkt nach der räumlichen Trennung von ihrem Noch-Ehemann sofort mit einem neu auf der Bildfläche aufgetauchten Mann ins Bett geht. Anna beschließt, die Beziehung zu Mark in ihren Mails an Elka bis auf Weiteres auszuklammern. Über ihren Umzug und die neue Wohnung gibt es genug zu berichten.

Nach den Herbstferien ist der heutige 31. Oktober, ein Montag, der erste Schultag. Direkt nach dem Ende der Studienfahrten des Abiturjahrgangs hatten die Ferien begonnen. Sebastian Rokahr ist aufgefallen, dass Carsten Sonnenberg morgens ohne seine Frau auf dem Parkplatz vor dem Hermann-Hesse-Gymnasium angekommen ist. Kurze Zeit später trifft Anna Sonnenberg ein, offenbar ist sie mit der Stadtbahn zur Schule gefahren. Sollte sich die lang erwartete Trennung endlich vollzogen haben?

Sebastian begrüßt seine Lehrerin, die ihn leicht skeptisch anschaut, als sie sagt: „Für mich müssen gute Lehrer lebendig sein."

Sebastian versteht sofort, worauf Anna anspielt. Ihr Mann muss ihr von Sebastians Spruch, dass nur tote Lehrer gute Lehrer wären, erzählt haben.

„Ich hoffe, Ihr Mann hat Ihnen auch erzählt, dass ich nur einen Scherz gemacht habe, mit dem ich niemanden verletzen wollte", versucht er Anna zu besänftigen.

„Nicht jeder kann mit deinen Scherzen gut umgehen, Sebastian. Versuch bitte in Zukunft mehr darauf zu achten, wem du was an den Kopf wirfst."

„Ich verspreche es. Nie mehr werde ich missverständliches Zeugs von mir geben. Sie sollen doch eine tadellose Meinung von mir haben können", gibt er in seiner gestelzten Art von sich.

„Ich werde dich beizeiten daran erinnern", äußert Anna und wirkt dabei schon wieder lockerer.

Sebastian schätzt Annas Reaktion so ein, dass sie von dem Vorfall zwischen Sonnenberg und Irina auf Rügen nichts weiß. Sonnenberg wird seiner Frau in dieser schwierigen Phase ihrer Beziehung sicher nicht auf die Nase gebunden haben, dass er sich einer seiner

Schülerinnen genähert hat. Da scheint sich Sebastians Menschenkenntnis bewährt zu haben. Ansonsten wäre sein Plan auch vom Scheitern bedroht.

An der Hausmeisterloge widmet sich Anna wieder dem bemühten Frank Müller, der der Lehrerin unwichtige Details über eine ebenso unwichtige Busreise nach London in den Herbstferien erzählt.

Für Sebastian wird Müller aber zum wichtigen Informanten, als dieser zu Anna sagt: „Schade, dass ich gerade in London war, als du umgezogen bist. Ich hätte dir sonst gerne geholfen." Das ist die Bestätigung. Anna wohnt also nicht mehr mit ihrem Mann zusammen.

Sebastian wird den heutigen Tag nutzen, um genau zu beobachten, ob Sonnenberg in der Schule irgendetwas in der Angelegenheit mit Irina unternimmt. Wenn alles klappt, und Sebastian zweifelt nicht daran, dann wird Sonnenberg weder auf Neuber noch zum wiederholten Mal auf Irina zugehen. Sonnenberg wird hoffen, dadurch alles unter den Teppich kehren zu können. Diese Hoffnung wird genau einen Tag anhalten. Solange, bis Sebastian die nächste Stufe seines Plans morgen Vormittag in die Tat umsetzt.

Dienstag, 1. November 2011.

Sebastian Rokahr sitzt etwas gelangweilt im Erdkunde-Kurs. Sonnenberg knüpft thematisch an die Studienfahrt nach Rügen an: Wirtschaftliche Strukturveränderungen und Abwanderungsbewegungen der Bevölkerung auf Rügen und den neuen Bundesländern seit der Wende. Ein bisschen Gruppenarbeit, kläglicher Austausch der Ergebnisse und eine zähe

Diskussion am Schluss. Sebastian ödet Sonnenbergs Unterricht von vorne bis hinten an. Mit Interesse registriert der Schüler lediglich, dass Sonnenberg komplett darauf verzichtet, Irina zwischenzeitlich mit gierigen Blicken anzustarren.

Sebastians Gedanken schweifen ab. Gestern Nachmittag hat sein Tutor Bernd Kramer ihn angesprochen, Thema ist Sebastians Äußerung über die „guten toten Lehrer" gewesen. Natürlich hat sich Sebastian geläutert gezeigt, genauso wie Bernd es hören will. Der launige Spruch hat offenbar voll ins Schwarze getroffen.

Jetzt muss sich Sebastian wieder auf den Erdkunde-Kurs bei Sonnenberg konzentrieren. Am Ende der Doppelstunde teilt er seinem Lehrer mit, dass er ihn in einer wichtigen Angelegenheit unter vier Augen sprechen möchte. Sonnenberg willigt ein. Der Rest der Kursteilnehmer verlässt den Raum und geht in die große Pause. Sebastian achtet darauf, dass der letzte seiner Mitschüler die Tür hinter sich schließt.

Sonnenberg sitzt hinter seinem Lehrerpult und schaut Sebastian unschlüssig an.

„Ich möchte Ihnen etwas erzählen, das mein Weltbild sehr erschüttert hat", erklärt Sebastian, stellt sich vor seinen Lehrer und blickt auf ihn herab.

„Was soll das jetzt werden?", fragt Sonnenberg ungeduldig.

„Ich komme gleich zum Punkt", verspricht Sebastian und geht im Folgenden wie auf einer Theaterbühne vor dem Pult auf und ab. Seine Stimme bekommt einen affektierten Klang: „In der Selliner Jugendherberge habe ich ein fast traumatisches Erlebnis gehabt. Nichts Böses ahnend will ich in der Mittagspause den Seminarraum betreten, da sehe ich, wie sich eine Mitschülerin mit einem älteren Mann vergnügt."

Sebastian kostet den Moment aus, als er Sonnenbergs erschrockenes Gesicht wahrnimmt.

„Von was redest du da?", bringt Sonnenberg unsicher hervor. Sebastian fährt fort, genießt dabei jeden verbalen Stachel, mit dem er seinen Lehrer quälen kann. „Damit die beiden später eine schöne Erinnerung haben, hol ich gleich mein Smartphone raus und halte das Treiben filmisch fest. Aber da merke ich, dass meine Mitschülerin gar nicht will, dass der Mann sie anfasst. Gerade als ich ihr helfen will, lässt der Mann von ihr ab. Und da erkenne ich den Mann und mach mich lieber diskret aus dem Staub."

„Was willst du von mir?", fragt Sonnenberg, der fast bewegungslos hinter seinem Pult sitzt.

„Unrecht sühnen. Ich kann es nicht zulassen, dass eine Mitschülerin ohne Konsequenzen von ihrem Lehrer unsittlich angefasst wird."

„Hat Irina dich geschickt?"

„Irina weiß gar nicht, dass ich diese erbärmliche Szene festgehalten habe. Ich habe mit ihr nie darüber gesprochen."

Offenbar versucht Sonnenberg ein letztes Aufbäumen, als er äußert: „Das mit dem Film hast du dir doch nur ausgedacht …"

Sebastian lacht böse auf, dann setzt er salbungsvoll nach: „Aber Herr Sonnenberg, Sie unterschätzen mich. Nie würde ich Sie mit einem Bluff in Schrecken versetzen. Was ich sage, entspricht leider der Realität. Überzeugen Sie sich selbst."

Sebastian holt sein Smartphone aus der Hosentasche, hält es Sonnenberg vors Gesicht und spielt ihm den vorbereiteten Videofilm vor.

Fassungslos starrt Sonnenberg auf das Display, auf dem er mit Irina gut zu erkennen ist. „Lassen Sie das!

Lassen Sie mich los!", sagt Irina ganz deutlich, womit sie Sonnenbergs Verhalten klar als übergriffig brandmarkt. Als Sonnenberg nach dem Smartphone greifen will, zieht es Sebastian weg.

„Das ist nur eine Kopie. Das Original habe ich an einem sicheren Ort verwahrt", erklärt Sebastian triumphierend. Er sieht seinen Lehrer vor sich auf dem Stuhl zusammensinken. Was für ein erhebendes Gefühl! Endlich hat er seinen Lehrer da, wo er ihn haben will. Ein Sieg auf ganzer Linie.

„Was willst du von mir?", fragt Sonnenberg erneut.

Sebastian hat Sonnenberg vollständig in der Hand. Jetzt kann er die Bedingungen diktieren.

„Sie haben Glück, dass Sie an einen ehrbaren Charakter wie mich geraten sind. Ich gehöre nicht zu denjenigen, die mit ihrem Wissen Geld erpressen wollen. Mir geht es nur um Gerechtigkeit." Sebastian zeigt eine aufgesetzte Empörung. „Die arme Irina wird bestimmt noch lange unter der schlimmen Erfahrung mit Ihnen zu leiden haben. Kein Wunder, wenn sie dann in Erdkunde nicht volle Leistung zeigen kann. Da ist es doch nur gerecht, wenn Sie, Herr Sonnenberg, ihr als Wiedergutmachung bei der Benotung ihrer mündlichen und schriftlichen Leistungen mit einem wohlwollenden Bonus entgegenkommen. Und für mich, der sehr unter dem Wissen um dieses traumatisierende Ereignis auf Rügen leidet, sollte Ihr Entgegenkommen natürlich ebenso gelten."

„Das geht doch nicht …", hält Sonnenberg ungläubig entgegen.

„Wie, Sie wollen nicht auf meinen großzügigen Deal eingehen?! Das würde ich mir aber an Ihrer Stelle noch einmal gründlich überlegen. Da begrabscht ein Lehrer gegen deren ausdrücklichen Willen eine Schülerin, die in einem Abhängigkeitsverhältnis zu ihm steht und sogar noch minderjährig ist. Und das nur, weil er mit seiner unbeherrschten Geilheit nicht mehr bei seiner Frau landen kann. Pfui Teufel!"

Mit dieser Provokation hätte Sebastian bei jedem anderen mit einem Angriff rechnen müssen, aber Sonnenberg lässt die gespielte moralische Entrüstung ohne Gegenwehr über sich ergehen.

„Ich stelle mir das ganz fürchterlich vor, wenn in der Schule bekannt wird, dass Sie sich an einer Minderjährigen vergriffen haben. Da wird Ihre Lehrerexistenz bösen Schaden nehmen. Unser Schulleiter ist so ein moralbewusster Mensch. Und Irinas Eltern machen nicht den Eindruck, dass sie sich einen derartigen Umgang mit ihrer Tochter gefallen lassen", zeigt Sebastian seinem Lehrer mit dämonischer Freude die Konsequenzen der Bekanntmachung des Vorfalls auf. Eine Spitze hat er sich noch für den Schluss aufgehoben: „Und Ihrer Frau wird dadurch die Entscheidung leicht gemacht, nicht wieder bei Ihnen einzuziehen."

Sonnenberg ist verstummt. Sebastian befürchtet zwischenzeitlich, dass jemand den Kursraum betreten könnte. Aber er hat das Glück auf seiner Seite.

„Was soll ich … machen …?", erkundigt sich Sonnenberg, der damit wohl langsam die Unausweichlichkeit seiner Kooperation verinnerlicht hat.

„Das hört sich schon besser an", frohlockt sein Peiniger.

„Ich möchte, dass Sie unsere mündlichen Leistungen durch höhere Punktzahlen als bisher wertschätzen. Außerdem stehen im November die Vorabi-Klausuren an. Da Sie das Thema für Erdkunde formulieren, hätte ich gerne für Irina und mich vorab das Thema. Und sollten wir vor Aufregung nicht ganz so gut formulieren, erwarte ich, dass Sie unsere Klausuren wohlwollend zu unseren Gunsten bewerten."

Sonnenberg scheint etwas antworten zu wollen, verzichtet aber schließlich darauf.

„Bitte seien Sie auch im Unterricht immer nett zu uns. Das ist doch nicht zu viel verlangt, wenn Sie bedenken, dass ich Ihnen dafür im Gegenzug die Existenz rette."

In diesem Moment öffnet ein Schüler aus einer der mittleren Jahrgangsstufen die Tür und wirft einen unsicheren Blick in den Raum.

„Störe ich?", fragt er zögerlich.

„Nein", antwortet Sebastian kraftvoll. „Ich habe mein Gespräch mit Herrn Sonnenberg gerade erfolgreich beendet."

Miguel Baraja verlässt den ehemaligen Luftschutz-bunker, der in Hannover-Ricklingen auf einem Rasen-stück an der vierspurigen Friedrich-Ebert-Straße steht. Inzwischen dient der 1942 gebaute Rund- und Hoch-bunker als Übungsraum für Rockbands. Die fünf Mit-glieder der „Bösen Jungs", alle im Alter zwischen 25 und 29 Jahren, haben sich nach längerer Zeit wieder einmal zu einer Probe getroffen. Es ist Mittwochnach-mittag, 2. November. Holger Mantheis Tod hat der Hardrock-Band einige Publicity beschert, die sie nut-zen will. Erneute gemeinsame Auftritte werden erwo-gen.

Den Termin der Probe hat die Band sogar auf ihrer Homepage bekanntgegeben. Zwei junge Frauen, Fans der Gruppe, stehen vorm Eingang des Luftschutzbun-kers und lassen sich von den Musikern Autogramme geben. Miguel ist sich nicht sicher, ob er wieder regel-mäßig mit der Band spielen will. Seine Beteiligung an den Geschäften mit Holger hat sich in der Vergangen-heit als finanziell lukrativ herausgestellt. Als Gitarrist bei den „Bösen Jungs" lässt sich nicht wirklich etwas verdienen.

Als die anderen Bandmitglieder sich nach der Probe noch zu einem Bier zusammensetzen wollen, winkt Miguel ab. Die Probe und das Wiedersehen mit den „Jungs" sind für Miguel ganz okay gewesen, aber jetzt hat er noch ein Treffen mit einem albanischen Liefe-ranten vor sich, der ihm neue Ware besorgen soll. Den Stoff wird er dann vermutlich in einem Schließfach im Hauptbahnhof unterbringen.

Seine Musikkumpel verabschieden sich. Scheint für sie kein Problem zu sein, dass er nicht mitkommt.

Die Kombination der Bilder „Schließfach" und „neue Ware" ruft bei Miguel sofort Erinnerungen an den Morgen des 4. Oktober wach. Als er vor der Leiche des erstochenen Holger Manthei stand, im Flur der Wohnung seines Geschäftspartners, hatte er den Schlüssel für das Schließfach im Hauptbahnhof vor Augen. Gut, dass er noch rechtzeitig daran gedacht hatte. Sein toter Partner lag zusammengekrümmt auf der linken Körperseite. Hatte Holger den Schlüssel wie üblich in seiner rechten Hosentasche? Hektisch hatte Miguel dem Toten in die rechte Hosentasche gegriffen, dort den Schlüssel ertastet und ihn mit Mühe herausgezogen. Danach war er aus der Wohnung gestürmt und Holgers älterem Nachbarn in die Arme gelaufen. Während die Hausbewohner die Polizei informierten, hatte er den Schlüssel in einem unbeobachteten Moment in seinem Portemonnaie verschwinden lassen.

„Das Auffälligste ist immer das Unauffälligste" – diese Auffassung hatte Holger auch vertreten, als es darum ging, noch nicht verkaufte Drogen zwischenzulagern. Versteckt in einer Umhängetasche, hatte Holger die Drogen regelmäßig in einem Schließfach im Hannoverschen Hauptbahnhof deponiert. Miguel war damit einverstanden gewesen. Den Schlüssel trug Holger immer am Mann, zusammen mit seinem Klappkampfmesser.

Aus Angst vor einer polizeilichen Beschattung hat Miguel nach Holgers Tod erst einige Zeit verstreichen lassen, bevor er den Stoff aus dem Schließfach geholt hat.

Den Gitarrenkasten unter dem Arm geht Miguel zu seinem Wagen, den er am Rand der Friedrich-Ebert-

Straße abgestellt hat. Er staunt nicht schlecht, als er sieht, wer dort auf ihn wartet: der Gymnasiast aus dem Hermann-Hesse-Gymnasium, welches nur ungefähr einen Kilometer von hier entfernt liegt.

„Hallo Miguel", sagt Sebastian Rokahr. „Ich hab eurer Homepage entnommen, dass du hier bist."

„Wusste gar nicht, dass du auf Hardrock stehst", entgegnet Miguel. „Was willst du von mir?"

„Auf jeden Fall kein Autogramm. In den nächsten Tagen hab ich einiges zu feiern. Wollte mal fragen, ob du Holgers Geschäft weiterführst?", grinst Sebastian.

„Schon möglich", erwidert der Rockmusiker, der vorsichtig das Umfeld sondiert. Irgendwelche Lauscher sind nirgendwo zu entdecken.

„Der Anlass ist mir 'ne Portion Koks wert. Kann ich den Stoff von dir kriegen?", erkundigt sich der Schüler mit einem Selbstbewusstsein, das Miguel nicht gefällt.

„Wenn du genug Kohle hast, sind wir im Geschäft", teilt der Dealer mit. „Du weißt ja, alles hat seinen Preis."

Carsten Sonnenberg ist innerlich völlig zusammengebrochen. Die Existenz dieses Videofilms, der belegt, wie er sich an Irina vergreift, hat ihn vernichtet.

Aber für das, was ich meiner Schülerin angetan habe – so geht es Carsten durch den Kopf –, habe ich es nicht anders verdient. Sebastian Rokahrs Forderungen erscheinen Carsten als eine gerechte Strafe. Unmittelbar im Anschluss an das Gespräch mit Sebastian hat sich der Lehrer nur noch mit Mühe durch den Rest seines Unterrichtstages gequält.

Am Abend sitzt Carsten allein im Wohnzimmer seines Hauses in Arnum. Den unerträglichen Konflikt vermag er nur mit sich selbst abzumachen. Hat er noch eine Chance, mit erhobenem Haupt aus dieser Situation herauszukommen? Vorübergehend spielt er mit dem Gedanken, sich morgen einen Termin bei Neuber zu holen. Wenn Carsten seinem Schulleiter den fatalen Vorfall auf der Studienfahrt eingesteht, könnte er damit reinen Tisch machen. Sebastians Forderungen würden ins Leere laufen. Der Gewinn dieses Vorgehens stünde allerdings in keinem Verhältnis zum Verlust. Die Folge eines Geständnisses wäre die Zerstörung von Carsten auf sämtlichen Ebenen. Alles würde nur noch schlimmer. Sebastian hatte schon recht mit seiner Aufzählung der schwerwiegenden Konsequenzen, die ein Bekanntwerden von Carstens übergriffigem Verhalten haben würde. Eine Benachrichtigung des Schulleiters käme einem Selbstmord gleich. Der Funke eines Überlebenswillens hält Carsten davon ab, ein Geständnis abzulegen. Er entschließt sich, niemanden über den Vorfall zu informieren.

Andererseits ist die Vorstellung, in der Schule auf Sebastian und Irina zu treffen, deren Leistungen er höher als verdient bewerten soll, kaum auszuhalten.

Am nächsten Morgen sucht er in Arnum seinen Hausarzt auf. Dem berichtet er von diversen psychosomatischen Beschwerden, als deren Ursache er die ungewollte Trennung von seiner Frau anbietet. Der Arzt schreibt ihn zunächst für eine Woche krank. Carsten atmet auf. Damit kann er sich den Forderungen Sebastians, die an den Unterricht in der Schule gebunden sind, zunächst einmal entziehen.

Am Freitagnachmittag, dem 4. November, dem dritten Tag seiner krankheitsbedingten Abwesenheit von der Schule, klingelt bei Carsten zu Hause das Telefon. Auf dem Display seines Apparates wird eine Telefonnummer mit Hannoverscher Vorwahl angezeigt. Er nimmt den Hörer ab: „Sonnenberg …"

„Guten Tag, Herr Sonnenberg. Hier spricht Sebastian Rokahr. Mit Bedauern habe ich festgestellt, dass Sie den Rest der Woche nach unserem netten Gespräch in der Schule gefehlt haben."

Carsten erschrickt. Er hat nicht mit einem Anruf Sebastians gerechnet.

„Was willst du?", fragt Carsten, der die Antwort bereits ahnt.

„Ich dachte, wir wären uns über unseren Deal einig gewesen. Sollten die Vorabi-Klausuren über eine Vertretung abgewickelt werden, wodurch Irina und ich die vereinbarten Vorinformationen nicht erhalten, wäre das ein eklatanter Verstoß unseres Abkommens", verkündet Sebastian mit einem bedrohlichen Unterton. „Mich könnte ein solches Vorgehen derart frustrieren, dass ich mich ebenfalls nicht mehr an unsere Abmachung halte und Infos an die Öffentlichkeit gebe, die Ihnen sehr unangenehm werden könnten."

Carstens Befürchtung hat sich bewahrheitet, er bleibt in der Rolle des passiven Zuhörers, als Sebastian weiterredet:

„Ich wollte Ihnen gute Besserung und eine ganz schnelle Genesung wünschen, damit wir Sie kurzfristig wieder in der Schule begrüßen können. Mein Anruf gibt Ihnen hoffentlich die nötige Kraft, Ihr Tief zu überwinden. Ich kann es kaum erwarten, Sie zu sehen."

Seit gestern unterrichtet Carsten Sonnenberg wieder in der Schule. Ihm ist deutlich geworden, dass er sich durch Krankschreibung den Erpressungen von Sebastian nicht entziehen kann. Heute ist der 8. November 2011, ein Dienstag. Die erste Hälfte der Doppelstunde

Erdkunde für den Abiturjahrgang liegt hinter ihm. Carstens Hoffnung, Sebastian könnte aus irgendeinem Grund fehlen, hat sich nicht erfüllt. Wie gewohnt, nutzt Carsten die Fünfminutenpause, um vor dem Kursraum neue innere Energie für die nächste Unterrichtsstunde zu tanken. Als er nach dem Klingeln den Raum betritt, gilt sein erster Blick Sebastian, der zwar auf seinem Stuhl sitzt, aber beide Beine auf den Tisch vor sich gelegt hat. Eine offensichtliche Provokation.

„Würdest du bitte so freundlich sein und deine Beine vom Tisch nehmen?", ist Carstens Aufforderung an Sebastian.

Der angesprochene Schüler lächelt gequält, schüttelt dann den Kopf.

„Das ist eine Antischock-Lagerung. Ich glaube, die brauch ich dringend, um die zweite Stunde durchzuhalten", ist Sebastians Antwort. Dabei macht er keinerlei Anstalten, seine Sitzhaltung zu verändern. Roman und Kevin quittieren Sebastians Äußerung mit einem lauten Lachen. Carsten merkt, dass die Blicke aller Kursteilnehmer auf ihn gerichtet sind. Wie wird der Lehrer mit dieser Situation umgehen? Carsten hat Angst, Sebastian energisch zurechtzuweisen. Da empfindet er beinahe Dankbarkeit, als Sebastian schließlich von sich aus die Beine vom Tisch nimmt und eine normale Sitzhaltung einnimmt.

Im Verlauf des Unterrichts fällt Carsten auf, dass jemand in der Fünfminutenpause unübersehbar auf die Seitentafel ein Wort mit Kreide geschrieben hat: senfortulo. Nach Carstens Einschätzung wird es sich um ein Wort auf Esperanto handeln. Als Schreiber kommt sicher nur Sebastian infrage. Aber Carsten hütet sich, nach der Bedeutung des ihm unbekannten Wortes zu fragen. Er tut so, als habe er es nicht bemerkt.

Zunehmend gewinnt Carsten den Eindruck, dass sein bewusstes Desinteresse an der Beschriftung der Tafel bei Sebastian Verärgerung hervorruft. Früher hätte sich Carsten vielleicht gefreut, wenn er bei einem Schlagabtausch mit dem ungeliebten Schüler einen Punktgewinn verbuchen kann. Heute fürchtet er die Reaktion des womöglich frustrierten Schülers. Und Carsten soll recht behalten.

Als die Stunde endet, verlassen die meisten Schüler zügig den Raum, um die große Pause zu nutzen. Sebastian bleibt noch im Raum stehen und holt demonstrativ sein Smartphone aus der Hosentasche. Er ruft Roman Janowski, der schon auf dem Weg zur Tür ist, zurück:

„He, Roman. Soll ich dir mal 'n heißes Video zeigen?"

Der dreht sich interessiert um.

„Klar, für heiße Sachen bin ich immer zu haben", ist die prompte Antwort.

Carsten hat das Gefühl, dass sein Herzschlag für einen kurzen Moment aussetzt. Ist Sebastian völlig verrückt geworden?

Bevor Roman einen Blick auf das Video werfen kann, reißt Carsten mit einer schwungvollen Bewegung Sebastian das Smartphone aus der Hand.

„Was soll das denn?", beschwert sich Sebastian lautstark. „Ich werd doch meinem Freund noch das Video ‚Dromedarrennen in der Wüste' vorspielen dürfen!?"

Carsten schaut fassungslos auf das Display des Smartphones in seiner Hand, auf dem zwei Dromedare in einer Wüstenlandschaft mit erstaunlicher Geschwindigkeit um die Wette laufen.

Sebastian hält die Hand auf und lässt sich umgehend von seinem Lehrer das Smartphone zurückgeben.

„Was haben Sie denn, Herr Sonnenberg?", fragt er scheinheilig. „Immer mit der Ruhe. So unter Dampf habe ich Sie ja noch nie erlebt. Ich glaube, das Verhalten möchte ich nicht wieder haben."

Carsten fällt nichts anderes ein, als sich bei Sebastian zu entschuldigen. Er hört, wie Roman seinen Freund im Herausgehen fragt: „Was hat er denn gedacht, was du mir zeigen willst? Was Jugendgefährdendes?"

Sebastian zuckt mit den Schultern: „Ich hab keine Ahnung."

Abends zu Hause geht Carsten den Zwischenfall mit Sebastian noch einmal Schritt für Schritt durch. Der Schüler muss das scheinbare Missverständnis bewusst geplant haben, um seinen Lehrer zu blamieren. Nach dem heutigen Tag ist klar, dass Carsten in den nächsten Wochen und Monaten ein Spießrutenlaufen bevorsteht. Er stellt seinen PC an, um im Internet nach der Übersetzung des Wortes „senfortulo" zu suchen. In einem Online-Wörterbuch, das er bereits durch Anna kennt, wird er schnell fündig. Das Wort ist tatsächlich Esperanto und heißt auf Deutsch „Schlappschwanz".

Kriminalhauptkommissar Thomas Stelter streicht sich mit der Hand über sein schütteres graues Haar und atmet hörbar durch die Nase ein und aus. Er sitzt in einem Besprechungsraum des Hauptgebäudes der Polizeidirektion Hannover im 4. Stockwerk, blättert erneut die vor ihm auf dem Tisch liegenden Unterlagen durch.

„Haben wir etwas übersehen, Robert?", fragt er seinen Kollegen Kriminalhauptkommissar Robert Nolte, der auf dem Stuhl neben ihm Platz genommen hat. Seit gut einem Monat suchen sie im Rahmen der „Mordkommission Holger" den Täter, der den 24-jährigen Holger Manthei spät abends am „Tag der Deutschen Einheit" von hinten mit einem Elektroschocker niedergestreckt und anschließend mit mehreren Stichen in die Brust in seiner Wohnung im Ihme-Zentrum getötet hat.

„Wir haben unsere Ermittlungen korrekt durchgeführt und sind den zahlreichen Hinweisen, die wir erhalten haben, so weit wie möglich nachgegangen", weist Nolte die versteckte Kritik an ihrer gemeinsamen Arbeit zurück. An Hinweisen aus der Bevölkerung hat es tatsächlich nicht gemangelt. Die Polizeidirektion Hannover hat im Rahmen eines Modellversuchs das Online-Kontaktnetzwerk „facebook" für ihre Fahndung genutzt und darüber Bilder des Ermordeten ins Internet gestellt, die im Schneeballsystem innerhalb kürzester Zeit Millionen von „facebook"-Nutzern erreicht haben. Ein Vorgehen, das bei Datenschützern nicht unumstritten ist.

Es hatte sich eine junge Frau aus Linden bei der Polizei gemeldet, die mit Mantheis Foto im Internet gleich etwas anfangen konnte. Am 3. Oktober war die Zeugin gegen 22 Uhr mit der Stadtbahn nach Hause gefahren, als sich ihr Holger Manthei anzüglich grinsend gegenübergesetzt hatte. Die Zeugin war daraufhin beunruhigt aufgestanden, hatte den Platz gewechselt und aus sicherer Entfernung beobachtet, wie Manthei an der Haltestelle „Am Küchengarten" Nähe Ihme-Zentrum ausgestiegen war. Insofern ist durch die Aussage der Zeugin belegt, dass Manthei den Weg von der „Globus-Bar" zum Ihme-Zentrum unmittelbar vor seinem Tod ohne Begleitung zurückgelegt hat. Sein Mörder muss ihn also direkt vor seinem Haus oder – was am wahrscheinlichsten ist – vor seiner Wohnungstür erwartet haben. Eine Person, die gezielt eine Rechnung mit Manthei hat begleichen wollen.

„Womit hat der Ermordete den Täter so weit gebracht, dass der ihm planmäßig auflauert?", ist Stelters zentrale Frage nach dem Motiv.

„Hat er sich den Zorn einer seiner dubiosen Geschäftspartner zugezogen?", äußert Nolte. „Wir können inzwischen davon ausgehen, dass sich seine kriminellen Machenschaften nicht nur auf den Handel mit unterschiedlichen Drogen beschränkt haben. Es gibt Hinweise, dass er an Einbruchdiebstählen beteiligt gewesen ist, möglicherweise gestohlene Waren über das Internet angeboten hat."

„Gut, das Durchchecken der SIM-Karte in Mantheis Smartphone hat uns einige Spuren in dieser Richtung beschert. Telefonate mit Geschäftsleuten albanischer Herkunft, für die sich auch der Zoll und die LKA-Kollegen der Drogenfahndung interessieren."

„Die Kollegen halten sich da ja sehr bedeckt. Aber wenn ich das richtig einschätze, hoffen die, in den nächsten Wochen einen Ring von Dealern und Hehlern in Hannover auszuheben", meint Nolte.

„In dem Zusammenhang ist mir die Rolle von diesem Miguel Baraja immer noch nicht klar", bemerkt Stelter. „Kaum vorstellbar, dass er als Kumpel von Manthei nicht gewusst hat, in was für schmutzigen Geschäften der drinhängt. Bewiesen ist, dass Baraja mit Manthei zumindest noch am Abend des 2. Oktober vor der ‚Globus-Bar' kurz zusammengekommen ist. Dabei soll das gemeinsame Treffen für den 4. Oktober, das morgens in Mantheis Wohnung stattfinden sollte, vereinbart worden sein."

Nolte sieht seinen Kollegen emotionslos an: „Warum sollte Baraja seinen ehemaligen Bandkollegen und Kumpel erstechen? Über einen nennenswerten Konflikt zwischen den beiden ist uns nichts bekannt. Und warum käme er dann noch einmal am nächsten Morgen an den Tatort zurück?"

Stelters Blättern in den Ermittlungsunterlagen wirkt wie eine Verlegenheitsgeste. Er nickt: „Du hast recht. Baraja hat mit dem Mord wahrscheinlich wirklich nichts zu tun. Aber immerhin hätte er genau gewusst, wo Manthei überhaupt wohnt."

„Letztlich ist es nicht allzu schwierig, Mantheis Adresse herauszufinden. Dafür hat er schon selbst gesorgt, wenn er sich irgendwelche Nutten nach Hause bestellt hat."

Nolte spielt darauf an, dass zwei Telefonnummern auf Mantheis SIM-Karte jeweils Prostituierten zugeordnet worden sind, zu deren Service Hausbesuche zählen. Mit den beiden Frauen hat Nolte bereits gesprochen. Eine von ihnen hat Manthei als sehr fordernden und unberechenbaren Kunden beschrieben, der auf sie sehr gewaltbereit gewirkt hat. Kein Wunder also, wenn sich die Lehrerin Anna Sonnenberg von Manthei in der „Globus-Bar" schnell hat in Angst versetzen lassen.

Die Polizei hat inzwischen einige von Mantheis Drogenkunden ermittelt. Aus der Befragung dieses Personenkreises weiß Stelter, dass Manthei immer gerne mit einem Klappmesser herumgespielt hat. So ein Messer ist beim Kampf mit Bernd Kramer vor der „Globus-Bar" in den Gulli gefallen. Manthei ist mit einem Messer in seiner Wohnung erstochen worden, aber die Tatwaffe hat die Polizei bisher nicht gefunden. Viel mehr, insbesondere über mögliche Komplizen von Manthei, haben die ehemaligen Kunden des Drogendealers insgesamt nicht preisgegeben. Der Ort, an dem Manthei seine Drogen aufbewahrt hat, ist der Polizei ebenfalls noch nicht bekannt.

Der Drogenhandel und der Verkauf gestohlener Ware muss sich für Manthei gelohnt haben. Allerdings hat er bei riskanten Wetteinsätzen wiederum einiges an Geld verloren.

„Die Aussage dieses Malik Reza geht mir durch den Kopf", teilt Stelter mit. Dabei handelt es sich um einen Bewohner eines der Hochhäuser im Ihme-Zentrum. Reza, der Manthei kennt, hat am 2. Oktober gegen 23 Uhr seinen Pitbull ausgeführt und ist dabei wohl leicht angetrunken gewesen.

Er will beobachtet haben, dass Manthei im Ihme-Zentrum auf dem Weg nach Hause von einem Mann verfolgt worden ist. Das wäre einen Tag vor der Ermordung des Drogendealers gewesen. Reza hat den Verfolger im Dunkeln nicht richtig erkannt. Nach seiner ungenauen Beschreibung soll der Mann von „normaler Größe" gewesen und Fanschal und -mütze von Hannover 96 getragen haben.

„Reza hat ausgesagt, dass er noch mit seinem Hund auf den vermeintlichen Verfolger zugegangen ist. Der Mann hätte sich aber schnell aus dem Staub gemacht", führt Stelter seinen Gedanken weiter aus. „Leider hat Reza damals nicht mehr mit Manthei gesprochen, der schon in seinem Haus verschwunden war. Vielleicht ist die Geschichte mit dem ‚96'-Fan, der Manthei angeblich gefolgt ist, nur ein Zufall. Aber vielleicht ist der unbekannte Mann sogar der Täter, der sein Opfer verfolgt hat."

„Und der durch Reza und seinen Pitbull zunächst verscheucht worden ist, es dann aber noch einmal am nächsten Tag versucht hat?", spinnt Nolte Stelters Überlegung zu Ende.

„Genau das meine ich", stimmt Stelter zu. „Aber derzeit sind das alles wirklich nur äußerst vage Vermutungen."

Er packt die Unterlagen zusammen, dabei fällt sein Blick auf die Aussagen von Anna Sonnenberg und Bernd Kramer. Merkwürdig, denkt sich Stelter, zwischendurch habe ich immer wieder das Gefühl, dass wir Mantheis Mörder im Umfeld des Hermann-Hesse-Gymnasiums suchen müssten.

Dudek sep / Siebenundzwanzig

Gestern Abend nach dem Volkshochschulkurs hat mir Anna von einem angeblichen Zwischenfall zwischen ihrem Mann und Sebastian Rokahr erzählt. Anna hat im Hermann-Hesse-Gymnasium ein Gespräch zweier Schüler über diesen Vorfall mitbekommen. Carsten Sonnenberg soll Sebastian in aggressiver Weise ein Smartphone aus der Hand gerissen, sich anschließend aber dafür entschuldigt haben. Da scheint sich zwischen den beiden Kontrahenten eine angespannte Atmosphäre aufgebaut zu haben, wozu auch die Bemerkung des Schülers zu Sonnenberg passt, dass „nur ein toter Lehrer ein guter Lehrer" wäre.

An diesem Vormittag – es ist der 9. November – halte ich in der Aula des Hermann-Hesse-Gymnasiums meine jahrgangsübergreifende Info-Veranstaltung ab über die schädlichen Folgen vermehrten Alkoholkonsums. Horden von Schülern und ihre Lehrer füllen die Sitzreihen der Aula. Ein kritisches Publikum, das ich durch Fallgeschichten, Bilder, Tabellen und kurze Filmchen für das Thema zu gewinnen versuche. Einige Schläfer gibt es immer, aber der Großteil der Schüler hört (hoffentlich interessiert) zu. Ich komme sogar mehrfach mit verschiedenen Schülern in einen anregenden Dialog. Am Ende der Veranstaltung kommt Schulleiter Neuber zu mir auf die Bühne der Aula und dankt mir mit freundlichen Worten. Dann ist Schluss, es wird geklatscht und Schüler und Lehrer strömen aus dem Saal in die große Pause. Ich verabschiede mich von Neuber und halte nach Anna und Bernd Ausschau, die wohl schon wieder draußen sind.

Als ich die Aula verlasse, komme ich direkt in den Seitenbereich des Forums, von wo die Eingänge zum Lehrerzimmer und dem Büro von Neuber abgehen. Im Mittelteil des Forums stehen zahlreiche Schüler, die nach zwei Stunden des Zuhörens ein vermehrtes Redebedürfnis haben. Wo ist Anna? Ich bahne mir einen Weg durch die Schüler Richtung Hausmeisterloge, wo ich Sebastian Rokahr entdecke, der dort mit einem Lehrer spricht. Es ist Carsten Sonnenberg, den mir Anna auf einem Foto gezeigt hat. Sebastian und Sonnenberg sind in meiner Info-Veranstaltung gewesen. Eine gewisse Neugier treibt mich in die Nähe der beiden.

Ich bekomme gerade noch mit, wie Sebastian zu Sonnenberg sagt: „... auch für Sie wichtig. Wenn man unter Druck steht, ist man besonders gefährdet, wie wir eben gehört haben."

Sebastian macht dabei große Gesten mit der rechten Hand, die mir gegenüber seinem Lehrer völlig unangemessen erscheinen.

Aber offenbar braucht Sebastian dieses Getue für sein eigenes Selbstwertgefühl. So aufgesetzt großspurig hat der Schüler auf mich auch damals auf der Polizeiwache gewirkt. Sonnenberg murmelt etwas Unverständliches und verlässt das Forum. Es reizt mich, Sebastian anzusprechen:

„Hallo Sebastian, du scheinst besorgt um deinen Lehrer zu sein?!"

„Er hat eine schwere Trennung hinter sich und könnte wohl Unterstützung gebrauchen", gibt Sebastian vermeintlich gönnerhaft von sich.

„Brauchst du auch Unterstützung?", höre ich mich fragen, wobei ich mir nicht sicher bin, ob ich dabei sachlich oder provokant rüberkomme.

Offenbar provokant, denn Sebastian äußert: „Also den Psycho-Kram, den Sie zu bieten haben, brauche ich bestimmt nicht."

Und ich spüre Sebastians Ärger, als er plötzlich beginnt, mich auf Esperanto anzusprechen: „Mi ne volas interparoli kun vi, ĉar vi ne havas mian nivelon. Mi malamegas kuracistetojn kiel vi!"

Er will mir zeigen, dass er etwas beherrscht, bei dem ich nicht mithalten kann. Natürlich geht er davon aus, dass ich kein Wort seiner Beleidigungen verstehe. Aber er hat sich getäuscht. Anna sei Dank! Ich habe herausgehört, dass er sich nicht mit mir unterhalten will, weil ich angeblich nicht sein Niveau habe. Und dass er Ärzte wie mich hasst.

„Atenton, knabo mia!", antworte ich, was so viel heißt wie „Pass auf, mein Junge!"

Gar nicht so einfach für mich, spontan die richtigen Worte auf Esperanto zu finden. Aber Sebastian ist merklich beeindruckt. Er verstummt postwendend.

Dudek ok / Achtundzwanzig

Sonntag, 27. November 2011. Anna Sonnenberg ist mit dem Verlauf dieses Wochenendes mehr als zufrieden. Die letzte Nacht hat sie zusammen mit Mark Seifert in dessen Wohnung im Zooviertel verbracht. Dabei ist Anna deutlich geworden, dass auch ein Psychiater großes Interesse an anatomischen Studien am weiblichen Objekt haben kann. Mark verfügt über eine außergewöhnliche Entdeckermentalität, die Anna in dieser Nacht sehr genossen hat. Am Sonntagnachmittag haben sie bei Temperaturen um 12 Grad den Hannoverschen Weihnachtsmarkt besucht, der vor vier Tagen eröffnet worden ist. Anna hat besonders das historische Weihnachtsdorf am Leineufer gefallen. Danach sind sie noch im türkischen Restaurant „Kreuzklappe" in der Nähe des Ballhof-Theaters essen gegangen.

Ein harmonisches Wochenende, an dem es für Anna viel zu lachen gab. Mark hat sie abends nach Hause gebracht.

Jetzt sitzt Anna allein in ihrer Wohnung vor dem PC, Zeit für eine E-Mail an Elka. Anna hat den gesamten Mailverkehr mit ihrer kroatischen Bekannten gespeichert. Schon interessant, was sie sich in den letzten Monaten alles geschrieben haben. Anna hat sich Ende Oktober dazu entschlossen, die Beziehung zu Mark in ihren Mails an Elka auszusparen. Grundsätzlich will sie an dem Entschluss weiter festhalten, aber eine Andeutung über das wunderschöne Wochenende mit Mark kann sie sich dennoch nicht verkneifen, als sie Elka schreibt:

„Ich habe schon vor einiger Zeit einen Mann kennengelernt, der meine Begeisterung für Esperanto teilt. Daraus könnte sich noch etwas Ernsthaftes entwickeln."

Dienstag, 29. November 2011. Frank Müller, dem Hausmeister des Hermann-Hesse-Gymnasiums, fällt der Gang zur Polizei nicht einfach. Er ist ins Hauptgebäude der Polizeidirektion Hannover zu einer Gegenüberstellung gebeten worden. Vor Kurzem hat die Polizei einen Mann festgenommen, der möglicherweise auch für den Überfall auf Frank in der öffentlichen Toilette im September verantwortlich ist.

Der Festgenommene ist ein Drogenabhängiger spanischer Abstammung, der auf einem Parkplatz in Hannover versucht hat, einen jungen Mann zu berauben. Dazu hat der maskierte Täter sein Opfer mit einem Messer bedroht, ist aber vom beherzten Freund des Opfers von hinten überwältigt worden.

Frank hat damals das Gesicht des Angreifers nicht zu sehen bekommen, aber Statur und Sprache könnten mit demjenigen des festgenommenen Täters übereinstimmen. Über einen weiteren Überfall nach gleichem Muster hatte der Hausmeister im Oktober in den „Hannoverschen Nachrichten" gelesen.

Frank gelangt bei der Polizei zu der Hoffnung, dass damit das an ihm verübte Verbrechen mit großer Wahrscheinlichkeit aufgeklärt ist.

Der Verdacht, dass der Drogenabhängige den Dealer Holger Manthei erstochen haben könnte, bestätigt sich nicht.

Am Abend des 3. Oktober, zur Tatzeit des Mordes, war der jetzt Festgenommene nach einer Schlägerei vorübergehend in einem Krankenhaus aufgenommen worden.

Sonntag, 4. Dezember 2011, nachmittags. Sebastian Rokahr schlendert durch die fast menschenleere Straße in Linden. Ein trüber Tag, aber immerhin sind noch acht Grad.

Ohne ein Anzeichen von Hektik biegt der Schüler in einen Hofeingang ein, wo er auf einen mittelgroßen Mann südeuropäischer Herkunft trifft. Es werden einige Worte gewechselt. Dann erhält Sebastian für sein Geld ein kleines Päckchen. Der Handel läuft schnell und mit großer Selbstverständlichkeit ab.

„Ist 'n echter Freundschaftspreis", zischt Miguel Baraja. „Ich hoffe, du weißt das zu schätzen."

Sebastian mustert sein Gegenüber beinahe geringschätzig, als er entgegnet: „Bleib mal auf'm Teppich, Schnucki. Von Freundschaftspreis kann ja wohl keine Rede sein."

Bei dem Wort „Schnucki" ist Miguel zusammengezuckt.

„Spiel dich nicht auf", äußert Miguel verärgert. „Du solltest aufpassen, wen du mit deinen Sprüchen anmachst. Sonst könnte es passieren, dass du dir noch mal mächtigen Ärger einfängst!"

Sebastian ist davon wenig beeindruckt: „Danke für die Warnung. Aber ich kann schon sehr gut auf mich aufpassen."

Und als Miguel den Hofeingang verlässt, fügt der Schüler murmelnd hinzu: „So 'n Typ mit kleinen Eiern macht mir keine Angst."

Montag, 5. Dezember 2011, Hermann-Hesse-Gymnasium. Sebastian Rokahr wartet mit den anderen Teilnehmern der Esperanto-AG vor dem Kursraum auf Anna Sonnenberg, die jeden Moment kommen wird.

Seine Zusammenkünfte mit Miguel Baraja haben Sebastians Finanzen schon zum Monatsbeginn stark belastet. Er nimmt sich vor, demnächst unbedingt bei seiner Mutter vorbeizuschauen, um sich von ihr Geld zu besorgen. Aber das dürfte kein Problem sein. Seiner Mutter hat er bereits mitgeteilt, dass er sie morgen Nachmittag besuchen wird.

Er geht auf und ab, fühlt sich innerlich merklich aufgekratzt. Sein Plan hinsichtlich Carsten Sonnenberg hat sich vollends erfüllt. Tatsächlich hat der Lehrer Irina und ihm Ende November einen konkreten Hinweis gegeben, welche Inhalte sie sich für die Vorabitur-Klausur in Erdkunde „noch einmal unbedingt anschauen" sollten. Genau diese Inhalte sind später zentrales Thema der Klausur gewesen. Seitdem zweifelt Sebastian auch nicht mehr daran, dass die mündliche Benotung von Irina und ihm zum Kursende Anfang nächsten Jahres besser als ursprünglich erwartet ausfallen wird. Allerdings sind die paar Punkte, die er dadurch mehr für sein Abiturzeugnis herausholt, nicht wirklich das Entscheidende. Sie sind höchstens so etwas wie das „Sahnehäubchen" des Plans.

Vielmehr ist es die gewaltige Selbstzufriedenheit, die Sebastian empfindet, wenn er Sonnenberg nach Belieben dirigieren kann. Sein Lehrer hat regelrecht Angst vor ihm, lässt sich von dem Schüler komplett beherrschen. Aber es ist nicht nur Sonnenberg, den Sebastian nach seinen Vorstellungen zu lenken vermag. Es ist ihm ebenfalls gelungen, Irina problemlos in sein Vorhaben einzubinden. Sebastian wird sich zunehmend seiner Großartigkeit bewusst. Als Nächstes wird er sich Anna holen. Jetzt kann er alles schaffen!

„Saluton!" ruft Anna Sonnenberg den Schülern zu, die auf dem Flur auf sie warten. Dann schließt sie den Kursraum auf.

Für den heutigen Unterricht der Esperanto-AG werden die Stühle wieder im Kreis aufgestellt. Anna hat die neueste Ausgabe von „Monato" mitgebracht, einem Nachrichtenmagazin auf Esperanto, das monatlich über Politik, Wirtschaft und Kultur berichtet, vom Konzept vergleichbar mit dem deutschsprachigen Magazin „Der Spiegel". Sie lässt einen politischen Artikel abschnittsweise von mehreren Schülern vorlesen, wobei ihr auffällt, dass Sebastian unruhig auf seinem Stuhl hin- und herrutscht. Mehrfach fällt er den Vorlesenden mit witzig gemeinten Bemerkungen ins Wort.

„Könntest du dich bitte etwas zurückhalten, Sebastian?!", interveniert Anna, der das Verhalten ihres Schülers ungewöhnlich vorkommt.

„Ich werde meine Energie für Sie aufsparen", antwortet Sebastian.

„Wenn du deine Energie für den heutigen Unterricht aufsparst, reicht mir das völlig aus", ist Annas Reaktion.

„Die schönste Frau hat es verdient, nicht weniger als alles zu bekommen!", verkündet Sebastian.

„Kann's jetzt weitergehen?", fragt Anna mit Blick auf Sebastian, der sich auf seinem Stuhl zurücklehnt und mit dem Kopf nickt.

„Nur zu. Ich warte seit Monaten mit Spannung darauf, wie es mit uns weitergeht. Aber das Beste kommt bekanntlich immer zum Schluss." Dabei grinst er sie vielsagend an.

Nach einer kurzen Diskussion über den Artikel aus dem Nachrichtenmagazin entschließt sich Anna, den

Bewegungsdrang von Sebastian konstruktiv in den Unterricht einzubauen. Sie erinnert an das Kapitel des Fantasy-Romans „La mastro de l' ringoj – Dèr Herr der Ringe", welches die AG letzte Woche gelesen hat. Die Schüler sollen aufstehen, sich jeweils zu zweit im Raum verteilen. Jeder Schüler übernimmt die Rolle einer Figur aus dem Roman und tritt mit seinem Gegenüber in einen Dialog auf Esperanto.

Sebastian liefert sich ein Wortgefecht mit einem Mitschüler. Dann beendet er den Dialog abrupt und geht auf Anna zu.

„Schönste aller Elfen, als erfahrener Kämpfer bin ich bereit zum letzten Gefecht", äußert Sebastian, senkt den Kopf und macht mit dem rechten Arm eine altertümliche Begrüßungsgeste.

„Die schönste aller Elfen spielt heute leider nicht mit", sagt Anna, die sich auf das Spiel mit ihrem Schüler nicht einlassen will.

„Das sollten Sie aber tun. Ich bekomme am Schluss sowieso immer was ich will." Sebastian wendet sich wieder seinem Mitschüler zu, um den abgebrochenen Dialog mit ihm fortzusetzen.

Anna schüttelt innerlich den Kopf. Sebastians Selbstwerterleben scheint momentan etwas aufgeblasen zu sein, wodurch er noch überheblicher und distanzloser als sonst wirkt.

Die Esperanto-AG endet damit, dass alle Teilnehmer kurz ihre Wünsche für die nächsten Unterrichtsstunden benennen.

Die Schüler und Anna verlassen den Raum, den die Lehrerin hinter sich abschließt. Danach geht Anna ins Lehrerzimmer, holt dort ihren Mantel und begibt sich zur Hausmeisterloge. Hier ist sie mit Bernd Kramer verabredet, der jedoch noch nicht zu sehen ist.

„Hallo Anna", wird sie von Frank Müller begrüßt. „Du siehst erschöpft aus."

„War heute etwas anstrengend in der Esperanto-AG. Ich warte hier noch auf Bernd Kramer."

„Ist gut", sagt Frank und zieht sich wieder in die Hausmeisterloge zurück.

Anna geht einige Schritte in die Mitte des Forums, in dem sich außer ihr derzeit niemand aufhält. Dabei sieht sie auf ihre Armbanduhr. Bernd müsste bald kommen.

Aber es ist nicht Bernd, der als Nächstes im Forum erscheint, sondern Sebastian.

Anna hat das Bedürfnis, den Schüler auf sein Verhalten von eben anzusprechen.

„Sag mal, was war da in der Esperanto-AG mit dir los?"

„Was soll schon mit mir los gewesen sein!?"

„Du weißt genau, was ich meine. Du warst richtig aufgedreht. Und deine Äußerungen mir gegenüber waren auch nicht in einer Art, wie ein Schüler mit seiner Lehrerin sprechen sollte."

Sebastian tritt so dicht an Anna heran, dass sie seine Nähe als unangenehm empfindet.

„Das hast du richtig erkannt", verkündet Sebastian, der seine Lehrerin erstmals duzt. „Für mich ist das schon lange mehr als die übliche Schüler-Lehrer-Beziehung."

Anna weicht einen Schritt zurück.

„Was geht da nur in deinem Kopf vor!?", sagt sie ungläubig. „Ich glaube, wir müssen da ganz schnell etwas klarstellen!"

Sebastian geht einen Schritt auf sie zu: „Das denke ich auch, dass jetzt der richtige Zeitpunkt ist, alles klar zu benennen. Endlich bist du frei für mich!"

„Hör auf, Sebastian!", versucht Anna ihren Schüler wieder auf den Boden der Tatsachen zurückzuholen.

„Du bist halt meine Traumfrau, Anna!", stößt Sebastian hervor und greift seiner Lehrerin unvermittelt an die Brust. Anna ist völlig überrascht und kann nicht verhindern, dass der Schüler mehrfach mit kreisenden Bewegungen über ihre Brust streicht.

Dann überwiegt die Wut über dieses unfassbare Verhalten.

„Es reicht! Jetzt kannst du echt was erleben!", schnaubt Anna und gibt Sebastian eine schallende Ohrfeige, worauf dieser augenblicklich von seiner Lehrerin ablässt.

„Anna, kann ich dir helfen?", ruft Frank Müller, der im Eingang seiner Hausmeisterloge aufgetaucht ist.

Bewegungslos starrt Sebastian mit einer Mischung aus Unverständnis und Verärgerung auf Anna, dann dreht er den Kopf zum Hausmeister.

In diesem Moment taucht Bernd Kramer, der aus Richtung der Sporthalle kommt, im zweiten Eingang zum Forum auf. Erstaunt blickt er auf Anna und Sebastian. Der Schüler wendet sich plötzlich von Anna ab, geht wortlos an Frank vorbei und verlässt über den Ausgang neben der Hausmeisterloge das Forum.

Bernd nähert sich schnellen Schrittes der noch fassungslosen Anna.

„Was war denn hier los?", fragt er seine Kollegin.

Es antwortet jedoch Frank, der ebenfalls zu Anna und Bernd geeilt ist: „Der Schüler … er hat Anna an die Brust gefasst."

Anna Sonnenberg ist nach dem Vorfall mit Sebastian in der Schule regelrecht schockiert. Der sexuelle Übergriff des Schülers kam für sie ganz unerwartet. Sebastian ist immer eine schillernde extrovertierte Persönlichkeit gewesen, zu Lehrern bisweilen vorlaut und anmaßend. Aber dass Sebastian so weit gehen würde, ist für Anna unfassbar. Seine anzüglichen Bemerkungen, die er ihr gegenüber in der Esperanto-AG öfters hat fallen lassen, hat Anna bisher als harmlose verbale Spielerei verbucht.

Insofern ist die Fremdsprachenlehrerin heute nicht in der Verfassung, abends die „Lunda Rondo", das Montagstreffen der Esperanto-Sprecher im „Café Extrakt", zu besuchen. Bernd Kramer kümmert sich um Anna, fährt sie mit seinem Wagen vom Hermann-Hesse-Gymnasium zu ihrer Wohnung in der Erderstraße.

Auf der Fahrt ist natürlich der aktuelle Vorfall in der Schule ihr Gesprächsthema. Bernd als Sebastians Tutor ist ebenfalls sehr bestürzt über das Verhalten des Schülers. Sie erreichen die Erderstraße, wo Bernd ausnahmsweise sofort einen Parkplatz findet. Zu dieser Tageszeit ist es bereits dunkel. Lichterketten in den Fenstern verbreiten eine vorweihnachtliche Atmosphäre. Bernd begleitet Anna zur Haustür, bietet seiner Kollegin mehrfach an, noch mit zu ihr in die Wohnung zu kommen, damit sie nicht allein ist.

„Das ist lieb von dir, Bernd. Aber ich krieg das schon hin", sagt Anna. „Ich muss jetzt erst einmal allein ein wenig zur Ruhe kommen, um Abstand zu gewinnen."

„Bist du sicher?", ist Bernds besorgte Nachfrage.

„Ja, völlig sicher. Und wenn ich noch jemanden zum Reden brauche, dann ruf ich dich an."

Bernd nimmt Anna in den Arm. Es ist angenehm für sie zu spüren, dass Bernd ihr Wohlbefinden wirklich am Herzen liegt. Er ist schon ein Kollege, auf den sie sich immer verlassen kann.

„Mach's gut, Anna. Ich denk an dich!" Bernd winkt ihr zu, steigt in seinen Wagen und fährt los.

Anna betritt ihre Wohnung, hängt ihren Mantel an die Garderobe und lässt sich im Wohnzimmer auf ihr Sofa fallen. Gedanken kreisen durch ihren Kopf. Wie soll sie auf den Vorfall reagieren? Sebastian wegen sexueller Belästigung anzeigen? Frank Müller kann bezeugen, was passiert ist, sodass sich Sebastian auch nicht herausreden könnte. Der Vorfall wäre schwerwiegend genug, dass Sebastian von der Schule verwiesen würde. Mit Bernd hat Anna bereits im Auto ausgiebig über den Fall gesprochen. Bernd, der sich meistens zum Anwalt seiner Schüler macht, ist sehr aufgebracht gewesen und hat diesmal die Auffassung vertreten, dass Sebastian klare Grenzen gesetzt werden müssten. Anna würde jetzt gerne mit Mark Seifert über die ganze Angelegenheit sprechen. Auf seiner Festnetznummer ist Mark telefonisch nicht zu erreichen. Als sie seine Handynummer wählt, springt sofort die Mailbox an. Das hilft ihr nicht weiter. Auf die Mailbox will sie nicht sprechen. Anna fällt ein, dass Mark ihr erzählt hatte, dass er sich heute Abend mit einem Arbeitskollegen trifft, um mit ihm gemeinsam ins Theater zu gehen. Wahrscheinlich hat Mark deswegen sein Handy frühzeitig ausgeschaltet.

Da kommt Anna Elka in den Sinn. In der Vergangenheit hat es Anna als überaus hilfreich erlebt, ihre Gedanken in einer Mail zusammenzufassen und an die Ehefrau und zweifache Mutter in Kroatien zu senden. Gerade Elkas zurückhaltende Art als Ausdruck von Besonnenheit ist sehr wohltuend.

Anna setzt sich an ihren PC und berichtet Elka von Sebastians übergriffigem Verhalten, welches sie sehr belasten würde.

262

„Ich weiß nicht, wie ich damit umgehen soll", schreibt sie in ihrer Mail. „Carsten hat früher häufiger gesagt, dieser Schüler wäre ein ,verwöhnter Unternehmersohn' (seinem Vater gehört das Autohaus Rokahr in Hannover!), der immer größer werdende Forderungen an seine Umgebung stellt. Mein Kollege Bernd meint, dass Sebastian jetzt klare Grenzen gesetzt werden müssten. Auch Sebastians Vater hatte schon vor zwei Jahren in der Schule den Wunsch geäußert, dass die Lehrer seinen Sohn konsequent begrenzen."

Elkas Antwortmail erreicht Anna einige Stunden später, kurz bevor Anna schlafen geht:

„Ich rate dir, zunächst abzuwarten. Am wichtigsten ist es, dass du nach diesem belastenden Erlebnis in erster Linie etwas für dich tust und zur Ruhe kommst."

Anna begrüßt ihren Entschluss, sich mit Elka über die schwierige Situation ausgetauscht zu haben.

Dudek naŭ / Neunundzwanzig

Dienstag, 6. Dezember 2011. Der Tag beginnt mit schlechtem Wetter – kühl, bewölkt und regnerisch. Sebastian Rokahr hat seine Wohnung morgens nicht verlassen. Ganz bewusst hat er sich dagegen entschieden, zur Schule zu gehen. Es kommt ihm so vor, als wenn er von einer Sekunde zur nächsten von ganz oben nach ganz unten abgestürzt wäre. Was für eine Ironie des Schicksals! Da ist es ihm gelungen, Carsten Sonnenberg durch dessen übergriffiges Verhalten in eine Situation zu manövrieren, in der der Lehrer aus Angst um seine berufliche Existenz vollständig nach Sebastians Pfeife tanzt. Und plötzlich steht Sebastian ebenfalls als jemand da, der sich durch die sexuelle Belästigung einer Lehrerin in die gefährliche Lage gebracht hat, wahrscheinlich aus der Schule katapultiert zu werden. Damit teilt er auf gewisse Weise das Los von Sonnenberg. Es macht ihn wütend und hilflos zugleich. Gestern Abend hat er sich komplett mit Alkohol zugeschüttet. Am liebsten würde er sofort zu einem erneuten Cocktail aus Alkohol und Pillen greifen, um einfach nur abzuschalten.

Aber ihm wird deutlich, dass seine einzige Möglichkeit, das Ruder herumzureißen, darin besteht, wenn er noch heute umgehend handelt. Und dafür benötigt er einen klaren Kopf. Anna ist ihm immer gut gesonnen gewesen. Da muss so etwas wie Sympathie zwischen ihnen eine Rolle gespielt haben. Schließlich hat er sich auf seine Menschenkenntnis stets verlassen können. Sein körperlicher Annäherungsversuch ist einfach zu früh gekommen. Durch seine Enthemmung hat er sich in diese vernichtende Situation gebracht. Über den Grund für die Enthemmung ist er sich nur zu gut im Klaren. Zu dumm, dass der Hausmeister Augenzeuge gewesen ist. Wenn es ihm gelingt, sich bei Anna zu entschuldigen, sodass sie den gestrigen Vorfall einfach auf sich beruhen lässt, wäre das die Rettung. Natürlich bekäme er auf jeden Fall noch Stress mit Bernd Kramer, der sich ihn gewaltig vorknöpfen würde. Bernd kann in solchen Dingen sehr ungemütlich werden, aber schließlich würde Sebastian die Strafrede seines Tutors schon durchstehen. Wichtig ist zunächst, dass weder Neuber informiert noch eine Strafanzeige bei der Polizei gestellt wird.

Es ist schon Mittag. Sebastian entschließt sich, noch in die Schule zu fahren. Vielleicht hat er Glück!

Zur Mittagspause trifft er im Hermann-Hesse-Gymnasium ein. Im Forum kommt ihm Roman Janowski entgegen, der auf dem Weg nach draußen ist, um vor der Schule zu rauchen.

„Wo kommst du denn her?", begrüßt er Sebastian.

„Ich war den Morgen zu Hause, hab mich scheiße gefühlt."

„Und jetzt geht's dir besser?", grinst Roman.

„Kommt drauf an. Hast du heute schon Frau Sonnenberg geseh'n?"

„Ne. Ist aber auch kein Wunder. Die soll krank sein und ist heute nicht gekommen."

Damit hat Sebastian nicht gerechnet. Er will mit Anna über alles sprechen, aber er kennt weder ihre neue Adresse noch ihre neue Telefonnummer. Beides könnte er natürlich irgendwie herausbekommen. Aber wahrscheinlich würde Anna ihn nach dem gestrigen Vorfall nicht zu Hause empfangen. Sollte er zu Bernd Kramer gehen, ihm sagen, dass er sich entschuldigen möchte und ihn um Annas Telefonnummer bitten? Bernd würde Annas Nummer sicherlich nicht herausgeben. Es bleibt ihm wohl nichts anderes übrig, als das Ganze zumindest um einen Tag zu verschieben. Oder sollte er heute trotzdem noch Kontakt mit Bernd aufnehmen, um ihn auf seine Seite zu ziehen? Allerdings hat er nicht wirklich Lust darauf, sich gleich von einem verärgerten Bernd zusammenstauchen zu lassen. Sebastian ist unentschlossen, was er machen soll.

„Hast du Bock, heute Abend was zu unternehmen?", unterbricht Roman mit seiner Frage Sebastians Gedanken.

„Nein. Ich bleib zu Hause. Bin momentan etwas ausgepowert. Werd mir heute Abend auf ‚sky' das Champions-League-Spiel angucken."

Noch immer überlegt Sebastian, ob er Bernd aufsuchen soll oder nicht. Als er Frank Müller bemerkt, der ihn sprachlos anstarrt, ist seine Entscheidung gefallen. Mit dem Hausmeister verbindet Sebastian die schmerzliche Erinnerung an gestern Nachmittag.

„Mir geht's doch noch nicht so gut. Ich hau wieder ab nach Hause", verkündet Sebastian und verlässt das Schulgelände. Roman, der ihn einige Schritte begleitet hat, schaut ihm irritiert hinterher.

Gut, dass Roman noch nichts weiß, denkt sich Sebastian. Der Zwischenfall mit Anna Sonnenberg scheint sich nicht herumgesprochen zu haben.

Mit Stadtbahn und Bus macht sich Sebastian auf den Weg in den Hannoverschen Stadtteil Wettbergen. Er will seiner Mutter einen Besuch abstatten, weil er Geld braucht. Sein Vater ist um diese Zeit sicherlich noch im Autohaus.

Am frühen Nachmittag steht er vor der Tür seines Elternhauses. Im Gegensatz zu seiner älteren Schwester Rieke, die schon vor zwei Jahren nach einem Streit mit ihrem Vater ausgezogen ist, besitzt er noch einen Schlüssel für das Haus seiner Eltern. Seinen Besuch hat Sebastian schon gestern telefonisch angekündigt.

Er schließt die Tür auf und betritt das ihm wohlvertraute Haus, das ihm trotz seiner Größe bedrückend vorkommt.

„Hallo Mama, hier bin ich!", ruft er in den 1. Stock, von wo er Geräusche wahrgenommen hat. Seine Mutter, Elisabeth Rokahr, muss sich in einem der oberen Zimmer aufhalten.

„Sebastian, du bist schon da?!", sagt Elisabeth und kommt die Treppe herunter.

„Ja, heute Nachmittag sind zwei Stunden Unterricht für mich ausgefallen."

„Schön, dass du gekommen bist. Papa ist nicht da, der muss geschäftlich nach Süddeutschland."

Sebastian merkt, dass seine Mutter ihn zur Begrüßung umarmen möchte, sich aber zurückhält. Sie weiß, dass es ihrem Sohn unangenehm ist, wenn sie das macht.

Elisabeth bittet Sebastian, mit ihr ins Wohnzimmer zu kommen. Dort lässt sich Sebastian auf einen der großen Sessel fallen.

„Ich hab noch eine kleine Überraschung zum Nikolaus für dich", teilt ihm seine Mutter mit. Aus der Küche holt sie ein Körbchen mit Süßigkeiten, das sie Sebastian aushändigt.

„Ja, schön", sagt er ohne nennenswerte Begeisterung und stellt das Körbchen auf dem Glastisch ab. Er hasst es, wenn seine Mutter ihn noch wie einen kleinen Jungen behandelt.

„Ich brauche dringend Geld", kommt er gleich zur Sache. „Kannst du mir 200 Euro geben?"

Dabei blickt er Elisabeth, die sich zu ihm auf einen der Sessel gesetzt hat, auffordernd an.

„Du weißt doch, dass Papa nicht mehr möchte, dass ich dir zwischendurch Geld gebe", sagt Elisabeth in bedrücktem Tonfall.

„Ich hatte am Monatsanfang ungeplante Ausgaben. Ich brauch das Geld", setzt er unbeirrt nach.

„Ich kann dir 50 Euro geben", bietet sie kleinlaut an.

„50 Euro helfen mir überhaupt nicht. Sei doch nicht so hart, ich bin schließlich dein Sohn."

Elisabeth scheint innerlich mit sich zu kämpfen.

„Ausnahmsweise 100 Euro. Aber du darfst Papa nichts davon sagen."

„Das reicht nicht. Außerdem ist bald Weihnachten. Gib mir 'nen Vorschuss. Oder kannst du verantworten, wenn ich mir nicht mal mehr was zum Essen kaufen kann?"

Elisabeth ringt kurz mit sich, dann steht sie auf und geht in den Flur. Sebastian weiß, dass sie dort das Portemonnaie in ihrer Jackentasche hat. Mit 150 Euro in der Hand kommt sie ins Wohnzimmer zurück. Sie gibt Sebastian die Geldscheine, wirkt beinahe schuldbewusst, als sie zu ihm sagt: „Mehr Bargeld hab ich nicht im Haus. Das ist alles, was ich dir geben kann."

Sebastian steckt die Scheine ein. Er ist verärgert, dass seine Mutter ihm nicht die volle Summe gibt. Natürlich hat sie noch mehr Bargeld im Haus. Andererseits würde es darauf hinauslaufen, dass sich ihr depressives Gejaule merklich verstärkt, wenn er die restlichen 50 Euro einfordert. Und er kann ihre depressive Art einfach nicht mehr ertragen. Ihm wird auf einmal klar, dass ihn dieses fürchterliche unterwürfige Verhalten seiner Mutter total an Carsten Sonnenberg erinnert. Mit dem Unterschied, dass sich Sebastian gegenüber seiner Mutter eine gewisse „Beißhemmung" auferlegt hat, die zum Glück in Bezug auf seinen Lehrer nicht existiert.

„Du machst einen mitgenommenen Eindruck. Ist in der Schule alles in Ordnung?", möchte seine Mutter wissen.

Sebastian antwortet ausweichend, was Elisabeths Sorge weckt: „Wenn du Probleme hast, kannst du jederzeit mit uns reden. Papa wird dich in allen Angelegenheiten sofort unterstützen. … Genau wie ich hält er dich für einen überdurchschnittlich begabten Schüler."

„Wenn Papa überhaupt mal dagewesen und mit mir gesprochen hätte", wehrt Sebastian Elisabeths Versuch ab, die Beziehung zwischen Vater und Sohn zu beschönigen.

„Papa ist genau wie mir wichtig, dass du dein Abitur schaffst und aus dir beruflich was wird."

„Mein Abitur ist überhaupt nicht in Gefahr", äußert Sebastian in einem Ton, der unterstreicht, dass er das Thema nicht weiter fortsetzen möchte. Was ihn wirklich bewegt, kann er mit seinen Eltern sowieso nicht besprechen.

Sebastian teilt mit, dass er jetzt gehen will. Darauf, dass seine Mutter ihm noch Wäsche bügelt, will er nicht warten.

„Dann bring ich dir morgen die gebügelte Wäsche in deiner Wohnung vorbei. Ist das in Ordnung?"

„Ja, das ist okay. Komm am besten morgen Vormittag, wenn ich in der Schule bin und leg die Wäsche auf den Tisch im Wohnzimmer."

Sebastian ist froh, als er sein Elternhaus wieder verlässt. Er kann die Art seiner Mutter schwer ertragen. Das Körbchen mit den Süßigkeiten hat er nicht mitgenommen. Soll seine Mutter ruhig merken, dass er das einfach nicht mehr will.

Auf der Fahrt von Wettbergen nach Linden versucht Sebastian, Irina auf ihrem Handy anzurufen. Als er sie nicht erreicht, schickt er ihr eine SMS: „Kannst du zu mir kommen? Brauche dich."

Es wäre nicht schlecht, sich von Irina auf andere Gedanken bringen zu lassen. Natürlich würde er ihr nicht erzählen, was mit Anna schiefgelaufen ist.

Irina antwortet eine halbe Stunde später per SMS, dass sie mit „A" zusammen wäre und noch nicht wisse, ob sie kommen könne. Sebastian geht davon aus, dass Irina mit „A" ihren Bruder Alexej meint, weshalb sie wohl gerade nicht telefonieren kann. Möglicherweise befürchtet sie Stress mit ihrer Familie, wenn sie sich abends mit Sebastian trifft.

Sebastian ist inzwischen in seiner Wohnung und nimmt sich vor, den Abend so zu verbringen, wie er es Roman mitgeteilt hat. Er wird sich nachher auf „sky" das Champions-League-Spiel zwischen Borussia Dortmund und Olympique Marseille ansehen. Das Fußballspiel beginnt um 20:45 Uhr.

Momentan hat er keine Ahnung, wie es morgen weitergehen wird. Wenn Anna ihn anzeigt, hat er ganz schlechte Karten. Dann hat er auf allen Ebenen verloren. Aber sollte er den vorzeitigen Abgang vom Hermann-Hesse-Gymnasium machen müssen, wird es ein grandioser Abgang sein, bei dem Sebastian bestimmt noch jemanden bei seinem Absturz in die Tiefe mitreißt. Und die Person, die ihn auf seinem Weg nach unten begleitet, wird Carsten Sonnenberg sein.

Sebastian hat eine Idee, welches „Abschiedsgeschenk" er für Anna hat, wenn diese tatsächlich die angebotene Beziehung zu ihm verschmäht und ihn fallen lässt. In diesem Fall wird er ihr eine DVD mit dem Video von ihrem Mann und Irina schicken. Dann kann sie sehen, wie sie damit umgeht, dass ihr Mann ein Schwein ist, der sich an minderjährigen Schülerinnen vergreift. Anna wird den Absturz ihres eigenen Noch-Ehemannes in die Wege leiten müssen. Und sollte sie das nicht tun, wird Sebastian das für sie übernehmen und noch eine DVD an Schulleiter Neuber schicken. Oder den Videofilm im Internet veröffentlichen. Dass Irina damit nicht einverstanden ist, wäre Sebastian völlig egal. Bei effektiven Vergeltungsschlägen müssen geringwertige Kollateralschäden leider hingenommen werden.

Den Videofilm mit Sonnenberg und Irina hat Sebastian längst auf sein Notebook überspielt und zusätzlich im Internet gesichert. Auf seinem Smartphone hat er das Video inzwischen gelöscht, damit es nicht zufällig in falsche Hände gerät. Jetzt setzt er sich am Schreibtisch vor sein Notebook und kopiert den Film auf einen DVD-Rohling. Wenn sich die Lage zu seinen Ungunsten entwickelt, wird er die DVD Anna zum „Geschenk" machen. Nachdem er den DVD-Rohling mit „Anna" beschriftet hat, legt er ihn in sein Regal neben dem Schreibtisch.

Wie oft hat er sich in der Vergangenheit ausgemalt, Anna für sich gewinnen zu können. Gestern ist alles anders gekommen. Er hat mehrere Bilder von Anna auf seinem Notebook gespeichert, von denen er jetzt eins auf dem Monitor des Gerätes anstarrt. Dabei jagen ihm ganz unterschiedliche Gedanken zu seiner Lehrerin durch den Kopf. Aus der Schreibtischschublade holt er den DIN-A4-Ausdruck eines aus dem Internet heruntergeladenen Fotos, welches das Lehrerkollegium des Hermann-Hesse-Gymnasiums zeigt. Vor einigen Wochen hat er seinen Empfindungen auf dem Ausdruck freien Lauf gelassen, Anna Sonnenberg mit rotem Filzstift umkreist und „geil" danebengeschrieben, während er verächtlich Carsten Sonnenberg mit einem Kreuz weggestrichen hat. Wahrscheinlich ist das in den nächsten Tagen alles Vergangenheit. Wütend zerknüllt Sebastian den Ausdruck des Fotos und wirft ihn auf den Fußboden.

Irina ist nicht mehr gekommen. Das Fußballspiel beginnt gleich. Sebastian stellt den Fernseher an. Eine Viertelstunde nach Anpfiff des Spiels steht es immer noch 0:0. Da klingelt es an der Tür. Sebastian steht auf und drückt auf den Summer. Über eine Gegensprechanlage verfügt das Wohnhaus nicht, aber das Klingeln muss von unten an der Haustür kommen. Für einen Besuch von Irina ist es eigentlich schon zu spät …

Es ist kurz vor 21 Uhr, als die Gestalt den dunklen Parkplatz neben der Integrierten Gesamtschule in Linden-Mitte verlässt. Um diese Zeit sind hier nicht mehr viele Menschen auf der Straße. Mit langsamen Schritten überquert die Gestalt die Fußgängerzone der Davenstedter Straße auf Höhe der Stadtbahnhaltestelle. Die Verkleidung ist der Jahreszeit angemessen gewählt. Ein jüngerer Mann kommt der Gestalt entgegen, guckt sie kurz an, grinst, und geht dann weiter. Es ist kalt und windig, ein ungemütliches Wetter.

Die Gestalt nähert sich dem rot verklinkerten dreistöckigen Haus, das im Erdgeschoss eine Zahnarztpraxis beherbergt. Rechts neben dem Haus ist ein Kiosk, der um diese Zeit noch geöffnet hat.

In der 2. Etage des Mietshauses wohnt Sebastian Rokahr. Die Gestalt hofft, dass sich der Schüler jetzt dort aufhält. Ein zielsicherer Druck auf den Klingelknopf neben dem Namen „Rokahr". Die Gestalt trägt ihre Waffen gut verborgen bei sich. Wenn Sebastian in seiner Wohnung ist, wird er heute Abend sterben. Es summt und die verkleidete Gestalt öffnet die Haustür.

Sebastian Rokahr guckt durch einen kleinen Spion in seiner Wohnungstür, als es erneut klingelt. Wer steht denn da vor seiner Tür? Was für eine alberne Maske! Ist das Roman, der sich einen Scherz erlaubt?

„Was willst du?", ruft er durch die Tür.

Die Antwort, die eine vorweihnachtliche Überraschung ankündigt, findet Sebastian nur mäßig originell. Der Besucher hat zwar mit verstellter Stimme gesprochen, aber trotzdem kommt sie Sebastian bekannt vor. Auf so einen Blödsinn mit der Verkleidung und dem abendlichen Besuch kann nur einer seiner Mitschüler kommen.

„Was wird das denn für 'n Scheiß?!", äußert er halb gelangweilt, halb amüsiert, während er die Wohnungstür öffnet. „Und was soll das jetzt?"

Der Angriff seines Gegenübers kommt derart überraschend, dass Sebastian es nicht mehr schafft, sich zu wehren.

Wie sie es gestern mit ihrem Sohn vereinbart hat, macht sich Elisabeth Rokahr am Morgen des 7. Dezember mit dem Wagen von Wettbergen auf den Weg zu Sebastians Wohnung in Linden-Mitte. Sie will ihm die gebügelte saubere Wäsche bringen. Wäschewaschen und Geldzuwendungen, das sind momentan ihre Berührungspunkte mit Sebastian. Auch wenn es vor seinem Auszug im April zu Hause immer wieder heftigen Streit zwischen ihnen gegeben hatte, so wäre es Elisabeth doch lieber, wenn ihr Sohn noch bei ihr wohnen würde. Die abrupte räumliche Trennung von ihrer Tochter Rieke war schon schlimm genug.

Elisabeth schafft es, nicht weit von der Wohnung ihres Sohnes einen Parkplatz in der Davenstedter Straße zu bekommen. Sie holt den Korb mit Wäsche, die sie mit einer Plastikfolie vor möglichem Regen geschützt hat, aus dem Kofferraum ihres Wagens.

Ein paar Schritte, dann steht sie vor dem Hauseingang. Elisabeth hat für Haus- und Wohnungstür einen Schlüssel. Sie betritt den Hausflur und geht die Treppen nach oben in den 2. Stock.

Vor der Wohnung ihres Sohnes stellt sie den Wäschekorb ab. Sebastian ist um diese Zeit in der Schule. Er hat gestern durchblicken lassen, dass er seine Mutter nicht unbedingt sehen möchte, wenn sie ihm die Wäsche bringt. Sie schließt auf, öffnet die Wohnungstür und setzt einen Fuß in die Wohnung. Dann erstarrt sie mitten in der Bewegung und stößt einen lauten Schrei aus. Zutiefst erschrocken sieht sie auf das grauenhafte Bild, das sich ihr mit aller Brutalität offenbart. Blutig zugerichtet liegt ihr Sohn tot in seinem Wohnzimmer.

Tridek / Dreißig

Kriminalhauptkommissar Thomas Stelter fährt langsam vom Gelände der Medizinischen Hochschule Hannover. Vor einer Viertelstunde ist er zusammen mit seiner Kollegin, Kriminaloberkommissarin Andrea Renner, im Institut für Rechtsmedizin gewesen. Dr. Lindhoff hat ihnen dort die Ergebnisse der Obduktion des ermordeten Sebastian Rokahr mitgeteilt.

Andrea, die auf dem Beifahrersitz des grauen VW Passat sitzt, blickt Stelter an. Der biegt rechts auf die Karl-Wiechert-Allee ein.

„Wohin fahren wir als Nächstes?", fragt sie ihren ungefähr 15 Jahre älteren Kollegen.

„Ins Büro. Ich will mir dieses Video angucken, das unsere Kriminaltechniker auf Sebastians Notebook entdeckt haben."

Auf der Fahrt über den Messeschnellweg zu ihrer Dienststelle geht Stelter noch einmal alle Fakten durch, die sie bisher zusammengetragen haben.

Vorgestern Abend, wahrscheinlich zwischen 21 und 22 Uhr, ist der 18-jährige Schüler in seiner Lindener Wohnung ermordet worden. Zuvor hat ihn der Täter mit einem Elektroschocker zu Fall gebracht. Sebastian sind Arme und Beine mit Klebeband gefesselt worden, am Schreien hat ihn ein Klebestreifen über seinem Mund gehindert. Der Täter hat das Opfer mit heruntergezogenen Hosen auf einem Stuhl festgebunden. Dann hat der Täter Sebastians Hoden mit dem Elektroschocker malträtiert und dem Schüler mit einem Messer in den rechten Arm gestochen. Mit einem Stich ins Herz hat der Mörder sein Opfer getötet. Dann hat

der Täter das Seil, mit dem er Sebastian am Stuhl festgebunden hat, durchschnitten und den Toten auf den
Fußboden gelegt. Zuletzt hat der Täter in den entblößten Brustkorb die Buchstaben M und B eingeritzt. Vermutlich hat der Täter auch Sebastians Notebook beschädigt, indem er es zu Boden geworfen und mehrfach auf das Gerät eingetreten hat. Ein DVD-Rohling
mit der Aufschrift „Anna" ist zerbrochen worden. Der
Tote hat etwas mehr als 150 Euro Bargeld bei sich gehabt.

Die in der Wohnung gefundenen Tabletten Ecstasy
haben angedeutet, was die Obduktion später bestätigt
hat: Sebastian hat in der Vergangenheit Drogen konsumiert – Ecstasy, Cannabis und Kokain.

Auf dem zerknüllten Ausdruck eines Fotos vom Lehrerkollegium des Hermann-Hesse-Gymnasiums hat Sebastian handschriftlich angedeutet, dass er eine besondere – jeweils unterschiedliche – Beziehung zu dem
Lehrerehepaar Sonnenberg hat. Zusätzlich sind heute
auf der Festplatte von Sebastians Notebook mehrere
Fotos der Fremdsprachenlehrerin entdeckt worden.

Nach Auskunft von Anna Sonnenberg bei der gestrigen Befragung hat sich Sebastian ihr gegenüber am 5.
Dezember sexuell übergriffig verhalten. Ihr Mann, von
Stelter mit dieser Information konfrontiert, will davon
nichts gewusst haben – im Gegensatz zu Bernd Kramer, der deswegen sehr ärgerlich auf Sebastian gewesen ist und Anna Sonnenberg zu einer deutlichen
Grenzsetzung geraten hat.

Sebastians Mutter, die den Toten gestern Morgen
gefunden hat, befindet sich noch immer nach einem
Nervenzusammenbruch in stationärer psychiatrischer
Behandlung. Sein Vater ist gestern Nachmittag von
Andrea Renner über die schrecklichen Ereignisse un-

terrichtet worden. Er hat sich sehr betroffen gezeigt, die schlimme Nachricht jedoch merklich gefasster als seine Frau weggesteckt.

„Ich frage mich, wie Sebastian zu einem derartigen Video mit seinem Lehrer gekommen ist", bringt Andrea ihre Überlegungen in Worte, während ihr Kollege den Wagen über die Hans-Böckler-Allee steuert.

„Der tote Schüler scheint für einiges gut gewesen zu sein", entgegnet Stelter. „Ich hab mir den Vorgang über Sebastians Diebstahl in der ‚Galeria Kaufhof' vor drei Monaten besorgt. Da muss der 18-Jährige schon mal demonstriert haben, zu welch durchtriebenen Vorgehensweisen er in der Lage ist. Er hat wohl derart geschickt auf verrückt gemacht, dass sich unsere Kollegen sogar genötigt sahen, ihn dem psychiatrischen Notarzt vorzustellen. Dr. Seifert, der Leiter des Sozialpsychiatrischen Dienstes, hat ihn damals untersucht, das Spiel durchschaut und die Zurechnungsfähigkeit des Schülers bestätigt."

„Das klingt alles danach, als ob sich Sebastian mit seinem Verhalten schnell den einen oder anderen Feind gemacht hat", sagt Andrea mehr zu sich selbst. „Und einer dieser Feinde wird der verkleidete Täter gewesen sein, den die Zeugen gesehen haben."

Ein Kioskbesitzer, dessen Geschäft sich in unmittelbarer Nähe des Tatorts befindet, hat gestern ausgesagt, dass er am Abend des 6. Dezember einen als Weihnachtsmann oder Nikolaus verkleideten Mann gesehen hätte. Der Verkleidete habe eine Gesichtsmaske mit weißem Vollbart, dazu einen typischen roten Mantel, eine rote Hose und eine rote Weihnachtsmannmütze getragen. Nur die schwarzen Handschuhe, in denen der Mann eine Warmhaltebox gehalten habe, hätten nicht stilecht gewirkt. Der Kioskbesitzer hatte

277

sich zunächst nicht besonders gewundert. Er war davon ausgegangen, dass es sich bei dem Mann um einen Pizzaboten handelt, der sich angesichts des Nikolaustages entsprechend kostümiert hatte. Der verkleidete Mann war kurz vor 21 Uhr schräg über die Fußgängerzone gekommen und direkt auf das Wohnhaus in der Davenstedter Straße zugegangen. Irgendwann zwischen 21:30 und 22 Uhr hatte der Kioskbesitzer den Mann noch einmal von hinten gesehen, wie dieser in der Richtung verschwand, aus der er auch gekommen war. Dem Kioskbesitzer war es merkwürdig vorgekommen, dass der vermeintliche Pizzabote so lange Zeit in dem Haus verbracht hatte.

Vielleicht hat der sich bei einer netten Kundin verquatscht, war die spontane Erklärung des Kioskbesitzers. Erst durch das Auftauchen der Polizei am nächsten Morgen war dem Zeugen klar geworden, was für eine wichtige Beobachtung er gemacht hatte.

Ein junges unverheiratetes Paar, das im selben Haus wie Sebastian wohnt, hat die Angaben des Kioskbesitzers noch ergänzt. Helena Roth und ihr Freund Stefan Modrow haben der Polizei am 7. Dezember berichtet, dass sie am Abend zuvor gegen 21 Uhr noch einmal zusammen das Haus verlassen wollten. Als sie am 6. Dezember gerade im Treppenhaus auf dem Weg nach unten waren, kam ihnen eine auffällige Person entgegen. Dabei handelte es sich um einen als Nikolaus verkleideten Mann, den das Paar ebenfalls für einen Pizzaboten hielt, zumal er eine Warmhaltebox mit der Aufschrift „Pizza Service" in den Händen hielt. Helena fragte den Mann im Vorübergehen: „Wem bringt denn der Nikolaus jetzt noch 'ne Pizza?" Helena wie ihr Freund sind sich darin einig, dass der Mann „irgendwie eigenartig" mit verstellter Stimme geantwortet hatte – als sollte es ein Witz sein. Die kurze Antwort des Mannes hätte „Sinjore Rokahr" gelautet, was Stefan Modrow kommentiert haben will mit: „Oh, ein Nikolaus, der Italienisch kann."

Der Kioskbesitzer und das junge Paar sind sich bei ihrer Personenbeschreibung darin einig, dass der angebliche Pizzabote „ein Mann von normaler Größe" gewesen wäre.

Stelter fragt sich, ob die Antwort des unbekannten Mannes wirklich auf Italienisch gewesen ist. Laut Aussageprotokoll hat Modrow auf die Frage der Polizei, ob der Verkleidete auch auf Spanisch geantwortet haben könnte, gemeint: „Das kann ich nicht hundertprozentig ausschließen. In diesem Fall klingt Italienisch ja so ähnlich wie Spanisch. Aber ich glaube, der Mann hat ‚Signore' und nicht ‚Señor' gesagt."

Der als Nikolaus verkleidete Mann ist mit großer Wahrscheinlichkeit der Mörder von Sebastian Rokahr, zumal der Kriminaldauerdienst gestern Vormittag bei der Spurensicherung am Tatort auf dem Fußboden rote Stofffasern gefunden hat, die zu dem beschriebenen roten Mantel gehören könnten.

In ihrem Büro im 4. Stockwerk des Hauptgebäudes der Polizeidirektion Hannover sitzen Thomas Stelter und Andrea Renner vor dem PC, wo sie sich zum zweiten Mal den Videofilm ansehen, den die Kriminaltechnik auf der Festplatte des Notebooks von Sebastian Rokahr entdeckt hat. Mit beiden Akteuren dieses Films, dem Lehrer Carsten Sonnenberg und seiner Schülerin Irina Smirnov, hat Stelter bereits gestern während seiner Ermittlungen im Hermann-Hesse-Gymnasium gesprochen. Die Existenz dieses brisanten Videos ist von beiden nicht erwähnt worden.

„Hat Sebastian die Aufnahmen gemacht und Sonnenberg später damit erpresst?", überlegt Andrea laut. „Der Lehrer und die Schülerin wirken auf dem Video so, als ob sie nicht wüssten, dass sie gefilmt werden."

„Andererseits weist die gefilmte Szene wenig Verwacklungen auf", bemerkt Stelter. „Das bedeutet, dass die Person an der Kamera entweder das Geschehen zwischen Sonnenberg und Irina erwartet hat oder sehr routiniert im Festhalten unverhoffter Ereignisse ist. Auf jeden Fall könnte sich hier ein Motiv für den Mord an Sebastian abzeichnen."

Diverse weitere Videofilme auf Sebastians Notebook, offensichtlich aufgenommen im Hermann-Hesse-Gymnasium, zeigen hauptsächlich herumalbernde Mitschüler – aus polizeilicher Sicht alles insgesamt harmlos.

„Ich hätte zu gern gewusst, was auf dem zerbrochenen DVD-Rohling mit der Aufschrift ‚Anna' gewesen ist."

„Das hätte mich auch interessiert", stimmt Stelter zu, „aber die Daten auf dem Rohling lassen sich von der Kriminaltechnik leider nicht wiederherstellen."

„Wir müssen heute unbedingt noch mal mit Carsten Sonnenberg und Irina sprechen", beschließt Andrea, wobei ihr Stelter sofort zustimmt.

Die Fahrt von ihrem Büro zum Hermann-Hesse-Gymnasium dauert nicht lange. Thomas Stelter parkt den VW Passat in der Ricklinger Straße vor dem Schulgebäude. Zusammen mit Andrea Renner verlässt er den Wagen und geht zum Haupteingang der Schule. Es ist trocken, immerhin sind noch sieben Grad. Stelter mag die dunkle Jahreszeit nicht, die ihm noch die nächsten drei Monate bevorstehen wird. Und der

Weihnachtsschmuck in der Schule bekommt für ihn einen faden Beigeschmack, wenn er daran denkt, dass Sebastians Mörder gerade die Verkleidung des kinderfreundlichen Nikolaus gewählt hat. Beim Betreten des Forums am frühen Nachmittag wird den Polizeibeamten klar, dass momentan Unterricht ist. Bis auf drei Schüler, die an einem Tisch sitzen und vermutlich eine Freistunde haben, hält sich niemand im Forum auf. Dem Hausmeister, der den Polizisten aus seiner Loge entgegenblickt, teilen sie mit, dass sie auf dem Weg zum Schulleiter sind. Sie treffen Oberstudiendirektor Jürgen Neuber tatsächlich in seinem Büro an. Bevor sie ihn von dem Video in Kenntnis setzen, wollen sie zunächst Carsten Sonnenberg und Irina Smirnov dazu befragen.

Neuber stellt Andrea und Stelter für deren Befragung einen unbenutzten kleinen Raum zur Verfügung. Der Schulleiter übernimmt es persönlich, Sonnenberg und Irina über den Besuch der Polizei zu informieren.

Als Erstes sprechen die Kriminalbeamten allein mit Sonnenberg. Dabei sitzen sich die Gesprächsteilnehmer – ohne einen Tisch dazwischen – direkt gegenüber.

„Herr Sonnenberg, wie Sie meinem Kollegen Kimil und mir gestern erzählt haben, hatten Sie ein angespanntes Verhältnis zu Ihrem Schüler Sebastian Rokahr", leitet Stelter die inhaltliche Eröffnung der Befragung ein. „Sie haben uns selbst berichtet, dass er Ihnen auf einer Studienfahrt nach Rügen die hässliche Bemerkung ‚Nur ein toter Lehrer ist ein guter Lehrer‘ an den Kopf geworfen hat."

„Ja, das habe ich Ihnen bereits alles gesagt", bestätigt Sonnenberg, wobei der erfahrene Polizist merkt, dass dem Lehrer die erneute Befragung unangenehm ist.

Stelter kommt zur Sache: „Wussten Sie, dass der ermordete Schüler einen Videofilm auf seinem Notebook gespeichert hatte, auf dem Sie mit Ihrer Schülerin Irina zu sehen sind?"

Sonnenberg senkt den Kopf und macht knetende Bewegungen mit beiden Händen. Nach einer kurzen Pause schaut er Stelter direkt ins Gesicht: „Ich habe schon erwartet, dass Sie das Video irgendwann finden. Sebastian hat es heimlich vor zwei Monaten auf unserer Studienfahrt aufgenommen."

„Was ist da zwischen Ihnen und Irina gelaufen?", schaltet sich Andrea ein.

„Ich habe auf der Studienfahrt etwas missverstanden. Irina ist in einer Mittagspause zu mir gekommen, weil sie mich trösten wollte. Sie sagte, es täte ihr leid, dass Sebastian am Abend zuvor mir gegenüber den Spruch mit den guten toten Lehrern hat fallen lassen. Ich hab sie deshalb in den Arm genommen", gesteht Sonnenberg zu, der auf Stelter fast erleichtert wirkt.

„Beim In-den-Arm-Nehmen ist es aber nicht geblieben", setzt Andrea nach. „Auf dem Video ist zu sehen, dass Sie Irina streicheln. Anschließend liegen Sie auf Ihrer Schülerin und greifen ihr dabei unter den Rock. Wie eindeutig zu hören ist, war Irina damit nicht einverstanden."

Sonnenberg guckt Andrea hilfesuchend an: „Ich sagte ja, ich habe da etwas missverstanden. Deshalb habe ich Irina auch sofort losgelassen, als sie geäußert hat, dass sie das nicht will."

Es wäre ihm wohl auch nichts anderes übrig geblieben, denkt sich Stelter, wenn Sonnenberg damals nicht gewollt hätte, dass Irina laut um Hilfe ruft.

„Glauben Sie, dass Irina schon während des Vorfalls mit Ihnen wusste, dass sie in diesem Moment von Sebastian gefilmt wird?", fragt Stelter.

„Auf die Idee bin ich noch gar nicht gekommen", antwortet Sonnenberg, der einen überraschten Eindruck macht. „Nein, davon gehe ich nicht aus. Sebastian selbst hat mir bestätigt, dass er das Video ohne Irinas Wissen zufällig aufgenommen hat."

„Wann und aus welchem Grund hat Sebastian Ihnen erzählt, dass er Sie mit Irina gefilmt hat?", ist Stelters nächste Frage.

„Nach den Herbstferien in der Schule. Er hat mich damit erpresst, wollte, dass ich Irina und ihm mehr Punkte als verdient gebe. Nach seinen Angaben wusste Irina auch von der späteren Erpressung nichts."

„Warum hat Sebastian dann auch bessere Punktzahlen für seine Mitschülerin eingefordert?", hakt Andrea nach.

„Ich habe mir das so erklärt, dass er dadurch seine Erpressung vor sich selbst moralisch rechtfertigen wollte, weil das Mädchen nur Zweck für seine Machenschaften war. Außerdem saßen die beiden im Erdkunde-Kurs nebeneinander. Nach meiner Beobachtung hat Irina – wie übrigens noch andere Mädchen der Oberstufe – für Sebastian geschwärmt. Aber ich vermute, dass sich Sebastian nicht viel aus Irina gemacht hat."

Noch bis heute Morgen ist Sonnenberg für Stelter einfach nur ein Lehrer gewesen, der sich gelegentlich im Unterricht von seinem Schüler Sebastian provokante Sprüche hat anhören müssen. Durch die Video-Affäre hat die Beziehung zwischen Lehrer und Schüler jetzt eine ganz andere Bedeutung bekommen.

„Haben Sie Sebastian am 6. Dezember gegen 21 Uhr in seiner Wohnung aufgesucht?", lautet die klare Frage des Kriminalhauptkommissars.

Obwohl Sonnenberg anfänglich etwas zusammengezuckt ist, hat er die Frage offenbar erwartet: „Nein,
ich bin noch nie in Sebastians Wohnung gewesen. Den
6. Dezember habe ich ab nachmittags vollständig bei
mir zu Hause in Arnum verbracht."

„Waren Sie da allein zu Hause?", fragt Andrea.

Sonnenbergs Gesichtszüge nehmen einen verdrieß-
lichen Ausdruck an, als er antwortet: „Natürlich war
ich allein. Sie wissen doch, dass meine Frau bei mir
ausgezogen ist."

Im Anschluss an die Befragung von Sonnenberg führt
Andrea Renner das Gespräch mit Irina Smirnov allein
durch. Thomas Stelter wartet draußen vor dem kleinen Klassenraum, weil er sich mit seiner Kollegin darüber einig ist, dass es für die 17-jährige Schülerin einfacher sein könnte, ausschließlich mit einer Frau über
den Vorfall mit dem Erdkundelehrer auf der Studienfahrt zu reden.

Andrea ist gut über die bisherigen Befragungser-
gebnisse informiert. Irina hat gestern erzählt, dass Sebastian für sie „ein super Typ" gewesen wäre. Sein
Tod habe sie sehr erschüttert. Die Schülerin habe sich
immer eine feste Beziehung mit Sebastian gewünscht,
aber der habe sie meistens leider auf Distanz gehalten.
Nur zwei, drei Mal hätte sie sich mit ihm außerhalb
der Schule getroffen. Seine SMS am Nachmittag des 6.
Dezember, dass sie kommen solle, weil er sie brauche,
wäre eine freudige Überraschung gewesen. Aber Irina
habe nicht kommen können, weil ihre Eltern gewollt
hätten, dass sie zu Hause mit ihrem leistungsstarken
Bruder Alexej Physik und Mathematik übt. Alexej hat
bestätigt, dass er mit seiner Schwester am Mordabend
bis 20 Uhr gelernt hat. Danach wäre er noch zwei Stun-

den mit einem Freund unterwegs gewesen. Alexej hat keinen Hehl daraus gemacht, dass er Sebastian und dessen Lebensart total ablehnt.

Andrea beobachtet genau Mimik und Gestik von Irina, als sich diese anmutig vor sie auf den Stuhl setzt. Der Polizistin ist es wichtig, für das folgende Gespräch den angemessenen Tonfall zu finden.

Die blonde schlanke Schülerin ist schon eine Schönheit, die es sicher leicht hat, mit ihrem Aussehen bei Männern gut anzukommen, denkt sich Andrea. Nach Stelters Schilderung soll die Schülerin gestern noch sehr traurig gewirkt haben. Insofern ist die Kriminaloberkommissarin erleichtert, dass Irina heute den Eindruck vermittelt, schon besser mit dem Tod ihres Mitschülers klarzukommen.

Nach einigen einleitenden Sätzen berichtet Andrea, dass ihre Kollegen auf Sebastians Notebook einen Videofilm entdeckt haben, der Irina und Sonnenberg zeigen würde.

Irina macht ein erstauntes Gesicht: „Was machen wir denn auf dem Film?"

„Kennst du das Video nicht? Sebastian hat es ohne das Wissen von Herrn Sonnenberg in der Selliner Jugendherberge gedreht", entgegnet Andrea.

„Nein, von einem Video weiß ich nichts."

„Darauf ist zu sehen, wie Herr Sonnenberg dir sehr nahe gekommen ist."

„Was? Das hat Sebastian gefilmt?!", stößt Irina empört hervor. „Da hätte er mir doch helfen können!"

„Stattdessen hat er Herrn Sonnenberg mit dem Video erpresst", teilt Andrea mit, die sich dann noch einmal vergewissert: „Und dir hat Sebastian wirklich nie von dem Video und der Erpressung erzählt?"

„Nein, wirklich nicht."

285

„Weißt du, ob Sebastian in der Vergangenheit ähnliche Filmchen mit seinem Smartphone aufgenommen hat?"

Irina nickt.

„Sebastian konnte total schnell reagieren. In der Schule hat er mehrmals spontan verrückte Situationen mit seinem Smartphone festgehalten."

„Was ist in der Selliner Jugendherberge zwischen Herrn Sonnenberg und dir vorgefallen? Auf dem Video macht es den Eindruck, als ob sich dein Lehrer dir anfänglich im gegenseitigen Einvernehmen genähert hätte."

„Das sieht nur so aus", antwortet Irina stockend. Das Weitersprechen scheint ihr schwerzufallen. „In Erdkunde und einigen anderen Fächern habe ich Probleme. Ich bin mir nicht sicher, ob ich mein Abi nächstes Jahr schaffe. Auf unserer Studienfahrt hat mir Herr Sonnenberg in einer Mittagspause angeboten, dass er mir mit den Punktzahlen in Erdkunde entgegenkommen würde. Seine Frau wolle ihn verlassen und Sebastian habe ihn mit einer Bemerkung über gute tote Lehrer verletzt. Wenn ich ihn trösten würde und in der nächsten Zeit sehr nett zu ihm wäre, hätte das eine positive Auswirkung auf die Bewertung meiner Leistungen."

Andrea muss schlucken, als sie Irinas Ausführungen hört: „Dein Lehrer hat dir also bessere Punktzahlen versprochen, wenn du dich dafür von ihm anfassen lässt?"

Irina fängt leise an zu schluchzen: „Ich wollte doch meine Eltern nicht enttäuschen und mein Abi auf jeden Fall schaffen. Da habe ich mich mit Herrn Sonnenberg eingelassen und ihn auch gefragt, ob ich alles richtig mache. … Aber als er mich gestreichelt und mit mir auf dem Sofa gelegen hat, fand ich das total eklig. … Eigentlich hatte ich das Ganze von Anfang an nicht gewollt. … Er war kurz davor, mir die Strumpfhose und den Slip runterzuziehen, … wollte in mich eindringen. Es war so schrecklich. Erst da hab ich mich getraut, Herrn Sonnenberg zu sagen, dass ich das nicht will, dass er mich loslassen soll."

Irina vergräbt ihr Gesicht in beiden Händen, Andrea hört sie weinen.

Eine unfassbare Geschichte, geht es der Polizistin durch den Kopf. Wenn Irina die Wahrheit sagt, dann hat Sonnenberg seine Position verwerflich ausgenutzt. Und Sebastian hat den Vorfall in aller Ruhe gefilmt, ohne seiner Mitschülerin zur Hilfe zu kommen. Hat sich der Schüler später möglicherweise dadurch einen teuflischen Spaß erlaubt, dass er Sonnenberg genau damit erpresst hat, was der Lehrer Irina als Lohn für ihre Liebesdienste in Aussicht gestellt haben soll?

Andrea überlegt, was sich damals unter Umständen in der Selliner Jugendherberge abgespielt haben könnte: Zufälligerweise belauscht Sebastian das Gespräch, in dem Sonnenberg Irina sein unmoralisches Angebot unterbreitet.

Danach hält der Schüler den Vollzug des abscheulichen Handels per Smartphone mit eiskalter Routine fest, was den geringen Grad an Verwacklungen bei der Aufnahme erklären würde.

Irina berichtet, dass Sonnenberg auf der Studienfahrt noch zweimal versucht hätte, sich ihr zu nähern. Ihre Mitschüler und die Referendarin Frau Klein könnten bezeugen, dass er in Sellin hinter ihr her gewesen wäre. Aber Irina habe ihn konsequent abgewiesen. Danach hätten beide die Angelegenheit bis heute einfach totgeschwiegen.

„Immer wenn ich in den letzten Wochen Herrn Sonnenberg in der Schule gesehen habe, war das ganz

schrecklich für mich, weil ich mich so schmutzig gefühlt habe", berichtet Irina mit weinender Stimme.

Andrea steht auf und legt der Schülerin beschüt-
zend die Hand auf die Schulter.

„Das ist jetzt vorbei", sagt die Kriminaloberkom-
missarin tröstend. „Herr Stelter und ich werden den
Schulleiter über den Vorfall mit Herrn Sonnenberg in
Kenntnis setzen."

Tridek unu / Einunddreißig

Ich habe sofort gemerkt, wie die Ereignisse der letzten Tage Anna mitgenommen haben. Der Tod von Sebastian Rokahr hat sie wie ein Schlag getroffen. Es ist Donnerstagabend. Gestern ist Sebastian erstochen in seiner Wohnung aufgefunden worden. Unter der Überschrift „Nikolaus ermordet Schüler" hat die heutige Ausgabe der „Hannoverschen Nachrichten" ausführlich darüber berichtet.

Spontan habe ich mich dazu entschlossen, Anna zu besuchen. Vor zehn Minuten bin ich in ihrer Wohnung angekommen. Wir sitzen eng nebeneinander auf ihrem Sofa, Anna hat den Kopf in meinen Arm gelegt, schaut mich dabei hilfesuchend mit ihren blauen Augen an. Rasch werden Retterinstinkte in mir wach.

„Gestern bin ich in der Schule von den Kommissaren Stelter und Kimil befragt worden. Mit beiden hatte ich schon bei den Ermittlungen im Mordfall Holger Manthei zu tun", berichtet Anna.

„Ich habe ihnen jetzt erzählt, dass Sebastian mir am Tag vor seinem Tod an die Brust gefasst hat. Ich war so wütend auf ihn, dass ich ihm spontan eine runtergehauen habe. Nachdem er auf so schlimme Art ermordet worden ist, kommt mir der Vorfall in der Schule fast belanglos vor."

„Na, belanglos war das Ganze bestimmt nicht", versuche ich mich in das Geschehen einzufühlen. „Es tut mir auch leid, dass ich danach für dich telefonisch nicht erreichbar war."

„Natürlich hätte ich dich gerne um Rat gefragt, wie ich mich am besten verhalten soll. Aber glücklicherweise war Bernd in der Schule zur Stelle und hat mich nach Hause gefahren."

Ich bin froh, dass sich mein Freund Bernd um sie kümmern konnte. Erst am 6. Dezember, als Anna einen Tag zu Hause geblieben war, hatte sie mit mir telefoniert. Zu dem Zeitpunkt war Sebastian noch am Leben.

„Du hast mir erzählt, dass sich Sebastian am 5. Dezember schon in der Esperanto-AG sehr auffällig verhalten hat", geht es mir durch den Kopf.

„Ja, er konnte ganz schlecht ruhig sitzen, redete den anderen Kursteilnehmern ständig ins Wort", erinnert sich Anna. „Außerdem war er sehr distanzlos. Das kannte ich zwar schon längere Zeit von ihm, aber diesmal war es irgendwie ausgeprägter als sonst."

Ich habe da einen Verdacht, den ich gerne weiterverfolgen möchte. Daher frage ich: „Hat Sebastian damals erweiterte Pupillen gehabt?"

Anna schüttelt den Kopf.

„Das weiß ich nicht. Darauf hab ich leider überhaupt nicht geachtet."

Schade. Aber ich bleibe bei meinem Verdacht, dass Sebastian bei dem letzten Zusammentreffen mit Anna unter dem Einfluss von Drogen gestanden haben könnte, was seine Bewegungsunruhe und Enthemmung erklären würde. Dabei denke ich am ehesten an Ecstasy.

Von Anna erfahre ich anschließend, dass Kommissar Stelter mit einer Kriminalbeamtin heute Nachmittag erneut im Hermann-Hesse-Gymnasium gewesen ist, wo die Polizisten noch einmal mit Carsten Sonnenberg gesprochen haben.

Das Telefonat am Wochenende mit Katharina, die sich aus London gemeldet hatte, fand ich für mich insgesamt unerfreulich. Ich werde mich also damit arrangieren müssen, dass wir uns über Weihnachten nicht sehen. Glücklicherweise stehen die Aussichten günstig, dass ich mit Anna die kommenden Feiertage verbringe.

Heute ist Montag, der 12. Dezember. Den ganzen Vormittag bin ich bei Besprechungen mit dem Sozialdezernenten und Vertretern der Fachbereiche Jugend und Soziales im Haus der Region in der Hildesheimer Straße 20 gewesen. Den Nachmittag verbringe ich in meinem Büro im Gesundheitsamt, um wichtige Terminarbeiten wegzudiktieren. Meine Sekretärin Sonja Mock hat den Auftrag, nur dringende Anrufe zu mir durchzustellen, damit ich auch wirklich zum Arbeiten komme.

Schon klingelt das Telefon auf meinem Schreibtisch.

„Da steht Herr Kriminalhauptkommissar Stelter bei mir im Vorzimmer und möchte Sie gerne in einer dienstlichen Angelegenheit sprechen", teilt Mockie mir mit. „Hätten Sie kurz Zeit für ihn?"

Der unangekündigte Besuch von Thomas Stelter muss mit dem Mord an Sebastian Rokahr zu tun haben. Ich gebe zu, dass mir in dieser Angelegenheit eine Störung bei meinen Diktaten durchaus angenehm ist, was ich mir aber nicht gleich anmerken lasse.

„Ja, das krieg ich wohl hin", antworte ich meiner Sekretärin gespielt zögernd. „Herr Stelter kann gerne zu mir durchkommen."

An Mockies Tonfall erkenne ich, dass sie gleich durchschaut hat, dass mein Zögern nur vorgeschoben ist, als sie sagt: „Ich dachte mir schon, dass Sie das Anliegen des Kommissars ebenfalls als vorrangig einstufen würden."

Es klopft an der Verbindungstür zu meinem Vorzimmer und ich rufe „Herein". Im Türrahmen erscheint ein leicht dicklich wirkender Mann Anfang fünfzig mit gelichteten grauen Haaren, der auf den ersten Blick nicht wie ein Kriminalbeamter bei der Mordkommission wirkt.

Ich komme ihm mit ausgestreckter Hand entgegen.

„Guten Tag, Herr Stelter."

Er schüttelt mir die Hand, hinterlässt gleich den Eindruck, bei Bedarf fest zupacken zu können.

„Guten Tag, Herr Dr. Seifert. Nett, dass Sie sich ein wenig Zeit für mich nehmen", begrüßt mich der Kriminalhauptkommissar mit einem flüchtigen Lächeln. „Mein Besuch bei Ihnen hat einen traurigen Hintergrund – der Mord an einem 18-jährigen Schüler."

Ich bitte Stelter, an dem runden Konferenztisch im hinteren Teil meines Büros Platz zu nehmen. Bevor er sich setzt, hängt er auf meinen Hinweis seine schwarze Winterjacke an den Garderobenständer.

„Sie ermitteln also für die ‚Mordkommission Sebastian', von der in der Zeitung täglich zu lesen ist", gebe ich zu erkennen, dass ich grundsätzlich um Stelters Anliegen weiß. Ich setze mich zu ihm, bin auf seine Fragen mächtig gespannt.

„Unseren polizeilichen Akten habe ich entnommen, dass Sie den ermordeten Schüler vor drei Monaten in der Polizeiinspektion Mitte psychiatrisch untersucht haben. Mich würde Ihre fachliche Einschätzung über Sebastian interessieren. Natürlich ist mir klar, dass Sie eigentlich unter ärztlicher Schweigepflicht stehen. Aber es geht hier schließlich um die Aufklärung eines Mordes."

Stelter hat früher einmal erwähnt, dass er einen 19-jährigen Sohn hat. Der Mord am fast gleichaltrigen Sebastian Rokahr geht ihm daher sicherlich besonders nahe.

„Was meine Schweigepflicht angeht, teile ich Ihre Auffassung", pflichte ich dem Kommissar bei. „Die Unterstützung bei der Aufklärung des Mordes ist auch für mich das höhere Rechtsgut."

„Freut mich, dass wir uns einig sind, Herr Dr. Seifert." Stelter macht ein zufriedenes Gesicht. „Sebastian hat vermutlich so einige Diebstähle begangen, um damit seinen aufwendigen Lebensstil zu finanzieren. Dazu gehörte ebenfalls der gelegentliche Konsum von Ecstasy, Cannabis und Kokain. Einen Lehrer hat er mit einem pikanten Handyvideo um bessere Punktzahlen erpresst. Da Sebastian von seinen Leistungen her diese Erpressung gar nicht nötig gehabt hätte, ging es ihm möglicherweise um die Demütigung seines Lehrers."

Außerdem schildert mir Stelter den sexuellen Übergriff des Schülers auf seine Esperanto-Lehrerin, fragt mich dann: „Hatte Sebastian nochmals Kontakt zu Ihnen oder anderen Mitarbeitern des Sozialpsychiatrischen Dienstes?"

„Ich habe nach unserem ersten Zusammentreffen Anfang September noch einmal vor einem Monat zufällig mit ihm in seiner Schule gesprochen." Kurz berichte ich darüber, dass ich im Hermann-Hesse-Gymnasium eine Info-Veranstaltung über Alkohol im Rahmen des „Blick durch!"-Projektes von Anna Sonnenberg und Bernd Kramer durchgeführt habe. Ich erwähne, von dem Konflikt zwischen Sebastian und Carsten Sonnenberg gehört zu haben.

„Sie haben also zweimal mit Sebastian persönlich zu tun gehabt. Was war er für ein Typ?", möchte Stelter wissen.

„Für eine wirklich tiefergehende Beurteilung von Sebastian reichen meine beiden Begegnungen mit ihm nicht aus", dämpfe ich zu weitgehende Erwartungen des Kommissars.

„Allein Ihre vorläufige Einschätzung wäre schon hilfreich", gibt sich Stelter hartnäckig.

„Sebastian ist bestimmt ein überdurchschnittlich intelligenter Bursche gewesen, andererseits wirkte er selbstgefällig und überheblich", teile ich mit. „Dahinter könnte stecken, dass er im Grunde genommen innerlich sehr unzufrieden war. Dass er deswegen dieses Konsumverhalten an den Tag gelegt hat. Oder zur Kompensation Menschen seiner Umgebung manipuliert und in demütigender Weise dominiert hat."

Während ich Sebastian charakterisiere, formt sich in meinem Kopf eine Hypothese, die ich dem Kommissar nicht vorenthalte: „Vielleicht hat sich Sebastian durch die ‚erfolgreiche' Erpressung zuletzt derart groß gefühlt, dass er es sogar gewagt hat, nachmittags in der Schule vor der Esperanto-AG Ecstasy oder dergleichen einzuwerfen."

„Womit der Schüler seine Steuerungsfähigkeit selbst beeinträchtigt hätte", führt Stelter den Gedanken zu Ende, um dann den Fokus zu wechseln: „Herr Dr. Seifert, haben Sie im Hermann-Hesse-Gymnasium auch Herrn Sonnenberg kennengelernt?"

„Ich habe ihn nur am Tag meiner Info-Veranstaltung flüchtig in der Schule gesehen."

„Schade, dass Sie ihn nicht näher kennen", bekundet Stelter mit merklichem Bedauern. „Mich hätte sehr Ihre Einschätzung interessiert, wie weit Herr Sonnenberg gehen würde, um den Demütigungen und der Erpressung ein Ende zu setzen. Am Tatort haben wir nämlich Sebastians beschädigtes Notebook entdeckt, auf dessen Festplatte der Videofilm war, mit dem Sebastian seinen Lehrer erpresst hat."

„Tatsächlich ein nachvollziehbares Motiv für einen Mord", antworte ich ganz allgemein. „Aber würde Herr Sonnenberg das Notebook nur beschädigen, es aber am Tatort zurücklassen?"

Stelter nickt: „Das würde tatsächlich bedeuten, dass Sonnenberg überhaupt keine Ahnung von den heutigen technischen Möglichkeiten der Datenwiederherstellung hätte."

„Es sei denn, er wollte sogar dafür erwischt werden – quasi als gerechte Strafe", ist eine Vermutung von mir, bei der ich etwas den Psychiater heraushängen lasse. „Gibt es sonst irgendwelche Hinweise, die Herrn Sonnenberg in dringenden Tatverdacht bringen?"

Stelters Verneinung meiner Frage überrascht mich nicht, denn sonst säße der Lehrer längst in Untersuchungshaft. Momentan findet sich hier also ein gut nachvollziehbares Mordmotiv, aber nicht mehr.

„Wie Sie aus der Zeitung wissen, ist Sebastian mit einem Elektroschocker überwältigt und anschließend mit einem Messer erstochen worden", führt Stelter aus. „Da gibt es Parallelen zum Mordfall Holger Manthei vor zwei Monaten. Elektroschocker und Messer waren damals ebenfalls die Tatwaffen des Mörders. Und Drogen spielten eine Rolle, die Manthei an Schüler des Hermann-Hesse-Gymnasiums verkauft hat. Der Täter soll in beiden Fällen zumindest einige Brocken Spanisch oder Italienisch gesprochen haben. Möglicherweise haben wir es mit demselben Mörder zu tun."

Die Ähnlichkeiten springen ins Auge. Als ich über den Mord an Sebastian Rokahr aus der Zeitung erfahren habe, sind mir diese Gedanken gleich durch den Kopf gegangen.

„Aber beim Mord an Holger Manthei habe ich nichts darüber gelesen, dass der Täter sein Opfer gefesselt und ihm Buchstaben in den Körper geritzt hat", benenne ich die mir bekannten Unterschiede.

„Das ist richtig", stimmt mir der Kommissar zu.

„Wenn es derselbe Täter war, dann hat er bei dem zweiten Mord bereits viel überlegter, zielgerichteter und radikaler gehandelt", führe ich aus. „Das könnte darauf hindeuten, dass sich in dem Innenleben des Täters eine Radikalisierung vollzieht."

Was ihn für seine Umwelt noch gefährlicher machen würde.

Stelter schaut mich aufmerksam an, als er fortfährt: „Beide Opfer haben zuvor den Ärger von Bernd Kramer auf sich gezogen. Im letzteren Fall hat Herr Kramer mitbekommen, wie seine Kollegin von Sebastian sexuell belästigt worden ist."

Auf was laufen Stelters Andeutungen hinaus? Weiß er eigentlich, dass ich mit Bernd befreundet bin? Ich merke, dass ich in eine merkwürdige Situation gerate. Es erscheint mir am sinnvollsten, mit offenen Karten zu spielen.

„Ich bin übrigens mit Bernd Kramer befreundet. Wir kennen uns schon seit Jahren durch unser gemeinsames Taekwondo-Training", erläutere ich unsere Beziehung.

„Oh, Sie wissen viel über Menschen, die mich ebenfalls interessieren", ist der Kommentar des Polizisten. „Mir gehen manchmal Bilder durch den Kopf von einem enttäuschten Tutor, der die Beherrschung verliert und seinem Schüler Grenzen setzt, die endgültig sind."

„Eine derartige Enttäuschung wäre für Bernd noch lange kein Grund, einen Menschen zu töten. Er verfügt über jede Menge mentaler Konfliktbewältigungsstrategien", versuche ich den Kommissar von seinem unangebrachten Verdacht gegenüber meinem Freund abzubringen. „Außerdem müsste er als Taekwondo-Meister seinen Gegner nicht mit einem Elektroschocker zu Boden schicken."

„Es sei denn, er wollte gerade dadurch den Verdacht von sich ablenken", kontert Stelter, der bei seiner nächsten Frage den Kopf leicht zur Seite neigt: „Wissen Sie, ob für Herrn Kramer die Beziehung zu Frau Sonnenberg mehr ist als rein kollegial?"

Natürlich ist Bernd ein guter Bekannter von Anna, aber eine Affäre mit Anna kommt für ihn bestimmt nicht in Betracht.

„Herr Kramer und Frau Sonnenberg arbeiten an einem gemeinsamen Schulprojekt engagiert zusammen", stelle ich klar, „aber das ist auch alles. Wenn es anders wäre, hätte ich es schon gemerkt."

Stelter nimmt mein Statement mit einem stummen Nicken zur Kenntnis.

Die Annahme, Bernd könnte Sebastian Rokahr und Holger Manthei umgebracht haben, finde ich absurd. Da ist Stelter auf dem falschen Dampfer.

„Ich nehme mal an, dass Sie bereits das Alibi von Herrn Kramer überprüft haben?!", möchte ich jetzt doch gerne wissen.

„Ja, natürlich", bestätigt Stelter. „Herr Kramer hat am 6. Dezember gegen 18 Uhr seine Tochter zu einer Geburtstagsfeier bei einer Freundin gefahren, wo die Tochter auch übernachtet hat. Den restlichen Abend haben seine Frau und er vor dem Fernseher verbracht – wohl teilweise schlafend, wie uns das Ehepaar Kramer versichert hat."

„Na also, ich bin mir sicher, dass Bernd Kramer kein Mörder ist."

„Seine Frau hat sehr aufgeregt gewirkt, als sie das Alibi bestätigt hat", murmelt der Kriminalbeamte.

„Kein Wunder", erkläre ich, „wenn ihr Mann erneut von der Polizei verdächtigt wird."

„Die heruntergezogene Hose des Opfers und die Brandmale an den Hoden weisen aus meiner Sicht auf etwas Sexuelles in der Vorgeschichte zwischen Opfer und Täter hin. Vielleicht etwas, weswegen der Täter Sebastian bestrafen wollte." Stelters Feststellung ist gleichzeitig eine Frage nach meiner fachlichen Einschätzung.

Bei der sexuellen Symbolik kann ich ihm nur zustimmen. Die Wut des Mörders auf sein Opfer ist spürbar.

„Natürlich kann das Entblößen des Opfers und die Verletzung seiner Genitalien die schlichte Funktion für den Täter gehabt haben, Macht auszuüben und zu erniedrigen", bekräftige ich. „Möglicherweise haben Sebastians Hoden für den Mörder auch eine Bedeutung im übertragenen Sinne gehabt."

„Und die wäre?"

„Bei meiner psychiatrischen Untersuchung auf der Polizeiwache hat mir Sebastian zum Beispiel auf Esperanto die Beleidigung an den Kopf geworfen, ich hätte kleine Hoden. Vielleicht hat er so was auch schon zu anderen gesagt, die weniger gut damit umgehen können."

Stelter scheint meine Überlegung zu gefallen. Er berichtet, dass er durch die Befragung einiger Schüler weiß, dass Sebastian zu Alexej gesagt haben soll, dass dieser doch „keine Eier in der Hose" hätte. Und seinen Lehrer Carsten Sonnenberg hat Sebastian auf einer Wandtafel mit „Schlappschwanz" tituliert.

„Sebastian wurden die Buchstaben MB in den Oberkörper geritzt", sagt Stelter mehr zu sich selbst. „Gerne hätte ich gewusst, was das zu bedeuten hat."

Was mir dazu einfällt, ist der Angelegenheit unangemessen, sodass ich es für mich behalte: Abkürzungen für Mahnbescheid, Megabyte oder Marburger Bund.

„Ist der Mörder derart krank oder dreist", brummelt Stelter, „dass er seine Initialen im toten Körper seines Opfers hinterlassen hat?"

Tridek du / Zweiunddreißig

Auf einmal ist das Hermann-Hesse-Gymnasium für die Presse in den Mittelpunkt ihres Interesses geraten. Ein Zettel am Eingang des Forums verweist darauf, dass sich alle fremden Besucher zunächst beim Hausmeister anzumelden haben. Frank Müller ist von Jürgen Neuber gebeten worden, sämtliche Journalisten nur an die Schulleitung zu verweisen. Natürlich hält sich Frank nicht ständig in seiner Hausmeisterloge auf, sodass sich wohl ein Journalist am letzten Freitag unangemeldet auf das Schulgelände begeben und dabei einigen Lehrern Äußerungen über die Atmosphäre in der Schule entlockt hat.

Den heutigen 12. Dezember hat Frank wieder als sehr hektisch erlebt. Im Forum drehen sich die Gespräche der Schüler immer wieder um den Tod von Sebastian Rokahr. Frank hat Carsten Sonnenberg heute nicht in der Schule gesehen. Aus der Unterhaltung zweier Lehrer hat der Hausmeister aufgeschnappt, dass Carsten Sonnenberg angeblich beurlaubt worden ist. Hängt das mit den Ermittlungen der Polizei wegen des toten Schülers zusammen? Frank ist in den letzten Wochen zweimal im Forum aufgefallen, dass Sonnenberg Sebastian Rokahr auf außergewöhnliche Art – irgendwie verärgert – angestarrt hat. In ähnlicher Weise hat Sonnenberg zuletzt auch Frank gemustert, wenn dieser mit Anna zusammengestanden und sich freundlich mit ihr unterhalten hat. Schon früher hat Sonnenberg den Hausmeister spüren lassen, dass der Lehrer nicht viel von ihm hält. Aber jetzt hat es sich noch verstärkt.

Es ist Nachmittag. Momentan befindet sich niemand im Forum. Ein Mann mit lockigen braunen Haaren, ungefähr Ende dreißig, bekleidet mit einer etwas abgerissen wirkenden braunen Winterjacke, betritt die Räumlichkeit.

Als Frank die Hausmeisterloge verlässt, kommt der Mann freundlich lächelnd direkt auf ihn zu.

„Lars Porath von den ‚Hannoverschen Nachrichten'", stellt sich der Mann vor. „Ich bin bereits vor einigen Tagen bei Ihnen gewesen."

„Sie wollen sicher mit Herrn Oberstudiendirektor Neuber sprechen …?", vermutet Frank.

„Das auch", antwortet der Journalist. „Aber vorher würde ich gerne noch ein paar Worte mit Ihnen wechseln. Als Hausmeister sind Sie hier für mich eine der wichtigen zentralen Personen, die bestimmt über interessante Informationen verfügt."

Frank findet den Journalisten sympathisch, der mit treffenden Worten die zentrale Bedeutung des Hausmeisters recht genau erfasst hat. Nicht nur die Lehrkräfte haben der Presse aufschlussreiche Mitteilungen zu machen. Im November ist Frank wiederholt zu Ohren gekommen, dass unter den Schülern ein Satz die Runde gemacht hat, der Sebastian zugeordnet wird. „Nur ein toter Lehrer ist ein guter Lehrer" hat er zu Carsten Sonnenberg gesagt. Das teilt Frank seinem Besucher mit.

„Ein kerniger Ausspruch, der viel über die Beziehung des späteren Mordopfers zu seinem Lehrer aussagt", bedankt sich der Zeitungsjournalist. „Ich wusste doch gleich, dass es sich lohnt, mit Ihnen zu sprechen."

Kriminaloberkommissarin Andrea Renner sieht, wie sich ein braunhaariger Mann, den sie der lokalen

Presse zuordnet, von dem Hausmeister verabschiedet und in Richtung des Büros von Schulleiter Neuber geht. Vor Kurzem hat sie die Information erhalten, dass die Niedersächsische Landesschulbehörde den Lehrer Carsten Sonnenberg so lange vom Dienst beurlaubt hat, bis die polizeilichen Ermittlungen wegen der Anschuldigungen von Irina Smirnov gegen ihn abgeschlossen sind. Zuvor hatte Irinas Vater Strafanzeige gegen den Lehrer gestellt.

Andrea nähert sich der Hausmeisterloge, begrüßt Frank Müller. Die Polizistin weiß, dass der Hausmeister bereits letzte Woche von ihren Kollegen befragt worden ist. Müller hat die Angaben von Anna Sonnenberg bezüglich der sexuellen Belästigung durch Sebastian Rokahr bestätigt.

„Heute bin ich ja als Gesprächspartner sehr gefragt", äußert der Hausmeister, dem das Interesse an seiner Person nicht unangenehm zu sein scheint. „Erst die Presse, dann die Polizei … Was kann ich für Sie tun?"

„Haben Sie ein Weihnachtsmann-Kostüm?", möchte Andrea wissen.

„Nein, ich habe keine Kinder, da benötige ich so was nicht", äußert Müller.

„Nein, nein, ich meine auch nicht, dass Sie persönlich ein derartiges Kostüm haben. Sondern ich wollte wissen, ob die Schule so etwas hat", präzisiert Andrea ihr Anliegen gegenüber dem etwas begriffsstutzigen Hausmeister. „Vor Jahren habe ich mal zur Weihnachtszeit in der Aula des Hermann-Hesse-Gymnasiums eine Aufführung der ‚Ihme-Bühne Linden' gesehen. Damals hat die Theatergruppe die Weihnachtskomödie ‚Das Wunder von Manhattan' gespielt. Wie ich unterdessen mitbekommen habe, lagert das Amateurtheater seinen Kostümfundus in der Schule."

„Ach so", Müller hat verstanden. „Das stimmt. Der Leiter der Theatergruppe ist ein Freund vom Schulleiter. Die Kostüme und Requisiten sind im Keller unterhalb der Aula untergebracht. Seit über einem Jahr hat sich niemand vom Amateurtheater darum gekümmert, weil die momentan eine Spielpause eingelegt haben. Ich hab zwischendurch immer mal einen Blick auf die Sachen geworfen. In den vergangenen Monaten haben einzelne Lehrer mehrfach vergessen, die Aula wieder abzuschließen. Da sind dann – ich vermute mal – Schüler in die Kellerräume der Aula gegangen und haben mit den Kostümen rumgespielt. Es sind dabei auch einige Kostüme weggekommen. ... Wobei ich wiederholt gegenüber den Lehrern darauf hingewiesen habe, wie wichtig es ist, dass die Aula richtig abgeschlossen wird. ... Aber auf mich hört ja niemand. ... Ich bin schließlich nur der Hausmeister."

Der Kriminalbeamtin geht das selbstmitleidige Gerede des Mannes, der sich offenbar nicht ausreichend wahrgenommen fühlt, etwas auf die Nerven. Aber er kann möglicherweise eine hilfreiche Aussage zu dem Weihnachtsmann-Kostüm machen.

„Ich kann Ihnen was dazu erzählen, Frau Kommissarin ...", setzt Müller von Neuem an, wobei sich seine Gesichtszüge aufhellen.

Jetzt hat er was mitzuteilen und kommt sich wichtig vor, geht es Andrea durch den Kopf.

„Einige Jahre hat ein rotes Weihnachtsmann-Kostüm im Keller der Aula gehangen, völlig unbeachtet. Das hat die Theatergruppe nie wieder gebraucht", bestätigt Müller Andreas Vermutung. „Aber schon seit einigen Monaten ist das Kostüm aus dem Keller verschwunden. Genau wie für das Verschwinden einiger anderer Kostüme, hat sich dafür aber niemand interessiert."

„Wann genau ist das Kostüm aus dem Keller abhandengekommen", hakt Andrea nach.

„Das kann ich nicht präzise sagen", antwortet Müller. „Aber es ist auf jeden Fall schon Monate her."

„War bei dem Kostüm auch eine Gesichtsmaske mit
einem weißen Bart dabei?"

„Nein, eine Gesichtsmaske für ein Weihnachtsmann-Kostüm hat hier nie gelagert."

„Aber Sie sind sich sicher, dass das Verschwinden
des Kostüms schon Monate zurückliegt?"

Müller nickt.

„Haben Sie damals mit jemandem darüber gesprochen, dass sich dieses Kostüm nicht mehr im Keller befindet?"

„Ich habe immer nur allgemein darauf hingewiesen,
dass Unbefugte im Kostümfundus herumwühlen. Für
das Konkrete hat sich von den Lehrern niemand interessiert, weil die Kleidungsstücke nicht der Schule gehören."

Andrea bittet den Hausmeister, ihr den Kostümfundus zu zeigen. Bereitwillig führt Müller die Polizistin
durch die Aula in die Kellerräume, wo sich Kostüme
und Requisiten der pausierenden Amateurtheatergruppe befinden. Andrea kann sich davon überzeugen, dass das Weihnachtsmann-Kostüm nicht wieder
an seinen Platz zurückgekehrt ist. Sie bedankt sich bei
Müller, der sie aus der Aula ins Forum zurückführt.
Ordnungsgemäß verschließt er hinter sich die Aulatür.

Andrea überlegt. Das Kostüm kann praktisch jeder
aus dem Keller mitgenommen haben, der um diesen
Aufbewahrungsort weiß. Das betrifft Lehrer wie Schüler. Der Umstand, dass das Kostüm bereits vor Monaten verschwunden sein soll, macht es unwahrscheinlich, dass es der Täter für den Mord an Sebastian Ro-

304

kahr benutzt hat. Warum sollte gerade der Täter dieses Weihnachtsmann-Kostüm schon vor Monaten an sich genommen haben?

Als sich Müller auf den Weg zu seiner Loge macht, fällt Andrea noch etwas ein. Der Hausmeister hatte letzte Woche ausgeführt, dass Bernd Kramer am Nachmittag des 5. Dezember sehr empört auf das sexuell übergriffige Verhalten von Sebastian gegenüber Anna Sonnenberg reagiert habe. Andrea hat sich kürzlich mit einigen Zeugenaussagen der Ermittlungsakte im Mordfall Holger Manthei beschäftigt.

„Wissen Sie, ob Herr Kramer Fan von Hannover 96 ist?", fragt sie in belanglosem Tonfall.

„Und was für einer!", bestätigt Müller. „Ich bin schon ein paarmal mit ihm im Stadion bei Spielen von ‚96' gewesen. Wenn's mal auf dem Spielfeld nicht so richtig läuft, kann der sich richtig aufregen. So kannte ich ihn von der Schule noch gar nicht."

Am folgenden Tag ist in den „Hannoverschen Nachrichten" wieder ein Artikel zu lesen, der sich mit den Ermittlungen im Mordfall Sebastian Rokahr beschäftigt. Schulleiter Neuber ist es sehr unangenehm, dass die Lindener Vorzeigeschule mit Mord und Drogenkonsum in Zusammenhang gebracht wird. Überrascht liest er auch von Sebastians Ausspruch „Nur ein toter Lehrer ist ein guter Lehrer". Der Hinweisgeber und der Name des Lehrers, an den diese Bemerkung gerichtet war, werden in dem Zeitungsartikel nicht genannt. Aber allein die Tatsache, dass der ermordete Schüler eine derartige Auffassung gegenüber Lehrern vertreten hat, wirft im Nachhinein ein ungünstiges Licht auf das Klima an der Schule, was nach Neubers Einschätzung völlig an der Realität vorbeigeht.

Genau wie im Mordfall Holger Manthei hat die Polizeidirektion Hannover sich dazu entschlossen, über die Nutzung des Internet-Kontaktnetzwerkes „facebook" auf breiter Ebene die Unterstützung der Bevölkerung mit in ihre Ermittlungen einzubeziehen. Momentan ist das Hermann-Hesse-Gymnasium bundesweit zu einem Bekanntheitsgrad gelangt, den sich Neuber lieber durch erfreuliche Vorkommnisse, wie Berichte über herausragende sportliche Leistungen seiner Schüler, gewünscht hätte.

Tridek tri / Dreiunddreißig

Mittwoch, 14. Dezember 2011. Nach unserem gemeinsamen Taekwondo-Training sitzen Bernd Kramer und ich noch in meiner Wohnung zusammen. Wir haben uns inzwischen angewöhnt, zu solchen Angelegenheiten Weizenbier in der alkoholfreien Version zu trinken. Nach Feiern und Spaß ist uns im Augenblick nicht zumute.

„Es ist erschreckend, von der Polizei verdächtigt zu werden, einen seiner Schüler umgebracht zu haben. Und dann noch einen, zu dem man als Tutor eine besonders nahe Beziehung hatte", bekundet Bernd, den ich gut verstehen kann. „Da fragt mich dieser Kommissar Stelter schon zum zweiten Mal nach meinem Alibi. Erst wegen Holger Manthei, dann wegen Sebastian."

„Er tut halt seine Pflicht", versuche ich das Ganze zu relativieren. „Stelter hat mich übrigens am Montag spontan in meinem Büro aufgesucht. Ich habe ihm noch einmal dargelegt, dass er mit seinen Überlegungen dir gegenüber völlig falsch liegt."

„Außerdem hat meine Frau der Polizei bestätigt, dass wir den Abend des 6. Dezember gemeinsam vor dem Fernseher verbracht haben", fügt Bernd hinzu.

„Na eben, das belegt schließlich deine Unschuld", stimme ich ihm zu. Wobei ich für mich behalte, dass Stelter die Bestätigung von Bernds Alibi durch dessen Frau durchaus in Zweifel zieht. Aber damit will ich Bernd gegenwärtig nicht behelligen.

Bernd erzählt, dass er bei der polizeilichen Befragung in der letzten Woche gegenüber Stelter erwähnt hätte, jahrelang mit mir befreundet zu sein. Das überrascht mich wirklich! Also war Stelter über meine freundschaftliche Beziehung zu Bernd bereits bestens informiert, bevor er mich vor zwei Tagen im Gesundheitsamt aufsuchte. Mir kommt ein Verdacht: Stelter, dieser alte Fuchs, wollte mich bei unserem Gespräch ganz bewusst über Bernd ausfragen.

„Die Verdächtigungen der Polizei, und dass die sogar zu Hause bei uns aufgekreuzt sind, setzen mich verrückterweise total unter Druck", gesteht Bernd ganz offen und schaut mich hilfesuchend an. „Ich weiß, du als Psychiater kennst dich damit aus. Die letzten Tage hatte ich regelrecht Albträume. Natürlich hätte ich Sebastian, nachdem ich mitbekommen hatte, dass er Anna angefasst hat, gerne einmal gewaltig eins auf den Sack gehau'n. Das grenzenlose Verhalten von dem Burschen ging einfach zu weit! Aber in der Realität hätte ich das nie gemacht. Ich fühle mich aber ziemlich mies, dass ich im Vorfeld diese Gedanken hatte. Als wenn meine Gedanken in die Tat umgesetzt worden wären."

Für einen kurzen Moment bin ich durch Bernds Äußerung überrascht. Aber solche aggressiv getönten Gedanken sind absolut normal, ebenso Bernds Schuldgefühle, weil er sich solche Gedanken im Nachhinein nicht zugesteht.

Ich verstehe Bernds offene Äußerung als Appell, ihn moralisch zu unterstützen. Wozu bin ich schließlich Psychiater und Psychotherapeut, wenn ich damit nicht unterstützend umgehen kann?!

Bernd als Sport- und Biologielehrer ist ein Mann, der darum weiß, dass insbesondere seine männlichen Schüler ihn wegen seiner Kampfsportkenntnisse bewundern. Insofern ist er es sicherlich gewohnt, mit seiner körperbetonten und direkten Art gut bei seinen Schülern anzukommen. Da finde ich es nicht ungewöhnlich, wenn seine Gedanken in Konflikten mit Schülern manchmal handfeste Formen annehmen. Und genau das sage ich ihm auch.

Plötzlich grinst Bernd mich an: „Danke für deine Worte. Ist schon erstaunlich, dass mich deine Psycho-Masche immer wieder aufbaut."

Das ist wieder der alte Bernd, wie ich ihn kenne und schätze.

„Hast du gestern die ‚Hannoverschen Nachrichten' gelesen?", lenkt Bernd die Aufmerksamkeit von sich weg. „Mich würde mal interessieren, welcher Wichtigtuer in der Schule da Sebastians Spruch mit den guten toten Lehrern an die Presse gegeben hat?!"

Zwei Tage später, am Freitagnachmittag, sitze ich in einer der hinteren Reihen der Aula des Hermann-Hesse-Gymnasiums. Fast alle Sitze im Zuhörerbereich sind mit Schülern und Lehrern besetzt. Hinter dem Rednerpult, auf der mit Blumen und brennenden Kerzen geschmückten Bühne, steht Schulleiter Jürgen Neuber. Seine Stimme klingt ernst und bewegt, als er davon spricht, dass er immer noch nicht verstehen könnte, warum jemand das Leben von Sebastian Rokahr auf diese grausame Weise beendet hat. Dabei blickt er auf das große Plakat mit einem Foto des Schülers, das am Rand der Bühne aufgestellt worden ist. Darunter steht „Adiaŭ, Sebastiano", wahrscheinlich als Hinweis der Esperanto-AG auf Sebastians Begeisterung für die Plansprache. Wie Anna mir erzählt hat, ist es Neubers Idee gewesen, diese Trauerfeier für den ermordeten Schüler in der Schule durchzuführen. Obwohl der Tote als Drogenkonsument und Erpresser bestimmt nicht in das Selbstbild des Hermann-Hesse-Gymnasiums passt, hat sich Neuber für die Trauerfeier stark gemacht. Der Schulleiter soll sogar die Presse dezent darauf aufmerksam gemacht haben.

„Ist doch nie verkehrt, wenn wir mal wieder positiv als mitfühlende und tolerante Schule in der Zeitung stehen", ist Bernd Kramers launiger Kommentar gewesen, aber nur mir gegenüber vor zwei Tagen. Sebastians Eltern, von der Schulleitung ebenfalls zur heutigen Veranstaltung eingeladen, haben ihre Teilnahme abgesagt. Neubers Rede wird am Ende von den Anwesenden mit stummem Beifall bedacht. Das Schülerorchester, das neben dem Rednerpult auf der Bühne Platz genommen hat, spielt zwei getragene Musikstücke.

Danach kommt Bernd Kramer auf die Bühne. Als Sebastians Tutor würdigt er den Ermordeten als intelligenten, sportlichen und sprachbegabten Schüler, der durch seine eigenwillige selbstbewusste Art auf sich aufmerksam zu machen wusste. Bernd verweist gleichfalls auf Sebastians Neigung, Grenzen aufs Äußerste auszuloten. Es hätte Situationen gegeben, in denen Sebastian zu weit gegangen wäre.

„Und damit hat er es Mitschülern und insbesondere uns Lehrern manchmal nicht leicht gemacht", bekundet Bernd und blickt nach links in die vordere Reihe, wo ein Vertreter der benachrichtigten lokalen Presse sitzt, der zuvor Jürgen Neuber und das Schülerorchester auf der Bühne fotografiert hat.

Bernd spricht allgemein davon, dass sich Sebastian auch „falsch und gesetzwidrig" verhalten habe, „teilweise zum erheblichen Schaden anderer Menschen".

Carsten Sonnenberg ist bei der Trauerfeier nicht dabei. Seine Anwesenheit in der Schule ist wegen der Affäre mit Irina derzeit nicht erwünscht. Außerdem wird sein Verhältnis zu Sebastian aufgrund monatelanger Querelen recht gestört gewesen sein.

Wer noch fehlt, darauf hat Anna mich hingewiesen, ist Irinas Bruder Alexej. Zwischen Alexej und Sebastian bestand offenbar eine Feindschaft. Gemunkelt wird, dass Alexej seit Kurzem unter seinen Mitschülern Stimmung gegen Carsten Sonnenberg macht, indem er verbreitet, dass der Lehrer Irina als Gegenleistung für bessere Punktzahlen angefasst hat.

Anna, die in der ersten Reihe der Aula sitzt, hat sich heute nicht in der Lage gesehen, öffentlich auf der Veranstaltung zu sprechen.

Auf Bernds Rede folgt ein weiteres Musikstück des Schülerorchesters, anschließend sprechen zwei ehemalige Mitschüler über ihre Erinnerungen an Sebastian und ihre Bestürzung über seine Ermordung. Ich weiß, dass einige Schüler, die die Nachricht vom gewaltsamen Tod Sebastians sehr mitgenommen hat, mittlerweile psychologisch betreut werden. Das Gleiche gilt für zwei Lehrer.

Nach dem Ende der Trauerfeier führt mich Anna in die Pausenhalle unterhalb des Forums, von dort aus gehen wir auf den Schulhof. Sie deutet auf eine der Außenwände unterhalb des Lehrerzimmers, an die jemand mit roter Farbe gesprüht hat, und sagt: „Das haben die Pressetypen glücklicherweise nicht gesehen. Ist heute Morgen entdeckt worden. Neuber lässt das Ganze schnell entfernen."

Ich blicke auf die roten Buchstaben an der Wand: CS = Mörder.

„CS steht für Carsten Sonnenberg", erklärt mir Anna unnötigerweise. „Einige Schüler halten Carsten für Sebastians Mörder. Das gilt genauso für einige Lehrerkollegen."

Gerne würde ich mir von Carsten Sonnenberg ein eigenes Bild machen.

Tridek kvar / Vierunddreißig

Dieses Jahr scheint es wohl in Hannover keinen Schnee mehr zu geben, der liegen bleibt. Es ist Montag, der 19. Dezember 2011. Den Tag über ist es bewölkt und regnerisch bei Höchsttemperaturen um vier Grad gewesen. Jetzt, kurz nach 19 Uhr, liegen die Außentemperaturen um den Gefrierpunkt.

Im Hannoverschen Stadtteil Nordstadt befindet sich in der Hahnenstraße das „Café Extrakt", eine urige Studentenkneipe. Hier trifft sich seit 2007 die „Lunda Rondo", die wöchentliche Montagsrunde der Hannoverschen Esperanto-Sprecher. Anna Sonnenberg sitzt um einen Holztisch mit fünf weiteren Esperantisten, alle im Alter zwischen Anfang zwanzig und Ende dreißig: ein Ehepaar (welches Anna beim Umzug geholfen hat) und noch zusätzlich drei Männer, von denen einer Frank Müller ist, der auf Einladung von Anna seit ungefähr einem Jahr zu den Treffen kommt. Außer den Esperantisten halten sich vorwiegend junge Leute in dieser Kneipe auf, die teilweise mit ungewöhnlicher Dekoration ausgestattet ist. Von der Kneipendecke hängt ein Modell des Raumschiffs „Enterprise", Bilder an den Wänden bestehen aus zu Mustern aufgeklebten „HARIBO"-Süßigkeiten und Erdnussflips. Auf der Fensterbank sind Gummibäume und Palmen in weißen und hellgelben Untertöpfen postiert, wobei die blauen Lichterketten in den Fenstern nicht wirklich eine vorweihnachtliche Atmosphäre verbreiten. Für Gemütlichkeit sorgen die Kerzen auf den Tischen. Unter der Decke hängen zudem mehrere Lautsprecher, aus denen durchgehend Musik in akzeptabler

Lautstärke kommt. Die Musik lässt eine Unterhaltung der zahlreichen Gäste zu, die von einem südländisch aussehenden Mann im weißen T-Shirt bedient werden. Auf der Speisekarte stehen Aufläufe, Pizza, Steak, Currywurst und Pommes frites, aber auch Apfelkuchen mit Sahne und diverse Cocktails. Vom Preis sehr attraktiv für Studenten.

Spielen, lesen, essen, diskutieren und quatschen – damit verbringt die Esperanto-Runde ihr in der Regel zweistündiges Treffen.

Dabei wird fast ausschließlich Esperanto gesprochen. Anna hat im vergangenen Jahr zahlreiche Kontakte zu Esperanto-Sprechern in der näheren Umgebung von Hannover gepflegt. Dabei sind einige enge Bekanntschaften entstanden, die über regelmäßigen Austausch per E-Mail von Anna aufrechterhalten werden. Wobei es sich meistens um männliche Bekanntschaften handelt. Um weiterhin spontan zu auswärtigen Esperanto-Treffen fahren zu können, hat sich Anna vor ein paar Tagen einen eigenen kleinen Gebrauchtwagen zugelegt.

Sonst hat sich die „Lunda Rondo" gerne mit dem Spiel „Black Stories" vergnügt, bei dem es darum geht, die makabre Ursache ungewöhnlicher Todesfälle zu erraten. Angesichts der grausamen Ermordung ihres Schülers Sebastian hat Anna darum gebeten, bei den nächsten Treffen auf dieses Spiel zu verzichten. Heute Abend einigt sich die Gruppe auf „Wer bin ich?". Anna hat sich ausgedacht, eine berühmte Persönlichkeit zu sein, und die anderen versuchen auf Esperanto durch Ja-Nein-Fragen Annas Identität herauszufinden.

Anna muss zum ersten Mal nach längerer Zeit wieder laut loslachen, als Frank etwas tapsig eine unpassende Frage nach der nächsten stellt.

„Was ist?", fragt Frank, der neben Anna sitzt, leicht irritiert. „Mach ich was falsch?"

„Ach nein, es ist süß, wie du mit großer Ernsthaftigkeit Fragen stellst, die alle voll danebengeh'n", strahlt Anna und legt freundschaftlich einen Arm um Franks Schulter. „Für mich ist es schön, mal zu lachen und an ganz was anderes zu denken."

Gerade ist sie in guter Laune an Frank herangerückt, da bemerkt Anna auf einmal, dass ihr Mann die Kneipe betritt. Carsten Sonnenberg hat die Esperanto-Gruppe gleich entdeckt und starrt widerwillig Frank Müller an.

Carsten Sonnenberg ist zum Geächteten geworden. Aufgrund der Beschuldigungen von Irina hat die Landesschulbehörde ihn bis auf Weiteres vom Dienst suspendiert. Die letzten Tage, die Carsten allein in dem jetzt viel zu großen Haus in Arnum hat verbringen müssen, haben den Schmerz über den Verlust von Anna unerträglich gemacht. Er hat sie mehrfach in ihrer neuen Wohnung angerufen, aber sie ist überaus distanziert gewesen. Carsten weiß nur zu gut, dass seine Frau jeden Montagabend mit ihrer Esperanto-Gruppe im „Café Extrakt" verbringt. Die Vorstellung, dass sie die Abende nicht mit ihm, sondern stattdessen mit dem kleingeistigen Hausmeister zusammen ist, löst Ärger in ihm aus. Und nicht nur bei der „Lunda Rondo" kann Frank Müller Zeit mit Anna verbringen, sondern zusätzlich jeden Tag in der Schule, die inzwischen für Carsten tabu ist.

Carsten hat sich entschlossen, Anna zu treffen. Ihren Aufenthaltsort am heutigen Abend kennt er. Mit seinem silberfarbenen Mazda 3 fährt er von Arnum in die Hannoversche Nordstadt, einem Stadtteil, in dem sich

315

die Leibniz-Universtät befindet und daher viele Studenten wohnen. Im Wohngebiet um das „Café Extrakt" herum sind die kleinen Straßen zugeparkt, sodass Carsten seinen Wagen erst nach einigem Herumfahren zweihundert Meter von der Kneipe entfernt abstellen kann.

Die Kälte registriert er kaum, als er den Wagen verlässt und sich zu Fuß auf den Weg zum „Café Extrakt" macht, in welchem er in der Vergangenheit selten gewesen ist. Durch Anna ist ihm Esperanto vertraut, wobei er die Sprache deutlich besser schreiben als sprechen kann.

Er betritt die Kneipe, aus der ihm ein Geräuschpegel aus angeregten Unterhaltungen und Musik entgegenschlägt. Sofort hat er die Esperanto-Gruppe an einem länglichen Tisch im hinteren Teil der Kneipe entdeckt. Anna hat den Arm um den Hausmeister gelegt. Carsten versucht die Wut zu verdrängen, die zunehmend in ihm aufsteigt. Langsam nähert er sich dem Tisch der Esperantisten. Anna hat ihn offensichtlich erkannt und ihren Arm von Müllers Schulter genommen.

„Was machst du denn hier?", fragt Anna. Müller zeigt sich ebenfalls überrascht.

„Komm zu mir nach Hause. Ich bin immer noch dein Mann", ist Carstens Antwort.

„Carsten, was soll das? Das ist hier jetzt wirklich nicht der richtige Ort für solche Diskussionen!", entgegnet Anna, der die Situation anscheinend unangenehm ist.

„Genau! Hier will ich mich auch nicht unterhalten. Komm einfach mit!", wiederholt Carsten seine Aufforderung.

„Geh, bitte. Zwischen uns ist es aus!", stellt Anna klar. „Endgültig!"

„Komm mit!", wiederholt Carsten. Und mit Blick auf Müller fügt er hinzu: „Das hier ist doch nicht dein Niveau."

Ein Mann Mitte dreißig aus der Esperanto-Gruppe erhebt sich und äußert: „Ich glaube, Sie haben nicht verstanden, dass Anna eindeutig ‚nein' gesagt hat!"

„Was Anna und mich angeht, so ist das uns're Sache", verharrt Carsten auf seiner Linie, ohne in die direkte Konfrontation mit seinem männlichen Gegenüber zu gehen.

„Gibt's hier Stress oder was?", schaltet sich ein junger Mann vom Nebentisch ein. Die Bedienung scheint ebenso gemerkt zu haben, dass sich ein Streit in der Kneipe anbahnt und nähert sich dem Tisch der Esperanto-Gruppe.

„Ich will nicht, dass das hier eskaliert", teilt Anna mit. „Ich komm mit dir vor die Tür, Carsten. Da können wir ein paar Worte miteinander reden. Okay?"

„Willst du das wirklich, Anna?", hakt ihr männlicher Fürsprecher aus der „Lunda Rondo" nach.

„Ja, von meiner Seite ist das in Ordnung", bekräftigt Anna, die anschließend ihren Mann ansieht. Carsten ist mit Annas Vorschlag einverstanden. Nachdem sich Anna ihre Kapuzenjacke angezogen hat, verlässt sie mit ihm die Kneipe.

Der Bedienung hat sie als Stammgast zuvor zugeraunt: „Ich bin gleich wieder da."

Auf dem Fußweg vor dem „Café Extrakt" stellt sich Carsten vor Anna und sagt: „Ich weiß, ich krieg jetzt die Quittung für mein Handeln. … Ja, ja, es stimmt, ich hab Irina angefasst. Aber ich hab ihr nicht bessere Punktzahlen dafür angeboten. … Ich war so einsam und dachte, sie will mich trösten."

317

„Ich möchte das gar nicht hören. Und auf der Straße will ich darüber schon gar nicht reden", begrenzt ihn Anna.

Carsten lässt sich davon nicht beirren: „In den letzten Monaten hab ich mir oft gewünscht, Sebastian würde endlich aus meinem Leben verschwinden, damit die Quälerei aufhört. Aber sein Tod hat mich viel gekostet. Dieses Video mit Irina beendet meine Dienstzeit im Hermann-Hesse-Gymnasium."

Anna wirkt unleidlich, als sie äußert: „Meinetwegen ruf mich morgen Nachmittag an, dann kannst du dich aussprechen."

„Sebastian hat sich in unser Leben gemischt ... und jetzt gibst du dich mit diesem Hausmeister ab", beklagt sich Carsten fast mit weinerlicher Stimme. „Ich habe also nichts mehr zu verlier'n ..."

„Wenn du dich so aufführst wie eben, verspielst du sämtliche Restsympathien bei mir", entgegnet Anna.

Carsten ergreift Annas Schultern mit beiden Händen.

„Ich möchte dich um jeden Preis zurück", verkündet er mit zunehmender Lautstärke. „Was soll ich tun? Ich bin zu allem bereit."

Anna löst sich aus Carstens Händen.

„Es ist zu spät, Carsten. Fahr nach Hause."

Wortlos wendet er sich ab und geht.

Für die Mordkommissionen „Holger" und „Sebastian" bringt dieser 20. Dezember 2011, ein Dienstag, einige neue Erkenntnisse. In ihrem Besprechungsraum im Hauptgebäude der Polizeidirektion Hannover sitzen die Kriminalbeamten Thomas Stelter, Robert Nolte, Andrea Renner, Arif Kimil und Max Quast zusammen. Es werden Informationen abgeglichen und Aufgaben verteilt.

Einen kurzen Moment sind die Gedanken von Stelter bei den Eltern von Sebastian Rokahr. Für beide muss es sehr schwer sein, nicht nur den Tod ihres Sohnes zu verkraften, sondern nach und nach immer mehr Einzelheiten über dessen kriminelle Verhaltensweisen zu erfahren. Die Polizei hat Sebastians Mitschüler intensiv befragt, darunter Roman Janowski, Pawel Tutasz sowie Irina und Alexej Smirnov. Pawel, der unter erheblichem innerlichen Druck steht, hat inzwischen zugegeben, dass er von Kontakten zwischen Sebastian und dem Drogendealer Holger Manthei wusste. Die Polizei zieht derzeit in Erwägung, dass Sebastian mit genau den gefährlichen Kreisen in Berührung gekommen ist, mit denen auch Holger Manthei zu tun hatte. In einigen Punkten müssen sich die Charaktere der beiden Opfer sehr ähnlich gewesen sein. Und in solch kriminellen Kreisen – das weiß Stelter – kann unüberlegt überhebliches Auftreten unter Umständen tödliche Folgen haben.

Ein Mittel, um Konkurrenten auszuschalten, besteht zudem darin, der Polizei belastendes Informationsmaterial über unliebsame Kontrahenten zuzuspielen.

„Wir haben heute einen interessanten Hinweis bekommen, dem wir unbedingt nachgehen müssen", rekapituliert Stelter. „Dieser Miguel Baraja kam mir nie so ganz geheuer vor mit seiner angeblich blütenweißen Weste."

„Das könnte ein gewaltiger Schritt nach vorn sein", bestätigt Kimil. „Und zwar bei der Aufklärung beider Morde."

Nolte macht ein skeptisches Gesicht. „Ist dein Informant wirklich zuverlässig, Arif?", fragt er nach.

Nolte geht die Sache wie immer sachlich-nüchtern an.

Arif Kimil grinst: „Denke schon. Zumal der noch einen weiteren Zeugen benennen konnte."

Der besagte Informant hat Kimil davon unterrichtet, dass sich Miguel Baraja am 2. Oktober, einen Tag bevor Manthei in seiner Wohnung erstochen worden ist, ein hochwertiges Klappkampfmesser gekauft hat.

„Okay", sagt Stelter mit Blick auf Kimil, „diesen Baraja krallen wir uns."

Einige Stunden später sitzen Thomas Stelter und Arif Kimil dem spanischstämmigen Rockgitarristen im Vernehmungszimmer gegenüber. Es hat nicht lange gedauert, bis Kollegen der Schutzpolizei den Verdächtigen aufgegriffen und in die Räumlichkeiten der Kriminalfachinspektion 1.1 K gebracht haben. Das Vernehmungszimmer ist ein nüchterner Raum mit einem Tisch, mehreren Stühlen und einer Einwegscheibe, durch die das Geschehen von einem Nebenraum beobachtet werden kann. Auf dem Tisch befinden sich zwei Mikrofone, die mit Aufzeichnungsgeräten im Nebenraum verbunden sind.

„Was soll das Ganze eigentlich?", bekundet Miguel Baraja seinen Unmut. „Ich habe Ihnen doch bereits alles gesagt, was ich im Zusammenhang mit Holgers Tod weiß."

„Ich glaube, Sie haben etwas Wesentliches vergessen ...", beginnt Stelter.

„Und was soll das sein?", ist Barajas Reaktion.

Kimil schaltet sich ein: „Von zumindest zwei Zeugen wissen wir in der Zwischenzeit, dass Sie sich ausgerechnet am 2. Oktober ein neues hochwertiges Klappkampfmesser besorgt haben."

„Ein Modell für den Militäreinsatz mit einem großen Loch in der Klinge, das sich schnell mit dem Daumen der führenden Hand ausklappen lässt", ergänzt Stelter und unterstreicht damit, dass die Polizei tatsächlich über exakte Informationen der erwähnten Zeugen verfügt.

Kriminalhauptkommissar Stelter mustert Baraja genau. Wie wird der Angesprochene auf diese Vorhaltungen reagieren? Barajas Gesicht nimmt eine blasse Farbe an. Der Gitarrist der „Bösen Jungs" bewegt seine Lippen, ohne ein Wort zu sagen. Er scheint einen inneren Kampf mit sich auszufechten, ob er leugnen oder gestehen soll.

Kimil schaut Stelter mit einem kalten Lächeln an, nickt kurz.

Nach langen Sekunden des Schweigens hat Baraja eine Entscheidung getroffen und sagt mit deutlich leiserer Stimme als zuvor: „Das stimmt schon … Ich hab das Klappmesser gekauft … Aber es ist anders, als Sie denken …"

„Was denken wir denn?", setzt Kimil forsch nach.

„Das liegt ja auf der Hand, dass Sie glauben, ich hätte Holger damit erstochen …"

„Warum haben Sie sich sonst am 2. Oktober, einem Sonntag, ein Klappkampfmesser unter der Hand besorgt?", führt Stelter das Kreuzverhör fort.

„Ist mir klar, dass das ungewöhnlich ist. Aber ich hab das Messer für Holger gekauft …" Baraja stockt, als er merkt, das seine Aussage missverstanden werden könnte, und ergänzt: „Also, ich hab das Messer *im Namen* von Holger gekauft. Er war ein Messerfetischist und hatte genau dieses Modell am 1. Oktober bei dem Kampf mit dem Lehrer vor der ‚Globus-Bar' verloren. Mich hat er dafür verantwortlich gemacht, dass ich ihm nicht rechtzeitig geholfen hätte. Ich hatte versprochen, ihm gleich ein neues von diesen Klappkampfmessern zu besorgen. Und am Sonntag ging das nur ‚unter der Hand'."

„Manthei hat Sie wahrscheinlich nicht zum ersten Mal wie einen dummen Laufburschen behandelt. Das muss doch wütend machen!", behauptet Kimil.

„Na ja …", setzt Baraja an, um dann nicht weiterzusprechen. Stelter geht davon aus, dass Kimils Vermutung in die richtige Richtung geht. Das Verhältnis zwischen Manthei und Baraja war nicht unbelastet.

„Und die ‚Übergabe des Messers' hat dann am 3. Oktober in Mantheis Wohnung stattgefunden?", äußert Kimil, „nachdem Sie Holger zuvor mit einem Elektroschocker zu Fall gebracht hatten."

„Nein, das stimmt nicht! Ich war am 3. Oktober nicht im Ihme-Zentrum! Zur Tatzeit war ich zu Hause", bestreitet Baraja die Behauptung des Kriminalbeamten. „Erst am nächsten Morgen hab ich ihn tot in seiner Wohnung gefunden."

„Wo ist dann das gekaufte Messer geblieben?", erkundigt sich Stelter ruhig, aber bestimmt.

„Das hab ich Holger am Abend des 2. Oktober vor der ‚Globus-Bar' ausgehändigt."

„Gibt es dafür Zeugen?", fragt Stelter unbeirrt weiter.

„Keine Ahnung. Wir haben das nicht so auffällig gemacht." Baraja wirkt verzweifelt, als er sagt: „Verdammt noch mal, ich hab ihn nicht umgebracht! Holger hat das Messer gleich an sich genommen. Das hätte der auch nie mehr aus der Hand gegeben."

„Wir alle wissen, dass bei dem Toten kein Messer gefunden worden ist", bemerkt Stelter.

„Wahrscheinlich hat es der Mörder Holger abgenommen und ihn anschließend damit erstochen", versucht Baraja den Umstand zu erklären.

Natürlich kann es sein, dass der Mörder Holger nach einem Kampf mit dessen eigenem Messer getötet hat, überlegt Stelter. Danach könnte der Täter die Waffe mitgenommen haben.

„Auf jeden Fall ist es wahrscheinlich, dass dieses Klappmesser, das Sie am 2. Oktober gekauft haben, die Tatwaffe ist", hält Stelter fest. Sollte der Täter mit dem Mörder von Sebastian Rokahr identisch sein, könnte das Klappmesser auch in diesem zweiten Mordfall die Tatwaffe gewesen sein.

„Kannten Sie Sebastian Rokahr?", erkundigt sich Stelter und hat den Eindruck, als wenn Baraja leicht zusammenzuckt.

„Dieser tote Schüler aus Linden?! Nein, wie kommen Sie darauf?"

„Ganz einfach. Wir haben rausgefunden, dass Sebastian Rokahr ein Drogenkunde von Holger Manthei war", beantwortet Stelter Barajas Rückfrage.

„Mit Holgers Drogengeschäften hatte ich nichts zu tun. Und Sebastian Rokahr hab ich nie persönlich geseh'n. Ich kenn die ganze Geschichte mit Rokahr nur aus der Zeitung."

„Was haben Sie am 6. Dezember gegen 21 Uhr gemacht?", will Stelter als Nächstes wissen.

„Kann ich auf Anhieb gar nicht sagen … muss ich nachdenken." Baraja macht den Eindruck, als wenn er überlegt. Für Stelter wirkt es so, dass der Befragte auf Zeit spielt. Unvermittelt äußert Baraja: „Aber wie kommen Sie darauf, dass ich was mit diesem zweiten Mord zu tun habe?"

„Weil vermutlich mit dem Messer, das Sie besorgt haben, die Buchstaben MB in den getöteten Sebastian geritzt worden sind. Und bei MB fällt mir ‚Miguel Baraja‘ ein", verkündet Stelter mit einer Selbstverständlichkeit, die den Hardrockmusiker sichtlich in Verlegenheit bringt.

„Hat Sebastian Rokahr Sie möglicherweise mal genauso herablassend behandelt wie Holger Manthei es getan hat? Haben Sie daher ihn – wie zuvor Manthei – für diese Ungeheuerlichkeit bestraft? Als Mann mit spanischen Wurzeln haben Sie schließlich Ihren Stolz!?", spielt Kimil, selbst Polizist mit Migrationshintergrund, etwas mit allseits bekannten kulturellen Klischees. „Außerdem hat der Täter vermutlich Spanisch gesprochen."

Baraja springt auf, gestikuliert wild mit den Armen.

„Seid ihr verrückt, was wollt ihr mir da anhängen? Ich bin doch kein Perverser, der seine Initialien in einen toten Schüler ritzt!"

Mit einer energischen Handbewegung gibt Stelter dem aufgebrachten Baraja zu verstehen, sich wieder hinzusetzen. Baraja lässt sich auf seinen Stuhl fallen, ist allerdings immer noch äußerst unruhig.

„Wenn Sie ein Alibi haben, sind Sie fein raus", verkündet Stelter mit leiser Schärfe. „Aber meine diesbezügliche Frage haben Sie noch nicht beantwortet."

Baraja streicht sich mit den Händen übers Gesicht, beschäftigt sich offenbar eindringlich mit Stelters Frage.

„Ich glaub, ich hab im Sahlkamp mit irgendwelchen Typen über Geschäfte gequatscht … also *Musik*geschäfte", beteuert Baraja. „Kann sein, dass ich zu diesem Zeitpunkt etwas viel gesoffen hatte … und mich deshalb nicht mehr so genau erinnern kann."

„Mit wem Sie zur Tatzeit an welchem Ort gesprochen haben, daran sollten Sie sich aber erinnern", entgegnet Stelter unmissverständlich. „Das ist in Ihrem ureigensten Interesse."

Baraja macht zögernd einige Angaben zu den Männern, mit denen er sich zur Tatzeit im Hannoverschen Stadtteil Sahlkamp aufgehalten haben will. Stelter ist gespannt, ob sich die genannten Männer finden lassen und Barajas Behauptungen bestätigen.

Tridek kvin / Fünfunddreißig

Morde können wirklich zur Belastung für das Liebesleben werden. Als Psychiater ist mir das theoretisch immer bewusst gewesen, aber jetzt spüre ich es am eigenen Leib. Noch im November hat Anna mir mehrfach verdeutlicht, dass sie nicht nur in Sachen Esperanto äußerst leidenschaftlich ist – und das mehrfach mit großem Einfühlungsvermögen. Ihr spürbares Engagement habe ich eindringlich zu würdigen gewusst. Ich muss sagen, dass ich die anregende Beziehung zu Anna überaus ganzheitlich empfinde, da neben meinem Geist auch mein Körper auf angenehme Weise enorm gefordert wird. Der Mord an Sebastian und die ungeklärten Zusammenhänge um das Video mit Carsten Sonnenberg und Irina haben Anna stark mitgenommen. Gegenwärtig ist Anna nicht mehr die aktive Geliebte, sondern eine anlehnungsbedürftige Freundin. Verständlich, aber bedauerlich. Es wird Zeit, dass Klarheit in das ganze Geschehen kommt.

Am heutigen Dienstag, vier Tage vor Heiligabend, betrachte ich Anna in ihrer Rolle als Dozentin des Esperanto-Kurses in der Volkshochschule Hannover. Gelegentliche superschlaue Kommentare von Kursteilnehmer Sven, der weiterhin beharrlich um Annas Aufmerksamkeit buhlt, nehme ich mit Gelassenheit zur Kenntnis.

Der Mann ist keine Konkurrenz mehr im Wettstreit um die Gunst von Anna. Ich spüre, dass Anna viel Energie aufbringen muss, um den Kurs lebendig zu gestalten. Ihre bisherige Quirligkeit wirkt gebremst. Vor dem Kurs hat sie mir anvertraut, dass sie heute

Nachmittag ein unangenehmes Telefonat mit ihrem Mann geführt hat. Ihr Handy hat sie danach ausgeschaltet.

Nach dem Kurs nimmt Anna mein Angebot an, sie nach Hause zu begleiten.

Kaum haben wir ihre Wohnung in der Erderstraße betreten, klingelt das schnurlose Telefon des Festnetzanschlusses. Anna geht zum Mobilteil und nimmt das Gespräch an, obwohl sie schon beim Blick aufs Display das Gesicht verzieht.

„Was willst du, Carsten?", ist ihr erster Satz. „Wir haben doch vorhin schon ausführlich miteinander gesprochen."

Im Folgenden werde ich Zeuge einer Unterhaltung, die Anna zunehmend unter Druck setzt.

Aus ihren Antworten schließe ich, was Carsten von ihr will: „Ich ziehe nicht mehr in Arnum ein!" – „Du kannst mich nicht dafür verantwortlich machen, wenn dir im Moment allein im Haus die Decke auf den Kopf fällt." – „Ich weiß nicht mehr, was ich dir bezüglich Irina glauben soll!"

Ich mache ihr Handzeichen, das Telefonat zu beenden. Schließlich klickt Anna das Gespräch nach einer kurzen Verabschiedung weg. Das Mobilteil knallt sie energisch auf die Basisstation im Wohnzimmer. Ich gehe auf Anna zu, die mitten im Raum steht und erschöpft wirkt.

„Das macht mich echt fertig", stöhnt sie.

Ich nehme sie vorsichtig in den Arm, sie drückt sich fest an mich.

„Ruft er häufiger an?", frage ich und kenne bereits die Antwort.

„Die letzten Tage mehrfach am Tag", bekundet sie. „Ich schwanke immer zwischen Mitleid und Ärger."

Ich küsse sie auf den Mund. Sie erwidert den Kuss mit einer Heftigkeit, die ich in diesem Moment nicht erwartet hätte.

„Ich bin bei dir", gebe ich murmelnd eine Plattitüde von mir, bei der ich erfreut feststelle, dass Anna darauf anschmiegsam reagiert.

„Kannst du mir sagen, wie ich mich verhalten soll?", will sie im Hinblick auf Carsten wissen.

Eine abschließende Antwort habe ich nicht. Aber indem ich sie küsse, zeige ich ihr, welches Verhalten ich mir persönlich in diesem Augenblick wünschen würde.

Anna greift meinen Hinweis ohne viele Worte auf.

„Kannst du über Nacht bleiben?", fragt sie mich.

Anstandslos komme ich ihrem Wunsch nach. Ich werde mich bemühen, Anna in den folgenden Stunden auf andere Gedanken zu bringen.

Den nächsten Abend ist Anna zum zweiten Mal bei mir in meiner Dreizimmerwohnung im Zooviertel. Zwar ist Mittwoch, aber mein Taekwondo-Training fällt heute aus. Wir stehen in der Küche und kümmern uns gemeinsam ums Essen. Tiefkühlpizza mit Salat und Rotwein.

„Ein Gourmet-Menü biete ich dir nicht gerade ...", sage ich mit schuldbewusster Miene, während ich den Backofen für die Pizza vorwärme.

Gerade will Anna antworten, als mein Handy klingelt, das ich immer noch mit einem Clip am Gürtel trage.

„*It's been a hard day's night ...*"

„Wer will denn so spät noch meinen Beatles-Fan sprechen", fragt Anna, die inzwischen mitbekommen hat, dass der Klingelton nicht zufällig gewählt, sondern Ausdruck meiner Begeisterung für die britische Rockband ist.

Eigentlich warte ich auf ein Lebenszeichen von Katharina. Aber es ist Bernd, der anruft und mit dem ich ein paar Worte wechsle.

Die Tiefkühlpizzas landen im Ofen, Anna macht dazu einen Salat, ich öffne die Flasche Rotwein. Als mir Anna in der Küche einen langen Kuss gibt, verspricht mir ihre Zunge für den Verlauf des Abends einen anregenden Nachtisch. Am liebsten würde ich das Hauptgericht überspringen und gleich zum Nachtisch kommen. Ich ziehe Anna fest an mich. Ihre Hände streichen zärtlich durch meine Haare. Ich bekomme den Eindruck, dass Anna den Nachtisch ebenfalls vorverlegen möchte. In solchen Dingen schlage ich Frauen ungern etwas ab. Ich spiele mit dem Gedanken, den Backvorgang der Pizzas zu unterbrechen. Da verkündet mein Handy mit lautem Ton die Ankunft einer SMS, was die vertraute Stimmung schlagartig versaut.

„Wer will denn jetzt schon wieder was von dir?", beschwert sich Anna und löst sich dabei aus meiner Umarmung. „Ein psychiatrischer Notfall?"

Wenn mich die SMS schon aus dem Konzept gebracht hat, dann kann ich auch gucken, von wem sie ist.

Ich drehe mich zur Seite und rufe die Nachricht auf meinem Handy ab. Ausgerechnet jetzt meldet sich Katharina: „Alles Liebe für die Festtage. Aber ich bleibe hier. Kuss K".

Anna, die sich neben mich stellt und auf das Display guckt, hat auf einmal einen merkwürdig schrägen Tonfall: „Wer um alles in der Welt ist K?"

Ich wende mich Anna zu, deren Gesicht eine Nuance von Ablehnung angenommen hat. Im ersten Moment kapiere ich gar nicht, was los ist. Im zweiten Moment habe ich es begriffen: die Eifersuchtsnummer.

Ich werde jetzt schnell eine Erklärung abliefern müssen, wenn ich nicht will, dass der Nachtisch wegen Stimmungstief ausfällt. Von Katharina weiß Anna bisher noch gar nichts. Mir war immer nicht danach, Anna von ihr zu erzählen. Ich hätte es wohl längst tun sollen.

„Was musst du da lange überlegen?", setzt Anna nach, die einen Schritt zurückgeht. „Kennst du mehrere Frauen mit K, die dir Küsse per SMS schicken?"

Zwar hatte ich Beziehungen zu Katrin, Kirsten, Katja und Karola, aber das ist lange her. Zu der Zeit ahnten wir nicht einmal, dass es irgendwann so etwas wie eine Kuss-SMS geben würde.

„Ich muss nicht lange überlegen, wer K ist", stelle ich die Sache klar. „K steht für Katharina."

„Und zu Katharina pflegst du parallel eine engere Beziehung?", setzt Anna nach.

„,Engere Beziehung' stimmt schon, aber Katharina ist nicht eine Geliebte, sondern …"

„Deine Exfrau", wirft Anna temperamentvoll ein.

„Nein, meine Tochter", verbessere ich Anna energisch, die weiterhin ungläubig guckt. „Katharina ist meine 19-jährige Tochter. Und momentan ist sie für ein Jahr als Au-pair-Mädchen in London."

Ich erzähle Anna die Geschichte von meiner Frau und unserer gemeinsamen Tochter. Eine Geschichte ohne Happy End, von der ich ungern berichte. Die Ehe mit meiner Frau war durch Streitigkeiten geprägt, vor vier Jahren erfolgte nach vorheriger Trennung die Scheidung. Katharina, die bei ihrer Mutter blieb, hatte aber weiterhin regelmäßig engen Kontakt zu mir. Zwischenzeitlich waren die gemeinsamen Unternehmungen an jedem zweiten Wochenende – neben der Arbeit im Sozialpsychiatrischen Dienst – mein vorrangigster Lebensinhalt. Diesen Sommer hatte Katharina in Hannover ihr Abitur gemacht und war direkt danach als Au-pair-Mädchen nach London gegangen. In London hatte sie gleich einen jungen Mann kennengelernt und darüber den Kontakt zu mir vernachlässigt. Ich war in eine tiefe Krise geraten, hatte mich rastlos unter Zuhilfenahme zahlreicher Cocktails in einige oberflächliche Frauenbekanntschaften geflüchtet. Erst die Begegnung mit Anna hatte wieder innere Stabilität in mein Leben gebracht.

„Ich dachte immer, Psychiater müssten sich selbst am besten aus Krisen helfen können", kommentiert Anna meine Erzählung.

„Laut Bernd sind Lehrerkinder häufig die schlechtesten Schüler", spiele ich den Ball zurück. Die Sache mit der Selbstheilung ist eben nicht so einfach.

Die Feiertage zwischen Heiligabend und Neujahr wird Katharina komplett mit ihrem neuen Freund in London verbringen. Mein erstes Weihnachten ohne Katharina! Das macht mir zu schaffen. Zumal ich keine Geschwister habe und meine Eltern bereits verstorben sind.

Anna gibt ihre distanzierte Haltung auf und nimmt mich in den Arm.

„Armer, verlassener Papa", sagt sie mit tröstender Stimme. „Aber du hast ja mich."

Das klingt schon wesentlich angenehmer. Es gibt also doch Nachtisch.

Wir halten allerdings die Reihenfolge ein. Als Erstes widmen wir uns dem Hauptgericht, Pizza und Salat, bringen uns auf meinem Sofa mit Rotwein in eine angenehm leichte Stimmung. Zum Nachtisch bleiben wir im Wohnzimmer. Ein stilvoller Ausklang, dessen scharfe Würze meinen Kreislauf mächtig in Schwung bringt.

Anna ist ein absolutes Energiebündel. Nach unserem All-inclusive-Menü verspürt sie noch den Tatendrang, einen Blick auf ihre E-Mails werfen zu wollen. Ich lasse sie an meinen PC im Arbeitszimmer, wo sie im Internet auf die Seite ihres E-Mail-Anbieters geht.

Während ich unsere ausgetrunkenen Weingläser vom Wohnzimmer in die Küche trage, höre ich Anna im Arbeitszimmer schimpfen: „Verdammt noch mal, das gibt's doch nicht!"

Ich komme zu ihr und frage: „Was ist los?"

„Carsten!", stößt sie hervor. „Er hat mir seit heute Nachmittag sechs Mails geschickt, in denen er mich zunehmend unter Druck setzt, zu ihm zurückzukommen. Das ist ja schon Stalking!"

Tridek ses / Sechsunddreißig

Frank Müller hat ein handwerkliches Geschick, das ihm einige Anerkennung eingebracht hat. Der Posten des Hausmeisters passt daher gut zu seinen Fähigkeiten, die er seinem Onkel, dem Bruder seiner Mutter, verdankt. Mit großer Ausdauer hat ihm sein Onkel die wichtigsten handwerklichen Fertigkeiten beigebracht.

Von Carsten Sonnenberg hat Frank nie Anerkennung erhalten. Das ist bei Anna ganz anders. Sie hat Frank stets mit ihrer freundlichen Art das Gefühl vermittelt, dass sie ihn schätzt. In ihrer Umgebung fühlt der Hausmeister sich wohl. Durch sie kommt er darauf, sich mit Esperanto zu beschäftigen. Er hat aufgeschnappt, dass Anna in der Schule immer wieder davon schwärmt, wie gut sich die schnell erlernbare Plansprache dafür eignet, mit anderen Menschen in Kontakt zu kommen. Ihm wäre besonders der nähere Kontakt zu einer Frau wichtig. Mit Frauen ist bei ihm noch nie etwas gelaufen, zumindest was intime Beziehungen angeht. Mit Hilfe von Esperanto lässt sich das vielleicht ändern.

Frank hat viel Zeit, sich im Internet monatelang intensiv mit Selbstlernkursen für Esperanto zu beschäftigen. Fast jeden Abend verbringt er vor dem Computer. Er befasst sich mit Übungen zur Aussprache und zum Hörverständnis, lernt erstaunlich schnell alle grundlegenden Vokabeln und die durchweg logisch aufgebaute Grammatik. Sein Ehrgeiz verhilft ihm dazu, mit der Sprache nach einem Jahr gut umgehen zu können. Anna hat recht. Die Kontaktaufnahme zu anderen Menschen, die ebenfalls Esperanto sprechen, ist einfach. Über das Internet schreibt er sich mit Esperantisten aus der ganzen Welt, sogar mit einigen Frauen. Das motiviert ihn, seine Sprachkenntnisse immer weiter zu verbessern. Irgendwann wird ihm deutlich, dass sich seine Kontakte zu Frauen auf E-Mails beschränken. Den Schritt, sich mit einer der Esperanto-Sprecherinnen persönlich zu treffen, wagt er nicht. Natürlich weiß er, dass gerade die zahlreichen regelmäßigen Esperanto-Kongresse in Deutschland und im Ausland dem persönlichen Austausch dienen sollen. Wie er auf Frauen zugehen kann, hat er nie gelernt. Die einzige enge Beziehung zu einer Frau war die zu seiner alleinerziehenden Mutter.

Frank kann positive Veränderungen bei sich wahrnehmen. Mittels Esperanto ist er in der Lage, persönliche Dinge gegenüber anderen Menschen schriftlich auszudrücken, was ihm sonst auf Deutsch nicht möglich gewesen wäre. Das stärkt sein Selbstwertgefühl.

Eine zentrale Internetseite zum Erlernen von Esperanto und zur weltweiten Kontaktaufnahme mit anderen Esperantisten ist „lernu!". Frank hat die Seite im Internet häufig besucht. Dabei ist ihm nicht verborgen geblieben, dass Anna Sonnenberg dort ebenfalls mit einem „Steckbrief" vertreten ist. Diese schöne freundliche Lehrerin aus seiner Schule, der er sein Eintauchen in „Esperantujo", in das Esperanto-Land, verdankt. Gerne würde er zu dieser wunderbaren Frau, die er jeden Tag in der Schule sieht, näheren Kontakt aufbauen. Mit Unterstützung von Esperanto könnte er es versuchen. Eine abenteuerliche Idee kommt ihm in den Sinn. Wenn Anna ihn für eine Frau hält, würde er sich trauen, ihr zu schreiben. Warum sollte er sich nicht als Frau ausgeben, wenn dadurch alles leichter für ihn wird? Genau das ist es. Ohne Probleme legt Frank im

Internet ein persönliches Profil bei „lernu!" auf den Namen Elka Kovac an. Als Portraitfoto verwendet er das Bild irgendeiner sympathisch wirkenden Frau in den Dreißigern, das er sich aus dem Internet heruntergeladen hat. Die imaginäre Elka lebt in Kroatien, einem Land, von dem Frank weiß, dass Anna dort noch nie gewesen ist. Anna hat einmal geäußert, dass sie sich eigene Kinder wünscht. Elka ist verheiratet und glückliche Mutter von zwei Kindern. Die Landschaft, in der Elka mit ihrer Familie lebt – ein kleiner Ort in der Nähe des Nationalparks Plitvice – ist Frank gut vertraut. Der Nationalpark war eine der prachtvollen Kulissen bei der Verfilmung der Karl-May-Romane um den Apachen-Häuptling Winnetou. Frank hat die Filme schon als Kind geliebt und später im Internet alles über die Drehorte in Kroatien recherchiert.

Unter dem Namen Elka schreibt Frank auf Esperanto eine freundliche Nachricht an Anna: „Ich habe in deinem Profil gelesen, dass du Lehrerin bist. Als Mutter zweier Kinder würde ich gerne mehr darüber erfahren, wie bei euch der Umgang mit Kindern in der Schule ist. ... Wenn du möchtest, kann ich dir etwas über die wunderschöne Landschaft erzählen, in der ich lebe."

Anna hat Interesse an einer Mailbekanntschaft mit Elka. Sie berichtet über ihren Alltag im Hermann-Hesse-Gymnasium und ihre Ehe mit Carsten, möchte Einzelheiten über Elkas Familienleben in Kroatien wissen.

Frank hat sich eine neutrale E-Mail-Adresse bei „AOL.com" zugelegt, sodass Anna nicht erkennt, dass Elkas Nachrichten aus Deutschland versendet werden. Die Bilder über Kroatien oder Elkas vermeintliche Familie holt sich Frank aus dem Internet.

Er teilt Anna mit, dass Elka außer Esperanto lediglich Hrvatski, also Kroatisch, spricht. Ein telefonischer Kontakt steht dabei nie zur Debatte. Für Anna scheint es selbstverständlich zu sein, mit ihrer Mailbekanntschaft nur in schriftlichem Kontakt zu stehen. Ein kurzfristiger Besuch in Kroatien ist nicht zu erwarten.

Frank blüht auf. Es macht ihm Spaß, sich immer neue Geschichten um Elka und ihre Familie auszudenken, die er Anna in seinen Mails mitteilt. Auf Esperanto fällt es ihm leicht, feinfühlig über Geschehnisse der kroatischen Familie zu berichten, die er wirklich gerne selbst erlebt hätte. Er fühlt sich als ein Teil von Elkas Familie, in der das Ehepaar Kovac eine harmonische Ehe führt. Eine angenehme Alternative zur Realität. Sein leiblicher Vater ist vor seiner Geburt gestorben. Das normale Eheleben kennt Frank hauptsächlich aus dem Fernsehen.

Frank schreibt sich alle Einzelheiten aus den fiktiven Lebensläufen der Familie Kovac auf. In einer WORD-Datei auf der Festplatte seines Computers hält er genau tabellarisch fest, was er Anna mitgeteilt hat, um sich nicht in Widersprüche zu verwickeln. Durch Mailkontakte zu einem kroatischen Esperantisten informiert sich Frank über den Alltag in Kroatien.

Im Hermann-Hesse-Gymnasium kommt Anna regelmäßig auf Frank in seiner Hausmeisterloge zu. In einigen der kurzen Gespräche hat Frank erwähnt, dass er sich über Selbstlernkurse im Internet ausgiebig mit Esperanto beschäftigt. Er hat sofort gemerkt, dass Anna sich darüber freut. Sie hat ihm noch einige gute Tipps zu Büchern und DVDs auf Esperanto gegeben.

An einem Nachmittag nach Unterrichtsschluss steht Anna wieder vor der Hausmeisterloge und spricht Frank an: „Hallo Herr Müller, Sie haben mir doch von

Ihren Esperanto-Fortschritten im Internet erzählt. Für mich war es immer sehr hilfreich, die Sprache im persönlichen Kontakt mit anderen Menschen anzuwenden. Hätten Sie nicht mal Lust, mit zu einem der Treffen der Hannoverschen Esperantisten zu kommen? Das Ganze findet jeden Montag in einer gemütlichen Kneipe statt und nennt sich ‚Lunda Rondo'."

„Das ist nett, dass Sie an mich denken, Frau Sonnenberg", ist Franks Reaktion, den dieses Angebot völlig überrascht. „Aber was für Leute kommen denn dorthin? Ich weiß gar nicht, ob ich da reinpasse."

Anna beschreibt den Teilnehmerkreis der „Lunda Rondo" und den jeweiligen Ablauf der Treffen. Frank ist skeptisch, ob er wirklich zur „Lunda Rondo" gehen sollte. Andererseits spürt er, dass Annas Angebot nicht Ausdruck von Mitleid ist, sondern dass sie sich tatsächlich freuen würde, wenn er käme. Er sagt ihr, dass er sich die Sache mit der „Lunda Rondo" auf jeden Fall durch den Kopf gehen lässt.

Nach anfänglichem Zögern entschließt er sich, in der darauffolgenden Woche Anna und die anderen Teilnehmer der Esperanto-Runde erstmals im „Café Extrakt" zu treffen.

Tridek sep / Siebenunddreißig

Miguel Baraja steuert seinen Wagen am Ostufer des Maschsees entlang Richtung Hannover-Döhren. An einem großen Stand direkt am Rudolf-von-Bennigsen-Ufer werden noch massenhaft Weihnachtsbäume zum Verkauf angeboten. Es ist Donnerstag, 22. Dezember 2011. Jetzt, gegen 18:30 Uhr, hält sich der Autoverkehr auf der mehrspurigen Straße neben dem Maschsee in angenehmen Grenzen.

Neben Miguel sitzt der dreißigjährige Philipp Mucha, durchtrainiert und dunkelhaarig, dem er es zu verdanken hat, dass die Mordkommission um Kommissar Stelter ihn erst einmal in Ruhe lässt. Philipp und dessen Kompagnon Oliver haben der Polizei bestätigt, dass Miguel für den Zeitraum, in dem Sebastian Rokahr in seiner Lindener Wohnung ermordet worden ist, ein Alibi hat. Die beiden Männer haben bezeugt, dass sie an jenem Abend mit Miguel zusammen im Stadtteil Sahlkamp gefeiert haben. Ihren Angaben zufolge wäre dabei über mögliche zukünftige Musikgeschäfte geredet worden. Tatsächlich haben Philipp und Oliver offiziell mit der Musikbranche zu tun, aber in Wirklichkeit ging es bei dem Treffen mit Miguel um ganz andere Geschäfte. Vorgestern, am Ende seines Verhörs durch Stelter, hat Miguel schon befürchtet, dass er von Philipp als Geschäftspartner wieder fallen gelassen wird, wenn dieser durch ihn die Polizei ins Haus bekommt. Aber Philipp und Oliver haben die polizeiliche Befragung mit vordergründiger Freundlichkeit problemlos hinter sich gebracht. Der Kontakt zu Miguel scheint Philipp nicht zu „heiß" geworden zu sein.

Durch seine neuen Geschäftspartner, die zur Investition ansehnlicher Geldbeträge in der Lage sind, hat Miguel die Chance, im Drogenhandel demnächst in einer weitaus höheren finanziellen Liga mitzuspielen. Die mageren Zeiten als Musiker bei den „Bösen Jungs" sind damit endgültig vorbei.

Philipp und Oliver haben Verbindungen zu den albanischen Händlern, mit denen bereits Miguel und Holger Manthei in der Vergangenheit zu tun hatten. Die Albaner schleusen in beträchtlichem Umfang Drogen unterschiedlichster Art in Hannover und anderen deutschen Großstädten ein.

In einer halben Stunde werden sich Miguel und Philipp mit den Albanern zur Abwicklung einer größeren Transaktion treffen. Im Kofferraum seines Wagens liegt ein unauffälliger Rucksack, in dem sich das Geld für den geplanten Kauf befindet.

„Du weißt, wie du fahren musst?!", versichert sich Philipp. „Wir sollten etwas früher am Treffpunkt sein, damit wir uns vorher in aller Ruhe umsehen können."

„Schon klar", entgegnet Miguel, der sich durch Philipps Frage an Holgers Art erinnert fühlt. Aber es ist ein unpassender Moment, um beleidigt zu reagieren.

Seit November hat sich die Situation im Rotlichtviertel von Hannover verändert. Frank Hanebuth, Bordellbesitzer und Präsident des Motorrad- und Rockerclubs „Hells Angels" in Hannover, hat seinen privaten Türsteher- und Sicherheitsdienst vom Steintor abgezogen. Seitdem bemüht sich die Hannoversche Polizei vermehrt um Präsenz auf dem Kiez. Was das genau für Miguels Geschäfte bedeutet, ist noch nicht absehbar. Heute ist auf dem Parkplatz „Am Marstall" ein Container für die neue Polizeiwache am Steintor aufgestellt worden, die morgen durch Polizeipräsident Brockmann eröffnet wird.

Das Rudolf-von-Bennigsen-Ufer geht im Stadtteil Döhren in die Schützenallee über. Miguel biegt rechts in die Brückstraße ein, über die er Hannover verlässt und kurze Zeit später Hemmingen-Westerfeld erreicht, den nördlichsten Teil der Stadt Hemmingen. Der 5,32 km² große Stadtteil Hemmingen-Westerfeld mit seinen über 7.100 Einwohnern ist ein beliebtes Wohngebiet am südlichen Rand von Hannover.

Das Ziel von Miguel und Philipp ist der abgelegene große Parkplatz Hohe Bünte, an den das Hemminger Hallenbad mit Sauna, das Jugend-Kultur-Haus, die Sporthalle und die Kooperative Gesamtschule grenzen. Der Parkplatz bietet den jeweiligen Besuchern die Möglichkeit, ihre Autos in mehreren parallelen Reihen abzustellen.

Heute ist der letzte Schultag gewesen. Auf dem Parkplatz stehen gut verteilt einige Wagen, bis auf einen kleinen Lieferwagen einer Sanitär- und Heizungsfirma die üblichen Limousinen und Kombifahrzeuge. Einige Straßenlaternen an den Rändern des Parkplatzes spenden genügend Licht, damit Besucher trotz abendlicher Dunkelheit problemlos ihre Wagen wiederfinden können.

Miguel bringt seinen Wagen in einem der Seitenbereiche des Parkplatzes zum Stehen. Es ist 18:45 Uhr. Philipp und er mustern die Umgebung genau. Das Bad hat noch bis 20 Uhr geöffnet, die Sauna sogar bis 21:30 Uhr. Zwei Männer, jeweils mit einer Sporttasche in der Hand, nähern sich vom Hallenbad dem Parkplatz, bleiben stehen, verabschieden sich voneinander und steigen in ihre abgestellten Autos. Kurze Zeit später fahren sie vom Parkplatz. Es ist nicht ungewöhnlich, wenn sich Männer mit Rucksäcken oder Sporttaschen auf dem Parkplatz treffen, miteinander reden und wieder auseinandergehen. Vor allem, wenn es ganz offensichtlich passiert. Das läuft hier ständig ab, ohne dass jemand Verdacht schöpfen würde, dass unter Umständen illegale Geschäfte getätigt werden. Von den angrenzenden Gebäuden ist der Parkplatz nicht einzusehen – außer vom Hallenbad, das etwas erhöht auf einem kleinen Hang liegt. Dieser Standort außerhalb der Großstadt Hannover ist günstig gewählt.

„Alles unauffällig", raunt Miguel seinem Geschäftspartner Phillip zu. Zwei Lichtkegel tauchen an der Einfahrt des Parkplatzes auf. Ein silberfarbener Mercedes, in dem zwei Männer sitzen, fährt an Miguels Wagen vorbei und parkt in der Reihe gegenüber.

„Das müssen sie sein", bemerkt Philipp, der keine Anstalten macht, den Wagen zu verlassen.

Die Insassen des Mercedes bleiben ebenfalls im Wagen und scheinen von dort die Lage zu sondieren. Kurz vor 19 Uhr gibt Philipp das Kommando: „Wie besprochen. Wir gehen jetzt rüber zu den Albanern. Ich werfe einen Blick auf den Stoff. Wenn ich dir das Zeichen gebe, gibst du denen das Geld."

Miguel nickt, steigt aus, öffnet den Kofferraum und tut so, als ob er dort noch etwas zusammenpacken müsste. Währenddessen schlendert Philipp bereits Richtung silberfarbener Mercedes. Dessen Fahrer verlässt den Wagen und begrüßt Philipp wie einen Bekannten. Sollte einer der Besucher des Hallenbades zufällig dorthin gucken, wird er – angesichts der Dunkelheit und der Entfernung – den Schauplatz höchstens schemenhaft erkennen können. Eine ganz normale Szene.

Philipp steigt in den Wagen eines vermeintlichen Bekannten. In dem Wagen scheint er einen zweiten Bekannten zu begrüßen.

341

Miguel hat den Rucksack aus dem Kofferraum seines Autos geholt. Er verriegelt den Wagen mit der Fernbedienung und nähert sich dem Mercedes. Alles läuft nach Plan.

Miguel weiß, dass Philipp im Mercedes einen kurzen Blick auf die Ware wirft. Eine Prüfung der Qualität ist unter diesen Bedingungen unmöglich. In gleicher Weise werden die Albaner das Geld im Rucksack nur flüchtig in Augenschein nehmen.

„Bei Geschäften auf diesem Niveau müssen sich beide Seiten gegenseitig vertrauen können", hat Philipp vor dem Losfahren die Spielregeln erklärt. „Ein Bescheißen des anderen zieht nur gewaltigen Stress nach sich … und verdirbt in Zukunft das eigene Geschäft. Schließlich wollen wir weiterhin gut miteinander klarkommen." Insofern ist nicht zu befürchten, von den Albanern minderwertigen Stoff einzukaufen.

Philipp steigt mit einer Sporttasche in der Hand aus dem Mercedes aus und nickt Miguel zu. Das verabredete Zeichen, den Rucksack mit dem Geld zu übergeben. Miguel schüttelt dem Mercedesfahrer die Hand, wie es unter Bekannten üblich ist. Dann beugt er sich über die Fahrerseite in den Wagen, legt dabei den Rucksack auf dem leeren Autositz ab und begrüßt den Beifahrer. Der Mann im Wagen schaut in den wie zufällig abgestellten Rucksack. Nachdem er den Inhalt mit der Hand geprüft hat, lächelt er zufrieden.

„Alles okay, Freund", ist sein Kommentar. „Bin sehr zufrieden mit unser'm Treffen."

Philipp winkt Miguel, der die Sporttasche anstarrt.

„Na, dann geh'n wir mal wieder", verkündet Philipp und winkt den Albanern wie guten Bekannten zu.

Die Schiebetür des Lieferwagens, der einige Meter entfernt parkt, öffnet sich mit einem Ruck. Mehrere mit

Sturmhauben maskierte Männer springen heraus, die Maschinenpistolen im Anschlag. Die Maskierten schreien sofort: „Hände hoch! Stehen bleiben! Polizei!"

Miguel erfasst die Situation. Verrat! Eine Falle! Wohin flüchten?

Hinter Miguels Wagen tauchen plötzlich weitere bewaffnete Polizisten auf. Die Laternen verwandeln das Geschehen in eine gespenstische Szene. Es gibt kein Entrinnen.

„Die haben uns erwartet!", tobt Philipp.

Einige Polizisten haben inzwischen die beiden Albaner umringt, die sich anschließend mit den Händen nach vorn an den Mercedes lehnen müssen. Beim Abtasten der albanischen Drogenlieferanten findet die Polizei jeweils eine Pistole.

„Keine Bewegung!", tönt es Miguel von der Polizei entgegen.

Der bleibt auf der Stelle stehen und hebt die Hände: „Schon gut, nicht schießen!"

Miguel und Philipp werden ebenfalls durchsucht. Sie haben keine Schusswaffe bei sich. Dann klicken Handschellen.

„Das hat sich gelohnt", ruft einer der Polizisten.

„Verdammt", flucht Miguel, der langsam realisiert, dass er in nächster Zeit keine Geschäfte mehr abwickeln wird.

Am nächsten Vormittag hört Kriminalhauptkommissar Stelter in seiner Dienststelle in der Waterloostraße 9 einige äußerst interessante Neuigkeiten, die ihm sein Kollege Kimil mitteilt.

Spezialkräften des Landeskriminalamtes ist gestern Abend ein erfolgreicher Schlag gegen einen überregionalen Rauschgiftring geglückt. In Hannover, Braunschweig und Düsseldorf wurden zeitgleich einige Räumlichkeiten albanischer Geschäftsleute durchsucht, in denen beträchtliche Mengen unterschiedlicher Drogen sichergestellt werden konnten. Das LKA hatte die Bande bereits seit Längerem im Visier und dort verdeckte Ermittler eingeschleust, die wiederum davon erfahren hatten, dass eine Drogenübergabe in großem Stil auf dem Parkplatz Hohe Bünte in Hemmingen-Westerfeld geplant war. Beamte des LKA hatten sich offenbar an verschiedenen Stellen auf die Lauer gelegt und das Geschehen auf dem Parkplatz sogar vom Hallenbad aus beobachtet. Dabei konnten sie die Drogenhändler auf frischer Tat verhaften und mehrere Kilogramm Kokain beschlagnahmen. Einer der verhafteten Drogenhändler war Miguel Baraja. Ein anderer Philipp Mucha, dem Baraja sein Alibi im Mordfall Sebastian Rokahr verdankt.

„Ich hatte immer das Gefühl, dass Baraja was mit Drogenhandel zu tun hat", brummt Stelter befriedigt. „Jetzt können wir davon ausgehen, dass er mit Holger Manthei eng zusammengearbeitet hat."

Tridek ok / Achtunddreißig

Bereits bei seinem ersten Besuch der „Lunda Rondo" fühlt sich Frank Müller im Kreis der Hannoverschen Esperantisten vollkommen wohl. An dem Abend diskutiert die Gruppe über „Inkubus", einen komplett auf Esperanto gedrehten US-amerikanischen Spielfilm mit William Shatner in der Hauptrolle. Frank kennt den Film und kann sich an der Diskussion beteiligen. Die Atmosphäre ist locker und humorvoll. Wie unter Esperantisten üblich, wird Frank von Anna Sonnenberg und den anderen Teilnehmern das „Du" angeboten, was Frank gerne annimmt. Auf einmal ist er Anna ein großes Stück nähergekommen. Die Lehrerin behält das „Du" auch im Hermann-Hesse-Gymnasium bei, womit selbst die kurzen Gespräche mit Anna an der Hausmeisterloge für Frank eine vertraute Note bekommen.

Frank kommt regelmäßig zur Montagsrunde der Esperanto-Sprecher. Anna erzählt davon, dass sie das Fantasy-Buch „La mastro de l' ringoj – Der Herr der Ringe" von Tolkien liebt, welches sie auch in ihrer Esperanto-AG in der Schule durchnimmt. Frank lässt sich von Annas Begeisterung für fabelhafte Wesen und Krieger einer vorgeschichtlichen Welt anstecken. Er kauft sich das Buch und taucht abends in diese fantastische Welt ein, in der aufrechte Krieger gegen Geschöpfe des Bösen kämpfen.

In seiner Identität als Elka Kovac erfährt Frank von Anna per E-Mail, dass die Ehe der Sonnenbergs zunehmend in eine Krise gerät. Anna kommt mit der Art ihres Mannes Carsten nicht mehr zurecht, sie lebt nur noch neben ihm her.

In den nächsten Monaten wird Frank klar, dass Anna sich von ihrem Mann trennen wird. Sie wirkt in dieser Hinsicht entschlossen. Wie wird sie ihr Leben gestalten, wenn sie nicht mehr mit Carsten zusammen ist?

Frank gefällt es, als Anna in der Schule zu ihm sagt: „Find ich toll, dass du jetzt auch zur ‚Lunda Rondo' kommst. Und deine Sprachkenntnisse aus dem Internet sind enorm!"

„Danke, dass du mich zur ‚Lunda Rondo' eingeladen hast", ist seine ehrliche Antwort.

Es wird Frank bewusst, dass zwischen ihm und Anna viel mehr ist, als er anfangs gedacht hat. Er kann die winzigen Signale entschlüsseln, die sie ihm auf ganz unscheinbare Weise übermittelt. Manchmal ist es nur ein Lächeln, eine kleine Bewegung mit ihrer Hand oder ein einzelnes Wort. Natürlich bewahrt sie gegenüber ihrer Umwelt die Loyalität gegenüber ihrem Mann, zeigt ihre Zuneigung für Frank nur versteckt. Anna spricht nicht darüber, wie es mit ihnen weitergehen wird – noch nicht. Die Zeit, offen darüber zu reden, kommt frühestens, wenn sie Carsten verlassen hat.

Die Mailbekanntschaft zwischen Anna und Elka wird intensiver. Je geringer die Berührungspunkte mit Carsten werden, desto mehr teilt sich Anna ihrer kroatischen Bekannten mit.

Frank erfährt, dass Anna fantasievolle Masken sammelt, die in ihrem Haus in Arnum die Wände schmücken. Zur Bedeutung einiger dieser Masken, die aus ganz unterschiedlichen Teilen der Welt stammen, kennt Anna interessante Geschichten. Zur „Lunda Rondo" hat Anna schon einmal eine afrikanische Holzmaske mitgebracht. Falls sich die Möglichkeit ergibt, würde er ihr gerne eine Maske schenken.

Franks Gedanken formen sich auf Esperanto, sobald er zu Hause vor dem Computer in die Welt der Plansprache, in „Esperantujo", eintaucht. Gelegentlich kommentiert er seine eigenen Gedanken, spricht automatisch Esperanto vor sich hin. Deutsch bleibt die Sprache seiner Alltagswelt im Hermann-Hesse-Gymnasium.

Im September durchlebt Frank sein bisher schlimmstes Erlebnis. Auf dem Rückweg von einem Kinobesuch wird er in einer öffentlichen Toilette überfallen. Völlig unerwartet bedroht ihn ein maskierter Mann mit einem Messer, zwingt ihn, sein Portemonnaie herauszugeben. Frank hat fürchterliche Angst, tut, was der Mann von ihm verlangt. Trotzdem tritt ihm der Maskierte voller Wucht in den Unterleib. Frank stürzt nach hinten, krümmt sich schmerzerfüllt auf dem uringetränkten Boden. Selbst als der Schmerz nachlässt, fühlt er sich unendlich gedemütigt. Er hat nie jemandem etwas getan. Immer hat er sich bemüht, es anderen recht zu machen. Oft genug hat er sogar die Kaugummis vom Fußboden der Schule gekratzt, obwohl das gar nicht seine Aufgabe ist. Wieso trifft so ein Überfall ausgerechnet ihn? Er ist sonst nicht der Typ, der sich in gefährlichen Gegenden herumtreibt oder leichtsinnig sein Portemonnaie zur Schau trägt. Wieder wird seine Gutwilligkeit ausgenutzt. Es ist eine Gemeinheit! Frank kommt der Forderung des Maskierten nach und wird trotzdem von ihm misshandelt. Die Gerechtigkeit muss sich der Gewalt beugen.

Frank fasst den Entschluss, sich nie wieder hilflos einer solchen Situation auszusetzen. Beim nächsten Mal wird er einem Angreifer etwas entgegenzusetzen haben. Er besorgt sich zwei Kurzhanteln, mit denen er seine Armmuskeln trainieren will. Dann kommt ihm ein weiterer Gedanke: er braucht eine Waffe, mit der er sich verteidigen kann – ohne befürchten zu müssen, damit andere ernsthaft körperlich verletzen zu können. Da fällt ihm sein inzwischen verstorbener Onkel ein, der sich stets um Franks Sicherheit gesorgt hat. Von diesem hat Frank vor einigen Jahren zur Verteidigung einen Elektroschocker geschenkt bekommen. Ein Modell, das sich als Kamerahandy mit Display tarnt, jedoch ein hochwirksamer Elektroschocker ist. Das Gerät hat jahrelang unbenutzt bei Frank im Schrank gelegen. Zu seinem Bedauern liest er im Internet, dass die Benutzung dieses Modells in Deutschland nicht mehr erlaubt ist. Schert sich allerdings ein Angreifer um Verbote? Eine Gürteltasche für das vermeintliche Kamerahandy ist damals gleich dabeigewesen. Völlig unauffällig kann Frank jetzt die Waffe jederzeit am Gürtel bei sich tragen. Das Tragen der Waffe baut Franks Selbstgefühl wieder auf. Er kann durch die Straßen gehen und sich notfalls verteidigen.

Am Tag des Überfalls in der öffentlichen Toilette hat ihn eine E-Mail von Anna an Elka erreicht, die ihm zeigt, dass er nicht der Einzige ist, der mit Ungerechtigkeiten zu tun hat.

„Gestern hat mich in der Schule eine Kollegin tief verletzt" schreibt Anna über einen Angriff von Annette Schwarzenbacher. „Sie hat mir vorgeworfen, dass ich mit meiner Esperanto-AG die Zeit meiner Schüler vergeuden und ihnen sogar schaden würde. Ich habe deswegen nachts ganz schlecht geschlafen."

Ausgerechnet Anna, die sich für die Zukunft ihrer Schüler total engagiert, wirft die missgünstige Schwarzenbacher vor, dass sie den Teilnehmern der Esperanto-AG Schaden zufügt! Frank verspürt Ärger über diese Ungerechtigkeit, die er nicht hinnehmen will.

Solchen Angriffen auf Anna muss er Widerstand entgegensetzen. Die Schwarzenbacher hat einen Denkzettel verdient!

Die Adresse der verwitweten alleinlebenden Lehrerin ist schnell gefunden. Im Telefonbuch von Hannover gibt es den süddeutschen Namen „Schwarzenbacher" nur einmal, die Anschrift im Hannoverschen Stadtteil Bothfeld steht dabei.

Über den Internetdienst „Street View" schaut sich Frank Bilder der näheren Umgebung von Annette Schwarzenbachers Haus in Bothfeld an. Seine Prüfung ergibt, dass die örtlichen Verhältnisse sich gut für seinen Plan eignen.

Der Mann, der ihn vor zwei Wochen in der öffentlichen Toilette überfiel, trug eine Sturmmaske. In einem Motorradladen besorgt sich Frank einen ähnlichen Gesichtsschutz.

Es ist Ende September. Am späten Abend fährt er mit seinem grauen Renault Clio Kombi nach Bothfeld, parkt einige Straßen entfernt von Annettes Haus. Als Spaziergänger in der Dunkelheit fällt er nicht auf. Seine Sturmmaske verwahrt er unter seiner Jacke. Es steht ein Wohnhaus mit Garten neben dem anderen. Um diese Zeit sind hier fast keine Menschen mehr auf der Straße. Frank nähert sich der Doppelhaushälfte, in der Annette wohnt. Ihr Auto, ein silberner Ford Fiesta, steht gut sichtbar unter einem Carport. Es kommt ihm lächerlich vor, sich die Maske aufzusetzen. Das ist überhaupt nicht notwendig und macht ihn nur verdächtig. Also verzichtet er darauf. Während der Unternehmung schießen ihm die Gedanken auf Esperanto durch den Kopf. Man darf sich nicht alles gefallen lassen! Unbeobachtet ritzt er mit einem Nagel FEK in den Lack der Fahrertür – „Scheiße" auf Esperanto.

Auf der Rückfahrt nach Hause fühlt Frank eine Genugtuung über das, was er geschafft hat. Zum ersten Mal hat er sich merklich gegen eine Ungerechtigkeit gewehrt. Und er hat es für Anna getan. Aber das behält er für sich.

Die Angriffe auf Anna in der Schule sind damit nicht beendet. Per E-Mail erfährt er, dass sich Annette Schwarzenbacher mit ihrer Lehrerkollegin Karin Engelke-Reimann verbündet. Die geht noch weitaus gemeiner als Annette gegen Anna vor. Im Lehrerzimmer verleumdet sie die entsetzte Anna vor den anderen Kollegen.

Aber jetzt weiß Frank, wie er solchen Anfeindungen entgegentreten muss. Karins Adresse ziert im Telefonbuch ihren Doppelnamen Engelke-Reimann. Vier Tage nachdem er Annette bestraft hat, geht er nach dem gleichen Muster gegen Karin vor. Schon im Internet hat er bei „Street View" gesehen, dass Karin über eine Doppelgarage verfügt. An ihr Auto wird er vermutlich nicht herankommen. Insofern muss er das Ziel seines Vergeltungsschlags ändern, was den Plan für ihn waghalsiger macht.

„Fiporko!", flucht Frank, was so viel wie „Dreckschwein" bedeutet. Und dass Karin ein „fiporko" ist, das soll ihre ganze Nachbarschaft erfahren.

Karin und ihr Mann wohnen in Ricklingen, einem ruhigen Außenbezirk im Südwesten von Hannover. Frank macht sich spätabends mit seinem Wagen auf den Weg dorthin. Als unscheinbarer Fußgänger nähert er sich dem Grundstück der Lehrerin. In einer Innentasche seiner Jacke transportiert er die Spraydose. Dieses Mal braucht die Umsetzung der Bestrafung mehr Zeit. Aber es klappt! Ohne entdeckt zu werden, sprayt er an die Wand von Karins Doppelgarage: FIPORKO.

Karin ist selbst schuld. Niemand vergreift sich ungestraft an seiner Anna.

Es wird nicht mehr lange dauern, bis Anna ihre Zuneigung zu Frank öffentlich macht. Aber er hat Zeit zu warten, da er weiß, dass Anna ganz zu ihm kommt. Nächsten Monat möchte er die Herbstferien nutzen, um ein paar Tage im Oktober zu verreisen. Die Reise wird er dazu nutzen, für Anna ein großartiges Geschenk zu kaufen – schon für Weihnachten. Noch wird er alleine reisen, aber nächstes Jahr begleitet sie ihn. Sie kann stolz auf ihn sein. Wie einer der aufrichtigen Krieger, die für die Gerechtigkeit eintreten, kämpft er für sie. In Gedanken nimmt er auf Esperanto einen neuen Namen an: Batalanto. Denn er ist ihr Batalanto – zu Deutsch: ihr Krieger.

Der Batalanto denkt und spricht nur Esperanto, was ihm den Vorteil bietet, sich weitaus mehr zuzutrauen als er früher für möglich gehalten hätte.

Daneben existiert weiterhin Frank Müller, der das kommende lange Wochenende vom 1. bis 3. Oktober plant. Am Sonntag, dem 2. Oktober, wird er in der AWD-Arena sein, das Fußball-Bundesligaspiel Hannover 96 gegen Werder Bremen live miterleben. Am Montag, dem 3. Oktober, fällt die „Lunda Rondo" wegen des „Tages der Deutschen Einheit" aus.

Heute, am Samstag, dem 1. Oktober, muss er sich mit seinem PC beschäftigen. Am Freitagabend hat er bemerkt, dass er nicht mehr ins Internet kommt. Seine Verbindung zu Anna ist unterbrochen. Sollte sie eine E-Mail geschickt haben, so kann er sie momentan nicht lesen.

Die Reparatur zieht sich über den ganzen Tag hin. Erst probiert er es selbst, dann ruft er (nach den Einkäufen für das lange Wochenende) die Hotline an, schließlich kommt abends noch ein Notdienst in seine Wohnung. Endlich ist die Verbindung zum Internet wiederhergestellt. Leicht beunruhigt liest er eine E-Mail, die Anna noch gestern am späten Abend an Elka geschickt hat.

„Wir beide", schreibt Anna – und damit meint sie Bernd Kramer und sich, „suchen morgen Abend einen ehemaligen Schüler von uns im Rotlichtviertel auf." Dabei handelt es sich um ein Ex-Mitglied der Hard-rock-Band „Böse Jungs", der schlechten Einfluss auf die Schüler des Hermann-Hesse-Gymnasiums aus-üben soll. Geht es dabei etwa um Drogen? Zusammen mit Bernd will Anna mit dem ehemaligen Schüler aus-gerechnet in der „Globus-Bar" sprechen. „Drück uns mal die Daumen, dass wir mit unserem Gespräch Er-folg haben", schreibt sie am Schluss ihrer E-Mail.

Frank macht sich Sorgen um Anna. Elka sendet ihr noch eine Nachricht, dass sie die Aktion lieber abbla-sen sollte. Aber dazu ist es wahrscheinlich schon zu spät. Anna wird Elkas E-Mail nicht mehr lesen.

Frank überlegt zum Steintor zu fahren, um Anna dort zu beschützen. Wie würde sie reagieren, wenn er persönlich vor der „Globus-Bar" auftaucht? Der Bata-lanto hat bisher nur im Verborgenen gehandelt und ist nie in die offene Auseinandersetzung gegangen. Im-merhin ist Bernd Kramer bei ihr, der über jahrelange Kampfsporterfahrung verfügt. Bernd ist das Austra-gen von Konflikten gewöhnt. In dieser Hinsicht hat er sicherlich mehr als Frank zu bieten. Für Frank ist Bernd ein Bundesgenosse, dem gleichfalls Annas Si-cherheit am Herzen liegt. Bernd hat Anna in der Schule zu jeder Zeit unterstützt. Was für Frank kein Grund zur Eifersucht ist, denn Bernds Motive Anna gegen-über sind rein kollegialer Art. Frank entschließt sich, heute Abend Annas Schutz vollständig seinem Bundesgenossen Bernd zu überlassen.

Unruhig geht er in seiner Wohnung von einem Zimmer ins andere. Zwischendurch schaut er auf den Bildschirm seines Computers, um zu überprüfen, ob eine E-Mail von Anna eingegangen ist. Die Zeit vergeht langsamer als sonst. Ist sein Abwarten zu Hause die richtige Entscheidung?

Gegen 23 Uhr meldet sich Anna bei Elka. Sie schreibt, dass der heutige Abend der „absolute Horror" für sie gewesen ist. Frank erschrickt zutiefst. Dieser Holger hat sie mit einem Messer bedroht. Und Bernd hat mit dem Kerl sogar auf offener Straße gekämpft.

Anna muss im Moment fürchterlich unter Druck stehen. „Ich habe jetzt wirklich Angst, dass dieser Holger uns etwas antun könnte", teilt sie Elka mit.

Frank fühlt mit Anna, kann sich gut in ihre Ängste hineinversetzen. Die weichen, tröstenden Anteile von Elka werden mobilisiert, die ihn in die Lage versetzen, Anna in beruhigenden Sätzen zu antworten.

Nachdem es Elka gelungen ist, Anna Trost zu spenden, meldet sich der Batalanto mit zunehmender Heftigkeit. Er hatte vollständig auf die Beschützerqualitäten seines Bundesgenossen Bernd gesetzt. Eine schwerwiegende Fehleinschätzung. Bernd hat es nicht geschafft, Anna vor diesem Holger ausreichend zu beschützen. Sie wurde mit einem Messer bedroht und muss immer noch Angst haben, dass Holger ihr etwas antut. Bernd wird diese Bedrohung nicht aus der Welt schaffen. Der Batalanto muss die Sache wiedergutmachen und Annas Peiniger einen Denkzettel verpassen.

Anna hat in ihren E-Mails wichtige Hinweise auf die Identität ihres Peinigers gegeben. Er heißt Holger, ist

353

ehemaliger Schüler des Hermann-Hesse-Gymnasiums und Ex-Mitglied der „Bösen Jungs". Über die Homepage der Hardrock-Band findet Frank Holgers Nachnamen und sein ungefähres aktuelles Aussehen heraus. Holger Mantheis Hannoversche Adresse steht allerdings weder im Telefonbuch noch im Internet. Doch die lässt sich herausbekommen. Holger soll die Abende an Wochenenden und Feiertagen meistens in der „Globus-Bar" verbringen.

Am Sonntagabend, 2. Oktober, parkt ein grauer Renault Clio Kombi in der Nähe des Eingangs der „Globus-Bar". Der Batalanto sitzt geduldig im Wagen und wartet. Er sieht, wie Holger Manthei vor der „Globus-Bar" einen südländisch wirkenden Mann trifft. Der Homepage der „Bösen Jungs" zufolge muss es sich dabei um den Gitarristen Miguel Baraja handeln. Er übergibt Holger etwas, für das dieser bezahlt. Frank kann nicht genau erkennen, was es ist. Dann verabschiedet sich Miguel und Holger geht in die Bar. Der Batalanto hat Zeit. Er hat mitbekommen, dass Holger aus einer der Straßen des Rotlichtviertels zur „Globus-Bar" gekommen ist. Wenn Holger die Bar verlässt, wird er nicht mehr selbst Auto fahren. Ein Typ wie er wird sicher ein Taxi nehmen, um sich nach Hause fahren zu lassen. Der Batalanto wird dem Taxi folgen und dadurch herausbekommen, wo Annas Peiniger wohnt.

Es ist ungefähr 22:45 Uhr, als Holger allein aus der Bar kommt. Aber er scheint nicht auf ein Taxi zu warten, sondern geht ein paar Schritte zur Stadtbahnhaltestelle „Clevertor" in der Goethestraße. Auch darauf ist der Batalanto vorbereitet. Er steigt aus seinem Wagen und macht sich ebenfalls langsam auf den Weg zur Haltestelle. Dabei hält er Abstand. Um nicht von

Holger als Hausmeister des Hermann-Hesse-Gymnasiums erkannt zu werden, hat sich der Batalanto als Hannover-96-Fan kostümiert: eine grün-weiße Mütze ins Gesicht gezogen, welches teilweise noch von einem Fanschal verdeckt wird. Verrückte „96"-Fans sind heute in der Stadt nichts Ungewöhnliches. Vor einigen Stunden hat Hannover 96 bei einem Heimspiel Werder Bremen mit 3:2 besiegt. Holger steigt mit einigen anderen Wartenden in die Stadtbahn, der Batalanto gesellt sich mit Abstand unauffällig dazu. Bereits bei der vierten Station „Am Küchengarten" verlässt Holger die Bahn. Es sind wenige Schritte zum Ihme-Zentrum. Holger scheint seinen Verfolger nicht zu bemerken und geht direkt zu einem siebenstöckigen Gebäude am Ihmeplatz. Ein Mann mit einem Pitbull taucht in der Dunkelheit auf. Möglicherweise hat er bemerkt, dass der Batalanto Holger gefolgt ist. Der Mann will näherkommen und ruft dem Batalanto zu: „He, Sie …!"

Es gelingt dem Batalanto, in der Dunkelheit zu verschwinden. Später holt er seinen Wagen vom Steintorviertel und fährt zurück nach Hause.

Einen Tag später, am „Tag der Deutschen Einheit", setzt der Batalanto seinen Plan in die Tat um. Gegen 20:40 Uhr fährt er mit seinem grauen Renault Clio vom Hermann-Hesse-Gymnasium Richtung Ihme-Zentrum. In einer kleinen Straße, der Gartenallee, findet er einen Parkplatz. Zwei Minuten später hat er zu Fuß das Ihme-Zentrum erreicht. In seiner Jacke hat er Handschuhe und Sturmmaske verstaut. Das Handy in seiner Gürteltasche ist der Elektroschocker. Im Gegensatz zu gestern trägt er keine außergewöhnlichen Kleidungsstücke, als er auf das siebenstöckige Haus am Ihmeplatz zugeht. Mit vielen Spaziergängern ist in diesem gespenstischen Gebäudekomplex, der einer riesigen Baustelle gleicht, nicht zu rechnen.

Es ist 21 Uhr, als er vor dem Eingang des Gebäudes mit zahlreichen Namensschildern und Klingelknöpfen steht. Tatsächlich findet der Batalanto den Namen „Manthei". Auf das Klingeln erfolgt keine Reaktion. Holger ist sicherlich noch in der „Globus-Bar". Der Batalanto drückt auf einen anderen Klingelknopf. Die Gegensprechanlage scheint nicht mehr zu funktionieren. Es ertönt ein Summen und der Batalanto drückt die Eingangstür auf.

Ohne einen Menschen zu treffen, sucht er in dem verzweigten unübersichtlichen Gang- und Treppenhaussystem nach Holgers Wohnung. In der 4. Etage wird er fündig. Dort befindet sich an den beiden Enden eines kleinen Flures jeweils eine Wohnung. Links eine mit dem Namen „Dellbrück", rechts die von Holger Manthei. Aus der Wohnung von Dellbrück sind Stimmen zu vernehmen, die der Batalanto dem abendlichen Fernsehprogramm zuordnet. In größeren zeitlichen Abständen hört er, dass Hausbewohner oder deren Besucher im Treppenhaus nach oben oder unten kommen. Nischen im Hausflur vor zurückgelagerten Wohnungseingängen oder sichtgeschützte Abstellbereiche in Zwischengeschossen bieten dem Batalanto ausreichend Möglichkeiten, sich rechtzeitig dorthin zu begeben und sich damit vor unliebsamer Inaugenscheinnahme zu schützen.

Der Batalanto setzt sich einen Zeitraum von zwei Stunden. Bis längstens 23 Uhr wird er im Treppenhaus warten, ob Holger in dieser Zeit nach Hause kommt. Es ist wie ein Gottesurteil. Sollte Holger später kommen, hat er heute noch einmal Glück gehabt. Wenn er

kommt, wird der Batalanto ihm mit dem Elektroschocker eine Lehre erteilen. Der Schock soll Holger davon
abhalten, in nächster Zeit Pläne gegen Anna zu
schmieden.

Gegen 22:30 Uhr nimmt der Batalanto Schritte von
unten aus dem Hausflur wahr. Eine einzelne Person.
Vielleicht ist es Holger. Der Batalanto streift sich die
Sturmmaske über den Kopf, zieht die Handschuhe an
und aktiviert den Elektroschocker. Er begibt sich in
den hintersten Winkel der Nische vor Dellbrücks Wohnungstür, damit er von der Person, die die Treppe he-
raufkommt, nicht gesehen wird. Die Schritte werden
lauter. Der Batalanto hält den Atem an. Der junge
Mann, der auf die gegenüberliegende Haustür zusteuert, dreht ihm den Rücken zu. Das ist Holger! Er
kramt einen Schlüssel aus seiner Jacke und schließt die
Wohnungstür auf. Der Batalanto nähert sich lautlos
von hinten. Holger stockt, scheint etwas mitbekommen zu haben. Kurz fluchend stürzt sich der Batalanto
auf Holger, erwischt ihn mit dem Elektroschocker am
Nacken. Unter der Schockwirkung von 950.000 Volt
bricht Holger zusammen und fällt nach vorn in seine
eigene Wohnung.

Der Batalanto zieht Holgers Körper vollständig in
den Wohnungsflur. Dann drückt er die Wohnungstür
von innen zu. Die Wirkung des Stromschlags ist nur
von kurzer Dauer. Benommen versucht sich Holger
auf dem Fußboden zu orientieren.

Aus dem Batalanto, der voller Wut auf das Geschöpf
des Bösen starrt, sprudeln drohende Worte heftig heraus: „Neniam minacu virinon, vi fiporko! ..."

Reflexartig greift Holger mit der rechten Hand in
seine Hosentasche und fördert ein Klappmesser zutage, dessen Klinge er sofort mit dem Daumen aus-

fährt. Der Batalanto merkt, in was für eine gefährliche Situation er sich begeben hat. Mit voller Kraft tritt er Holger gegen das rechte Handgelenk, wodurch diesem das Messer aus der Hand geschleudert wird. Das Messer fällt hinter Holger auf den Fußboden des engen Wohnungsflures. Holger gibt einige unverständliche Laute von sich, während er versucht, auf allen vieren zu seinem Messer zu kriechen. Er darf das Messer nicht erreichen, schießt dem Batalanto durch den Kopf, sonst bin ich verloren. Als der Batalanto das Messer ergreifen will, verkrallt sich Holger in das Hosenbein seines Gegners und bringt ihn zu Fall. Todesangst durchflutet den Batalanto. Er schafft es, das Messer zu erwischen.

„Ich bring dich um", stammelt Holger, der versucht, sich aufzurichten.

„Neniam, turmentanto!", schreit der Batalanto und sticht panikartig mit dem Messer auf Holger ein. Dreimal fährt die Klinge in den Brustkorb seines röchelnden Widersachers, dessen Körper auf einmal erschlafft. Holger bleibt mit blutdurchtränktem Hemd auf der linken Körperseite liegen und bewegt sich nicht mehr.

Der Batalanto überhäuft den leblosen Mann auf dem Boden mit einem Schwall von Beschimpfungen. Wut und Hilflosigkeit wechseln sich in ihm ab. In dieser Endgültigkeit hat es der Batalanto nicht gewollt!

Er reinigt das blutige Messer mit einem Tuch, das er dann zusammen mit dem Messer an sich nimmt. Den Elektroschocker hat er bereits in seiner Gürteltasche verstaut. Er horcht an der Tür zum Hausflur, ob jemand auf den Krach in der Wohnung reagiert hat und sich möglicherweise im Treppenhaus aufhält. Als er nichts Auffälliges vernimmt, verlässt er Holgers Wohnung und zieht die Tür hinter sich zu.

Tridek naŭ / Neununddreißig

Heute ist Freitag, der 23. Dezember 2011. Der erste Tag der Weihnachtsferien. Anna hat frei, aber ich fahre noch bis 13 Uhr mit einer Krankenschwester zu psychiatrischen Notfalleinsätzen in Hannover. Einige Tage Urlaub habe ich erst in der ersten Januarwoche. Die kommenden Weihnachtstage sind häufig für Alleinstehende eine psychische Belastung. Anna und ich werden uns zusammentun, um nicht auch zu denjenigen zu gehören, die Weihnachten alleine verbringen.

Im Internet habe ich die Regionalnachrichten gelesen. Ein weiteres Mitglied der Hannoverschen Hardrock-Band „Böse Jungs" ist in die Schlagzeilen geraten. Der Gitarrist Miguel Baraja wurde gestern Abend beim Drogenhandel in Hemmingen geschnappt.

Am Nachmittag besuche ich Anna in ihrer Wohnung in der Erderstraße. Anna hat die Wohnung weihnachtlich geschmückt. „Schön, dass du da bist", sagt sie, während sie mich umarmt. „Ich kann deinen Beistand als Psychiater gut gebrauchen."

„Carsten …?", ist meine Vermutung.

Sie nickt.

„Ja, er hat mir schon wieder unzählige Mails geschickt. Immer das Gleiche. ‚Komm zu mir zurück' und so weiter und so weiter. Ich halt das langsam nicht mehr aus."

Ich drücke sie fest an mich.

„Er scheint nicht zu realisieren, dass er mit dieser Nerverei höchstens das Gegenteil erreicht", bemerke ich. „So wie es aussieht, könnte er ganz gut professionelle Hilfe gebrauchen."

„Da ist Carsten leider nicht der Typ, der Hilfe annimmt", äußert Anna resigniert.

Das Telefon klingelt. Anna löst sich aus unserer Umarmung und geht zur Basisstation ihres Festnetzanschlusses. Ärgerlich wirft sie einen Blick auf das Display des Mobilteils.

„Ich geh da nicht ran", schimpft sie. „Er ist es schon wieder!"

Nach mehrmaligem Klingeln springt der Anrufbeantworter an, es folgt Annas Ansagetext. Im Anschluss an den Piepton ist Carstens Stimme zu hören, der dringend um Rückruf bittet.

Für Anna werden Carstens Aktionen zum Psychoterror.

Kurze Zeit später meldet sich Annas Handy. Ihr Gesicht bei der Identifizierung der Nummer des Anrufers spricht Bände.

Bevor ich es verhindern kann, hat sie das Gespräch angenommen.

„Kannst du mich nicht endlich in Ruhe lassen?!", ruft sie ins Handy. „Was ist?... Nein ... was soll es schon Neues geben? ... Nein, ich gehe nicht mehr ans Telefon. Das kannst du dir sparen!"

Abrupt beendet sie das Gespräch, stellt das Gerät auf lautlos.

Eine Weile ist tatsächlich Ruhe. Wir machen es uns bei einem Becher Kaffee auf ihrem Sofa gemütlich. Danach beschäftigt sich Anna (trotz Ferien!) noch mit der Korrektur einer Englisch-Klausur, während ich an ihrem PC im Internet surfe. Über einen Link auf der Webseite der „Deutschen Esperanto-Jugend" komme ich zum Online-Rollenspiel „Cantr II", von dem mir Anna bereits erzählt hat. Eine der Sprachen des Spiels ist Esperanto. Die Teilnehmer des Spiels kommen aus aller Welt, kennen sich untereinander aber nur mit ihren Rollennamen und den dazu ausgedachten Charakteren. Dabei ist es durchaus üblich, dass hinter männlichen Charakteren Frauen und umgekehrt stecken. Bemerkenswert ist, dass ausschließlich in schriftlicher Form miteinander kommuniziert wird. Ein persönlicher Kontakt über Videokamera oder Mikrofon ist nicht möglich.

„Er hat mir eine SMS geschickt!", teilt Anna aus dem Nebenzimmer mit.

Auf ihrem Tisch im Wohnzimmer hat Anna ihre Englisch-Klausuren ausgebreitet. Ich komme zu ihr und sehe, dass sie ihr Handy in der Hand hält.

„Er schreibt: ‚Habe Drohbrief erhalten.' Was hat das denn zu bedeuten?", sagt Anna mit fragender Miene. „Ob das stimmt?"

Ist das ein Versuch von Carsten, über Mitleid den Kontakt zu Anna wiederherzustellen? Oder wird er von jemandem bedroht, der ihm Schuld anlastet am Tod von Sebastian Rokahr oder der Affäre mit Irina Smirnov?

Eine Stunde später klingelt es an der Wohnungstür. Anna geht dorthin und fragt über die Gegensprechanlage: „Ja, bitte?"

Da klopft es an der Wohnungstür.

„Ich bin's, Carsten. Jemand hat mich unten ins Haus gelassen. Mach bitte auf", kann ich sogar im Wohnzimmer verstehen.

Als Anna nicht reagiert, klopft er merklich energischer und fordert mit noch größerer Lautstärke: „Mach bitte auf!"

Ich höre, wie Anna die Tür öffnet. Offenbar lässt sie Carsten in die Wohnung und schließt die Tür. Aber das Gespräch zwischen den beiden findet im Flur statt.

Wahrscheinlich will Anna verhindern, dass Carsten mich als seinen potenziellen Nachfolger in ihrer Wohnung vorfindet. Ich halte mich bewusst in einem Teil des Wohnzimmers auf, den Carsten vom Flur nicht einsehen kann.

„Was ist jetzt mit diesem Drohbrief?", fragt Anna.

„Na ja, ein richtiger Brief ist es eigentlich gar nicht", erklärt Carsten. „Es ist ein Blatt mit einem Wort. Aber das Wort ist eine Drohung."

„Welches Wort …?"

„Lehrerschwein. Jemand hat mir heute ein weißes Blatt in den Briefkasten geworfen, auf dem ‚Lehrerschwein' steht."

„Handschriftlich?"

„Nein. Mit dem Computer geschrieben."

„Hast du 'ne Ahnung, wer das war?"

„Weiß nicht. Wahrscheinlich wegen Irina und ihrer unwahren Behauptungen."

„Warst du mit dem ‚Brief' schon bei der Polizei?"

Carsten gibt ein bitteres Lachen von sich: „Die Polizei! Die haben nichts Besseres zu tun als mich immer wieder zu befragen wegen Irinas Falschaussagen. Es ist erniedrigend. Ich komme mir vor wie ein Schwerverbrecher. Aber wegen eines Blatts Papier mit der Aufschrift ‚Lehrerschwein' werden die keinen Finger rühren. Da brauch ich überhaupt nicht hinzugehen."

„Willst du sonst noch was loswerden?", äußert Anna in einem Tonfall, dem ich ihre Genervtheit anmerken kann.

„Ja, aber das muss doch nicht hier im Flur sein. Können wir uns ins Wohnzimmer setzen?"

Ich bekomme mit, dass Anna durch einige Ausreden probiert, Carsten davon abzubringen, ins Wohnzimmer zu kommen. Leider wohl zu auffällig.

363

„Ist da was in deinem Wohnzimmer, das ich nicht sehen darf, oder was?", ist Carstens Reaktion, der offenbar Verdacht geschöpft hat. „Ich bin jetzt so weit, dass ich mir nicht mehr gefallen lasse, dass jeder mit mir umspringt wie er will."

Anschließend betritt Carsten Sonnenberg das Wohnzimmer. Irgendwie fühle ich mich unwohl – fast wie ein ertappter Liebhaber, den der Ehemann im Kleiderschrank entdeckt. Carstens Gesichtsausdruck würde ich mit einer Mischung aus Erschrecken und Entsetzen wiedergeben.

„Ist das der Grund, warum du nichts mehr mit mir zu tun haben willst?", schreit Carsten unvermittelt los.

Kvardek / Vierzig

Das hat er nicht beabsichtigt. Aber die Situation ist ihm vollständig entglitten. Der Batalanto hat einen Menschen getötet. Die Bilder vom Kampf mit Holger Manthei, dessen Angriff er mit drei Messerstichen gestoppt hat, kommen an den folgenden Tagen immer wieder. Jetzt kämpft Frank Müller mit sich selbst. Da sind Zweifel an der Richtigkeit seines Handelns, die ihm Schuld zuweisen. Die Nächte sind nicht einfacher für ihn. Im Schlaf wird er von schweren Albträumen gequält.

Er kriegt mit, dass die Kriminalpolizei am Hermann-Hesse-Gymnasium ermittelt. Unter anderem werden seine Anna und Bernd Kramer befragt. Frank merkt, dass Anna noch unter den Nachwirkungen ihrer schlimmen Erlebnisse in der „Globus-Bar" leidet.

Später liest er in der Zeitung, dass Holger mit Drogengeschäften zu tun hatte. Frank wird deutlich, dass Holger ein schlechter Mensch war. Ein Krimineller, der Drogen an Schüler verkauft hat. Auf Frank haben diese Informationen eine stabilisierende Wirkung. Der Batalanto hat einen Mann getötet, der nicht nur Anna, sondern ebenso anderen jungen Menschen Schaden zugefügt hat. Im Grunde genommen hat der Batalanto ein gutes Werk getan und die Menschheit von dieser Kreatur befreit. Er besitzt weitaus mehr Macht, als er sich zugetraut hat. Die Vergeltungsschläge gegen Annette und Karin sind dagegen nur unbedeutende Vorstufen und Übungsfelder gewesen. Langsam wird ihm klar, dass er stolz auf sich sein kann. Er ist ein wirkungsvoller Beschützer seiner Anna, der mehr zu bieten hat als das handwerkliche Geschick eines Hausmeisters.

Selbst in der Zukunft, wenn Anna und Frank ein gemeinsames Leben führen, wird der Batalanto im Verborgenen über Annas Wohlergehen wachen. Seine Kämpfe wird der Krieger unbemerkt ausfechten, um Anna mit solch angstmachenden Eingriffen nicht zu belasten.

Ende Oktober, in der zweiten Woche der Herbstferien, macht er eine viertägige Busreise nach London. Hier hat er sich vorgenommen, ein wundervolles Geschenk für Anna zu suchen, das er ihr zu Weihnachten überreichen kann. Beim Besuch der typischen Sehenswürdigkeiten der englischen Hauptstadt durchstreift Frank zahlreiche Souvenirläden. Ein passendes Geschenk für Anna findet er dort nicht. Erst in einem kleinen Laden für Fantasy-Artikel, der alle möglichen Waren zu Tolkiens Buchklassiker „Der Herr der Ringe" anbietet, findet er auf Anhieb das Richtige. Ein Geschenk, das zwei Leidenschaften von Anna verbindet: eine Maske mit dem Gesicht von Gandalf, dem Zauberer aus dem „Herrn der Ringe".

Nach seiner Rückkehr verwahrt er die Maske in seiner Wohnung auf, ohne jemandem davon zu erzählen. Er will auf keinen Fall, dass das Überraschungsgeschenk für Anna im Vorfeld verraten wird.

Während Franks Aufenthalt in London hat Anna einen entscheidenden Schritt getan. Sie hat ihren Mann Carsten verlassen und ist von Arnum nach Hannover umgezogen. Frank bedauert, dass er ihr beim Umzug nicht hat behilflich sein können. Aber die „Lunda Rondo" und Bernd Kramer haben sie wohl ausreichend unterstützt.

Die Bestätigung, dass sich Anna nach der Trennung von Carsten mit großen Schritten Frank zuwenden wird, kommt vier Wochen später. Am 27. November deutet Anna erstmals in einer E-Mail an Elka an, dass eine neue Beziehung auf sie wartet:

„Ich habe schon vor einiger Zeit einen Mann kennengelernt, der meine Begeisterung für Esperanto teilt. Daraus könnte sich noch etwas Ernsthaftes entwickeln."

Am Montag, den 5. Dezember, wird Frank nachmittags Zeuge eines Vorfalls, der ihn zutiefst erschüttert. Kurz nach Ende der Esperanto-AG steht Anna allein im Forum des Hermann-Hesse-Gymnasiums. Zuvor hat sie an der Hausmeisterloge ein paar Sätze mit Frank gewechselt und ihm mitgeteilt, dass sie noch auf Bernd Kramer wartet. Da erscheint ein Schüler aus dem Abiturjahrgang, den Frank als überheblich kennt. Frank bekommt mit, dass die beiden ein paar Sätze austauschen, wobei der Schüler nah an Anna herantritt. Anna weicht einen Schritt zurück, der Schüler geht einen Schritt auf sie zu. Dabei nimmt das Gespräch zwischen beiden an Intensität zu.

„Hör auf, Sebastian!", hört Frank Annas klare Absage an den Schüler. Der Hausmeister überlegt, ob er dazwischengehen soll. Aber es ist schon zu spät. Fassungslos muss er mit ansehen, wie der Schüler nach Annas Brust greift, mehrfach mit kreisenden Bewegungen darüber streicht. Frank erstarrt, aber Anna tut in dieser Situation das einzig Richtige und verpasst dem übergriffigen Schüler eine kräftige Ohrfeige, sodass dieser augenblicklich von ihr abrückt.

„Anna, kann ich dir helfen?", ruft Frank, der zum Eingang der Hausmeisterloge kommt.

Der Schüler starrt erst Anna, dann den Hausmeister an. Als von der anderen Seite Bernd Kramer im Forum auftaucht, geht Sebastian wortlos an Frank vorbei und verlässt das Schulgebäude.

Frank würde Anna gerne in den Arm nehmen, um sie zu beruhigen. Aber das traut er sich nicht.

Das hier ist nicht der richtige Ort und nicht der richtige Zeitpunkt.

In seiner Rolle als Hausmeister verfügt er nicht über die Möglichkeiten von Elka, die sich vor dem Computer einfühlsame Sätze überlegen kann. Es kommt ihm daher gelegen, dass sich Bernd als zuverlässiger Kollege um Anna kümmert und sie sicher nach Hause fährt.

Das vorherige Gespräch zwischen Anna und Bernd bestätigt Frank, dass der Schüler, der soeben Anna angefasst hat, Sebastian Rokahr heißt. Von „Sebastian Rokahr" ist in den vergangenen Wochen häufiger die Rede gewesen. Der Hausmeister hat aus Schülergesprächen aufgeschnappt, dass Sebastian Rokahr auf der Studienfahrt nach Rügen zu Carsten Sonnenberg gesagt haben soll: „Nur ein toter Lehrer ist ein guter Lehrer."

Auf der einen Seite charakterisiert dieser Satz Sebastian Rokahr als jemanden, der rücksichtslos mit anderen Menschen umgeht.

Das passt dazu, wie er mit Anna umgesprungen ist. Auf der anderen Seite vermittelt der Satz eine bestechende Einsicht, wie mit dem Absender dieser Botschaft verfahren werden muss.

„Nur ein toter Feind ist ein guter Feind", ist die Botschaft, die der Batalanto dem Satz entnehmen kann – ein Satz, den er automatisch in Esperanto überträgt: „Nur morta malamiko estas bona malamiko."

Um in Ruhe leben zu können, muss der Feind sterben. Eine einfache Formel, deren zwingende Logik besticht: gut = tot, morta = bona, morta = bona ...

Nach dem Vorfall am Nachmittag mit Sebastian wird Anna heute Abend nicht zur „Lunda Rondo" kommen. Frank sagt seine Teilnahme unter einem Vorwand ebenfalls ab. Stattdessen wird er sich mit Sebastian Rokahr beschäftigen. Schnell findet er im Internet Sebastians angeberische Homepage, die jedermann die Adresse des Schülers wissen lässt. Sebastian wohnt also nicht mehr bei seinen Eltern, sondern in einer eigenen Wohnung in der Davenstedter Straße in Hannover-Linden.

Der Batalanto macht sich mit seinem grauen Renault Clio auf den Weg. An der engen Beethovenstraße, die in die Davenstedter Straße mündet, kann er seinen Wagen abstellen. Es sind wenige Schritte über eine Fußgängerzone bis zu dem dreistöckigen rot verklinkerten Haus, in dem Sebastian im 2. Stockwerk wohnt. Eine Gegensprechanlage gibt es nicht. Direkt vor dem Haus ist eine Haltestelle der Stadtbahnlinie 9. Es ist durchaus normal, wenn sich hier ein Mann an der Haltestelle aufhält und sich dabei ein wenig umschaut. Nachdem er die Gegend ausreichend erkundet hat, kehrt er nach Hause zurück. Dort findet er bereits Annas E-Mail an Elka vor, in der sie schreibt: „Mein Kollege Bernd meint, dass Sebastian jetzt klare Grenzen gesetzt werden müssten."

Elkas Antwort beinhaltet den Rat an Anna, nach dem belastenden Erlebnis mit Sebastian in erster Linie etwas für sich selbst zu tun und zur Ruhe zu kommen.

Anna soll sich schonen, während der Batalanto die Angelegenheit für sie in die Hand nimmt.

Die Erinnerung an die Szene, in der Sebastian Rokahr gegenüber Anna sexuell übergriffig wird, ist für den Batalanto kaum zu ertragen. Dem Schüler müssen jetzt wahrhaftig Grenzen gesetzt werden – und zwar endgültig.

Fieberhaft arbeitet der Batalanto an einer umsetzbaren Vorgehensweise. Und wenn es die ganze Nacht dauert, er wird einen Weg finden, Sebastian für sein Vergehen angemessen zu bestrafen. Nach und nach fügen sich die einzelnen Teile seines Plans wie ein Puzzle zusammen. Je konkreter der Plan Gestalt annimmt, desto mehr kann er die Bedeutung fühlen, die von ihm ausgeht.

Um in Sebastians Wohnung zu gelangen, wäre der Batalanto gezwungen, direkt an der Stadtbahnhaltestelle vorbeizugehen, an der immer einzelne Personen warten. Neben dem Haus, in dem Sebastian wohnt, befindet sich ein Kiosk, der bis spätabends geöffnet hat. Der Batalanto müsste sich derart unkenntlich machen, dass später weder seine genaue Statur noch sein Gesicht von einem Passanten beschrieben werden könnten. Morgen ist Nikolaustag. Frank fällt ein, dass der Kostümfundus der „Ihme-Bühne Linden", für den er sich als Hausmeister immer verantwortlich gefühlt hat, die komplette Ausstattung eines Weihnachtsmanns enthält: Hose, Mantel, Mütze. Seit über einem Jahr hat sich außer Frank niemand mehr um die Kostüme im Keller der Aula gekümmert. Es ist außerdem bekannt, dass in der Vergangenheit mehrfach einzelne Kleidungsstücke abhandengekommen sind, vermutlich durch Schüler.

Aber auf welche Weise könnte der Batalanto sein Gesicht vollständig verbergen? Da kommt ihm sein Weihnachtsgeschenk für Anna in den Sinn – die „Gandalf"-Maske aus London. Das Gesicht des Zauberers ziert ein langer weißer Vollbart. Zusammen mit dem roten Kostüm könnte damit ebenso gut der Weihnachtsmann oder der Nikolaus dargestellt werden.

Und was wird zu abendlicher Stunde in Wohnhäusern angeliefert? Pizza. Ein als Nikolaus verkleideter Pizzabote wäre auffällig und unauffällig zugleich. Allerdings nur in einem bestimmten Zeitfenster. Der Batalanto muss zusehen, dass er Sebastian in diesem Zeitfenster in seiner Wohnung antrifft.

Am Vormittag des 6. Dezember hält Frank im Hermann-Hesse-Gymnasium Ausschau nach Sebastian. Bisher hat er den Schüler nicht entdecken können. Anna ist heute offenbar mit einer Krankschreibung zu Hause geblieben. Das unterstreicht noch einmal die seelische Belastung, der Anna als Folge des sexuellen Übergriffs durch Sebastian ausgesetzt ist. In einer Pause gegen Mittag taucht Sebastian in der Schule auf, geht an der Hausmeisterloge vorbei und trifft im Forum auf einen Schüler, den er mit „Roman" anspricht. Frank bekommt mit, wie Sebastian von Roman gefragt wird: „Hast du Bock, heute Abend was zu unternehmen?"

Sebastians Antwort löst bei Frank große Zufriedenheit aus: „Nein. Ich bleib zu Hause. Bin momentan etwas ausgepowert. Werd mir heute Abend auf ‚sky' das Champions-League-Spiel angucken."

Für einen kurzen Moment treffen sich die Blicke von Frank und Sebastian. Direkt danach sagt Sebastian zu Roman: „Mir geht's doch noch nicht so gut. Ich hau wieder ab nach Hause." Tatsächlich verlässt er das Schulgelände, wobei ihn Roman noch einige Schritte begleitet.

Das Champions-League-Spiel zwischen Borussia Dortmund und Olympique Marseille beginnt um 20:45 Uhr. Sebastian wird sich demnach um diese Zeit in seiner Wohnung aufhalten. Und so wie es klang, wird er sich das Fußballspiel allein ansehen.

Jetzt kann der Einsatz des Batalantos ablaufen wie geplant!

Alles, was er für das abendliche Unternehmen benötigt, legt er sich zurecht: Kostüm, Maske, schwarze Handschuhe, Elektroschocker, Klappmesser, braunes Klebeband und ein Seil. Eine Kühltasche aus Hartplastik beklebt er auf zwei Seiten mit jeweils einem Blatt Papier, auf das er „Pizza Service" und die aus dem Internet heruntergeladene Zeichnung eines italienischen Pizzabäckers gedruckt hat. Damit wird die Kühltasche optisch zur Warmhaltebox umfunktioniert.

Schon am frühen Abend werden die Utensilien von Frank in seiner Wohnung verpackt und in den Innenraum seines Wagens transportiert.

Um 20:35 Uhr verlässt er seine Wohnung. Eine Viertelstunde später parkt der graue Renault Clio auf dem kleinen L-förmigen Parkplatz neben der Integrierten Gesamtschule in der Beethovenstraße. Gut vor zufälligen Blicken geschützt kann sich der Batalanto im Innenraum seines Wagens das Kostüm anziehen. Leider hat er nur *schwarze* Handschuhe. In den Manteltaschen befinden sich der Elektroschocker, das Klappmesser und das Klebeband. Das Seil hat er sich unter dem Mantel um den Bauch gebunden. Kurz vor 21 Uhr verlässt der Batalanto den Parkplatz und geht langsam zur Fußgängerzone der Davenstedter Straße. Es ist kalt und windig. Nur wenige Leute halten sich im Wartebereich der Stadtbahnhaltestelle auf. Gut sichtbar trägt er die Warmhaltebox des Pizzabringdienstes in den Händen. Ein jüngerer Mann kommt ihm entgegen, mustert ihn grinsend ohne weiter zu reagieren. Ein als Nikolaus verkleideter Pizzabote wird am heutigen Tag zwar bestaunt, aber anstandslos akzeptiert.

Der Batalanto erreicht ungehindert den Eingang des dreistöckigen Mietshauses, in dem Sebastian wohnt. Er betätigt den Klingelknopf neben dem Namen „Rokahr". Ein Summen ertönt und der Batalanto öffnet die Haustür, nachdem er zuvor den Knopf für das Licht im Treppenhaus gedrückt hat. Gleich hat er das Ziel seines Unternehmens erreicht. Da passiert etwas, mit dem er nicht mehr gerechnet hat. Im Treppenhaus kommt ihm ein junges Paar entgegen. Er versucht schnell an dem Mann und der Frau vorbeizukommen. Die Frau spricht ihn im Vorübergehen an: „Wem bringt denn der Nikolaus jetzt noch 'ne Pizza?"

Der Batalanto muss sofort reagieren, etwas antworten. Bei der kurzen Antwort, die ihm herausrutscht, schafft er es gerade noch, mit verstellter Stimme zu sprechen: „Sinjoro Rokahr."

Als der Batalanto die Treppen weiter nach oben geht, hört er hinter sich den Kommentar des Mannes: „Oh, ein Nikolaus, der Italienisch kann." Danach verlässt das Paar das Haus.

Im 2. Stockwerk bleibt er vor der linken Wohnungstür stehen. Er klingelt und aktiviert in der Manteltasche seinen Elektroschocker. In der Tür ist ein kleiner Spion, durch den Sebastian vermutlich schaut, als er von innen ruft: „Was willst du?"

Der Batalanto antwortet wieder mit verstellter Stimme, verspricht scherzhaft eine vorweihnachtliche Überraschung und bittet um Einlass: „Mi havas belan antaŭkristnaskan surprizon por vi. Lasu min eniri!"

„Was wird das denn für 'n Scheiß?!", äußert Sebastian halb gelangweilt, halb amüsiert, während er die Wohnungstür öffnet. „Und was soll das jetzt?"

Bevor Sebastian eine Möglichkeit der Gegenwehr hat, streckt ihn der Batalanto mit dem Elektroschocker zu Boden. Der Batalanto wirft die Kühltasche in die Wohnung, tritt mit dem Fuß die Tür hinter sich zu und schleift den paralysierten Schüler ins Wohnzimmer.

Durch einen erneuten länger einwirkenden elektrischen Schlag sorgt er dafür, dass Sebastian orientierungslos am Boden liegen bleibt. Er streift sich den roten Mantel ab und holt das braune Klebeband aus der Tasche. Jetzt kommt ihm sein handwerkliches Geschick als Hausmeister zugute.

Schnell bindet er dem Schüler mit dem Klebeband die Hände vor dem Oberkörper zusammen, fesselt dann die Füße des Orientierungslosen. Außerdem zieht er einen Klebestreifen über Sebastians Mund, damit dieser nicht mehr um Hilfe rufen kann. Ein weiterer elektrischer Schlag löst erneut eine paralysierende Wirkung aus. Gleichzeitig verursachen die Stromschläge starke Schmerzen.

Der Batalanto konzentriert sich auf einen reibungslosen Ablauf des geplanten Einsatzes. Nur am Rande registriert er, dass der Fernseher läuft, das Fußballspiel zwischen Dortmund und Marseille.

Der widerwärtige Schüler hat Annas Brust begrapscht. Dafür hat er verdient, dass der Batalanto ihn entblößt. Der Krieger zieht dem kampfunfähigen Sebastian Jeans und Unterhose herunter, dreht ihn auf dem Boden zur Seite und schiebt ihm einen Stuhl unter das Gesäß. Dann bindet er den Schüler mit dem Seil am Stuhl fest, richtet den Stuhl anschließend auf. Die symbolische Entmannung führt der Batalanto mit dem Elektroschocker durch. Sebastians rechten Arm, mit dem dieser frevelhaft nach Annas Brust gegriffen hat, straft der Krieger mit einem Messerstich.

Eine Formel meldet sich im Kopf von Annas Beschützer:

morta = bona,
morta = bona,
morta = bona ...

Der Batalanto lässt Gnade walten und beendet die Schmerzen des Delinquenten. Ein gezielter Stich in das verdorbene Herz zieht einen Schlussstrich unter das Leben von Sebastian Rokahr.

Morta = bona,

morta = bona,

morta = bona …

Der Batalanto durchschneidet mit dem Messer das Seil, das den leblosen Körper an der Lehne des Stuhls gehalten hat. Der tote Sebastian sackt zur Seite auf den Fußboden.

Morta = bona, morta = bona, die Formel in seinem Kopf verdichtet sich zu ihren Anfangsbuchstaben:

MB,

MB,

MB …

Er reißt dem Toten das blutige Oberhemd auf, schiebt das Unterhemd nach oben und ritzt die Umsetzung der Formel in den Oberkörper des Leichnams: MB.

Erst nachdem er sein Werk vollbracht hat, hat er einen Blick für die Wohnung des Schülers. Auf dem Schreibtisch steht ein Notebook, dessen Display einen Bildschirmschoner zeigt. Eher zufällig betätigt der Batalanto auf der Tastatur die Esc-Taste. Auf dem Bildschirm erscheint ein Bild von Anna. Sofort überkommt den Krieger eine erneute Wut. Seine Anna gespeichert auf dem Notebook dieser geilen Kreatur! Er fegt das Notebook mit dem Arm vom Schreibtisch und tritt mehrfach mit dem Fuß auf das Gerät und den ausgeklappten Bildschirm.

Als Nächstes entdeckt er einen DVD-Rohling, der mit „Anna" beschriftet ist. Der Batalanto vermutet Bilder und möglicherweise sogar Videos seiner Anna auf

375

der DVD. Er macht damit kurzen Prozess und zerbricht den Rohling. Annas Privatsphäre hat in dieser Wohnung nichts mehr zu suchen.

An seinen Handschuhen und auf der roten Hose seines Kostüms bemerkt er Blutflecke. Das Kostüm ist durch die Kreatur besudelt. Auch das Hemd des Batalantos ist blutverschmiert. Er wird die Sachen so bald wie möglich vollständig entsorgen.

Im roten Mantel mit der vermeintlichen Warmhaltebox in der Hand verlässt der Batalanto das Haus und erreicht problemlos den einsamen Parkplatz neben der Integrierten Gesamtschule, wo er sich in seinem Wagen der Kostümierung entledigt.

Zu Hause wird er sich nach und nach richtig bewusst, was er geleistet hat. Machtvoll hat er sämtliche Schritte seines Feldzugs wie geplant umsetzen können. Da war nichts mehr zufällig wie beim Einsatz gegen Holger Manthei. Er ist s oweit, dass er ein Versprechen abgeben kann: von jedem, der seiner Anna Böses will, wird er sie schnell und endgültig erlösen. Eine Vorstellung, die er als äußerst erhebend empfindet.

Den Beutel mit dem Weihnachtsmann-Kostüm und dem blutigen Hemd entsorgt der Batalanto einige Tage später in irgendeinem großen Müllcontainer im nördlichen Teil von Hannover. Die „Gandalf"-Maske mag er nicht wegschmeißen, sie bewahrt er weiterhin in einem Schrank seiner Wohnung auf.

Zuvor ist er im Hermann-Hesse-Gymnasium von der Polizei befragt worden. Er hat bestätigt: „Ja, ich habe von der Hausmeisterloge aus gesehen, dass der Schüler Frau Sonnenberg an die Brust gegriffen hat. Als Herr Kramer dazukam, hat der Schüler das Gebäude schnell verlassen." – Und: „Herr Kramer ist sehr wütend geworden, als er mitbekommen hat, was der Schüler mit Frau Sonnenberg gemacht hat."

Die Bemerkung der Polizei, dass Sebastian zum Zeitpunkt des Fußballspiels zwischen Dortmund und Marseille getötet worden ist, kommentiert Frank mit: „Das Fußballspiel hab ich mir in meiner Wohnung auch angeseh'n. War richtig ärgerlich, dass Dortmund in der zweiten Halbzeit noch 2:3 verlor'n hat."

Als Hausmeister des Hermann-Hesse-Gymnasiums steckt Frank noch immer in der Rolle des Unscheinbaren, den in der Schule – außer bei handwerklichen Problemen – niemand wichtig nimmt.

Am 12. Dezember ändert sich das ein wenig. Lars Porath, ein Journalist der „Hannoverschen Nachrichten", der am Nachmittag zum wiederholten Mal im Hermann-Hesse-Gymnasium erscheint, bezeichnet Frank als „eine der wichtigen zentralen Personen, die bestimmt über interessante Informationen verfügt". Frank hat den Lesern der Zeitung tatsächlich eine wichtige Mitteilung zu machen – den bedeutungsvollen Satz, den Sebastian Rokahr zu Carsten Sonnenberg gesagt hat: „Nur ein toter Lehrer ist ein guter Lehrer." Und Franks Information ist es wert, dass sie am nächsten Tag in der Zeitung veröffentlicht wird.

Gerade ist Porath gegangen, da erscheint Kriminaloberkommissarin Andrea Renner beim Hausmeister. Frank ist das Interesse an seiner Person nicht unangenehm.

„Heute bin ich ja als Gesprächspartner sehr gefragt", äußert er geschmeichelt.

Aber dann beunruhigt ihn die erste Frage der Polizistin: „Haben Sie ein Weihnachtsmann-Kostüm?"

Frank druckst herum: „Nein, ich habe keine Kinder, da benötige ich so was nicht."

Es folgt die große Erleichterung, als Frank merkt, dass er die Frage von Andrea Renner missverstanden hat. Die Oberkommissarin geht nicht davon aus, dass er persönlich ein solches Kostüm besitzen könnte. Vielmehr hat Andrea erfahren, dass die „Ihme-Bühne Linden" hier ihre Kostüme lagert und vor Jahren einmal ein Stück mit einem Weihnachtsmann aufgeführt hat.

Jetzt trumpft Frank auf. Er genießt es, der Polizistin eine Geschichte von dem angeblich vor Monaten abhandengekommenen Kostüm aufzutischen. Eine Geschichte, die in allen Punkten von Andrea unwidersprochen hingenommen wird. Selbst der Polizei ist Frank in der heutigen Situation überlegen gewesen.

Kvardek unu / Einundvierzig

Samstag, 24. Dezember 2011.

Die Auseinandersetzung mit Carsten gestern in ihrer Wohnung ist Anna Sonnenberg sehr unangenehm gewesen. Derart schreiend hat sie ihn noch nie erlebt. Eine peinliche Situation, die angesichts der lautstarken Worte den Nachbarn nicht verborgen geblieben ist. Carsten hat rotgesehen, als er unerwartet in Annas Wohnung auf Mark Seifert getroffen ist. Erst ihr Versprechen, sich am nächsten Tag für ein persönliches Gespräch mit ihrem Mann länger Zeit zu nehmen, hat Carsten ansatzweise zur Ruhe gebracht. Anna ist erleichtert gewesen, als Carsten ihre Wohnung endlich wieder verlassen hat.

Das zugesagte Treffen soll heute Vormittag in ihrem ehemals gemeinsamen Haus in Arnum stattfinden. Mark hat von diesem Ort wegen der ungünstigen Symbolik und des Hervorrufens falscher Erwartungen dringend abgeraten. Aber Anna hat keine Lust darauf, erneut eine peinliche Auseinandersetzung in ihrer Wohnung oder in einem Café zu führen. Wahrscheinlich reißt sich Carsten in seinen eigenen „vier Wänden" noch am ehesten zusammen.

Die zweite Hälfte des Heiligabends wird Anna mit Mark verbringen. Unter anderem ist ein gemeinsamer Besuch eines Gottesdienstes in der Marktkirche geplant. Morgen ist das obligatorische längere Telefonat mit ihren Eltern und ihrer Schwester in Köln dran.

Anna fährt mit ihrem vor Kurzem gebraucht gekauften Kleinwagen, einem roten Daihatsu Cuore, von

Hannover-Linden über den Westschnellweg und die B3 nach Hemmingen. Die Scheibenwischer sind in Betrieb. Draußen sind fünf Grad bei Bewölkung und leichtem Nieselregen. Auf gerader Strecke durchquert Anna zunächst den Stadtteil Hemmingen-Westerfeld, kommt rechts am Naturschutzgebiet „Sundern" vorbei und erreicht anschließend den Hemminger Stadtteil Arnum, der sich schlauchartig an die B3 gelegt hat. In der südlichen Hälfte von Arnum nimmt sie die Abzweigung in die Hiddestorfer Straße. Fast am Ortsende biegt sie von dort links in den Platanenweg ein. Ein typisches Wohngebiet mit Einfamilienhäusern zu beiden Seiten, die jeweils über einen eigenen Garten verfügen. Eines der einzeln stehenden Häuser im Landhausstil rechts am Ende der Straße gehört Anna und Carsten Sonnenberg. Ein kleiner Vorgarten, eine Garage, ein L-förmiger Garten neben und hinter dem Haus. Eine Besonderheit dieses Haustyps besteht darin, dass sich neben der Eingangstür, zu der ein kleines Podest mit drei Stufen führt, nur ein kleines Fenster befindet, das zur Gästetoilette gehört. Dieser Umstand führt dazu, dass Anna und Carsten in der Regel nie vorher gesehen haben, wer an ihrer Tür geklingelt hat.

Anna parkt auf einem Einstellplatz direkt vor dem Haus. Sie steigt aus dem Wagen und steht vor dem Gebäude, das drei Jahre ihr Zuhause gewesen ist. In diesem Moment spürt sie ein unangenehmes Magendrücken, als sie widerwillig die drei Stufen zum Eingang hinaufgeht. Sie hat Carsten versprochen zu kommen, aber im Grunde genommen hat sie nicht die geringste Lust, sich hier am Heiligabend mit ihm auseinanderzusetzen. Dass das Gespräch nicht den Verlauf nehmen wird, den Carsten sich wünscht, ist ihr von vornherein klar. Eine unangenehme Pflichtübung! Aber sie wird es jetzt hinter sich bringen.

Ihren Haustürschlüssel hat Anna in Hannover gelassen. Sie drückt auf den Klingelknopf, auf dem immer noch „A. u. C. Sonnenberg" steht. Links neben der weiß gestrichenen Holztür befindet sich ein Rahmen mit sechs geriffelten Scheiben aus verdunkeltem Glas. Die Konstruktion bietet den Vorteil, dass Licht hereinkommt und trotzdem ein Sichtschutz besteht, durch den nur schemenhaft zu erkennen ist, was sich vor oder in dem Haus abspielt.

Durch die Scheibenkonstruktion nimmt Anna eine blaue Gestalt wahr, die gleich darauf die Tür öffnet. Es ist Carsten, der mit einem blauen langärmeligen Hemd und einer Blue Jeans gekleidet ist.

Er lächelt sie an und macht mit der Hand eine einladende Geste.

„Komm rein, Anna", begrüßt er sie mit ruhiger, aber gleichfalls bewegter Stimme. „Gut, dass du wieder nach Hause gekommen bist."

„Hallo, Carsten."

Anna tritt ein, legt ihren Mantel ab und hängt ihn an die Flurgarderobe. Sie trägt einen magentafarbenen Pullover zur schwarzen Jeans.

„Gut siehst du aus", verkündet Carsten. „Lass uns ins Wohnzimmer gehen. Ich hab dir einen Vorschlag zu machen."

In dem geräumigen Wohnzimmer mit Schrankwand, Regalen, Couchgarnitur und zwei Tischen mit Stühlen sieht es im Vergleich zu früher unaufgeräumt aus. Ein leere Flasche Weißwein und ein benutztes Glas stehen auf dem Esstisch, mehrere Ausgaben der „Hannoverschen Nachrichten" stapeln sich auf einem der Stühle. Außerdem sieht Anna auf dem flachen

Tisch vor der Couch ein weißes Blatt Papier liegen, auf das in großen schwarzen Buchstaben das Wort „Lehrerschwein" gedruckt ist.

Anna nimmt auf der Couch Platz, Carsten auf einem Sessel.

„Das ist also der ‚Drohbrief'", sagt Anna. „Willst du deswegen noch was unternehmen?"

„Nein, was soll ich da tun?! Ich hab doch schon gestern gesagt, dass die Polizei mir da in keiner Weise helfen wird."

„Na ja", äußert Anna mit einem Schulterzucken, „vielleicht ist der Schrieb auch nur eine geschmacklose Einzelaktion gewesen, ohne dass du etwas Ernsthaftes zu befürchten hast."

„Natürlich wäre es mir lieber, wenn ich in dieser Scheißsituation mit der Schule dich an meiner Seite hätte", lässt Carsten die Katze aus dem Sack. „Das ist zudem der Vorschlag, den ich dir machen will. Ich brauch dich um alles in der Welt! Wir könnten doch eine Art Probezeit miteinander vereinbaren. Zunächst nur für ein halbes Jahr hier in Arnum. Ich hab mich total geändert, ich bin nicht mehr der passive Langweiler!"

„Es geht nicht mehr um ‚Langweiler' oder nicht", entgegnet Anna. „Wir haben uns über einen längeren Zeitraum vollständig auseinandergelebt, da gibt es kein Zurück mehr! Ich bin auch nicht ‚nach Hause' gekommen, sondern ich hab nur nach einem Ort gesucht, an dem eine derartige Unterhaltung für mich nicht peinlich ist."

„Bitte, Anna …", setzt Carsten nach.

„Nein, Carsten, endgültig nein!", verkündet Anna forsch. „Ich hab gedacht, wir reden in Ruhe darüber, wie wir die nächsten Wochen friedlich miteinander auskommen."

Carsten scheint zu begreifen, dass Anna nicht im Entferntesten dazu bereit ist, auf seine Vorstellungen einzugehen.

„So eine Unterhaltung mit mir ist dir also peinlich, ja?", ändert sich sein Tonfall ins Ärgerliche. „Aber gleich nach uns'rer Trennung mit diesem Psychiater rumzumachen, das ist dir nicht peinlich, was? Kommst du mit so einem im Bett besser klar? Besorgt der's dir mit 'n paar Psycho-Spielchen, die dich besonders auf Tour'n bring'n?"

„Jetzt reicht's, Carsten", äußert Anna und erhebt sich von der Couch. „Das heutige Gespräch war das letzte dieser Art. Ich werde mich nicht mehr auf destruktive Debatten mit dir einlassen, weder persönlich, noch telefonisch, noch schriftlich!"

Anna will das Wohnzimmer verlassen. Carsten springt auf und hält sie mit festem Griff am Arm fest.

„In dieser Weise lass ich nicht mehr mit mir umgehen! So einfach kommst du nicht aus der Nummer raus!", schnauzt Carsten seine erschrockene Noch-Ehefrau an. „Der Scheidung nach einem Jahr Trennung werde ich niemals zustimmen. Du wirst die nächsten drei Jahre an mich gebunden bleiben, ehe du daran denken kannst, diesen Psycho-Fatzken zu heiraten. Aber bis dahin wird mir noch derart viel eingefallen sein, dass du darum betteln wirst, zu mir zurückkommen zu dürfen!"

„Du bist ja völlig durchgedreht!", schimpft Anna. „Außerdem tust du mir weh. Lass mich sofort los!"

Anna ist froh, dass sie kurz vor Mittag wieder heil vor ihrem Wohnhaus in der Erderstraße angekommen ist. Als sie das Haus betritt, kommt wie angekündigt die

Sonne heraus. Vielleicht wird die zweite Tageshälfte erfreulicher.

In ihrer Wohnung streckt Anna zunächst auf dem Sofa alle viere von sich. Was ist da eben mit Carsten in Arnum abgelaufen? Anna hat vorübergehend die Befürchtung gehabt, er könnte ihr gegenüber gewalttätig werden. Am Nachmittag wird sie Mark treffen. Sie hat das Bedürfnis, ihre derzeitigen Gedanken zu sortieren und sich mitzuteilen.

Bereits einige Tage ist sie nicht mehr dazu gekommen, sich bei Elka zu melden. Das wäre jetzt der richtige Moment, der kroatischen Freundin eine E-Mail zu schreiben. Für Anna ist Elka nach und nach von einer Mailbekanntschaft zu einer zuverlässigen Vertrauensperson geworden. Obwohl über 1300 Kilometer Entfernung zwischen ihnen liegen, hat Anna trotzdem das Gefühl, dass die verständnisvolle kroatische Frau ihr manchmal sehr nahe ist. Der Austausch zwischen den beiden Frauen hat fast intimen Charakter, vergleichbar einem Tagebuch, dem man persönliche Gedanken anvertraut, die manchmal nicht einmal der Partner kennt.

Der Vergleich mit einem Tagebuch ist durchaus passend. Anna behält den Mailverkehr mit Elka ganz für sich. Sogar Mark weiß nichts davon, dass sich Anna an manchen Abenden vor dem PC mit einer kroatischen Freundin über persönliche Angelegenheiten austauscht. Lediglich in der Esperanto-AG hat Anna zweimal erwähnt, dass sie eine Mailbekanntschaft zu einer kroatischen Esperantistin pflegt. Carsten hat Anna früher gelegentlich über die Schulter geschaut, wenn sie eine Mail auf Esperanto verfasst hat. Das Ausmaß der Korrespondenz hat er vermutlich nicht einmal ansatzweise erfasst.

„Ich wünsche dir und deiner Familie ein gesegnetes Weihnachtsfest", schreibt Anna an Elka und kommt nach einer Höflichkeitsfloskel zu ihrer angeschlagenen Verfassung: „Mit meiner Jammerei möchte ich dir nicht den Heiligabend verderben. Aber Carsten bedrängt mich seit Tagen mit Anrufen, SMS, E-Mails und persönlichen Besuchen. Heute hat er mir eröffnet, dass er unsere Vereinbarung über die Scheidung nach einem Trennungsjahr nicht mehr einhalten wird. Die zunehmenden Streitigkeiten quälen mich enorm."

Kvardek du / Zweiundvierzig

Den Heiligabend verbringt Frank Müller fast ausschließlich bei seiner alleinstehenden 63-jährigen Mutter in Bissendorf, einem Ortsteil der Gemeinde Wedemark am nördlichen Rand der Region Hannover. Dabei sind seine Gedanken bei Anna Sonnenberg, mit der er gerne schon dieses Jahr die Weihnachtstage verbracht hätte.

Mit der Bescherung für Anna hat er sich schwergetan. Die vom Kampf mit Sebastian Rokahr besudelte „Gandalf"-Maske hat er ihr nicht mehr schenken wollen. Stattdessen hat er ihr am letzten Schultag ein Buch und Konfekt überreicht – Ähnliches hat sie leider auch von anderen Kollegen wie Bernd Kramer bekommen. Aber er hat auch etwas von Anna erhalten: eine selbstgebrannte CD mit Rocksongs auf Esperanto der populären Musikgruppe „Dolchamar". Zwar hat er sich sämtliche Lieder bereits vor Monaten aus dem Internet heruntergeladen, aber dennoch ist es ein wunderbares Geschenk. Es ist der erneute Beweis, dass Anna an ihn denkt, sich zu Hause Zeit für ihn nimmt, wenn sie die Lieder extra für ihn zusammenstellt. Am späten Abend macht er sich auf den Rückweg nach Hannover. Seine Mutter wird er das nächste Mal an ihrem Geburtstag am 5. Januar besuchen.

Zu Hause in seiner Wohnung führt ihn einer der ersten Gänge an seinen PC. Frank geht davon aus, dass Anna noch einen Weihnachtsgruß an Elka versendet hat. Der ersten Freude folgt Ratlosigkeit, dann Wut. Es ist Heiligabend und seine Anna wird von Carsten Sonnenberg gequält. Frank ist davon ausgegangen, dass

Anna Ende nächsten Jahres für ihn frei ist. Jetzt erfährt er, dass Carsten sein Versprechen gebrochen hat und Anna noch drei Jahre als Ehefrau an sich binden will.

Dagegen wird der Batalanto sein heimliches Versprechen einhalten und Anna von jeglichen Qualen befreien.

Am Abend des 26. Dezember ist ein grauer Renault Clio auf dem Weg nach Arnum. Hemmingen mit seinen insgesamt sieben Stadtteilen wird vom Internetdienst „Street View" nicht abgebildet. Der Batalanto hat sich über Arnum und die nähere Umgebung um das Haus der Sonnenbergs im Internet bei „Google Maps" informiert, wo Karten und Satellitenaufnahmen kostenlos zur Verfügung gestellt werden. Sonnenbergs Adresse ist mühelos im Online-Telefonbuch zu finden gewesen.

Er hat sich entschlossen, sein Auto im Pattenser Feldweg, einer Parallelstraße zum Platanenweg, abzustellen. Anders als der Name vermuten lässt, stehen inzwischen zu beiden Seiten des Pattenser Feldwegs Wohnhäuser, teilweise mehrstöckige Gebäude mit Mietwohnungen. Es sind zahlreiche Parkplätze vorhanden, wo ein weiterer Wagen mit Hannoverschem Kennzeichen niemandem besonders auffällt. Durch einige kleinere Querstraßen erreicht der Batalanto den Platanenweg. Das Haus von Carsten Sonnenberg kann er schon von Weitem erkennen. Der heutige Abend dient ausschließlich der detaillierten Erkundung der örtlichen Gegebenheiten.

Der Batalanto ist noch nie in diesem Teil von Arnum gewesen. Sonnenberg wohnt in einem einzeln stehenden Haus direkt neben einem großflächigen Feld. Ein Nadelbaum vor dem einzigen Fenster an der Frontseite, der gleichzeitig als Sichtschutz zum Nachbar-grundstück dient, dürfte es fast unmöglich machen, von innen zu erkennen, wer an der Haustür klingelt – zumal die Eingangstür über keinen Spion verfügt. An die gegenüberliegende Straßenseite grenzen mit ihrer jeweiligen Rückseite verschiedene eingezäunte Gärten. Hier gewährleisten mannshohe Holzzäune, teilweise mit Efeu berankt, dass die Hausbesitzer nicht sehen können, wer sich auf der Straße oder vor Sonnenbergs Haus aufhält. Die Örtlichkeiten sind günstiger als ge-dacht. Es soll morgen wie heute weder Schnee noch Regen geben, was das Hinterlassen verräterischer Spu-ren minimiert.

Der Batalanto fasst den Entschluss, am kommenden Abend hierher zurückzukehren.

Durch Annas zahlreiche E-Mails an Elka hat sich Frank Müller ein gutes Bild von Carsten Sonnenberg machen können. Sonnenberg ist ein Einzelgänger, bei dem nicht zu erwarten ist, dass er nach der räumlichen Trennung von seiner Frau und der Suspendierung vom Dienst abends in seinem Haus Besuch hat. Au-ßerdem weiß Frank zufällig durch ein Gespräch mit Anna von Carsten Sonnenbergs schlechter Ange-wohnheit, beim Öffnen der Haustür nie den Sperrrie-gel zu benutzen.

Frank hat in der Vergangenheit versucht, Annas Ehemann respektvoll zu begegnen. Dennoch hat ihn Sonnenberg spüren lassen, dass er den Hausmeister nicht für voll nimmt. Alle abwertenden Kommentare Sonnenbergs hat Frank stillschweigend ertragen. Aber jetzt ist die Situation eingetreten, dass Sonnenberg Anna quält und damit den Batalanto zum Handeln zwingt.

Am 27. Dezember kurz nach 21 Uhr steigt der Batalanto in Arnum aus seinem Renault Clio. Der Wagen steht diesmal im Lindenweg, ebenfalls einer Parallelstraße zum Platanenweg mit unauffälligen Parkmöglichkeiten. In der Dunkelheit werden Fahr- und Gehwege durch vereinzelte Straßenlaternen ausgeleuchtet.

Der Batalanto trägt eine schwarze Winterjacke mit dunkler Wollmütze, Schal und schwarzen Handschuhen. Eine zu dieser Jahreszeit angemessene Kleidung. Gerade kommt er im Dunkeln einen schmalen Weg zwischen zwei Gärten entlang, durch den Fußgänger direkt auf den Platanenweg gelangen, da hört er einen Hund bellen. Der Batalanto bleibt stehen, überlegt bereits lieber umzukehren. Ein Mann mit einem kleinen weißen Hund geht auf dem Platanenweg in Richtung Feld. Erleichtert stellt der Batalanto fest, dass ihn der Mann nicht gesehen hat. Eine Minute wartet der Krieger in dem dunklen Durchgang ab, dann blickt er um die Ecke. Mann und Hund sind irgendwo auf einem Feldweg verschwunden. Die heutige Aktion ist durchaus mit dem Risiko behaftet, von einem Spaziergänger, der noch seinen Hund ausführt, zufällig gesehen zu werden.

Der Batalanto nähert sich Sonnenbergs Haus. Dort sind an den Fenstern die Rollläden heruntergelassen. Im Moment ist zu beiden Seiten der Straße kein Mensch zu sehen. Als der Batalanto Sonnenbergs Grundstück betritt, geht das Licht eines Bewegungsmelders an. Der Batalanto huscht die drei Stufen zum Eingang hinauf. Direkt vor der Haustür bleibt er stehen. Die rechte Hand greift in die Tasche der Winterjacke und aktiviert den Elektroschocker. Mit der linken Hand drückt er auf den Klingelknopf neben dem Namensschild. Alles hängt davon ab, dass Sonnenberg

389

die Tür tatsächlich ohne Sperrriegel öffnet. Der Batalanto horcht an der Tür. Es sind keine Geräusche zu hören. Er sieht lediglich einen schwachen Lichtschein im Haus. Sonnenberg muss doch da sein! Unwahrscheinlich, dass der Lehrer um diese Zeit schon schläft.

Der Batalanto entschließt sich erneut zu klingeln, ein bisschen länger als beim ersten Mal. Wieder horcht er angestrengt, ob sich im Haus etwas rührt. Plötzlich geht das Licht im Flur an. Es sind Schritte zu hören. Aber die Erwartung, dass Sonnenberg sofort die Tür aufmacht, erfüllt sich nicht.

Den Schluss der Western-DVD hat er sich nicht mehr angeschaut. Carsten Sonnenberg ist einfach nicht in der Lage, sich auf einen Film zu konzentrieren, wobei ihm das Ende der tragischen Geschichte sowieso bekannt ist. Die Rollläden hat er bereits mit Einsetzen der Dunkelheit vor allen Fenstern heruntergelassen.

Er sitzt im Wohnzimmer auf der Couch und trinkt ein Glas Weißwein. Die vergangenen Weihnachtstage, allein ohne Anna, sind die schlimmsten seines Lebens gewesen. Die Gedanken kreisen um seine Ehe, die er trotz des heftigen Streits mit Anna nicht endgültig aufgeben kann. In den letzten drei Tagen hat er weiterhin versucht, Anna über Handy oder E-Mail zu erreichen. Dabei ist er strategisch ganz anders vorgegangen, hat sich entschuldigt und Anna neue Vorschläge unterbreitet. Bisher hat er keine Antwort erhalten. Anna ist weder ans Handy gegangen noch hat sie auf seine E-Mails reagiert.

Während die Gedanken in seinem Schädel hin- und hergehen, ist er sich unsicher, ob es eben bei ihm geklingelt hat. Er stutzt. Ist da jemand an seiner Haustür? Jetzt klingelt es wirklich.

Schwerfällig erhebt sich Carsten von der Couch und geht zögernd in den Flur, wo er das Licht anmacht. Er ist momentan nicht in der Stimmung, sich um diese Zeit mit einem Nachbarn abzugeben.

„Ja, wer ist da?", ruft er lustlos durch die verschlossene Tür.

Zunächst erfolgt von draußen keine Reaktion.

Dann hört Carsten eine Stimme, die antwortet: „Frank Müller."

Carsten ist völlig erstaunt, wobei der Gedanke an den dämlichen Hausmeister seine Bereitschaft, die Tür zu öffnen, keineswegs erhöht.

„Was wollen Sie?", will Carsten wissen.

„… pri Anna", verkündet die Stimme, die nur schwach zu hören ist, aber trotzdem eine Dringlichkeit vermittelt.

Was um alles in der Welt hat der Kerl über Anna zu berichten?, schießt es Carsten durch den Kopf.

Er macht die Tür auf. Vor ihm steht tatsächlich der Hausmeister, der ein Handy in seiner rechten Hand hält.

„Müller, was …?", beginnt Carsten, wobei er vom Hausmeister mit einer schnellen Bewegung daran gehindert wird, den Satz zu beenden.

Das Vorgehen des Batalantos bei der Überwältigung von Carsten Sonnenberg wirkt beinahe routiniert. Nachdem der leicht alkoholisierte Lehrer durch den Elektroschocker zu Boden geschickt worden ist, drückt der Batalanto die Tür hinter sich zu, fesselt den Paralysierten mit braunem Klebeband an Händen und Füßen, hindert ihn durch Zukleben des Mundes am Schreien. Das Licht im Flur wird gelöscht. Der Batalanto zieht Sonnenberg über den Boden ins Wohnzimmer, wo er ihm einen zweiten elektrischen Schlag verpasst. Schließlich bindet er den Lehrer an einen Stuhl. Als weiteres Werkzeug seiner Bestrafung hat der Batalanto das Klappmesser dabei. Sonnenberg wird büßen für das, was er Anna angetan hat. Und dann wird der Lehrer auch den Mann ernst nehmen müssen, den er bisher nur als Frank Müller gekannt hat.

Der Batalanto konzentriert sich vollständig auf sein Handeln, das eine Formel in seinem Gehirn beeinflusst:

morta = bona,

morta = bona …

Da klingelt es plötzlich an der Tür.

Anna Sonnenberg hat ungefähr drei Jahre in Arnum gelebt. In der Zeit hat sie dort sowie in der unmittelbaren Nachbarstadt Pattensen einige Freundinnen gefunden.

Am Nachmittag des 27. Dezember besucht Anna in Pattensen Claudia, eine 35-jährige Grundschullehrerin, die nichts mit Esperanto zu tun hat. Die beiden Frauen haben schon einige Monate nicht mehr miteinander gesprochen und haben sich daher viel zu erzählen. Spontan entscheiden sie sich, abends noch in einem griechischen Restaurant in Pattensen essen zu gehen. Um 20:50 Uhr verlassen sie das Lokal und Anna verabschiedet sich von Claudia.

Anna fährt mit ihrem Daihatsu Cuore von Pattensen über die B3 zurück nach Hause. Sechs Minuten später hat sie den südlichen Rand von Arnum erreicht. Mark Seifert hat ihr geraten, dass sie Carsten ihren Haustürschlüssel für Arnum als eindeutiges Signal der Trennung zukommen lässt. Das Auseinanderrechnen der Finanzen in Bezug auf das Haus kann dagegen zu einem späteren Zeitpunkt erfolgen.

Anna hat den Schlüssel heute Nachmittag vor der Abfahrt nach Pattensen vorsorglich eingesteckt. Jetzt überlegt sie, ob sie noch kurz bei Carsten vorbeifährt und ihm den Schlüssel aushändigt. Wobei Mark nicht gemeint hat, dass die Schlüsselübergabe persönlich erfolgen sollte.

Kurzentschlossen biegt sie von der B3 links in die Astrid-Lindgren-Straße ein, über die sie das neue Wohngebiet im südlichen Ortsteil von Arnum durchfährt und in den Platanenweg gelangt. Direkt vor ihrem Haus bringt sie den Daihatsu zum Stehen. Schon aus dem Innern des Wagens kann sie durch die Glaskonstruktion neben der Haustür einen schwachen Lichtschimmer erkennen. Das bedeutet, dass Carsten im Wohnzimmer sitzt. Sie steigt aus, verschließt den Wagen und geht die Stufen zum Eingang hinauf. Im Licht des Bewegungsmelders holt sie den Haustürschlüssel aus ihrer Jackentasche. Einfach aufschließen und hereingehen wie früher will sie nicht. Obwohl sie die rechtliche Miteigentümerin ist, gehört das Haus nicht mehr zu ihrem persönlichen Bereich. Sie klingelt daher wie eine Besucherin.

Es passiert nichts. Das Licht im Flur bleibt aus, sie hört keine Schritte. Aber im Wohnzimmer brennt das Licht. Irgendwie bewegt sich dort etwas. Möglicherweise hockt Carsten wieder mit einer Flasche Wein vor dem Bildschirm und guckt eine dieser Western-DVDs. In alkoholisierter Stimmung sind Konfliktgespräche mit ihm noch unangenehmer als sonst, weil Carsten dann weinerlich und sarkastisch wird. Anna hat noch von ihrem letzten Besuch in Arnum die leere Weinflasche auf dem Esstisch vor Augen. Unter Anspannung neigt Carsten dazu, mehr Wein zu trinken als sonst.

Sie überlegt, ob sie ein zweites Mal klingeln soll. Vor ihrem geistigen Auge malt sie sich die Szene der Schlüsselrückgabe mit einem angetrunkenen Carsten aus. Will sie das jetzt wirklich?

Sie wirft den Haustürschlüssel in den Briefkasten neben dem Eingang. Heute Abend, nach der Rückkehr in ihre Lindener Wohnung, wird sie Carsten eine E-Mail schreiben, in der sie ihm mitteilt, dass der Schlüssel in seinem Briefkasten liegt. Damit ist die räumliche Trennung endgültig vollzogen.

Gerade, als sie zu ihrem Wagen geht, sieht sie auf dem Gehweg einen grauhaarigen Mann mit einem kleinen weißen Hund. Es ist Tim Salzmann, einer ihrer früheren Nachbarn.

„Hallo Anna", begrüßt sie der Mann. „Ich musste noch mal mit dem Hund raus. Wie ich geseh'n hab, bist du nicht ins Haus reingekommen. Is' was mit Carsten …?"

„Hallo Tim", entgegnet Anna ihrem neugierigen Ex-Nachbarn. „Ich wollte nur was in den Briefkasten werfen. Carsten geht es gut."

Kvardek tri / Dreiundvierzig

Es ist Donnerstag, der 29. Dezember, vormittags. Durch das Zusammensein mit Anna habe ich das zurückliegende Weihnachtsfest trotz Abwesenheit von Katharina in guter Erinnerung. Jetzt arbeite ich zwischen den Feiertagen in meinem Büro im Gesundheitsamt in der Weinstraße. Wie auch in vielen anderen Betrieben läuft bei der Region Hannover in der letzten Dezemberwoche vieles „auf Sparflamme". Zahlreiche Mitarbeiter haben sich bis Silvester Urlaub genommen. Ich habe erst ab der nächsten Woche einige Tage frei.

Auf meinem Schreibtisch klingelt das Telefon.

„Frau Sonnenberg ist am Apparat und möchte Sie gerne dringend sprechen, Chef", teilt mir meine Sekretärin Sonja Mock mit.

„Danke, Mockie. Stellen Sie bitte durch."

Anna meldet sich mit hektischer Stimme:

„Hallo, Mark. Gut, dass ich dich gleich erreiche. Seit anderthalb Tagen hat Carsten seine nervigen Anrufe und E-Mails komplett eingestellt."

„Das ist ja prima", entfährt es mir spontan. „Hast du ihm den Haustürschlüssel zurückgegeben?"

„Ja, vor anderthalb Tagen."

Dann war das doch eine gute Idee von mir, denke ich geschmeichelt. Aber dann bekomme ich sofort den Eindruck, dass ich mir die Sache offensichtlich zu leicht mache.

Annas besorgter Tonfall deutet an, dass da etwas nicht stimmt: „Dass Carsten auf meine Mail mit dem Schlüssel gar nicht mehr reagiert, ist überhaupt nicht seine Art. ... Plötzlich nicht mehr der geringste Versuch, mit mir in Kontakt zu bleiben, wo er die Tage zuvor pausenlos genervt hat!"

Was bin ich doch für ein Trottel, dass ich diese abrupte Veränderung nicht sofort als gefährlichen Hinweis verstanden habe.

„Glaubst du, dass sich Carsten etwas angetan haben könnte?", frage ich ganz direkt.

„Bisher hat er nie irgendwelche Suizidankündigungen von sich gegeben", erklärt Anna. „Aber auf einmal habe ich die Befürchtung, dass etwas in dieser Richtung passiert sein könnte. ... Ich mache mir Gedanken, dass ich ihn vielleicht durch die abrupte Schlüsselrückgabe in den Selbstmord getrieben habe."

Anna berichtet mir davon, dass sie Carsten vorgestern Abend kommentarlos den Haustürschlüssel in den Briefkasten geworfen habe und anschließend nach Hannover gefahren sei. Von dort habe sie ihm später noch eine E-Mail geschrieben. Zunächst habe sie sich über Carstens ausbleibende Reaktionen gefreut. Als ihr das Ganze merkwürdig erschienen wäre, habe sie ihm gestern Abend gemailt und auf seinen Anrufbeantworter gesprochen.

„Aber seit anderthalb Tagen ist Totenstille", beendet Anna ihren Bericht und erschrickt offensichtlich selbst über das von ihr verwendete Schlusswort.

„Ich halte es für das Richtige, vor Ort in Arnum nachzuschauen, was da los ist", teile ich ihr mit. „Vielleicht hat sich Carsten auch nur depressiv in seinem Haus zurückgezogen."

„Dann fahre ich gleich dahin", sagt Anna.

„Nein, du bleibst zu Hause. Das ist ein typischer Fall für den Sozialpsychiatrischen Dienst", entscheide ich. Auf einmal ahne ich Schlimmes und möchte vermeiden, dass Anna etwas ansehen muss, das ihr später schwer zu schaffen macht.

Wir einigen uns darauf, dass ich mich sofort um die Sache kümmere und Anna postwendend informiere, sobald ich eine Neuigkeit habe.

Für Einsätze in Arnum ist meine Sozialpsychiatrische Beratungsstelle in Laatzen örtlich zuständig. Ich könnte dort anrufen und die Mitarbeiter bitten, umgehend bei Carsten Sonnenberg einen Hausbesuch zu machen. Aber ich entscheide mich dafür, selbst nach Arnum zu fahren.

Bevor ich das Gesundheitsamt verlasse, rufe ich meiner Sekretärin im Vorübergehen zu: „Mockie, ich bin auf dem Weg zu einem Notfall in Arnum."

„Aber Sie sind doch nur freitags dran", wundert sich Sonja Mock. „Und wer begleitet Sie überhaupt?"

Auf der Fahrt über den Südschnellweg nach Arnum mit einem regionseigenen BMW 3er gestehe ich in Gedanken Mockie zu, dass sie mit ihrer Frage recht hat. Es gibt ein Gebot im Sozialpsychiatrischen Dienst, zu Notfalleinsätzen immer zu zweit zu fahren. Aber die einzige meiner Mitarbeiterinnen, die ich heute auf die Schnelle aus dem Gesundheitsamt hätte mitnehmen können, ist gerade mit einer anderen wichtigen Angelegenheit beschäftigt.

Nach knapp zwanzig Minuten erreiche ich Sonnenbergs Haus in Arnum. Ich parke direkt davor und steige aus. Rechts am Haus befindet sich die verschlossene Garage. Hinter einem Baum im Vorgarten bemerke ich auf den zweiten Blick, dass vor dem kleinen Fenster an der Frontseite der Rollladen heruntergelassen ist. Mein mehrmaliges Klingeln führt zu keiner Reaktion. Ich gehe links um das Haus herum in den Garten und kann feststellen, dass die Rollläden noch vor allen Fenstern unten sind. Da es das letzte Haus am Feld ist und sich nur ein kaum sichtbares Fenster an der Frontseite befindet, hat dieser Umstand wahrscheinlich kein großes Aufsehen erregt.

Die unmittelbaren Nachbarn sind anscheinend verreist. Eine Bewohnerin des übernächsten Hauses, der ich mich als Mitarbeiter des Sozialpsychiatrischen Dienstes zu erkennen gebe, hat zwar bei einem Spaziergang tagsüber die heruntergezogenen Rollläden an den Seitenfenstern bemerkt, sich aber erst auf meine entsprechende Nachfrage Gedanken dazu gemacht.

Da sich meine Befürchtungen in Bezug auf Carsten Sonnenberg erhärten, rufe ich die Polizei hinzu. Zwei Beamte der Polizeistation Arnum fahren kurze Zeit später mit einem Streifenwagen vor.

Ich schildere den Polizisten, dass sich ein Türschlüssel im Briefkasten neben der Eingangstür befinden müsste. Mit einem Draht fördert einer der Beamten Annas Schlüssel zutage, schließt anschließend damit die Haustür auf.

Gemeinsam betreten wir den Flur. Die Polizisten gehen voran. Im Wohnzimmer brennt Licht. Ansonsten ist es wegen der heruntergezogenen Rollläden weitgehend dunkel im Haus.

„Herr Sonnenberg ...!" ruft einer der Polizeibeamten.

Plötzlich bleiben die beiden Polizisten wie angewurzelt im Türrahmen des Wohnzimmers stehen.

„Ach, du Scheiße!", entfährt es einem der beiden.

Ich schaue den Polizisten über die Schulter und sehe mit Schrecken auf Carsten Sonnenberg, der tot auf dem Fußboden liegt, die Kleidung blutverkrustet. In seinen entblößten Oberkörper sind zwei Buchstaben eingeritzt worden: MB.

Es ist für mich nicht leicht, Anna schonend beizubringen, dass ich ihren Mann in dem Arnumer Haus ermordet aufgefunden habe. Ich bin zu ihr nach Hause gefahren, um es ihr persönlich zu sagen. Anna liegt in meinen Armen und weint. Einen Suizid hatte sie befürchtet, aber keinen Mord. Bei meiner Schilderung, was ich im Wohnzimmer des Hauses gesehen habe, halte ich mich mit Details zurück.

Nach einer ganzen Weile sagt sie zu mir: „Ich habe nichts mehr für ihn empfunden, er hat mich massiv bedrängt und ich habe einen Schlussstrich unter uns're Beziehung gezogen. … Aber solch ein brutales Ende hab ich ihm wirklich nicht gewünscht …"

Mir ist klar, dass so einiges in den nächsten Stunden und Tagen auf sie zukommen wird. Anna ist vorgestern Abend im Platanenweg in Arnum gewesen, möglicherweise hat Carsten zu diesem Zeitpunkt noch gelebt. Die Polizei wird sie auf jeden Fall dazu befragen. Außerdem ist Anna diejenige, die sicherlich am meisten über den Ermordeten und seine Gewohnheiten zu berichten weiß.

Ich muss mich um Anna kümmern, die nach einer Weile anfängt, hektisch ihre Gedanken mitzuteilen. Das ist ihre Art, sich durch Reden Erleichterung zu verschaffen. Und dafür braucht sie einen Zuhörer.

„Es klingt völlig herzlos", sagt Anna leise, „und ich schäme mich deswegen. Aber kurz nachdem du es mir erzählt hast, war ich sogar erleichtert, dass ich nicht schuld bin an seinem Tod, indem ich ihn in den Selbstmord gedrängt habe."

Wir reden ausführlich über alles, was Anna momentan durch den Kopf geht. Dabei nimmt ihre Hektik ab. Zuletzt sitzt sie ruhig in meinem Arm auf dem Sofa.

„Ist schon ein gutes Gefühl, sich mit Menschen wie dir und Elka austauschen zu können", teilt sie mir mit einem angedeuteten Lächeln mit.

„Wer ist Elka?", rutscht mir spontan heraus.

„Eine ganz liebe Esperantistin, mit der ich mich schreibe."

Eine Elka hat Anna noch nie erwähnt.

„Ist das eine neue Bekanntschaft? Hier aus der Umgebung?", frage ich interessiert nach.

„Nein, mit Elka maile ich schon seit über einem Jahr. Sie lebt mit ihrer Familie in Kroatien. Ist mein intensivster durchgängiger Mailkontakt auf Esperanto."

„Ach so", sage ich. Es handelt sich also um eine von Annas Mailbekanntschaften über „lernu!". Bei Kroatien fallen mir spontan Balkankonflikt und Karl-May-Filme ein.

„Du musst damit rechnen, dass gleich Kommissar Stelter oder Leute aus seiner Abteilung bei dir auftauchen", erkläre ich ihr. „Was immer jetzt auf dich zukommt, du bist nicht allein …"

Ich vereinbare mit Anna, dass sie für die nächsten Tage zu mir zieht, sobald sie in ihrer Wohnung das Gespräch mit der Polizei hinter sich gebracht hat.

Kvardek kvar / Vierundvierzig

Am Nachmittag erhält Anna wie erwartet Besuch von Kriminalhauptkommissar Stelter und seiner Kollegin Kriminaloberkommissarin Renner. Mark Seifert ist bis zur Ankunft der Polizisten geblieben. Dann hat er sich verabschiedet. Abends wird Anna zu ihm fahren.

Die beiden Polizisten gehen behutsam mit Anna um, stellen allerdings jede Menge Fragen. Anna hat keine Vorstellung davon, wer Carsten ermordet haben könnte. Ist der weiße Zettel mit der Aufschrift „Lehrerschwein" ein erster Hinweis auf den Täter? Carsten hatte diesen Zettel als Drohbrief empfunden. Besteht möglicherweise ein Zusammenhang zwischen der Ermordung des Lehrers und der Affäre mit Irina Smirnov?

Nachdem die Kriminalbeamten die Wohnung verlassen haben, sortiert Anna ihre Gedanken.

Es zieht sie an den PC, wo sie eine E-Mail an Elka verfasst.

„Es ist etwas Unglaubliches passiert", teilt sie auf Esperanto ihrer kroatischen Vertrauten mit. „Carsten ist in seinem Haus in Arnum ermordet worden. Die Polizei ist gerade bei mir gewesen. Du kannst dir vorstellen, wie es mir momentan geht."

Elkas Antwortmail kommt schneller als erwartet: „Ich kann verstehen, dass es für dich als einfühlsame Frau schwer ist, mit einem derartigen Todesfall klarzukommen, obwohl dich der Tote zuletzt sehr gequält hat. Hast du denn jemanden vor Ort, der dich in den nächsten Tagen unterstützt?"

„Du brauchst dir keine Sorgen um mich zu machen", schreibt Anna zurück. „Da ist ein Mann in mein

Leben getreten, in den ich mich verliebt habe. Er ist Psychiater und hilft mir über alle Schwierigkeiten hinweg."

Kurz danach verlässt Anna ihre Wohnung und macht sich mit dem Wagen auf den Weg zu Mark.

Frank Müller sitzt in seiner Wohnung irritiert vor dem Bildschirm des Computers und liest sich zum dritten Mal die letzte Nachricht von Anna an Elka durch. Hat sich ein Mann zwischen Anna und Frank gedrängt? Dem Hausmeister macht zu schaffen, dass Anna schreibt, dass sie in den Mann verliebt wäre. Auf der anderen Seite ..., wenn der Mann Anna hilft, kann er kein schlechter Mensch sein. Er ist Psychiater und darum geht es Anna sicherlich vorrangig. Sie sucht Halt angesichts der zahlreichen bedrohlichen Situationen, denen sie in den letzten Monaten ausgesetzt war. „Verliebt" ist bestimmt für das, was sie damit hat ausdrücken wollen, das falsche Wort.

Es ist Frank aufgefallen, dass Anna nicht den Namen des Psychiaters erwähnt hat. Entweder hat sie es vergessen, oder es ist ihr nicht so wichtig gewesen. Aber Frank ist schnell klar geworden, um wen es sich bei dem Psychiater handelt: Dr. Mark Seifert, den Anna im Rahmen des „Blick durch!"-Projekts ans Hermann-Hesse-Gymnasium geholt hat, wo dieser als Leiter des Sozialpsychiatrischen Dienstes eine Info-Veranstaltung abgehalten hat. Nach der Trauerfeier von Sebastian Rokahr hat Frank Anna und den Psychiater gemeinsam auf dem Schulhof stehen sehen. Der Mann hat einen freundlichen Eindruck auf den Hausmeister gemacht. Kann Frank Annas Nachricht über den Kontakt zu Seifert einfach ignorieren? Bisher hat sich Anna ihm gegenüber nicht verändert verhalten.

Bei dem, was der Batalanto alles für diese wunderbare Frau getan hat, kann und darf es nicht sein, dass die Beziehung zwischen Frank und Anna angeschlagen ist.

Am nächsten Morgen liest Frank Müller in den „Hannoverschen Nachrichten" einen Artikel mit der Überschrift: „Lehrer in seinem Haus hingerichtet."

An manchen Stellen hält Frank die Wortwahl des Artikels für unangemessen. Der Batalanto hat nicht gemordet, sondern er hat einen Mann ausgelöscht, um weiteren Schaden von Anna fernzuhalten.

Die Polizei ist in höchster Alarmstimmung. Mit großem Aufwand sucht sie den Batalanto, ohne überhaupt eine Ahnung von seiner Identität zu haben. Internet, Radio und Fernsehen berichten ebenfalls über die hektische Ermittlungstätigkeit, erwähnen die Zusammenhänge mit dem Tod von Holger Manthei und Sebastian Rokahr. Frank Müller hätte nie gedacht, dass sein Handeln in den Medien diese Aufmerksamkeit erlangen würde. Aber es fühlt sich gut an.

Abends fährt er nach Linden-Nord, wo er seinen Wagen auf dem Parkplatz vor dem Freizeitheim Linden abstellt. Ganz in der Nähe befindet sich die Erderstraße. Frank würde gerne wissen, ob sich Anna mit dem Psychiater Dr. Seifert in ihrer Wohnung trifft. Er steht vor dem vierstöckigen Mietshaus, in dem Anna im 2. Stockwerk wohnt. In den Fenstern der kompletten 2. Etage brennt kein Licht. Anna sowie ihre Nachbarn sind offenbar nicht zu Hause. Weder in der Erderstraße noch in der näheren Umgebung sieht er Annas roten Daihatsu Cuore.

Frank kehrt nach Hause zurück. Er versucht, die Gedanken an den Psychiater zu verdrängen. Auch Elka sollte sich damit gar nicht weiter beschäftigen.

Für eine Überraschung sorgt die 17-jährige Irina Smirnov am 2. Januar 2012, als sie zur Polizei geht und dort eine Aussage macht: „Nachdem ich gelesen habe, dass Herr Sonnenberg auf so fürchterliche Weise ums Leben gekommen ist, hab ich mir noch einmal die Ereignisse in der Jugendherberge auf Rügen durch den Kopf gehen lassen. … Es kann sein, dass ich in der Aufregung der letzten Monate einiges durcheinandergebracht habe …, dass Herr Sonnenberg das gar nicht so gesagt hat, … dass er mir bessere Punktzahlen dafür verspricht, wenn ich ‚nett‘ zu ihm bin … Ich stand so unter Druck wegen meiner mäßigen Schulleistungen, … da hab ich vielleicht selbst geglaubt, mich ‚zuvorkommend‘ verhalten zu müssen. … Es tut mir leid, dass mir das erst heute eingefallen ist. Aber jetzt will ich auf keinen Fall, dass Herrn Sonnenberg nach seinem schrecklichen Tod noch etwas Falsches nachgesagt wird.“

Die Polizeibeamtin, die diese Aussage zu Protokoll nimmt, erklärt sich später den Grund für Irinas Eingeständnis damit, dass die Schülerin dem Druck ihres Gewissens nicht mehr hat standhalten können.

Die Landesschulbehörde wird von der Polizei über die veränderte Sachlage informiert.

Kvardek kvin / Fünfundvierzig

Dienstag, 3. Januar 2012. Ich habe die komplette erste Januarwoche Urlaub. Anna wohnt momentan bei mir, sie wirkt psychisch noch recht mitgenommen. Am Nachmittag bin ich allein in Hannover unterwegs, als ich mein Handy einschalte. Auf der Mailbox ist eine Nachricht meiner Sekretärin, dass sich Kriminalhauptkommissar Stelter bei ihr gemeldet hätte, der mich gerne sprechen wollte. Ich rufe Stelter zurück, der noch einige Fragen im Mordfall Sonnenberg hat.

„Es macht mir nichts aus, zu Ihnen ins Büro zu kommen", sage ich und mache mich auf den Weg zum Hauptgebäude der Polizeidirektion Hannover. Dort holt mich Stelter an der Pforte ab und geleitet mich in die 4. Etage seines Dienstgebäudes, wo die Kriminalfachinspektion 1.1 K ihre Räumlichkeiten hat. Stelter teilt sich ein Büro mit seiner sympathischen Kollegin Andrea Renner, die er mir vorstellt. „Dann lass ich euch mal allein", teilt Andrea mit und verlässt das Büro.

Stelter bietet mir einen Platz vor seinem Schreibtisch an. Nachdem wir beide Platz genommen haben, frage ich ihn: „Was kann ich für Sie tun?"

„Ich habe verstanden, dass Ihre Anwesenheit am Tatort in Arnum damit zu tun hatte, dass es um einen Einsatz des Sozialpsychiatrischen Dienstes ging", äußert Stelter in freundlichem Tonfall. „Aber mir ist nicht klar, warum Sie persönlich ohne Hinzuziehung der zuständigen Mitarbeiter der Beratungsstelle Laatzen dorthin gefahren sind. Soweit ich informiert bin, beschränken sich Ihre Einsätze sonst auf das Gebiet der Stadt Hannover an Freitagen."

Da hat Stelter natürlich recht.

„Ich habe die Angelegenheit als meinen persönlichen Fall angesehen", erkläre ich ihm.

„Könnte es sein", setzt Stelter nach, „dass Frau Sonnenberg unbewusst Aufträge an Menschen ihrer Umgebung verteilt?"

„Frau Sonnenberg ist eine außergewöhnlich attraktive Erscheinung, für die andere Menschen gerne bereit sind, etwas zu tun", antworte ich.

„Schlimmstenfalls mit fatalen Folgen ...", murmelt Stelter.

Spielt er damit schon wieder auf meinen Freund Bernd an?

Dann fährt er fort: „Wie mir deutlich geworden ist, haben Sie inzwischen Frau Sonnenberg näher kennengelernt. ... Wissen Sie, ob Frau Sonnenberg ungewöhnliche Erlebnisse mit irgendwelchen Personen ihrer Umgebung hatte – Erlebnisse, die nur dem geschulten Blick des Fachmanns auffällig erscheinen?"

Eine Frage, die ich mir ebenfalls schon gestellt habe. Leider kann ich dem Kriminalhauptkommissar dazu im Moment nichts Neues mitteilen.

„Aber wir verfolgen noch eine ganz andere Spur, weswegen ich Sie hauptsächlich um ein Gespräch gebeten habe."

Stelter berichtet, dass die zuständigen Mitarbeiter der Kriminalfachinspektion 1.1 K in den letzten Tagen auf neue Erkenntnisse gestoßen sind.

Am späten Nachmittag des 23. Dezember hatten Beamte der Polizeistation Arnum die Personalien des 16-jährigen Schülers Alexej Smirnov aufgenommen. Alexej war an einer Bushaltestelle in Arnum nahe der Polizeistation Zeuge einer körperlichen Auseinandersetzung zweier Männer geworden.

„Wie Alexej jetzt nach intensiver Befragung durch uns zugegeben hat", berichtet Stelter, „ist er an jenem ersten Ferientag mit dem Bus nach Arnum gefahren, wo er Carsten Sonnenberg nach Einbruch der Dunkelheit ein Blatt Papier mit der Aufschrift ‚Lehrerschwein' in den Briefkasten geworfen hat. Einen Grund dafür hat mir Alexej genannt: Hass auf seinen Lehrer, bei dem er damals davon ausgegangen war, dass dieser seine Schwester zu sexuellen Handlungen genötigt hätte. Mit dem Papier habe Alexej dem Lehrer Angst machen wollen."

„Sie verdächtigen den Schüler, dass er Sonnenberg ermordet hat?"

„Einige Indizien sprechen dafür, dass er der dreifache Serienmörder sein könnte", bestätigt Stelter meine rhetorische Frage. „Wir werden sehen, was wir noch aus ihm herausbekommen."

An dem Abend, an dem Sonnenberg ermordet wurde, war Alexej angeblich mit dem Motorroller im südlichen Hannover unterwegs. Die Aussage eines Freundes, mit dem Alexej einen Teil des Abends verbracht haben will, wirkt auf Stelter nur eingeschränkt glaubwürdig. Genauso wackelig erscheint der Polizei Alexejs Alibi zu den Zeitpunkten, an denen Holger Manthei und Sebastian Rokahr getötet wurden.

Es ist bekannt, dass Alexej und Sebastian verfeindet waren, wobei Sebastian Alexej beleidigend als jemanden „ohne Eier in der Hose" verhöhnt haben soll. Alexej hat Drogenkonsum abgelehnt und Drogendealer wie Holger Manthei stets verachtet. Es ist nicht unwahrscheinlich, dass Alexej von Mantheis Drogenlieferungen an Schüler des Hermann-Hesse-Gymnasiums gewusst hat. Ist der Drogendealer vielleicht einer „Säuberungsaktion" des 16-jährigen Schülers zum Opfer gefallen? Als Ausgleich für seine körperliche Unterlegenheit könnte der Schüler den Elektroschocker verwendet haben.

„Mich interessiert Ihre fachliche Einschätzung als Psychiater zu unseren Ermittlungsergebnissen bezüglich Alexej", erklärt Stelter. „Die Stimmigkeit der vermuteten Tötungsmotive ..."

Ich steige gerne in die Materie ein. Die Rolle des psychologischen Beraters der Polizei liegt mir. Mit Eitelkeit hat das überhaupt nichts zu tun.

In diesem Fall komme ich zu dem Schluss, dass ich Alexejs Täterschaft aus psychiatrischer Sicht für „eher unwahrscheinlich" halte.

Stelter nimmt meine Einschätzung fast erleichtert zur Kenntnis. Für ihn scheint es eine unangenehme Vorstellung zu sein, dass der Schüler der gesuchte Serienmörder sein könnte. Noch unangenehmer ist für ihn aber sicherlich der Umstand, wenn trotz intensiver polizeilicher Ermittlungstätigkeit der Mord an drei Menschen immer noch unaufgeklärt ist. Es wäre schrecklich, noch ein viertes Opfer beklagen zu müssen ...

Das Gespräch mit dem Kriminalhauptkommissar wirbelt zahlreiche Gedanken in mir auf. Während der Rückfahrt nach Hause verspüre ich den Wunsch, Stelters Vertrauen in meine analytischen Fähigkeiten gerecht zu werden, indem ich einen Teil zur Aufklärung der Mordserie beitrage.

Kvardek ses / Sechsundvierzig

Donnerstag, 5. Januar 2012.

Heute ist der erste Schultag nach den Weihnachtsferien. Das Orkantief „Andrea" tobt über die Region Hannover und ganz Deutschland hinweg. Dabei regnet es. Für Januar herrschen mit acht Grad warme Temperaturen.

Anna Sonnenberg findet, dass das stürmische Wetter zu der Aufregung passt, die überall im Hermann-Hesse-Gymnasium spürbar ist. Der Mord an Carsten Sonnenberg ist durchgängiges Gesprächsthema. Anna will sich in die Arbeit stürzen, um auf andere Gedanken zu kommen. Am Montag hat sie das Esperanto-Treffen ausfallen lassen, sie übernachtet momentan noch bei Mark Seifert.

Aber schon als sie die Schule betreten hat, ist das erste Thema ihr Mann gewesen. Aus der Hausmeisterloge ist Frank Müller mit einem fragenden Gesichtsausdruck auf sie zugekommen.

„Oh, du siehst schlecht aus", teilt er ihr mit. „Tut mir leid, dass dich der Tod deines Mannes so mitnimmt. Ich hoffe, es geht dir bald besser."

„Danke, Frank", antwortet Anna. „Ja, ich hab in den letzten Tagen viel durchgemacht ..."

Die Lehrerkollegen begegnen Anna in der Schule teilweise mit einfühlsamer Zurückhaltung, aber auch mit unsicherer Verlegenheit. Bernd Kramer und Anna haben bereits vor Kurzem längere Zeit miteinander telefoniert. Schulleiter Neuber bittet Anna zu einem Gespräch, in dem er ihr im Bedarfsfall seine Unterstützung anbietet.

Nachdem Carsten Sonnenberg unter den gleichen Umständen wie Sebastian Rokahr ermordet worden ist, sehen sich diejenigen Schüler und Lehrerkollegen, die Sonnenberg als Mörder von Sebastian im Verdacht hatten, inzwischen peinlich berührt eines Besseren belehrt.

Außerdem haben sich weitere Neuigkeiten, die Carsten Sonnenberg betreffen, an der Schule herumgesprochen. Dabei geht es um die Geschwister Smirnov.

Frank Müller ist nicht entgangen, dass es Anna nicht gut geht. Sie ist eine bewundernswerte Frau, die sogar noch Trauer für einen Mann aufbringen kann, der sie gequält hat. In den nächsten Tagen wird der Batalanto besonders wachsam auf Annas Wohlergehen achten. Er hat das unbestimmte Gefühl, in Kürze eine große Bedrohung abwenden zu müssen.

Kvardek sep / Siebenundvierzig

Noch bis morgen habe ich Urlaub. Seit Anna vor einer Woche vom gewaltsamen Tod ihres Mannes erfahren hat, wohnt sie bei mir und hat sich psychisch halbwegs stabilisiert. Auf jeden Fall wollte sie heute wieder zur Schule gehen. Während Anna im Hermann-Hesse-Gymnasium unterrichtet, zieht es mich (trotz Urlaub) zu einem kleinen Abstecher in mein Büro im Gesundheitsamt. Ich will einen Blick auf einige wichtige Vorgänge werfen – nicht länger als eine Dreiviertelstunde. Danach geht der Urlaub weiter.

Das Wissen, dass es Anna schon besser geht, hat meine Stimmung deutlich erhöht. Ich betrete das Gesundheitsamt, wo mir im Flur zwei Besucherinnen entgegenkommen. Gleich das erste Büro links vom Haupteingang ist mein Vorzimmer. Ich öffne die Tür und grinse meine am Schreibtisch arbeitende Sekretärin an, die mein Anblick sichtlich überrascht.

In meiner leicht übermütigen Verfassung wünsche ich ihr auf Esperanto ein glückliches neues Jahr und preise sie als die beste Sekretärin Deutschlands: „Feliĉan novjaron! Mockie, vi estas la plej bona sekretario en Germanio."

„Ein frohes neues Jahr wünsche ich Ihnen auch, Chef. Aber was machen Sie denn hier?", fragt Sonja Mock, die stets sehr fürsorglich darauf achtet, dass ich im Urlaub die Arbeit ruhen lasse. „Und seit wann sprechen Sie Spanisch?"

„Ich will nur einige Kleinigkeiten erledigen, dann bin ich sofort wieder zu Hause", versichere ich ihr. „Und das war gar kein Spanisch."

„Italienisch?"

„Esperanto."

„Hab ich noch nie jemanden sprechen hör'n", bekundet meine Sekretärin. Ich übersetze ihr mein zutreffendes Lob, was sie mit einem Lächeln zur Kenntnis nimmt.

Dann gehe ich in mein Büro, um die „wichtigen Kleinigkeiten" zu bearbeiten. Dazu fahre ich meinen PC hoch. Doch ich schaffe es nicht, mich auf das Lesen der aufgerufenen Dateien zu konzentrieren. Die Fragen von Mockie, ob ich Spanisch oder Italienisch gesprochen habe, gehen mir permanent durch den Kopf. Es ist so naheliegend, und trotzdem bin ich nicht darauf gekommen. Für Menschen, die noch nie Esperanto gehört haben, klingt die Sprache wie Spanisch oder Italienisch. Esperanto ist der Schlüssel!

Ich stelle den PC ab und verlasse mein Büro.

„Das ist vernünftig, dass Sie jetzt doch gleich wieder nach Hause fahren", freut sich meine Sekretärin.

„Ich glaube, Sie haben vorhin die wichtigsten Fragen Ihres Lebens gestellt", teile ich Mockie begeistert mit, die mich irritiert anschaut. „Ohne Sie wäre ich völlig aufgeschmissen."

Beim Verlassen des Vorzimmers höre ich Mockie sagen: „Hoffentlich folgt auf so viel Lob zum Jahresbeginn nicht noch ein dickes Ende …"

Ich erwarte Anna in meiner Wohnung im Zooviertel. Draußen tobt ein heftiger Sturm. Am Nachmittag kommt Anna vom Unterricht im Hermann-Hesse-Gymnasium zurück. Sie hat den ersten Arbeitstag nach den Ferien gut überstanden.

Ich lasse ihr Zeit, es sich auf der Couch im Wohnzimmer gemütlich zu machen.

Kaum sitze ich ihr gegenüber, platze ich heraus: „Du hast mir im September von zwei Vorfällen erzählt. Da hatte jemand ein Wort in die Wagentür einer Lehrerin geritzt. Und bei einer anderen Kollegin von dir war an die Garage gesprayt worden. Es ging in beiden Fällen um ein Schimpfwort auf Esperanto. Hattest du vorher irgendwelchen Ärger mit diesen Kolleginnen?"

„Ja, stimmt. Damals haben mir die Vorwürfe der beiden ziemlich zu schaffen gemacht."

Von diesen Vorfällen, die wie Schülerstreiche wirken, hat der Mordkommission später sicher niemand der befragten Lehrkräfte etwas erzählt.

„Da hat also jemand den beiden Lehrerinnen eins ausgewischt, die dir zuvor etwas getan haben. Und jedes Mal spielte Esperanto eine Rolle. Wobei ich vom Verkratzen des Autos zum Besprayen der Garage eine Steigerung sehe", führe ich aus.

„Ja, und?", sagt Anna, die offenbar keine Vorstellung davon hat, worauf ich hinauswill.

Ich beuge mich im Sessel nach vorne: „Holger, Sebastian und Carsten haben sich kurz vor ihrer Ermordung dir gegenüber bedrohlich oder übergriffig verhalten. Zumindest in den Fällen von Holger und Sebastian haben Zeugen angegeben, dass der Täter Brocken auf Spanisch oder Italienisch von sich gegeben haben soll. Bei einem Pizzaboten wäre es nicht einmal ungewöhnlich, wenn er ein italienisches Wort sagt. Aber ich gehe jetzt davon aus, dass der Täter Esperanto gesprochen hat."

„Aber in der Zeitung stand, dass der verkleidete Pizzabote ‚Signore Rokahr' gesagt hat", hält mir Anna entgegen.

„Wenn jemand Esperanto nicht kennt, dann hört er schnell aus ‚Sinjore Rokahr' das italienische ‚Signore Rokahr' heraus", behaupte ich.

Anna scheint nicht ganz überzeugt: „Also, ich weiß nicht …"

„Herr Dellbrück, der Nachbar von Holger Manthei, hat mir erzählt, dass er geglaubt hätte, zum Zeitpunkt des Mordes aus der Wohnung nebenan die laute Stimme einer Fernsehsendung zu hören. Dann hat der Nachbar ergänzt, die Stimme hätte Spanisch oder Italienisch gesprochen. Für die Polizei vielleicht nur eine eingeschränkt zuverlässige Aussage. Ich bin inzwischen der Überzeugung, die Stimme hat Esperanto gesprochen", äußere ich in Gedanken an das Gespräch mit Mockie vor ein paar Stunden.

„Bei Carstens Ermordung", wirft Anna ein, „gibt es keinen Hinweis auf einen Esperanto-sprechenden Täter."

„Aber in diesem Fall wissen wir von der Vorgehensweise bei der Tötung deines Mannes, dass sie identisch ist mit derjenigen bei der Ermordung Sebastians."

„Du meinst, alle Taten sind darin begründet, dass die Opfer vorher einen Konflikt mit mir hatten?"

„Genau", stimme ich ihr zu. „Der Täter ist ein Esperanto-sprechender Mann, der sich dir offenbar stark verbunden fühlt und Menschen, die dich angreifen, bestraft oder aus dem Weg räumt. Zunächst hat er sich mit Sachbeschädigungen begnügt, dann ist ihm bei der Bestrafung von Holger möglicherweise sein Vorgehen entglitten."

„Und es ist ein Mann …?"

„Ja, die Zeugenbeschreibung zur Statur des verkleideten Pizzaboten und die aggressive Vorgehensweise des offensichtlich psychisch gestörten Täters verweisen auf einen Mann."

Anna rutscht unruhig auf der Couch hin und her: „Ich hab keine Vorstellung, welcher Mann, den ich kenne, so etwas tun könnte."

„Du hast neulich erwähnt, dass du dich seit Längerem mit einer Esperantistin per E-Mail austauschst", greife ich einen weiteren Gedanken auf, der mir heute in der Stadtbahn auf der Rückfahrt vom Gesundheitsamt nach Hause gekommen ist. „Hast du den Mailverkehr gespeichert und könntest du ihn mir zeigen?" Anna schüttelt den Kopf.

„Du erzählst mir abenteuerliche Hypothesen über mordende Esperantisten in Hannover und plötzlich wechselst du das Thema und willst meine persönlichen Nachrichten an meine kroatische Mailbekanntschaft lesen?!", sagt Anna mit Ablehnung im Tonfall.

„Es klingt absolut verrückt", gestehe ich ein. „Aber vielleicht liefert der Mailverkehr mit Elka einen wichtigen Hinweis auf den Mörder dreier Menschen."

„Seit deinem letzten Gespräch mit Kommissar Stelter", hält mir Anna entgegen, „scheinst du auf dem Trip zu sein, dich als Sherlock Holmes mit abwegigen Mordtheorien beschäftigen zu müssen."

Es fällt mir nicht leicht, Anna davon zu überzeugen, mir einen Einblick in ihren Informationsaustausch mit der kroatischen Esperantistin zu gewähren. Anna hat den gesamten Schriftverkehr bei ihrem E-Mail-Anbieter gespeichert, sodass sie übers Internet auch über meinen PC Zugriff darauf hat. Da meine Esperanto-Kenntnisse nicht ausreichen, lasse ich mir die E-Mails, die zeitlich vor den jeweiligen Taten geschrieben worden sind, von Anna ins Deutsche übersetzen. Während Anna mir im Arbeitszimmer die Übersetzungen vorliest, nimmt ihr Gesicht zunehmend einen überraschten Ausdruck an.

„Ich bin selbst erstaunt", sagt sie, „was ich Elka in der Vergangenheit alles mitgeteilt habe. Aber was hat das mit den Morden zu tun?"

„Ich glaube, Elka ist der Serienmörder!"

„Spinnst du?!", entfährt es Anna. „Elka ist eine Frau! Und lebt in Kroatien!"

„Denk mal an das Online-Spiel ‚Cantr II', in dem niemand so genau weiß, ob hinter der Rolle einer Frau nicht ein Mann steckt", erläutere ich ihr meinen Gedankengang. „In welchem Land der einzelne Spieler von ‚Cantr II' vor seinem PC sitzt, ist seinen Mitspielern ebenso unbekannt. Ich sage dir, Elka ist in Wirklichkeit ein Mann, der durch deine E-Mails genau darüber informiert war, wer dir was angetan hat."

Während ich mich meiner Begeisterung am kriminalistischen Kombinieren hingebe, guckt mich Anna skeptisch an: „Du behauptest, dass ich den Opfern durch meine E-Mails den Mörder auf den Hals gehetzt habe?"

„Ja, aber natürlich völlig unwissentlich!", versuche ich sie zu beruhigen. Dabei fällt mir ein, dass Stelter recht hatte, als er mutmaßte, dass Anna unbewusst Aufträge verteilt hat.

„Und wo hält sich der Mörder deiner Meinung nach auf?", fragt Anna, die von meiner Theorie offenbar noch immer nicht überzeugt ist.

„Das ist genau der springende Punkt", verkünde ich triumphierend. „Bisher war die Polizei davon ausgegangen, dass der Mörder entweder im Drogenmilieu oder hier am Hermann-Hesse-Gymnasium zu suchen ist ... und hatte Bernd, Alexej und zunächst auch deinen Mann im Verdacht. Die vermuteten Mordmotive setzten teilweise Insider-Kenntnisse beim Täter von Ereignissen an der Schule voraus. Dagegen wird mir jetzt klar, dass der Mörder gar nicht an der Schule zu suchen ist. Er hat seine ganzen Insider-Kenntnisse per E-Mail in der Ferne erhalten."

„Die Morde haben mit mir und den Ereignissen an der Schule zu tun, aber der Mörder ist gerade dort nicht zu suchen?", vergewissert sich Anna, ob sie meine Ausführungen richtig verstanden hat. „Also keine Lehrer und keine Schüler?"

„Richtig", platze ich heraus. „Das ist meine Theorie. Ich vermute, es ist ein Esperantist, der in der Landeshauptstadt oder einer der anderen Städte in der Region Hannover wohnt. Es kann sogar sein, dass der Täter aus Hildesheim oder Hameln kommt. Mit dem Auto wäre man von dort ruck, zuck in Hannover."

Ich lasse mich von meiner eigenen Theorie mitreißen. Vom Mailverkehr mit Anna hat die Polizei bisher nichts gewusst. Die Einbeziehung dieser Information hat ganz neue Aspekte aufgeworfen.

„Du hast erzählt, für dich sei die Beziehung zu Carsten das ganze letzte Jahr praktisch schon beendet gewesen", spinne ich meinen Gedankenfaden weiter: „Kann es sein, dass du in der Zeit zu dem einen oder anderen Esperantisten etwas engeren Kontakt gepflegt hast?"

Anna guckt mich unwillig an: „,Etwas engeren Kontakt gepflegt' – für was hältst du mich? … Nette Kontakte zu irgendwelchen männlichen Esperantisten auf Treffen hier in der Umgebung gab es natürlich genug. Ich kann mich erinnern, dass ich auf einem Treffen der Hamelner Esperanto-Gruppe, wo noch einige Vertreter aus Hildesheim dabei waren, mit ein, zwei netten Esperantisten besonders ausgiebig herumgealbert habe. … Aber ich bin mit denen nicht gleich ins Bett gestiegen! Also einen ‚engeren Kontakt', weswegen

417

sich jemand aufgerufen fühlt, andere Menschen für mich umzubringen, bin ich nicht eingegangen. Die einzige enge Beziehung war die zu dir!"

„Na, das ist auch gut so", teile ich mit. Natürlich nehme ich erleichtert zur Kenntnis, dass Anna nichts über diverse „Bettgeschichten" in den letzten zwölf Monaten zu erzählen hat. Dann fahre ich fort: „Es kann sein, dass sich die enge Beziehung zu dir nur in der Fantasie der betreffenden Person abspielt."

„Deine Theorie stimmt doch hinten und vorne nicht", äußert Anna. „Mein Mailkontakt zu Elka lief bereits ein Jahr, bevor der erste Vorfall mit dem zerkratzten Auto meiner Kollegin passierte. Das ist eine ganz normale Mailbekanntschaft gewesen! Elka hat mir alle möglichen Einzelheiten aus ihrer Familie und über Kroatien berichtet. Warum sollte sich ein Mann diese Mühe machen und sich das alles nur ausdenken, wenn er nie geschrieben hat, dass er mich irgendwann einmal real treffen möchte?"

Annas Bedenken bremsen meinen Optimismus. Habe ich mich in eine fixe Idee verrannt? Bis eben bin ich überzeugt gewesen, mit absoluter Sicherheit eine „heiße Spur" gefunden zu haben.

Vielleicht sollte ich meine Theorie noch einmal einem Generaltest unterziehen, bevor ich damit zur Polizei gehe und mich blamiere. Wenn ich mich Stelter als kompetenten Fallanalytiker präsentiere, dann muss mein Hinweis auch Hand und Fuß haben.

„Ich denke noch mal darüber nach", unterbreche ich unser Gespräch. Anna nimmt die Atempause gerne an. Meine gewitterartig vorgetragenen Überlegungen, die einen zentralen Punkt in Annas Privatsphäre infrage stellen, haben sie merklich angestrengt.

Anna geht ins Bad, bereitet anschließend still in meiner Küche das Abendessen vor. Ich tigere rastlos von einem Zimmer ins andere. Langsam nimmt ein Plan in meinem Kopf Gestalt an. Ich bitte Anna ins Arbeitszimmer, wo wir uns gemeinsam an den PC setzen.

„Hast du mich Elka gegenüber in deinen Mails erwähnt?", frage ich sie. Anna denkt nach. Auf Anhieb kann sie die Frage nicht beantworten. Dann kommt sie genau auf zwei E-Mails. Am 27. November hat sie lediglich mitgeteilt, einen Mann kennengelernt zu haben, der ihre Begeisterung für Esperanto teilt, woraus sich noch „etwas Ernsthaftes entwickeln" könnte (Anna ist es ein bisschen peinlich, mir die Mail zu zeigen). Einen Monat später, am 29. Dezember, hat sie geschrieben, dass ein Mann in ihr Leben getreten sei, in den sie sich verliebt habe. Er sei Psychiater und helfe ihr über alle Schwierigkeiten hinweg.

„Hast du in einer deiner Esperanto-Gruppen erzählt, dass du einen Freund hast, der Psychiater ist? Zum Beispiel in der ‚Lunda Rondo'?", möchte ich als Nächstes wissen.

„Unsere Beziehung ist etwas ganz Privates. Darüber habe ich weder auf Esperanto-Treffen noch in der Schule ein Wort verloren."

Ich habe noch in Erinnerung, wie ich dem Ehepaar aus der „Lunda Rondo" bei Annas Umzug in die Erderstraße vorgestellt worden bin: „Das ist Mark, ein Freund von Bernd."

Ich kann nahezu mit Sicherheit ausschließen, dass mich damals einer der beiden Esperantisten als den Psychiater wiedererkannt hat, der ungefähr zwei Monate vorher kurz in einem Fünf-Minuten-Beitrag des Fernsehsenders h1 zu sehen war (sie hätten sicher Anna oder mich darauf angesprochen).

„Was soll das alles, Mark?", erkundigt sich Anna ungehalten.

„Der Psychiater wird der Köder für Elka."

„Wie bitte?"

„Nachdem du Elka von einem Angriff auf deine Person geschrieben hast, hat der Mörder jedes Mal gleich ein bis drei Tage später zugeschlagen. Die Tat fand immer in der Wohnung des Opfers bei guter Ortskenntnis des Täters statt", schicke ich voraus. „Mein Plan ist folgender: Du schreibst Elka noch heute, dass der vermeintlich freundliche Psychiater sich als fieser Kerl herausgestellt hat, der dich schon einige Zeit ausnutzt. Dabei bist du gutgläubig in eine totale Abhängigkeit geraten, wobei dich der alleinstehende Kerl schon geschlagen hat, du aber trotzdem nicht von ihm loskommst. Am kommenden Sonntag wirst du wieder bei ihm zu Hause sein, und du befürchtest, dass er erstmalig mit dir irgendwelche perversen sexuellen Spielchen praktizieren wird."

„Diese hanebüchene Geschichte kauft mir kein Mensch ab!"

„Die psychologische Verpackung, um das Ganze plausibel zu machen, liefere ich nach. Schließlich bin ich Psychiater."

Mein Vorschlag ist, Elka mitzuteilen, dass Anna am morgigen Freitag glücklicherweise Ruhe vor ihrem Peiniger hat, weil der besagte Psychiater an dem Tag noch bis abends länger arbeiten muss. Wenn der Täter Anna vor den „Sex-Spielchen" am Sonntag bewahren will, ist er gezwungen, wieder schnell zu handeln. Er kennt dieses Mal jedoch weder den Namen noch die Adresse seines potenziellen Opfers. Der Täter wird sich fragen, ob der Psychiater vielleicht ein niedergelassener Arzt oder ein Oberarzt einer psychiatrischen Klinik ist.

Elka wird sich als Mörder entlarven, wenn sie sich nicht nur nach den Problemen erkundigt und Anna tröstet, sondern gezielt (wenn auch sicherlich unter einem Vorwand) nach dem Namen und der Adresse des Psychiaters fragt.

Zur Ermordung seines Opfers muss dem Täter zumindest bekannt sein, wo Annas vermeintlicher Peiniger arbeitet. Der Täter wird einplanen, zunächst übers Internet Bild und Privatadresse des Psychiaters zu finden. Falls das nicht erfolgreich ist, wird der Mörder den Freitag als Möglichkeit ansehen, um sein Opfer vom Arbeitsplatz nach Hause zu verfolgen - mit dem Ziel, die Tötung spätestens am Samstag zu vollziehen.

„Können wir für unseren Plan nicht jemand anderes nehmen als ausgerechnet den Psychiater?", wirft Anna ein.

„Den hilfreichen Psychiater hat Elka offenbar akzeptiert und den Mailkontakt deswegen nicht gekränkt abgebrochen", führe ich aus. „Wenn du angeblich schon wieder eine neue Bekanntschaft hast, könnte das den Täter irritieren. Der bereits eingeführte Psychiater klingt glaubwürdiger, macht zudem deine Verletzung durch ihn schwerwiegender."

„Kann unser Spiel nicht gefährlich für dich werden?"

„Nein, ich trete schließlich als Person überhaupt nicht in Erscheinung. Und meine Adresse und meine Telefonnummer sind eh geheim."

„Und wenn Sven, der Kursteilnehmer aus dem VHS-Kurs, der Täter wäre? Dem ist bekannt, dass wir zusammen sind und du Psychiater im Gesundheitsamt bist."

Sven hat mitbekommen, dass er Anna endgültig an mich verloren hat. Da ist es sehr unwahrscheinlich,

421

dass er Anna trotzdem weiterhin „Liebesdienste" erbringt und mordet.

Anna stimmt endgültig zu, bei meinem Plan mitzumachen. Die Befürchtung, sich damit bei ihrer kroatischen Freundin fürchterlich lächerlich zu machen, ist indes nicht verschwunden.

„Ich gehe davon aus, dass Elka noch heute Abend antworten wird", erkläre ich ihr. „Wenn Elka uns den vermuteten Hinweis gibt, der Mörder zu sein, informiere ich sofort die Polizei. Die wird schnell herausbekommen, von wo Elkas Mails versendet werden."

Anna verfasst mit meiner Unterstützung die brisante Nachricht.

„Auf jeden Fall hole ich dich morgen von der Schule ab und geleite dich zu mir nach Hause. In meiner Wohnung sind wir für den Täter völlig von der Bildfläche verschwunden und in Sicherheit", verkünde ich lächelnd, während ich Anna ganz fest in meine Arme nehme. „Ich warte auf dich morgen Nachmittag im Forum der Schule."

Kvardek ok / Achtundvierzig

Schon die Fahrt mit dem Wagen von Hannover nach Bissendorf bei Sturm und Regen empfindet Frank Müller als sehr unangenehm. Aber am heutigen 5. Januar feiert seine Mutter zu Hause ihren 64. Geburtstag. Dazu hat sie nicht nur Frank, sondern auch einige Freunde und Nachbarn in ihre Wohnung eingeladen. Gleich nach Feierabend hat sich Frank auf den Weg gemacht. Der Abend verläuft zunächst wie die Geburtstagsfeiern in den Vorjahren. Frank findet nur eingeschränkt Kontakt zu den anderen Besuchern und ist froh, sich vermehrt ums Organisatorische kümmern zu können.

Der Ausklang der Feier verläuft unschön. Ganz in der Nähe entwurzelt der Sturm in Bissendorf einen großen Baum, der quer auf die Straße stürzt. Feuerwehrkräfte rücken mit mehreren Einsatzfahrzeugen an, um die Straße wieder freizuräumen. Für einige Stunden ist die Straßenverbindung, die Frank zur Rückfahrt nach Hannover nutzen will, gesperrt. Frank ist ziemlich genervt, als er erst nach Mitternacht wieder in seiner Wohnung in Hannover eintrifft und sich erschöpft gleich ins Bett fallen lässt.

Am nächsten Morgen geht der Stress für ihn weiter, als er seinen Computer anstellt und die E-Mail liest, die Anna noch gestern Abend an Elka geschickt hat. Die Situation erinnert ihn an die Rückkehr von seiner Mutter am Heiligabend, als er ebenfalls eine schlechte Nachricht von Anna vorgefunden hat. Entsetzt liest er Annas verzweifelten Hilferuf. Der Psychiater, dem sie sich in ihrem Schutzbedürfnis anvertraut hat, hat ihr

Vertrauen missbraucht und sie von sich abhängig gemacht. Wieder schreibt Anna nicht den Namen des Mannes, aber Frank weiß sofort, von wem die Rede ist. Nie hätte es der Hausmeister für möglich gehalten, dass sich der freundlich wirkende Dr. Seifert als rücksichtsloser Psychopath entpuppt, der eine hilfsbedürftige Frau zur Befriedigung seiner perversen Neigungen ausnutzt. Frank liest erschüttert, dass seine Anna sogar von Seifert geschlagen worden ist. Offenbar hat sich Seifert die junge Frau mit psychologischen Tricks gefügig gemacht, gegen die sie sich nicht zu wehren weiß. „Ich schaffe es nicht, ihm etwas abzuschlagen oder mir Unterstützung von Bernd Kramer oder anderen Freunden zu holen", begründet Anna ihre Hilflosigkeit. Frank hat früher gelegentlich das Gerücht gehört, dass diejenigen Menschen den Beruf des Psychiaters wählen, die selbst eine schwerwiegende psychische Störung haben. Jetzt wird ihm klar, dass dieses Gerücht nicht aus der Luft gegriffen ist.

Es ist eine unerträgliche Vorstellung, dass Anna vielleicht in zwei Tagen das Opfer abartiger sexueller Praktiken wird. Frank muss verhindern, dass sich die Körper von Anna und diesem Psychopathen vereinigen. Die Zeit drängt! Anna benötigt umgehend die Unterstützung des Batalantos. Jetzt versteht er auch, warum Anna gestern so bedrückt zu ihm gesagt hat, dass sie „in den letzten Tagen viel durchgemacht" hätte.

Um Anna umgehend zu antworten, ist er zu aufgeregt. Aber es reicht, wenn er sich abends beruhigende Worte für sie überlegt.

Im Internet entdeckt er auf Anhieb Seiferts Dienstadresse. Die Zentrale des Sozialpsychiatrischen Dienstes befindet sich im Gebäude des Gesundheitsamtes in der Weinstraße 2. Die private Anschrift des Psychopathen ist nicht herauszubekommen. Frank wird heute Nachmittag vorzeitig Feierabend machen, um zum Gesundheitsamt zu fahren. Dafür muss er sich noch eine Vertretung organisieren.

Der Batalanto wird dafür sorgen, dass die Stunden des ekligen Psychiaters gezählt sind ...

Kvardek naŭ / Neunundvierzig

Freitag, 6. Januar 2012.

Draußen regnet es, aber der Sturm hat sich gelegt. Gestern haben Anna und ich noch bis spät in die Nacht wie hypnotisiert auf den Bildschirm meines Computers gestarrt. Es ist keine Nachricht von Elka eingetroffen.

Anna ist heute Morgen bereits von meiner Wohnung im Zooviertel mit der Stadtbahn zum Hermann-Hesse-Gymnasium gefahren.

Ich bin innerlich ziemlich angespannt, beschäftige mich ständig mit dem Gedankengebäude, welches ich gestern in allen Details mit Anna durchgegangen bin. Esperanto und Annas Mailbekanntschaft Elka als die Lösung für die rätselhafte Mordserie – es scheint alles so faszinierend einfach und schlüssig zu sein! Doch ob ich mit meiner Theorie richtig liege, wird erst Elkas Antwort zeigen. Das Warten darauf setzt mich unter Druck. Ich gehe im Arbeitszimmer rastlos hin und her, kann mich auf nichts anderes mehr konzentrieren.

Es wird wahrscheinlich so sein, dass Elka deswegen noch nicht geantwortet hat, weil sie bisher nicht dazu gekommen ist, Annas E-Mail zu lesen. Das ist natürlich äußerst ärgerlich. Denn die Scheußlichkeiten, die Anna ihr gestern mitgeteilt hat, wird Elka auf jeden Fall kommentieren – in welcher Form auch immer.

Anna hat mir das Passwort für ihren E-Mail-Anbieter genannt, damit ich heute in ihrer Abwesenheit das Posteingangsfach regelmäßig auf das Eintreffen einer Nachricht von Elka überprüfen kann. Ich warte stundenlang vergeblich, Elka meldet sich nicht.

Kvindek / Fünfzig

Der Batalanto streckt den Psychiater mit dem Elektroschocker zu Boden. Seifert rudert mit den Armen. Sofort verpasst ihm der Batalanto einen weiteren elektrischen Schlag. Im Forum des Hermann-Hesse-Gymnasiums hält sich momentan niemand auf – keine Augenzeugen, die beobachten können, wie der Batalanto den am Boden liegenden Seifert vollständig in die Hausmeisterloge zieht. Es muss jetzt alles sehr schnell gehen! Der Batalanto schließt die Verbindungstür zu seiner Wohnung auf und schleift den Körper des Arztes in den gefliesten Wohnungsflur. Seifert beginnt ruckartige Abwehrbewegungen zu machen. Durch die Winterjacke des Überwältigten ist die Wirkung der elektrischen Schläge offenbar schwächer als sonst.

In dem Moment sieht der Batalanto seine Kurzhantel, die auf der Flurkommode liegt. Der benommene Seifert versucht sich zu erheben. Das muss der Batalanto verhindern. Er ergreift die Kurzhantel und schlägt sie dem Arzt gezielt auf den Hinterkopf. Augenblicklich sackt Seifert in sich zusammen und bleibt bewegungslos auf dem Boden liegen. Blut sickert aus einer Platzwunde am Kopf auf die Fliesen. Der Psychiater ist bewusstlos. Dadurch kommt wieder mehr Ruhe in den spontanen Einsatz des Batalantos. Mit einer Hand drückt er die Verbindungstür seiner Wohnung zur Hausmeisterloge zu. Als Nächstes holt er das braune Klebeband.

Die Situation vor ein paar Minuten in der Hausmeisterloge hat Frank überrascht und unter starken

Druck gesetzt. Annas Peiniger, den Frank zu dieser Zeit im Gesundheitsamt wähnt, erscheint in der Schule und will Anna zu sich holen. Er macht sich über den Hausmeister lustig, verkündet, sich ausgiebig mit Anna zu beschäftigen, um mit ihr seinen Spaß zu haben. Postwendend überfluten Frank furchtbare Bilder von Annas Beschmutzung. Der Batalanto muss auf der Stelle handeln, wenn er die Katastrophe verhindern will.

In seiner Wohnung beugt sich der Krieger über den bewusstlosen Arzt und zieht ihm die Winterjacke aus. Mit dem Klebeband fesselt der Batalanto Seifert Arme und Beine, verpasst ihm vorsorglich einen Klebestreifen über den Mund. Für den hinterhältigen Psychiater wird er sich etwas Besonderes einfallen lassen. Seifert hat es verdient, langsam und schmerzhaft zu sterben.

Der Batalanto überlegt. Seifert hat dem Hausmeister erzählt, dass er direkt von Zuhause mit der Straßenbahn hierhergekommen ist. Also steht kein verräterisches Auto vor dem Schulgebäude. Wenn der Batalanto Glück hat, ist niemandem aufgefallen, dass Seifert das Gebäude betreten hat. In der Nacht könnte er den Hingerichteten aus der Schule schaffen und ihn mit dem Auto abtransportieren. Dazu würde er die Leiche in Plastikfolie verpacken. Die Entsorgung des Toten müsste irgendwo in einem abgelegenen Bereich im Umland von Hannover erfolgen.

Vertraute Gedanken lenken sein Handeln:

morta = bona,

morta = bona,

morta = bona ...

Die Vertretungskraft, die dem Hausmeister heute einen vorzeitigen Feierabend ermöglichen soll, wird bald eintreffen und sich an der Hausmeisterloge melden. Wäre es sinnvoll, der Vertretung noch abzusagen oder ist das nur verdächtig?

„Damne!", flucht der Batalanto. Er darf jetzt keinen Fehler machen.

Es klopft an der Verbindungstür zur Hausmeisterloge.

„Frank, bist du da?", ruft von außen eine Stimme.

Das ist Anna.

Endlich ist der Englischunterricht zu Ende. Anna Sonnenberg ist froh darüber, denn wegen ihrer Gedanken an Elka hat sie sich schlecht auf den Unterrichtsstoff konzentrieren können.

Wer jetzt nicht noch Sportunterricht in der 9. und 10. Stunde hat, den zieht es ohne Umweg nach Hause. Anna geht direkt ins Forum, wo Mark auf sie warten will. Sie guckt sich um, Mark ist nirgends zu sehen. Sollte er sich verspätet haben? Wo es ihm doch selbst so wichtig war, Anna von der Schule abzuholen …

Frau Oelfke, eine Kollegin, geht durch das Forum, winkt Anna zu und verschwindet im Lehrerzimmer. Durch die Glasfront des Forums sieht Anna Schüler und weitere Lehrerkollegen zum Haupteingang streben und das Schulgebäude verlassen.

Die Tür der Hausmeisterloge steht offen. Dann kann Frank nicht weit sein. Anna wird ihn fragen, ob er Mark schon gesehen hat. Sie bleibt im Eingang der Hausmeisterloge stehen. Die Tür ist auf, aber Frank ist gar nicht in der Loge. Ungewöhnlich.

Da hört sie jemanden hinter der Verbindungstür zur Hausmeisterwohnung fluchen. Der Wohnungsschlüssel steckt noch im Schloss.

Sie klopft an die Tür und ruft nach Frank.

Es dauert einige Sekunden, bis eine Reaktion erfolgt. Frank öffnet die Tür, betritt seine Loge und lässt die

431

Wohnungstür gleich wieder hinter sich zuschnappen. Er wirkt angespannt, fast gehetzt.

„Was ist los, Frank", erkundigt sich Anna. „Du siehst so mitgenommen aus."

„Feliĉe ... ĉio estas en ordo", äußert Frank, versucht dabei zu lächeln.

„Gut, wenn alles in Ordnung wäre", entgegnet Anna, „aber du machst alles andere als einen zufriedenen Eindruck."

Frank ist sichtlich bemüht, von einer inneren Aufregung herunterzukommen.

„Du hast recht ... Ich hatte heute Nachmittag Ärger mit einem Schüler", erklärt er Anna seine Anspannung. „Aber das werde ich schon regeln. ... Um mich brauchst du dir keine Sorgen zu machen. ... Kann ich was für dich tun? Du hast an meine Tür geklopft."

„Ja. ... Hast du heute schon Dr. Seifert in der Schule gesehen? Den Psychiater, der hier vor zwei Monaten den Suchtvortrag gehalten hat."

„Nein, der ist hier nicht gewesen."

„Merkwürdig", murmelt Anna. Zuspätkommen ohne Bescheid zu sagen passt nicht zu Annas Bild von Mark. Und schon gar nicht in dieser Situation.

„Gehst du denn davon aus, dass er hierherkommen wollte?", fragt der Hausmeister.

„Natürlich. Er hat heute Morgen gesagt, dass er mich von der Schule abholen und deshalb im Forum auf mich warten wird."

„Vielleicht ist ihm etwas auf dem Weg zur Schule dazwischengekommen", versucht Frank eine Erklärung anzubieten.

Anna wechselt noch einige Sätze mit Frank, der sich wieder in seine Hausmeisterloge zurückzieht. Zwei Schülerinnen durchqueren das Forum und gehen die

Treppe nach unten zur Pausenhalle, wo sich auch die Schülertoiletten befinden.

Anna holt ihr Smartphone aus der Tasche. Frau Oelfke ist aus dem Lehrerzimmer zurück und verabschiedet sich im Vorübergehen ins Wochenende. Anna lehnt sich an die Wand neben der Hausmeisterloge. Während ihre Kollegin durch den Haupteingang die Schule verlässt, wählt Anna Marks Handynummer. Sie hofft, dass ihn nichts Unangenehmes aufgehalten hat.

„It's been a hard day's night …"

Ganz leise hört Anna den Beatles-Klingelton. Mark muss unmittelbar in der Nähe sein.

„It's been a hard day's night …"

Irritiert blickt sie sich um. In der Hausmeisterloge ist Frank Müller aufgeschreckt. Dem Ton folgend steht Anna im Eingang der Loge und schaut auf die geschlossene Verbindungstür zur Hausmeisterwohnung.

„Ganz ruhig, Anna. Es ist alles gut", sagt er beschwörend. „La turmentanto … ne plu povos torturi vin."

„Mark ist in deiner Wohnung", stößt Anna hervor. „Du bist es! Du bist der Esperantist, der die drei Menschen in ihren Wohnungen ermordet hat."

„Mi estas la Batalanto. … Ich hab dich gerettet, Anna. Der Psychiater kann dir nichts mehr tun", verkündet Frank in einem Flüsterton und geht auf Anna zu, die erschrocken bis zur Seitenwand der Hausmeisterloge zurückweicht.

„It's been a hard day's night …"

„Mark!", ruft Anna, „was hast du mit Mark gemacht?"

„Leise, mach kein Aufsehen. Ich hab alles geregelt. Ich – dein Frank", verkündet der Hausmeister mit einem Lächeln im Gesicht. „Der Psychiater ist ausgeschaltet, er wird dich nie wieder schlagen oder für irgendwelche Perversitäten missbrauchen."

Frank ist Elka, durchfährt es Anna. Elka ist der Serienmörder! Mark hatte recht.

„Du Wahnsinniger, was hast du getan?!"

„Reg dich nicht auf! Es ist nur für dich! Für deine Sicherheit! Wir bringen das gemeinsam zu Ende", bringt Frank mit Überzeugung hervor, will Anna in die Arme nehmen.

Angewidert schubst sie den überraschten Hausmeister von sich weg.

„Fass mich nicht an, du ekelhafter Mörder", schreit sie ihn an. Aus dem Augenwinkel kann sie erkennen, dass Schulleiter Jürgen Neuber und die Kollegin Annette Schwarzenbacher im Forum aufgetaucht sind, vermutlich von Annas lauter Stimme angelockt.

Als Frank erneut auf die junge Lehrerin zugeht, verliert sie die Nerven: „Du irrsinniger Dreckskerl. Du hast sie alle feige ermordet, Carsten, Sebastian … Ich verabscheue dich!"

„Anna, nein …"

„Bleib mir vom Leib! Ich hasse dich!"

Der Hausmeister wimmert: „Was tust du mir an …?!"

Abrupt verzieht sich Franks Gesicht zu einer wuterfüllten Fratze. Mit aufgerissenen Augen starrt er Anna an. Auf einmal scheint er zu realisieren, dass Anna sein Handeln verachtet, dass nicht ein Fünkchen Liebe zwischen ihnen ist. Seine Welt stürzt von einer Sekunde zur anderen zusammen.

Frank zieht mit der rechten Hand ein Klappmesser aus der Hosentasche, das er noch in der Bewegung mit dem Daumen ausfährt. Dann geht er erregt auf Anna zu und brüllt: „Du hast alles zerstört!"

434

„Müller, halt!", ruft Neuber und rennt zur Hausmeisterloge.

Doch es ist zu spät. Frank setzt das Messer an seine Kehle und öffnet mit einem raschen Schnitt seine linke Halsschlagader. Sofort spritzt massenweise helles Blut aus der Schnittwunde am Hals, der Hausmeister bricht schlagartig in der Loge zusammen.

Während der herbeigeeilte Neuber die starke Blutung am Hals mit einem Handtuch zu stoppen versucht, ruft Annette Schwarzenbacher mit dem Handy den Notarzt. Anna reißt die Verbindungstür zur Hausmeisterwohnung auf. Sie muss wissen, wie es Mark geht.

Kvindek unu / Einundfünfzig

Samstag, 7. Januar 2012.

Ich überprüfe mit beiden Händen den Sitz meines Kopfverbandes. Schon eine ungewöhnliche Perspektive für mich als Arzt, selbst in einem Krankenhausbett zu liegen. Durch einen Schlag auf den Kopf habe ich mir eine Gehirnerschütterung mit vorübergehender Bewusstlosigkeit zugezogen. Ich habe starke Kopfschmerzen und mir ist übel. Aber lange möchte ich an diesem Ort nicht mehr verweilen. Zum Glück bin ich in dem Einbettzimmer momentan nicht allein. Anna und Bernd sind gekommen und sitzen neben mir.

„Das war knapp", sagt Anna mit besorgter Miene. „Wenn Frank noch Zeit gehabt hätte, dich vom Flur in den hintersten Winkel seiner Wohnung zu schleppen, hätte ich den Klingelton deines Handys nicht mehr gehört."

Eine höchst unangenehme Vorstellung. Frank hätte mich in aller Ruhe wie seine anderen Opfer gequält und hingerichtet.

„Wenn du nicht gewesen wärst ...", murmel ich und streichel zärtlich Annas Hand.

„In dem Fall hätte ich dich jetzt wirklich schmerzlich vermisst, Kumpel", poltert Bernd dazwischen, dem rührselige Stimmungen nicht liegen.

Es klopft an der Tür. Als nächster Besucher betritt Kriminalhauptkommissar Stelter das Krankenzimmer.

„Freut mich, Sie alle zusammen hier anzutreffen", äußert er lächelnd und begrüßt uns nacheinander mit Handschlag.

Stelter hat einiges mitzuteilen: „Frank Müller hat seinen Suizidversuch überlebt. Der Notarzt ist rechtzeitig vor Ort gewesen und hat ein Verbluten verhindert."

Der Standort des Notarztes – das Klinikum Siloah in Linden – befindet sich in unmittelbarer Nähe des Hermann-Hesse-Gymnasiums.

„In der Hausmeisterwohnung haben wir neben dem als Handy getarnten Elektroschocker eine Gesichtsmaske mit weißem Vollbart entdeckt", bekundet der Kriminalhauptkommissar. „Bei dem Klappmesser, mit dem sich der Hausmeister die Kehle durchgeschnitten hat, handelt es sich um das Modell, das Miguel Baraja für Holger Manthei gekauft hat. … Auf Müllers Rechner war der komplette Mailverkehr mit Frau Sonnenberg, außerdem seitenweise Notizen auf Esperanto, vermutlich zur ausgedachten Identität von Elka Kovac."

„Ich kann immer noch nicht glauben, dass ich einige Monate regelmäßig engen Kontakt zu einem Mörder hatte", bekundet Anna. „Und dass ich ihm selbst den Grund für seine schrecklichen Taten geliefert habe."

„War auch nicht einfach zu durchschauen", entgegnet Stelter, der anschließend mich tadelnd anblickt. Zunächst äußert er die dringende Bitte, ich möge zukünftig bei meinen kriminalistischen Anstrengungen auf Alleingänge verzichten und rechtzeitig die Polizei hinzuziehen. Dann fügt er grinsend hinzu: „Trotzdem meine Gratulation, Herr Dr. Seifert. Nach dem, was mir Frau Sonnenberg erzählt hat, haben Sie das Rätsel um die Mordserie in allen Einzelheiten gelöst und dem Mörder eine Falle gestellt, auf die er auch reagiert hat, wie man sieht."

„Bis auf die entscheidende Kleinigkeit, dass ich den unscheinbaren Hausmeister völlig außer Acht gelas-

437

sen habe", gestehe ich meinen Fehler ein, der mich noch immer schmerzt – und das nicht nur in Form eines Brummschädels.

Bernd Kramer legt mir kumpelhaft die Hand auf die Schulter. Als Fußballfan bringt er meine kriminalistischen Bemühungen mit einem launigen Kommentar auf den Punkt:

„Guter Angriff, schwacher Abschluss."

Der Satz nagt etwas an meinem Ego und mobilisiert Abwehrkräfte.

Ich überlege. Zählt nach dem Abpfiff nicht nur das Endergebnis …?

Danksagung

Für den vorliegenden Kriminalroman hat mir die Humboldtschule Hannover als Vorlage gedient (was die Gebäude und die Rahmenbedingungen angeht, nicht die kriminellen Geschehnisse).

Ich möchte mich bei Henning Lawes, dem Leiter der Humboldtschule, dafür bedanken, dass er meine Recherchen über den aktuellen Schulalltag mit großem Engagement unterstützt hat. Er hat mich persönlich durch die Gebäude der Schule geführt und mir einen Einblick in die aktuelle Unterrichtsgestaltung ermöglicht. Außerdem hat er meine zahlreichen Fragen zeitnah nach Dienstschluss beantwortet.

Meine Kenntnisse darüber, wie heutzutage ein Erdkunde-Kurs in der Oberstufe abläuft, verdanke ich den Informationen von Henning von Ploetz (ebenfalls Lehrer an der Humboldtschule).

Und da ich immer alles ganz genau wissen möchte, bin ich dankbar darüber, dass mir Andrea Forsch, Lehrerin an der Michelsenschule Hildesheim, zusätzlich als Beraterin zum Thema Schule zur Verfügung gestanden hat.

Bedanken möchte ich mich weiterhin bei Holger Hilgenberg, Pressesprecher der Polizeidirektion Hannover und zuvor 14 Jahre Mitarbeiter der Kriminalfachinspektion 1.1 K „Straftaten gegen das Leben". Er hat mich im Hauptgebäude der Polizeidirektion Hannover empfangen und mir wesentliche Hinweise zur polizeilichen Ermittlungsarbeit bei Mordfällen gegeben.

Da einige Szenen des Romans im Ihme-Zentrum in Hannover-Linden spielen, war es für mich hilfreich, eines dieser Gebäude einmal näher von innen zu betrachten. Mein Dank gilt Sebastian Völlmecke, tätig bei der Firma Simchen im Fachbereich Wohnungseigentumsverwaltung, der mir die Besichtigung eines Gebäudes im Ihme-Zentrum ermöglicht hat.

Im Roman sprechen einige der Personen Esperanto. Ich möchte Dr. Klaus Schlüter von der Esperanto-Gruppe Hannover danken, der mich beim Lernen dieser faszinierenden Sprache unterstützt und die von mir auf Esperanto verfassten Sätze auf ihre Richtigkeit überprüft hat.

Darüber hinaus gilt mein Dank all denen, die mir bei der Fertigstellung dieses Kriminalromans auf unterschiedlichste Art geholfen haben, ohne hier namentlich erwähnt zu werden – durch Rückmeldungen, Übersetzungstätigkeiten oder Ermunterung zum Weiterschreiben.

Dankon al ĉiuj.

Thorsten Sueße
Hemmingen, im September 2012

Der neue Fall für Lisa Grundberg und Markus Heitkämper beginnt mit einem abgetrennten Finger, den Kinder beim Geocachen finden. Schnell stellt sich heraus, dass der Cachefund einen Mord ankündigt und dass der Täter beabsichtigt, acht Caches zu legen. Lisa ist entsetzt. Sie setzt alles daran, das zu verhindern, doch der Täter scheint ihnen ständig einen Schritt voraus zu sein. Oder hat er es eigentlich auf Lisa abgesehen?

Sabine Hartmann. Sechs, Sieben, Cache!
408 Seiten. Paperback. ISBN 978-3-8271-9457-2
E-Book 978-3-8271-9625-5 (Pdf)
978-3-8271-9825-9 (Epub)

Als aus der Innenstadt Holzmindens ein Kind verschwindet, versuchen nicht nur die beiden Kommissare Kofi Kayi und Stefan Ollner, dem Täter auf die Spur zu kommen. Auch die Bürger organisieren sich. Trotzdem können sie nicht verhindern, dass noch ein Kind entführt wird. Da alle Erwachsenen Wichtiges zu erledigen haben, hört niemand zu, als Kim von dem Mann mit den Katzenbabys erzählt ...

Sabine Hartmann. Nur ein Katzensprung
400 Seiten. Paperback. ISBN 978-3-8271-9413-8
E-Book 978-3-8271-9614-9 (Pdf)
978-3-8271-9814-3 (Epub)

Ein Überfall auf das Campe-Gymnasium verstört Holzminden. Scheinbar wahllos schießt der Täter auf Lehrer und Schüler. Kommissar Stefan Ollner ahnt, dass die Waffe aus einem der mysteriösen Einbrüche stammt, auf die er sich gemeinsam mit seinem jungen Kollegen Kofi in den letzten Monaten konzentriert hatte. Ob auch der gestohlene Neuwagen eines Lehrers eine Rolle spielt? Ollner muss die Zusammenhänge erkennen, bevor noch mehr Menschen sterben müssen.

Sabine Hartmann. Ausweichmanöver
328 Seiten. Paperback. ISBN 978-3-8271-9405-3
E-Book 978-3-8271-9605-7 (Pdf)
978-3-8271-9805-1 (Epub)

Weitere Spannung pur...

Norbert Ulbricht wird bei einem Kurztrip im Weserbergland wieder zum Ermittler, als seine Freundin und Kollegin Maja Klausen zum Tatort Bodenwerder gerufen wird. Der Schwimmgreifer birgt ein zehn Jahre altes Autowrack aus dem Wasser. Eine verweste Leiche hinter dem Lenkrad – Mord am Chef des Sicherheitsdienstes im Kernkraftwerk Grohnde während einer Anti-Atomkraftdemonstration in Hameln. Die Ereignisse überschlagen sich.

Andreas Schmidt. WeserTod
300 Seiten. Paperback. ISBN 978-3-8271-9409-1
E-Book 978-3-8271-9606-4 (Pdf)
 978-3-8271-9806-8 (Epub)

Selbst ernannte Hirnforscher experimentieren mit ahnungslosen Versuchspersonen. Welch tragisches Schicksal hat sich in der Lutterburg vor dreißig Jahren ereignet? Ein Trupp nimmt sich der Geschichten an und findet im Keller der Ruine eine Leiche. Der Tote arbeitete bei einem Hersteller von Lebensmittelzusätzen. Maja Klausen, Norbert Ulbricht und Jürgen Grundmann ahnen Schlimmes: Handelt es sich hier um einen besonders schweren Fall von Werksspionage?

Andreas Schmidt. TodesDuft
224 Seiten. Paperback. ISBN 978-3-8271-9414-5
E-Book 978-3-8271-9615-6 (Pdf)
 978-3-8271-9815-0 (Epub)

Wesemann berichtet vom Karnevalsumzug. Besonders ausgelassen zeigt sich Dr. Bodo Schobinsky. Plötzlich fällt er über die Brüstung des Wagens. Direkt neben Wesemann schlägt er aufs Pflaster. Der Mann ist tot. Infolge übermäßigen Alkoholgenusses vom Wagen gefallen und an einem Genickbruch gestorben. Tragisch, aber nicht sonderlich interessant. Doch da wird im Söltjerbrunnen von Bad Münder der abgetrennte Kopf eines Chinesen gefunden. Wesemann recherchiert.

Günter v. Lonski. Bittere Medizin
288 Seiten. Paperback. ISBN 978-3-8271-9406-0
E-Book 978-3-8271-9613-2 (Pdf)
 978-3-8271-9813-6 (Epub)

www.niemeyer-buch.de

Bei einem konspirativen Treffen zwischen Vorberg und einem Bekannten auf Burg Polle wird der Fotograf erschossen. Der Tote ist ein in der Region bekannter Fotograf, den man als „Paparazzo des Weserberglands" bezeichnet. Auffällig ist, dass Vorberg zwar Papiere, aber keinen Schlüssel bei sich trägt, zumal er mit dem eigenen Wagen, einem neuen Porsche 911, angereist ist. Später behauptet der vermeintliche Täter, nicht geschossen zu haben, sondern selber zum Opfer geworden zu sein.

Andreas Schmidt. Tödlicher Schnappschuss
320 Seiten. Paperback. ISBN 978-3-8271-9404-6
E-Book 978-3-8271-9601-9 (Pdf)
    978-3-8271-9801-3 (Epub)

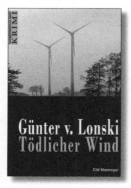

Im Emmertal soll unterhalb der Hämelschenburg eine Windkraftanlage errichtet werden. Schon die Planung weckt kriminelle Energie von Hameln bis Bad Pyrmont. Der Initiator des Projekts wird tot in Bad Pyrmonts Dunsthöhle gefunden. Dann wird auch noch der Eigentümer von Grund und Boden, auf dem die Anlage errichtet werden soll, tot aus dem Graben an der Hämelschenburg gezogen. Jetzt sind Wesemanns Spürsinn und Beharrungsvermögen gefordert.

Günter v. Lonski. Tödlicher Wind
296 Seiten. Paperback. ISBN 978-3-8271-9402-2
E-Book 978-3-8271-9602-6 (Pdf)
    978-3-8271-9802-0 (Epub)

Ein Sonntagmorgen Anfang April. Ein Wetter wie im November, kühl und nass. Die Polizei meldet eine Leiche an der Münsterbrücke. Hameln ist bestürzt. Anke Papenburg, bekannt durch die Fernsehsendung DNCS Deutschlands Next Casting Star, wird tot aus der Weser geborgen. Selbstmord. So sieht es jedenfalls die Polizei. Nur Hubert Wesemann ist skeptisch. Er recherchiert im Umfeld der Casting-Queen und zweifelt schon bald an Ankes freiwilligem Sturz in die Fluten.

Günter v. Lonski. Das letzte Lied
288 Seiten. Paperback. ISBN 978-3-8271-9401-5
E-Book 978-3-8271-9600-2 (Pdf)
    978-3-8271-9800-6 (Epub)

Weitere Spannung pur...

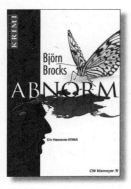

Blutiger Oktober. In der Innenstadt von Hannover werden menschliche Blutlachen entdeckt. Es fehlen jedoch die Opfer, niemand wird vermisst. Tarek Neumann, ein ehemaliger Zielfahnder des LKA, wird auf den Fall angesetzt. Der durch private Krisen und dienstliche Entgleisungen gebrandmarkte Mittvierziger wurde aus disziplinarischen Gründen zum Zentralen Verkehrsdienst versetzt. Jetzt scheint er der einzige Hoffnungsträger zur Lösung dieses Falles zu sein.

Björn Brocks. Abnorm
400 Seiten. Paperback. ISBN 978-3-8271-9452-7
E-Book 978-3-8271-9610-1 (Pdf)
978-3-8271-9810-5 (Epub)

Das Vorhaben, am Husumer Badestrand Dockkoog ein Ferienressort zu errichten, stößt auf wenig Gegenliebe. Eine Leiche im Großbecken des Multimar Wattforums – schnell finden Kommissarin Wiebke Ulbricht und ihr Partner Jan Petersen heraus, dass es sich bei dem Toten um den ungeliebten Investor handelt. Geht der Mord auf das Konto militanter Umweltschützer oder hatte Heiners noch weitere Feinde? Die blutige Spur führt an die Ostseeküste.

Andreas Schmidt. WattenMord
360 Seiten. Paperback. ISBN 978-3-8271-9511-1
E-Book 978-3-8271-9616-3 (Pdf)
978-3-8271-9816-7 (Epub)

Hannovers Schützenfest. Alles jubelt, alles lacht, nur einer kann nicht mehr mitfeiern, denn er liegt am Ihme-Ufer und rührt sich nicht mehr. Arne Sonneveld, einer der diesjährigen Bruchmeister. Als Anlageberater hat er sich beruflich nicht nur Freunde gemacht. Kommissarin Marike Kalenberger muss an den Tatort. Und plötzlich steckt sie mittendrin im Geflecht von Schützenehre, geschäftlichen Mauscheleien, Neid, Eifersucht und alkoholisch bedingten Bewusstseinsstörungen.

Günter v. Lonski. Mord auf dem Schützenfest
288 Seiten. Paperback. ISBN 978-3-8271-9451-0
E-Book 978-3-8271-9611-8 (Pdf)
978-3-8271-9811-2 (Epub)

www.niemeyer-buch.de

Als Pfarrer Josef Fraas am Weserufer in Rinteln angespült wird, ahnt noch niemand, warum er sterben musste. Dass sein Körper nicht mehr ganz vollständig ist, gibt Kommissar Wolf Hetzer ein weiteres Rätsel auf. Dann verschwindet der stadtbekannte Politiker Benno Kuhlmann spurlos. Ein mysteriöser Täter spinnt seine Fäden unerkannt im Hintergrund. Hetzer hat das Gefühl, den Schatten des Mörders immer dichter zu spüren. Ein spannendes Duell beginnt.

Nané Lénard. SchattenHaut
352 Seiten. Paperback. ISBN 978-3-8271-9403-9
E-Book 978-3-8271-9603-3 (Pdf)
       978-3-8271-9803-7 (Epub)

Wer ist die mysteriöse Tote auf dem Gelände der alten Frankenburg? Und warum findet die Rechtsmedizin merkwürdige Flecke auf ihrem Rücken? Und was hat es mit den Kindern des Mondes auf sich? Das bekannte Ermittlerduo Wolf Hetzer und Peter Kruse tappt noch völlig im Dunklen, während im Wald das Grauen lauert. Spät, viel zu spät hat Hetzer eine Ahnung des Bösen, das sich nicht greifen lässt. Es führt ihn an den Abgrund seines Verstandes.

Nané Lénard. SchattenWolf
368 Seiten. Paperback. ISBN 978-3-8271-9407-7
E-Book 978-3-8271-9608-8 (Pdf)
       978-3-8271-9808-2 (Epub)

Eine Frau verschwindet. Von ihr werden blutverklebte Haarbüschel und ein Fetzen ihrer Kleidung gefunden. Ist sie ermordet worden oder gibt es noch Hoffnung? Die bekannten Kommissare Wolf Hetzer und Peter Kruse ziehen alle Register ihres kriminalistischen Könnens, um die Frau lebend finden zu können. Stundenlange Ermittlungen im Umfeld des Opfers bringen nach und nach grausame Details ans Licht.

Nané Lénard. SchattenGift
352 Seiten. Paperback. ISBN 978-3-8271-9412-1
E-Book   978-3-8271-9612-5 (Pdf)
           978-3-8271-9812-9 (Epub)
Hörbuch 978-3-8271-9700-9

Weitere Spannung pur...

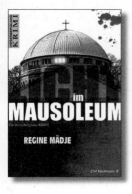

Im Bückeburger Mausoleum liegt ein Toter. Kai Müller, Polizist in der Kleinstadt, beginnt zusammen mit seinen Kollegen Heinrich Weber und Fanny Reichert, Licht in das Dunkel und die Vorgänge um ein verstümmeltes Mordopfer zu bringen. Während die drei sich zeitraubend durch eine wüste Menge an Daten kämpfen, pfuscht ihnen ein zweiter Mord ins Konzept. Und als wäre das nicht genug, fädelt der Mörder bereits seine dritte Tat ein ...

Regine Mädje. Licht im Mausoleum
344 Seiten. Paperback. ISBN 978-3-8271-9411-4
E-Book 978-3-8271-9604-0 (Pdf)
        978-3-8271-9804-4 (Epub)

Die Beweggründe für die Versetzung aus der Hauptstadt nach Minden möchte Kommissar Rosenbaum nicht jedem erklären. Er will nur gute Arbeit leisten und auf andere Gedanken kommen. In Berlin hatte er die schlimmsten Verbrechen zu klären, doch Sexualverbrechen an Minderjährigen gehörten bislang nicht zu seinem Arbeitsfeld. Und nun ausgerechnet ein solcher erster Fall. Rasch scheint der Täter gefasst, doch es waren nur Indizien und der „Mörderische Feldzug" geht weiter ...

Andrea Gerecke. Mörderischer Feldzug
328 Seiten. Paperback. ISBN 978-3-8271-9410-7
E-Book 978-3-8271-9609-5 (Pdf)
        978-3-8271-9809-9 (Epub)

Eine derbe Lausbuben-Geschichte für den ländlichen Raum im 21. Jahrhundert. Ein romantischer Krimi im gepflegten englischen Landhausstil. Wiedensahl, ein Flecken im Schaumburger Land, ist Schauplatz der Handlung. Der Lehrer Philip Lessing gerät mit seiner sechzehnjährigen Tochter Blümchen in einen unheimlichen Spuk. Im Gegensatz zu vielen anderen Krimis werden am Ende nicht die üblichen Verdächtigen verhaftet. Makabre Moritat à la Max und Moritz.

Jan Beinßen. Todesstreich
312 Seiten. Paperback. ISBN 978-3-8271-9408-4
E-Book 978-3-8271-9607-1 (Pdf)
        978-3-8271-9807-5 (Epub)

www.niemeyer-buch.de

Am frühen Nachmittag mache ich mich auf den Weg zum Hermann-Hesse-Gymnasium. Ich habe Anna versprochen, sie dort abzuholen. Eigentlich hatte ich gedacht, die Warterei auf Elkas E-Mail wäre bis dahin längst vorbei. Mein kleines Handy, das ich am Gürtelclip mit mir herumtrage, ist leider nicht dazu in der Lage, Kontakt zum Internet herzustellen. Aber Anna hat ein modernes Smartphone dabei, von dem sie Zugriff auf ihr E-Mail-Postfach hat. Sollten wir uns gleich noch irgendwo in einem Café zusammensetzen, könnten wir jederzeit das Postfach im Blick behalten.

Anna unterrichtet heute Englisch in der 8. Stunde, die um 15:25 Uhr endet. Die Stadtbahn hält direkt vor dem Hermann-Hesse-Gymnasium. Ich steige aus und gehe die paar Schritte zum Haupteingang der Schule. Es hat aufgehört zu regnen, dabei ist es kälter als gestern. Ich bin froh, mich warm genug mit einer Winterjacke angezogen zu haben.

Der Blick auf die Armbanduhr zeigt mir, dass ich pünktlich bin: 15:15 Uhr. Ich betrete das Forum der Schule, das um diese Zeit menschenleer ist. In der Hausmeisterloge sehe ich Frank Müller. Er scheint überrascht zu sein, am Freitagnachmittag einen auswärtigen Besucher anzutreffen. Ein Zettel am Eingang weist darauf hin, dass sich alle Besucher zunächst beim Hausmeister anzumelden haben. Also tue ich ihm den Gefallen.

Ich gehe direkt zum Eingang der Hausmeisterloge. Müller schaut mich unschlüssig und fast unwillig an.

Meine Güte, er wirkt, als wenn er sich durch mich belästigt fühlt. Als wenn es ihm Mühe bereitet, sich um seine Aufgabe zu kümmern, Besucher nach ihrem Anliegen zu fragen.

„Guten Tag, Herr Müller", begrüße ich ihn. „Seifert ist mein Name. Ich bin der Psychiater, der hier im November den Vortrag über Suchtprävention gehalten hat."

„Ich weiß, wer Sie sind", entgegnet der Hausmeister mürrisch. „Aber ... wie kommen Sie jetzt hierher?"

Eine merkwürdige Frage. Der Mann scheint irgendwie schlechte Laune zu haben.

„Von Zuhause direkt mit der Straßenbahn", versuche ich mit einer scherzhaften Antwort Müller etwas aus der Reserve zu locken.

Der Hausmeister findet meine Bemerkung offenbar nicht witzig. Weiterhin missvergnügt fragt er: „Und warum sind Sie gekommen?"

Ich bleibe trotz allem freundlich: „Ich möchte Frau Sonnenberg abholen."

„Frau Sonnenberg geht es überhaupt nicht gut", äußert Müller und zeigt seine mitfühlende Seite. Das macht ihn sympathischer.

„Richtig, aber keine Angst. Ich nehme mir die Zeit, mich ausgiebig um sie zu kümmern."

Der Hausmeister guckt ungläubig.

„Sie ist sonst immer ein so fröhlicher Mensch", erklärt er mir überflüssigerweise.

„Ich werde am Wochenende alles unternehmen, damit Frau Sonnenberg wieder etwas Spaß hat", verspreche ich ihm.

Müller zieht sein Handy aus der Gürteltasche. Augenscheinlich möchte er das Gespräch beenden.

„Dann gehe ich mal und warte auf Frau Sonnenberg", teile ich meinem Gegenüber mit und wende mich ab.

„Vi restos ĉi tie ...", höre ich Müller hinter mir sagen. Warum spricht ...